高职高专汽车专业系列教材

汽车自动变速器原理与检修

刘志忠　丁　垚　主　编
王爱兵　副主编

清华大学出版社
北　京

内容简介

本书基于汽车自动变速器检修的典型工作过程，结合高职教育的特点，以工作任务为教学载体，以“教学做”一体化教学模式为基础，以六个学习项目和若干个模块为主线，对三种主流汽车自动变速器的结构、原理、拆装、检测、调整及故障诊断方法等知识点和技能要素进行了全面而准确的阐述。本书主要内容包括自动变速器的基本结构、液力变矩器的结构与检验、自动变速器齿轮变速机构及动力传递、自动变速器换挡执行元件及检修、液压系统液压源和变矩器油路、自动变速器电液系统及其检验等。

本书可用作高等职业院校汽车类专业自动变速器课程的教学用书，也可供从事汽车自动变速器维修的技术人员参考、使用。

图书在版编目(CIP)数据

汽车自动变速器原理与检修/刘志忠，丁垚主编. --北京：清华大学出版社，2014
(高职高专汽车专业系列教材)
ISBN 978-7-302-34019-5

Ⅰ. ①汽…　Ⅱ. ①刘…　②丁…　Ⅲ. ①汽车—自动变速装置—理论—高等职业教育—教材　②汽车—自动变速装置—检修—高等职业教育—教材　Ⅳ. ①U463.212

中国版本图书馆 CIP 数据核字(2013)第 234321 号

责任编辑：桑任松
封面设计：刘孝琼
版式设计：杨玉兰
责任校对：周剑云
责任印制：宋　林

出版发行：清华大学出版社
网　　址：http://www.tup.com.cn，http://www.wqbook.com
地　　址：北京清华大学学研大厦 A 座　　**邮　　编**：100084
社 总 机：010-62770175　　**邮　　购**：010-62786544
投稿与读者服务：010-62776969，c-service@tup.tsinghua.edu.cn
质 量 反 馈：010-62772015，zhiliang@tup.tsinghua.edu.cn
课 件 下 载：http://www.tup.com.cn,010-62791865
印 装 者：北京亿浓世纪彩色印刷有限公司
经　　销：全国新华书店
开　　本：185mm×260mm　　**印　　张**：17.5　　**字　　数**：425 千字
版　　次：2014 年 1 月第 1 版　　**印　　次**：2014 年 1 月第1 次印刷
印　　数：1～3000
定　　价：34.00 元

产品编号：045533-01

前　言

自动变速器在各大汽车厂家的产品配置上应用越来越广泛。自动变速器的结构和工作原理复杂，因此当其出现故障时，不能盲目地进行拆卸，应在了解自动变速器结构、原理的基础上进行分析、判断，以确定自动变速器的故障原因及部位。

本书以项目导向、任务驱动、工学结合为核心理念，教学内容融“教学做”为一体，在明晰汽车自动变速器基本原理，掌握其基本结构的基础上，注重学生运用原理进行故障分析、诊断、检修能力的培养。

本书主要内容包括：自动变速器的基本结构、液力变矩器的结构与检验、自动变速器齿轮变速机构及动力传递、自动变速器换挡执行元件及检修、液压系统液压源和变矩器油路、自动变速器电液系统及其检验等。

本书具有以下特色。

(1) 本书澄清、纠正了目前有关自动变速器液压控制系统、齿轮机构、电控系统中的一些模糊、错误的概念，力求准确、全面地叙述有关基本概念和工作原理，使读者树立自动变速器原理、故障分析、检验的正确思路。这是本书的主要特色。

(2) 本书的主要编写者具有丰富的汽车4S店实践经验，长期担任汽车4S店技术顾问。对自动变速器进行了长期的研究、探讨。编写人员在课程改革、教学改革方面进行了有益的尝试，特别在“教学做”一体化教学方面进行了大胆的探索，同时，在教学过程中对有关内容不断进行完善。

(3) 本书图文搭配合理，注重实用技能的训练，特别适于汽车自动变速器检修的“教学做”一体化教学模式。在教学过程中可以根据学时、实训设备等选择丰田、通用、大众三种主流变速器的相关模块及组合。

本书由刘志忠教授、丁垚担任主编，负责确定全书的框架结构，编制学习项目及内容编写要点，并对全书进行统稿、调整、定稿；王爱兵担任副主编，负责编写过程中的协调、文字整理等工作。具体分工如下：项目一由王爱兵编写；项目二由杜荣、刘志忠编写；项目三的模块一由宗明建编写，模块二由丁垚、王爱兵编写，模块三由丁垚、贾丽娜编写，模块四由丁垚、赵海宾编写；项目四由宗明建、刘志忠编写；项目五的模块一由丁垚、王爱兵编写，模块二由丁垚、贾丽娜编写，模块三由丁垚、赵海宾编写；项目六的模块一由丁垚、王爱兵编写，模块二由丁垚、贾丽娜编写，模块三由丁垚、赵海宾编写；模块四由刘志忠编写。

本书部分内容选用了丁垚老师的讲稿，内容尚未公开发表，其著作权属于丁垚。他所编纂的油路图有所创新，使油路图不再难讲、难学、难懂。这部分的插图全部由周江老师完成。

本书内容丰富、图文并茂、可操作性强，可满足高等职业院校汽车运用技术、汽车技术服务与营销等各汽车类专业自动变速器检修的教学，特别适于“教学做”一体化教学模式。各使用院校可根据学时和教学设备选用不同的模块。本书可用作高等职业院校汽车类

专业自动变速器课程的教学用书，也可供从事汽车自动变速器维修的技术人员、本科院校相关专业的师生参考、使用。

在本书编写过程中参考了许多自动变速器教材、论文等资料，在此一并向作者表示感谢。

由于编者水平有限，书中难免有不当之处，敬请选用本书的师生及广大读者批评、指正。

编　者

目　录

项目一　自动变速器的基本结构

【知识要求】

- 了解三种自动变速器的基本结构。
- 结合实物，识别自动变速器各组成部分的名称及作用。

【能力要求】

- 能够正确拆卸和安装自动变速器总成。
- 能够正确更换自动变速器油液。

一、自动变速器的组成

自动变速器主要由液力变矩器、齿轮变速机构、液压控制系统和电子控制系统等组成，如图 1-0-1 所示。液力变矩器利用液体的流动，将来自发动机的转矩传递到齿轮变速机构，同时，自动变速器控制单元接收各传感器、控制开关等输送的反映发动机和汽车运行状况的参数信号，并按预先设定的程序，通过电磁阀操纵离合器、制动器等换挡执行元件动作，使变速器获得相应的传动比和旋转方向，实现自动换挡。

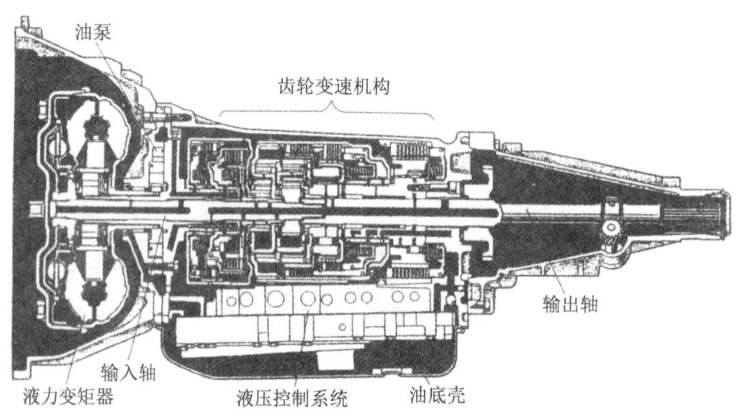

图 1-0-1　自动变速器的组成

1. 液力变矩器

液力变矩器(见图 1-0-2)位于自动变速器的最前端，与发动机相连，利用液力传动原理，将发动机的动力传给自动变速器的输入轴。其连接作用与手动变速汽车中的离合器相似，由于采用液体作为介质来传递动力，因此属于一种软连接，能够缓和冲击和振动，还可以起到减速增矩及耦合的作用。

图 1-0-2　液力变矩器

2. 齿轮变速机构

齿轮变速机构(见图 1-0-3)是自动变速器的主要组成部分，包括齿轮变速机构和换挡执行机构。齿轮变速机构可以使变速器实现不同的传动比，使之处于不同的挡位。汽车的齿轮变速机构常常设有四个或五个前进挡和一个倒挡，这些挡位与液力变矩器配合，就可获得由起步至最高车速范围内的自动变速。换挡执行机构通过某个换挡执行元件的接合或分离，连接、固定或放松行星齿轮系统的齿圈、行星架或太阳轮，实现各挡传动。

图 1-0-3　齿轮变速机构

3. 液压控制系统

液压控制系统包括油泵、由许多控制阀组成的阀体总成(见图 1-0-4)、液压管路及冷却系统。油泵通常安装在液力变矩器之后，由飞轮通过液力变矩器壳直接驱动，为液力变矩器、液压控制系统、换挡执行元件的工作提供一定压力的液压油。阀体总成通常安装在齿轮变速机构下方的油底壳内，是各液压控制阀和控制油路的液压集成板。在自动变速器的外部还设有一个液压油散热器，有的装在发动机散热器处，有的装在自动变速器上，通过管路与阀体连接，对自动变速器油进行冷却。

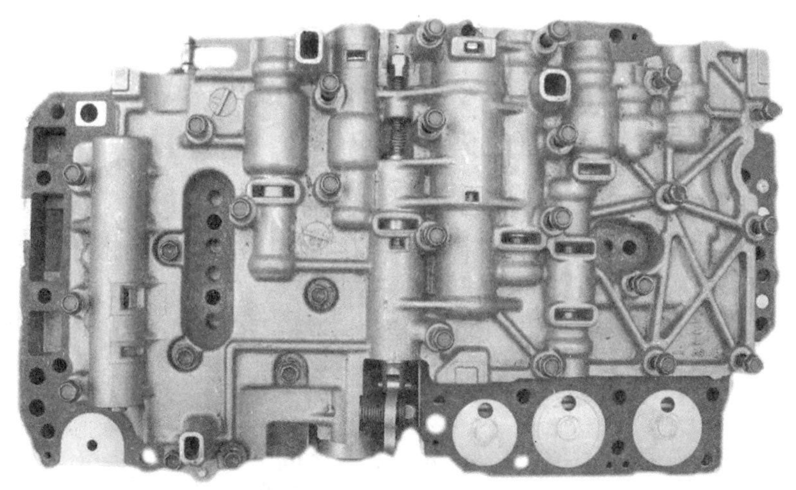

图 1-0-4　自动变速器阀体总成

4. 电子控制系统

电子控制系统包括电子控制单元(electronic control unit，ECU)、传感器、执行器、控制开关及控制电路等。各种传感器将发动机转速、节气门开度、车速、发动机冷却液温度、自动变速器油温等参数转变为电信号，并输入到控制单元，控制单元按照设定的换挡规律，向换挡电磁阀、油压电磁阀、锁止电磁阀等执行元件发出控制信号，电磁阀改变阀体中各个控制阀的油路和油压，进而控制换挡执行元件的动作，实现自动换挡，如图 1-0-5 所示。

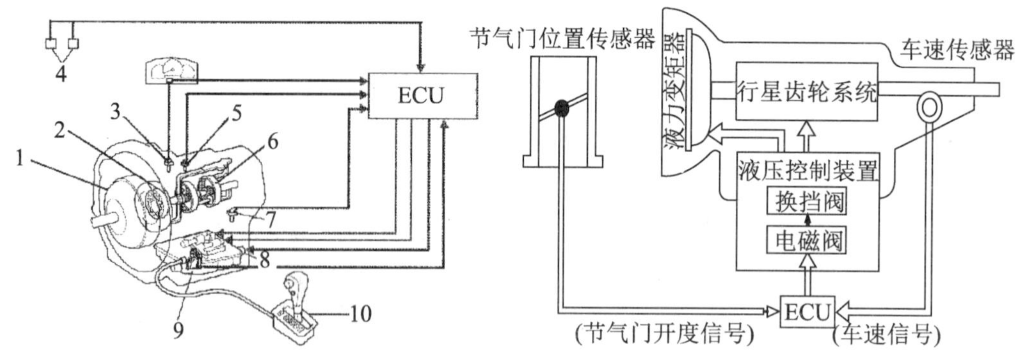

图 1-0-5　自动变速器电子控制系统的组成

1—液力变矩器；2—油泵；3—车速传感器；4—各类传感器；5—副车速传感器；
6—行星齿轮组；7—输入转速传感器；8—电磁阀；9—液压控制装置；10—变速杆

二、自动变速器的类型

自动变速器按照汽车驱动方式的不同，可分为后驱、前驱和四驱型自动变速器。这三种自动变速器在结构、外观及布置上有很大区别。

后驱型自动变速器的液力变矩器和齿轮变速机构的输入轴及输出轴在同一直线上，因此轴向尺寸较大，阀体总成则布置在齿轮变速机构下方的油底壳内。

前驱型自动变速器常常与差速器组装在一起。前轮驱动汽车的发动机有纵置和横置两种布置方式，纵置发动机的前驱型自动变速器的结构和布置与后驱型自动变速器基本相同，只是在后端增加了一个差速器；由于汽车横向尺寸的限制，横置发动机的前驱型自动变速器要求有较小的轴向尺寸，因此通常将输入轴和输出轴设计成两个轴线的方式，变矩器和齿轮变速机构输入轴布置在上方，输出轴则布置在下方，使变速器总体的轴向尺寸减少，但高度增加，因而常将阀体总成布置在变速器的侧面和上方，以保证汽车有足够的最小离地间隙。

现代轿车普遍应用的自动变速器按前进挡的挡位数不同，可分为 4 速、5 速、6 速、8 速等。四驱型分为全时四驱型和自动变速器加分动器四驱型。

自动变速器按其齿轮变速机构的类型不同，可分为定轴齿轮式和行星齿轮式自动变速器。其中，行星齿轮式自动变速器又可分为辛普森(Simpson)式和拉维纳(Ravigneaux)式。定轴齿轮式自动变速器的体积较大，最大传动比较小，只在少数几种车型上使用(如本田轿车)；行星齿轮式自动变速器的结构紧凑，能获得较大的传动比。

模块一　丰田 A340E 自动变速器的基本结构

一、学习材料

丰田轿车所用的 A340E 电控自动变速器具有四个前进挡，其外形图如图 1-1-1 所示。这种自动变速器采用了带有锁止离合器的 3 元件单级 2 相式液力变矩器、由三个行星排组成的辛普森式行星齿轮变速机构及电液式控制系统。行星齿轮变速机构中有 10 个换挡执行元件，布置方式见结构剖面图 1-1-2，部件分解图如图 1-1-3 所示。

A340E 自动变速器的电控系统和发动机控制系统共用一个计算机。计算机在控制自动变速器时，主要依据节气门位置传感器所测得的节气门开度信号和车速传感器所测得的车速信号进行换挡控制和锁止离合器控制，并通过两个换挡电磁阀和一个锁止电磁阀来操纵三个换挡阀和一个锁止离合器控制阀，以实现挡位变换或让锁止离合器接合。

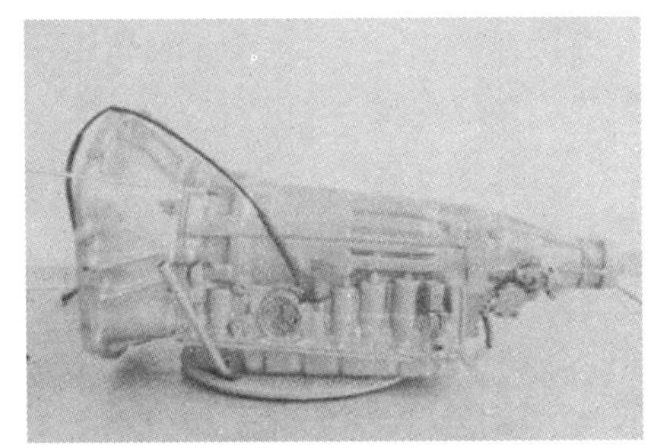

图 1-1-1　A340E 自动变速器外形图

(a) A340E 剖面图(一)

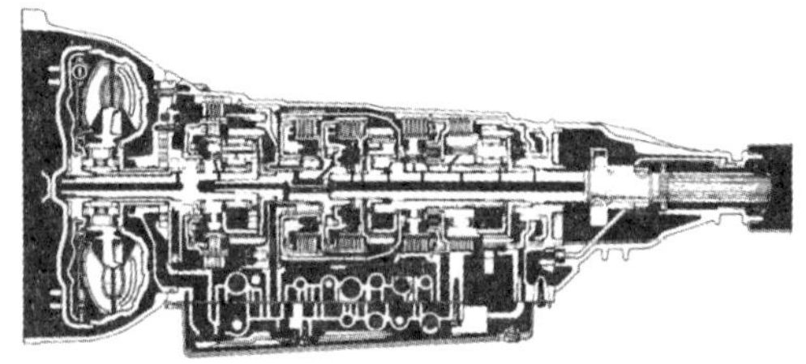

(b) A340E 剖面图(二)

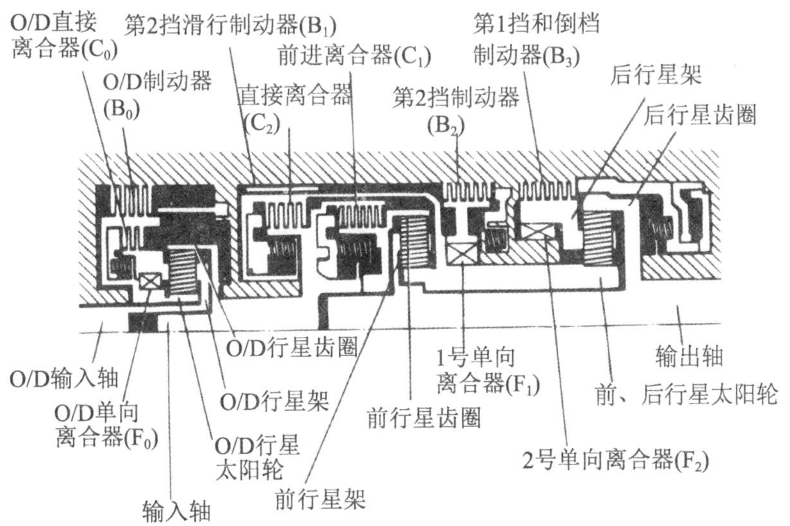

(c) A340E 剖面图(三)

图 1-1-2　A340E 自动变速器结构剖面图

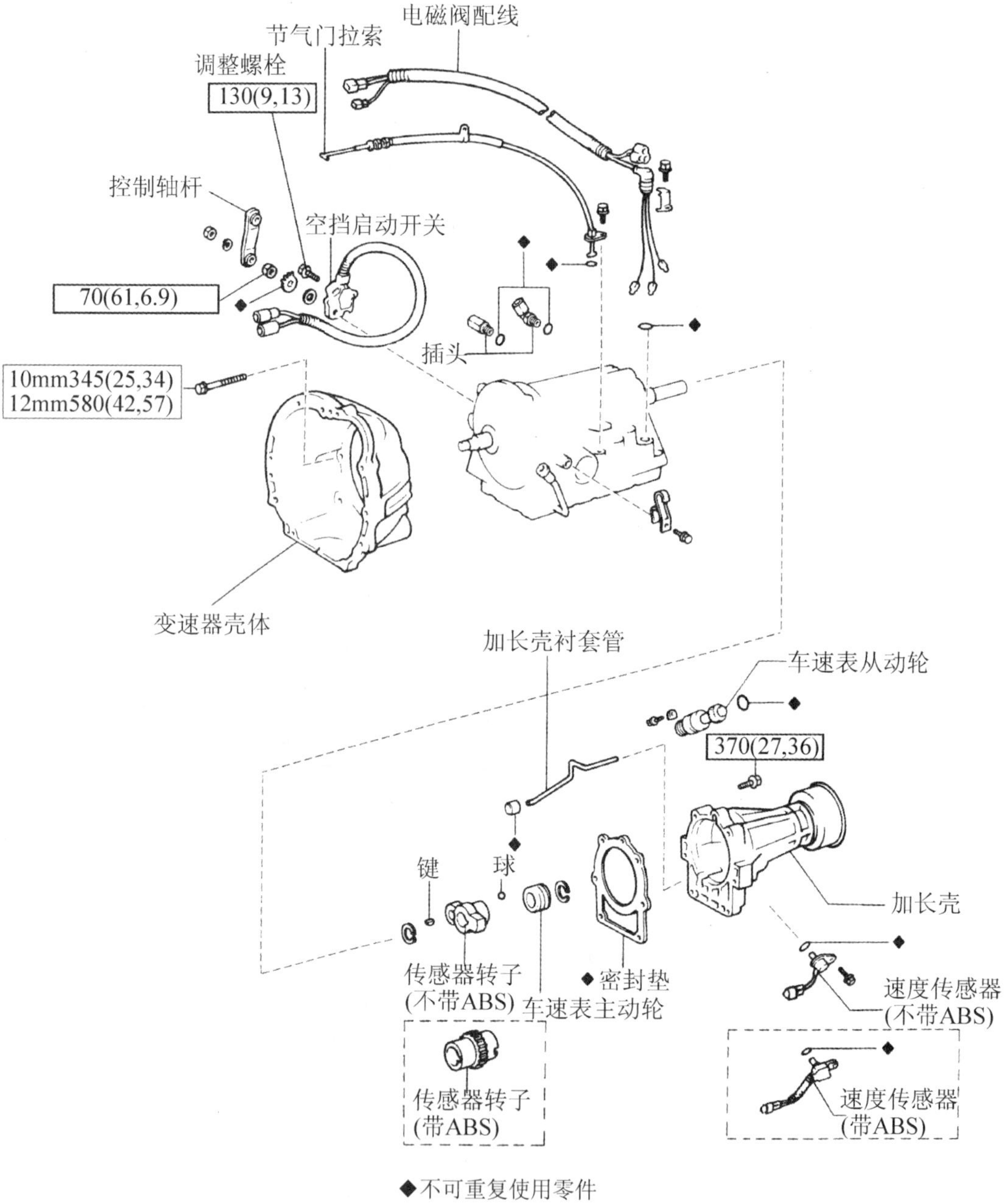

图 1-1-3　A340E 自动变速器部件分解图

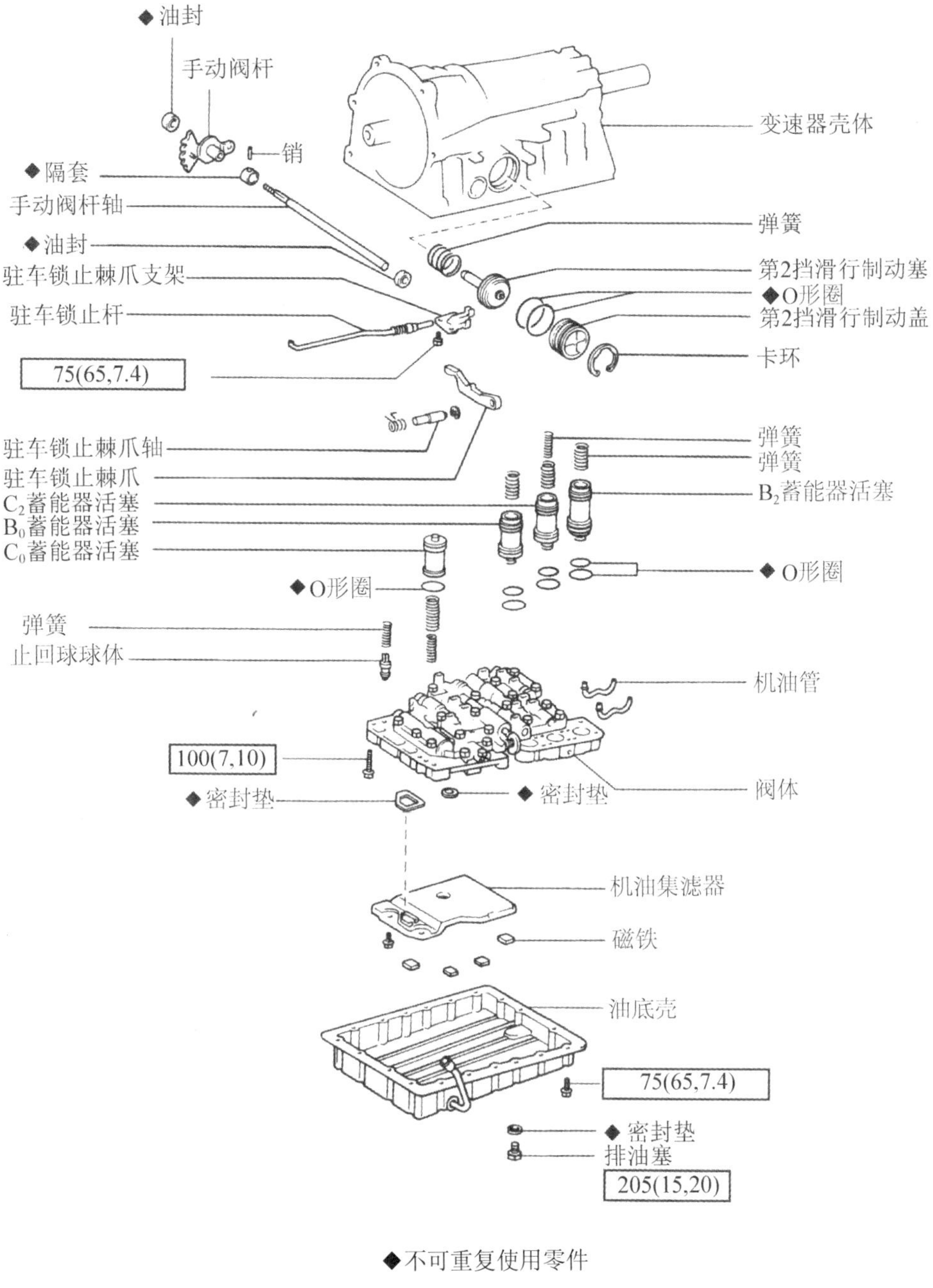

◆油封
手动阀杆
变速器壳体
销
◆隔套
手动阀杆轴
弹簧
◆油封
第2挡滑行制动塞
驻车锁止棘爪支架
◆O形圈
第2挡滑行制动盖
驻车锁止杆
卡环
75(65,7.4)
弹簧
驻车锁止棘爪轴
弹簧
驻车锁止棘爪
C_2蓄能器活塞
B_2蓄能器活塞
B_0蓄能器活塞
C_0蓄能器活塞
◆O形圈
◆O形圈
弹簧
止回球球体
机油管
100(7,10)
阀体
◆密封垫
◆密封垫
机油集滤器
磁铁
油底壳
75(65,7.4)
◆密封垫
排油塞
205(15,20)

◆不可重复使用零件

图 1-1-3　A340E 自动变速器部件分解图(续)

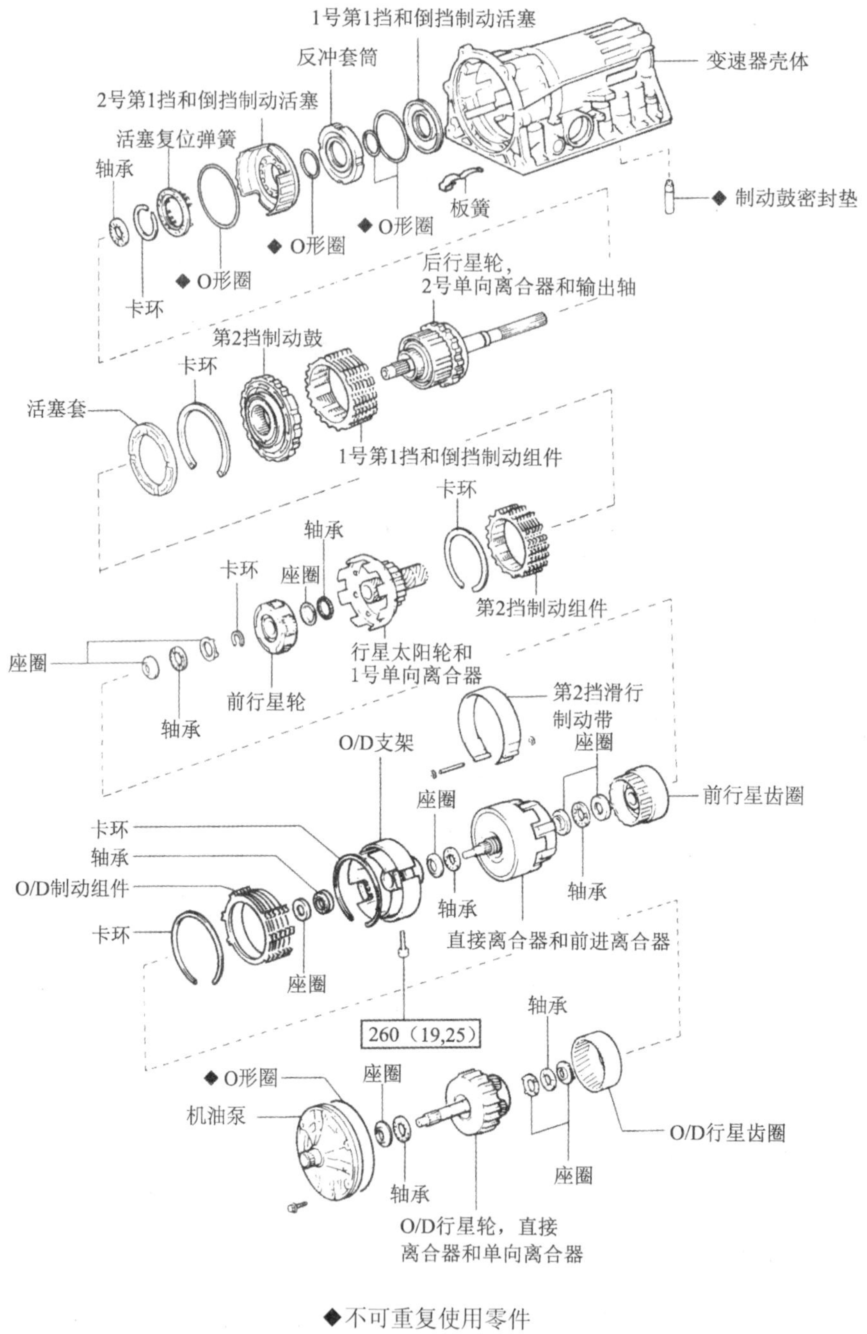

1号第1挡和倒挡制动活塞
反冲套筒
变速器壳体
2号第1挡和倒挡制动活塞
活塞复位弹簧
轴承
◆ O形圈
◆ O形圈
板簧
◆ 制动鼓密封垫
◆ O形圈
卡环
后行星轮，
2号单向离合器和输出轴
第2挡制动鼓
卡环
活塞套
1号第1挡和倒挡制动组件
卡环
轴承
卡环
座圈
第2挡制动组件
座圈
行星太阳轮和
1号单向离合器
前行星轮
轴承
第2挡滑行
制动带
O/D支架
座圈
座圈
前行星齿圈
卡环
轴承
O/D制动组件
轴承
轴承
卡环
直接离合器和前进离合器
座圈
轴承
260（19,25）
◆ O形圈
座圈
机油泵
O/D行星齿圈
座圈
轴承
O/D行星轮，直接
离合器和单向离合器

◆不可重复使用零件

图 1-1-3　A340E 自动变速器部件分解图(续)

二、项目实施与工作页

(一)项目准备

项目实施前应准备好如下自动变速器总成、车辆、工具、耗材等。

(1) A340E 自动变速器总成或 A340E 自动变速器车辆、自动变速器工作台。
(2) A340E 自动变速器拆装专用工具、常用工具。
(3) A340E 自动变速器维修手册等技术资料。

(二)项目实施

1. A340E 自动变速器的拆卸

A340E 自动变速器总成拆缺和安装组件图，如图 1-1-4 所示。

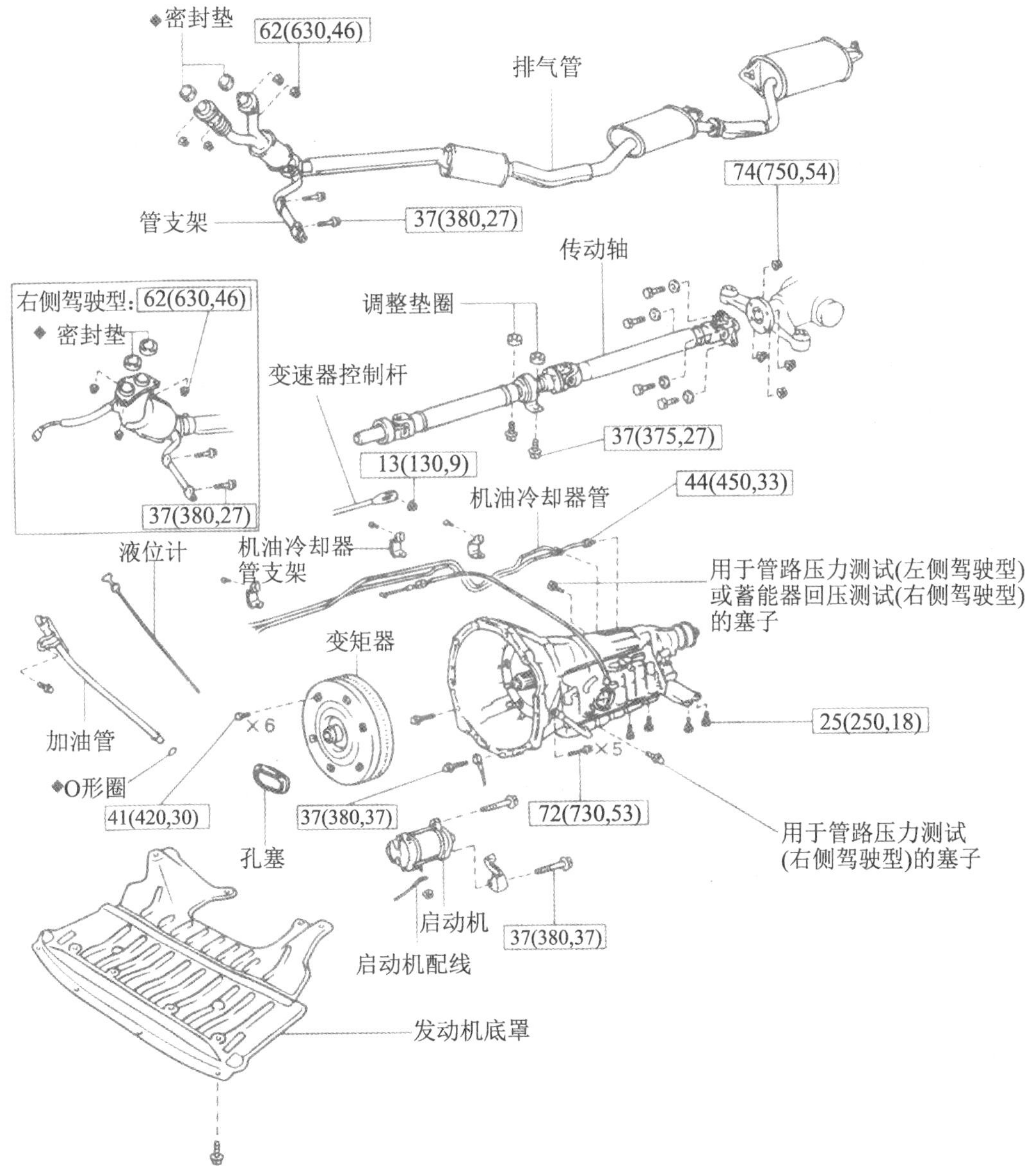

图 1-1-4 A340E 自动变速器总成拆卸和安装组件图

下面介绍 A340E 自动变速器的拆卸步骤。

(1) 断开蓄电池负极电缆(为了防止气囊意外张开，在断开蓄电池负极电缆后至少需等 90s)，拆下油尺和油尺管，断开节气门拉索，拆下两个排气尾管，拆下前部及中间排气管，拆下隔热板，拆下中央地板横梁支承。

(2) 拆卸传动轴。在传动轴和差速器法兰上做好装配标记，拆下四个螺母、螺栓和垫圈，拆下两个中间支撑轴承紧固螺栓和调整垫圈，如图 1-1-5 所示。注意：当拆下紧固螺栓时，应用手支撑轴承以使变速器、中间轴、传动轴和差速器保持在一条直线上。从变速器拉出套筒叉，将 SST 插入变速器以防止漏油，如图 1-1-6 所示。

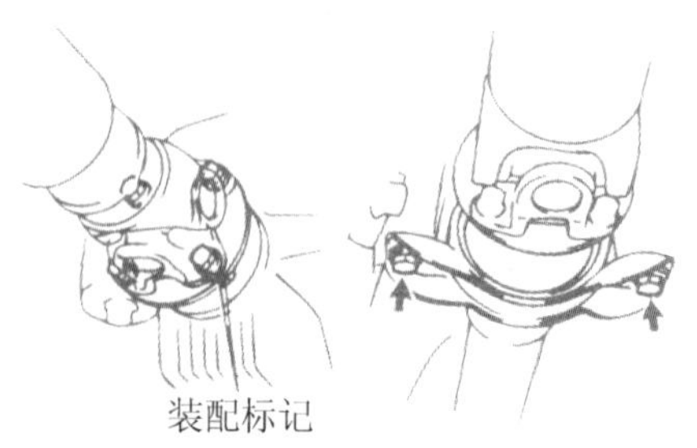

图 1-1-5 拆卸传动轴

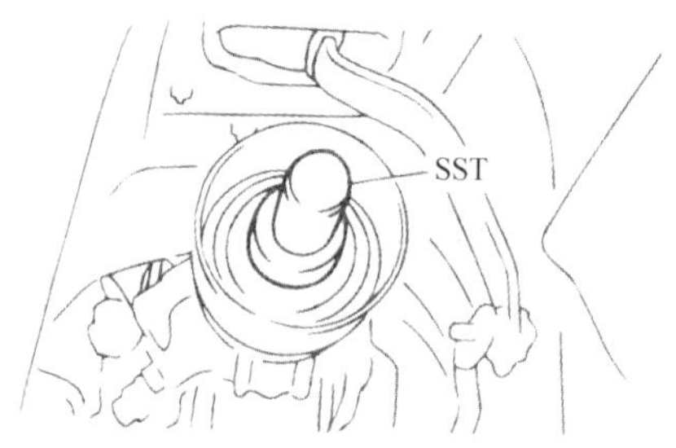

图 1-1-6 SST 堵住变速器后端

(3) 从变速杆上断开换挡控制拉杆，如图 1-1-7 所示。断开两个车速传感器的线束连接器，断开电磁阀线束连接器，断开油温传感器连接器，断开 P/N 位开关线束连接器，断开启动电机线束连接器，松开所有线束固定夹螺栓。

(4) 断开并拆下油冷却器管，如图 1-1-8～图 1-1-10 所示。拆下液力变矩器，检查面板，拆下液力变矩器至飞轮的六个连接螺栓。用合适的变速器千斤顶支承起变速器。

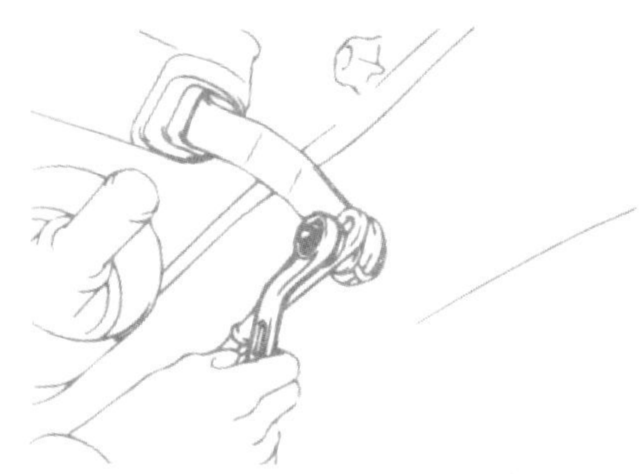

图 1-1-7 断开换挡控制拉杆

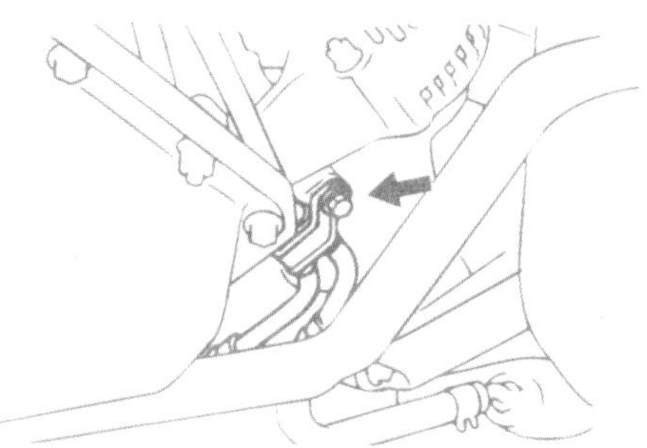

图 1-1-8 拆下油冷却器管前支架

图 1-1-9 拆下油冷却器管中间支架和后支架

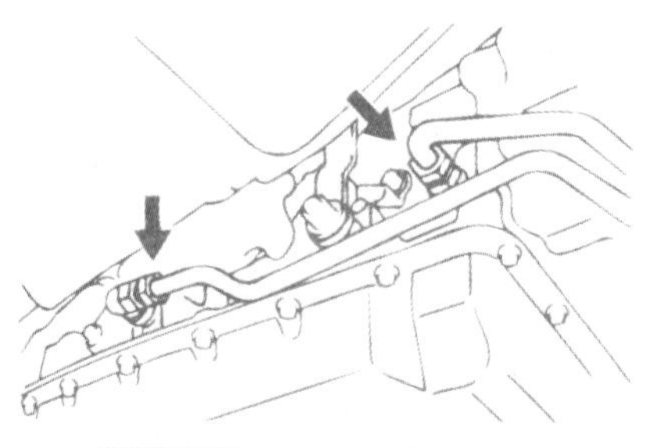

图 1-1-10 断开油冷却器管

(5) 用两个高的千斤顶台架支承起发动机前部和后部。拆下变速器后支架，如图 1-1-11 所示。如图 1-1-12 所示，松开起动机连接螺栓，向前移出起动机并将其拆下；拆下变速器至发动机的连接螺栓，向后移动变速器并将其降下。

图 1-1-11　拆下四个螺栓和后支架

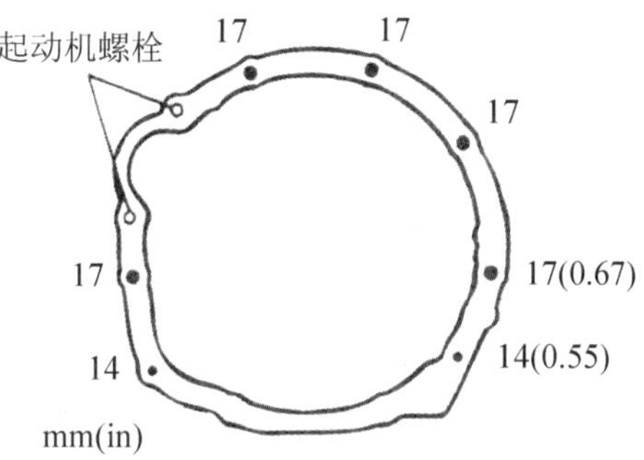

图 1-1-12　拆下起动机及变速器连接螺栓

2. A340E 自动变速器的安装

A340E 自动变速器的安装步骤与拆卸步骤相反，转矩要符合规范。在安装前，测量液力变矩器的装配深度，如图 1-1-13 所示。测量液力变矩器装配面到变速器壳前表面之间的距离。如果距离小于规范值，应重新定位液力变矩器，直到完全定位为止。

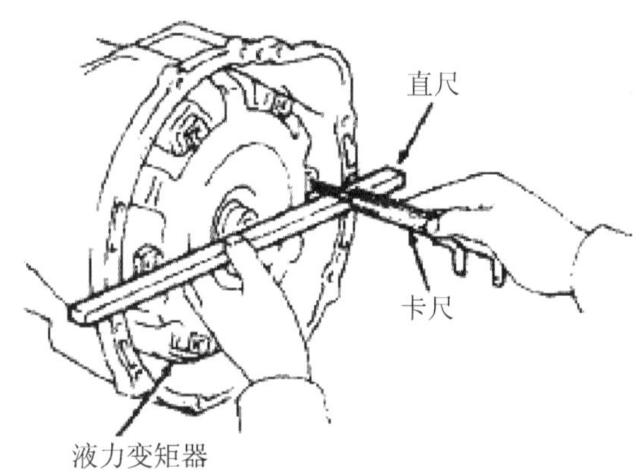

图 1-1-13　测量液力变矩器装配深度

A340E 自动变速器安装完毕后，须检查并调整挡位开关和节气门拉索，加注自动变速器油并检查液位。基本检查和调整方法详见“项目六”中的“模块四”相关内容。

(三)项目工作页

A340E 自动变速器的拆装工作页

姓名：________ 班级：________ 学号：__________ 指导教师：________ 日期：_______

(1) 工作内容与目标。

工作内容：A340E 自动变速器的拆装。

工作目标：运用相关知识，正确使用工具对自动变速器进行拆卸与安装。

(2) 工作准备。

① 工作组。

序　号	姓　名	学　号	职　责	备　注
				组长

② 工具、设备、器材准备。

序　号	工具、设备、器材、耗材名称	型号、规格	套(件)数	备　注

(3) 工作过程与结果分析。

操　作	步　骤	工作记录	注意事项
拆卸			
安装			

(4) 进行工位“5S”，自检、互检，工作结束。

(5) 项目测评。

测评者	评　语	成　绩
自我评价		
小组评价		
教师评价		
总成绩		

模块二　通用 4T65E 自动变速器的基本结构

一、学习材料

4T65E 是一种具有四个前进挡、横置前驱的电控自动变速器。4T65E 自动变速器采用叶片式油泵提供具有一定压力的自动变速器油。动力系统控制模块通过两个换挡电磁阀来控制换挡，通过压力控制电磁阀来调节油压。所有装有 4T65E 自动变速器的车辆都带有电子控制额定功率离合器系统。在电子控制额定功率离合器系统中，压力盘没有完全抱死在变矩器盖上，通过精确控制来维持发动机与涡轮间小的滑动，降低驱动系统的转矩失调。

4T65E 自动变速器的外形图和剖面图分别如图 1-2-1 和图 1-2-2 所示，4T65E 齿轮变速部件分解图如图 1-2-3 所示，液压系统部件图如图 1-2-4 所示。

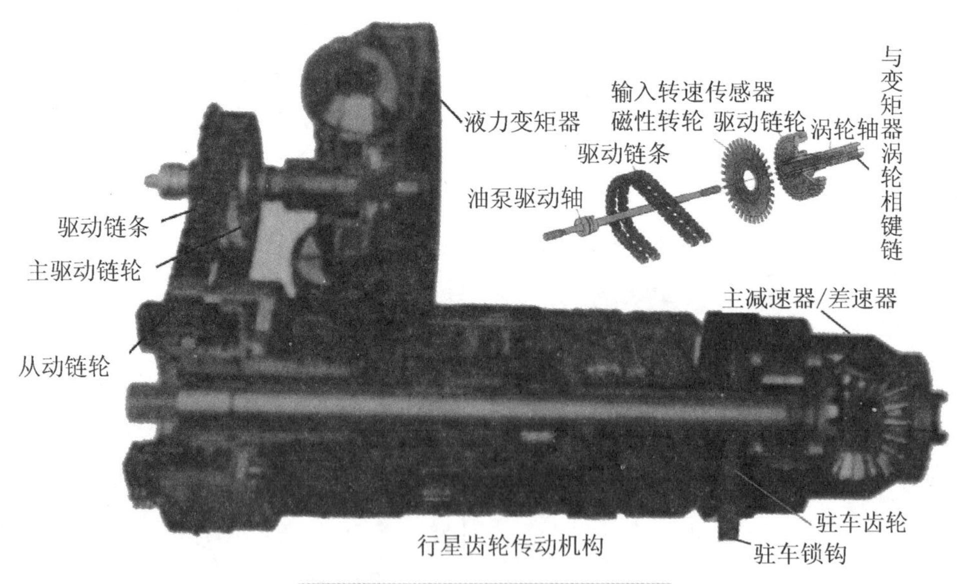

图 1-2-1　4T65E 自动变速器外形图

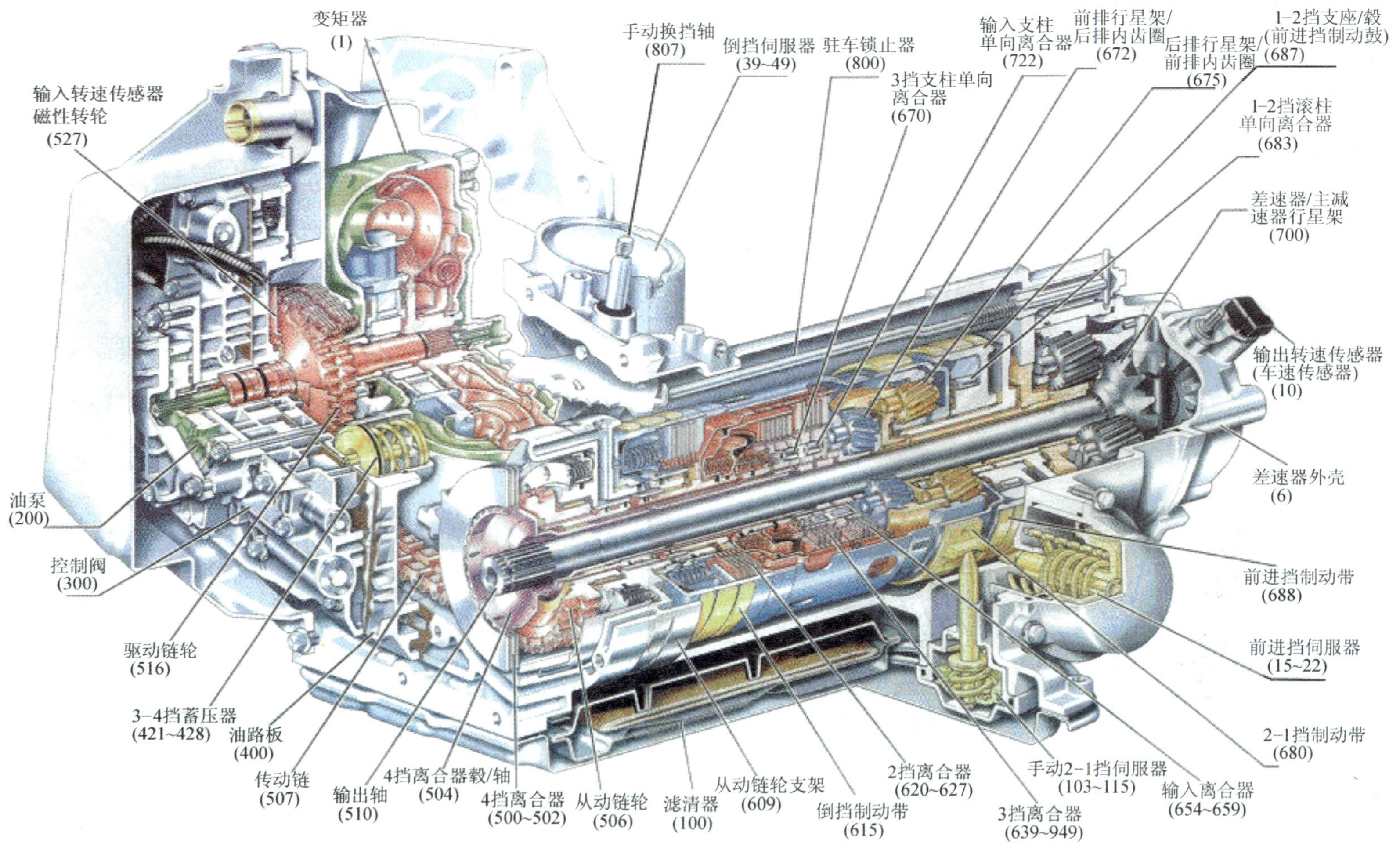

1-2挡支座/毂/(前进挡制动鼓)(687)
后排行星架/前排内齿圈(675)
前排行星架/后排内齿圈(672)
输入支柱单向离合器(722)
3挡支柱单向离合器(670)
驻车锁止器(800)
倒挡伺服器(39~49)
手动换挡轴(807)
变矩器(1)
输入转速传感器磁性转轮(527)
油泵(200)
控制阀(300)
驱动链轮(516)
3-4挡蓄压器(421~428)
油路板(400)
传动链(507)
输出轴(510)
4挡离合器毂/轴(504)
4挡离合器(500~502)
从动链轮(506)
滤清器(100)
从动链轮支架(609)
倒挡制动带(615)
2挡离合器(620~627)
3挡离合器(639~949)
手动2-1挡伺服器(103~115)
输入离合器(654~659)
2-1挡制动带(680)
前进挡伺服器(15~22)
前进挡制动带(688)
差速器外壳(6)
输出转速传感器(车速传感器)(10)
差速器/主减速器行星架(700)
1-2挡滚柱单向离合器(683)

图 1-2-2　4T65E 自动变速器剖面图

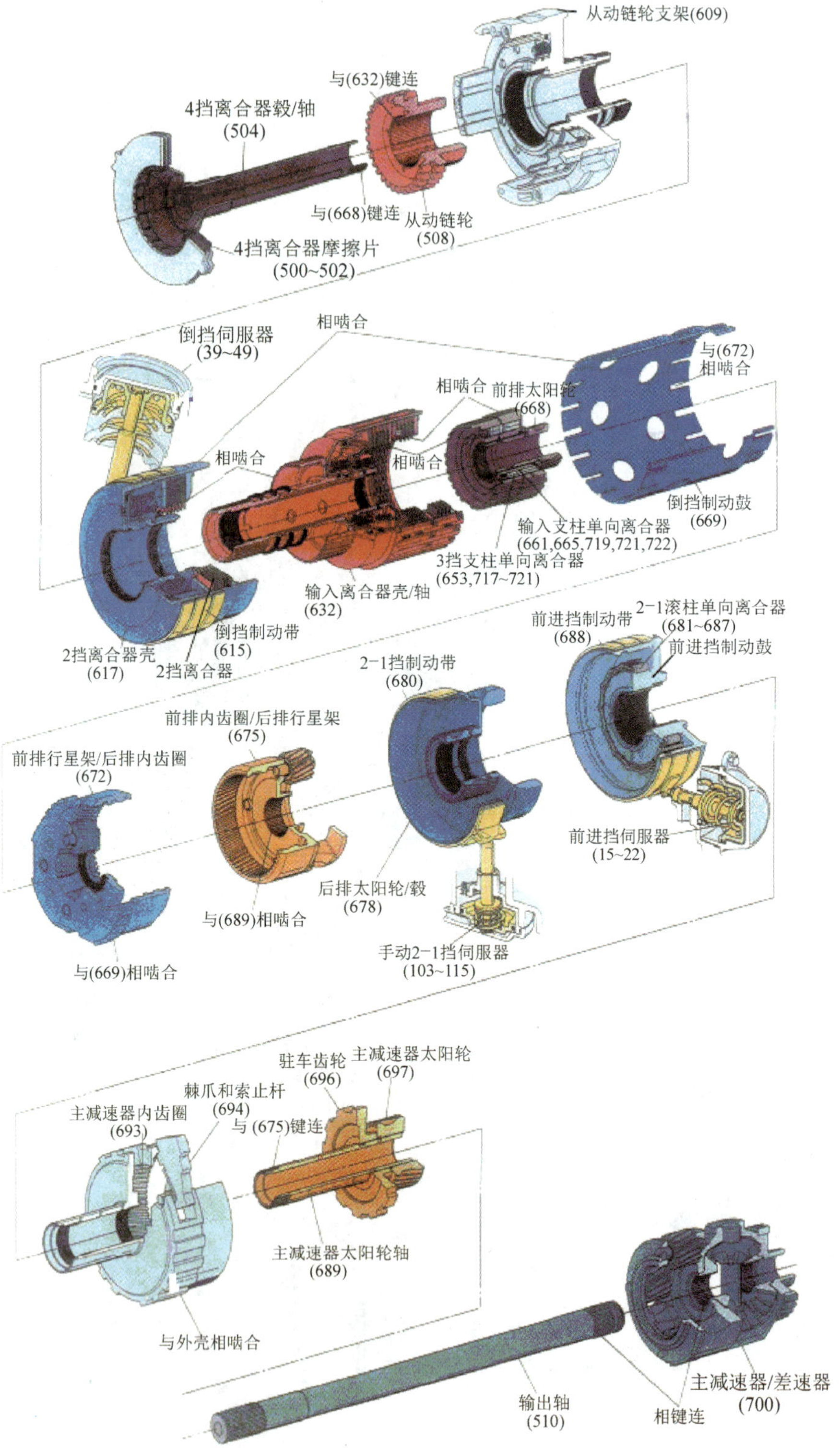

从动链轮支架(609)

与(632)键连

4挡离合器毂/轴
(504)

与(668)键连

从动链轮
(508)

4挡离合器摩擦片
(500~502)

倒挡伺服器
(39~49)

相啮合

与(672)
相啮合

相啮合

前排太阳轮
(668)

相啮合

相啮合

倒挡制动鼓
(669)

输入支柱单向离合器
(661,665,719,721,722)

3挡支柱单向离合器
(653,717~721)

输入离合器壳/轴
(632)

倒挡制动带
(615)

2挡离合器壳
(617)

2挡离合器

前进挡制动带
(688)

2−1滚柱单向离合器
(681~687)

前进挡制动鼓

2−1挡制动带
(680)

前排内齿圈/后排行星架
(675)

前排行星架/后排内齿圈
(672)

前进挡伺服器
(15~22)

后排太阳轮/毂
(678)

与(689)相啮合

手动2−1挡伺服器
(103~115)

与(669)相啮合

驻车齿轮
(696)

主减速器太阳轮
(697)

棘爪和索止杆
(694)

主减速器内齿圈
(693)

与(675)键连

主减速器太阳轮轴
(689)

与外壳相啮合

输出轴
(510)

相键连

主减速器/差速器
(700)

图 1-2-3　4T65E 齿轮变速机构部件分解图

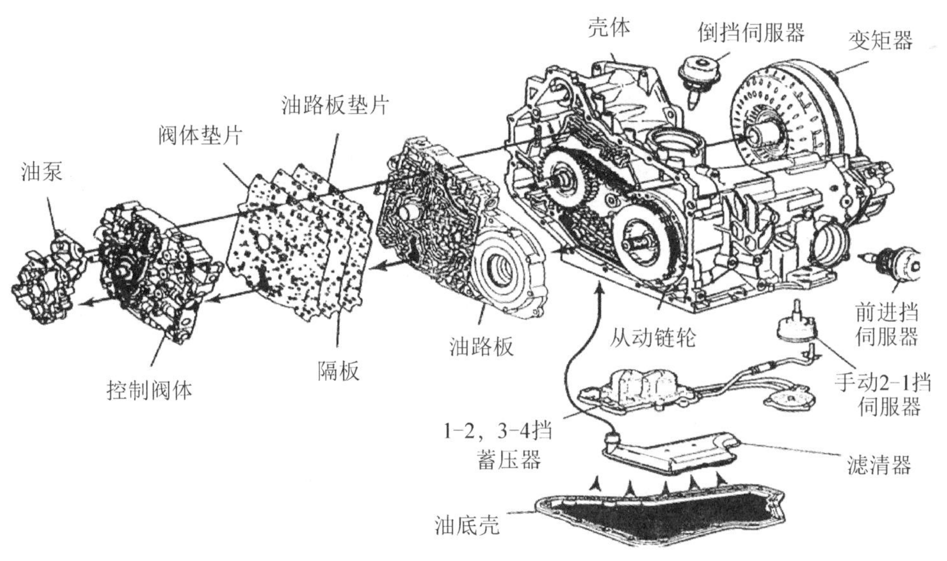

图 1-2-4 4T65E 液压系统部件图

二、项目实施与工作页

(一)项目准备

项目实施前应准备好如下自动变速器总成、车辆、工具、耗材等。

(1) 4T65E 自动变速器总成或车辆、自动变速器工作台。

(2) 4T65E 自动变速器拆装专用工具、常用工具。

(3) 4T65E 自动变速器维修手册等技术资料。

(二)项目实施

1. 4T65E 自动变速器的拆卸

(1) 断开蓄电池负极电路(注意记录所有车辆预设的电和客户收音机防盗锁编码)：断开所有灯和附件，确认点火开关在断开(OFF)位置，从蓄电池上断开蓄电池负极电缆。

(2) 拆卸节气门体进气管。

(3) 安装发动机支座固定装置，拆卸发动机支座支柱。

(4) 从变速驱动桥上断开线束插头，从驻车空挡位置开关拆卸自动变速驱动桥变速杆拉索，从变速驱动桥上拆卸自动变速驱动桥变速杆拉索支架及拉索，拆卸驻车空挡位置开关，拆卸油液加注口管，拆卸变速驱动桥上部螺栓 3、4 和 5，双头螺栓 2，如图 1-2-5 所示。

(5) 拆卸线束接地线，升起并支承车辆，拆卸轮胎和车轮，拆除发动机挡泥板。

(6) 从转向节上拆除转向横拉杆端，拆卸动力转向机与车架固定螺栓，使用导线把动力转向机固定到车辆上，从车架上拆除动力转向机，从车架上拆除动力转向系统冷却管路卡箍。

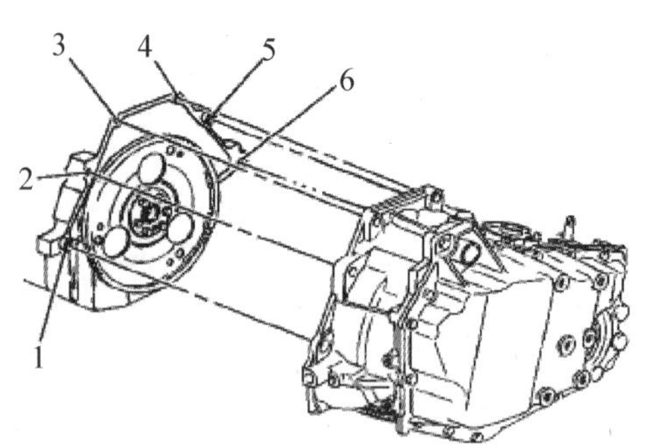

图 1-2-5　变速驱动桥连接螺栓

(7) 拆卸发动机支座下螺母，从下控制臂上拆除下端球节，拆卸变矩器盖，拆卸启动机，拆卸变矩器螺栓，如图 1-2-6 所示。泄放变速驱动桥油液。

(8) 从变速驱动桥上拆除变速驱动桥机油冷却器软管，从变速驱动桥上断开驱动轴，把驱动桥固定到转向节和支柱上，断开车轮转速传感器线束插头，断开车速传感器线束插头。

(9) 使用变速驱动桥平台来支撑变速驱动桥和车架，拆卸变速器驱动机构拉杆，拆卸变速驱动桥下端螺栓 6 和双头螺栓 1，如图 1-2-5 所示。拆除车架与车身连接螺栓，从车辆上降低变速驱动桥和车架，使用合适的起吊设备把变速驱动桥从车架上拆卸下来，并小心地将其移到工作台。

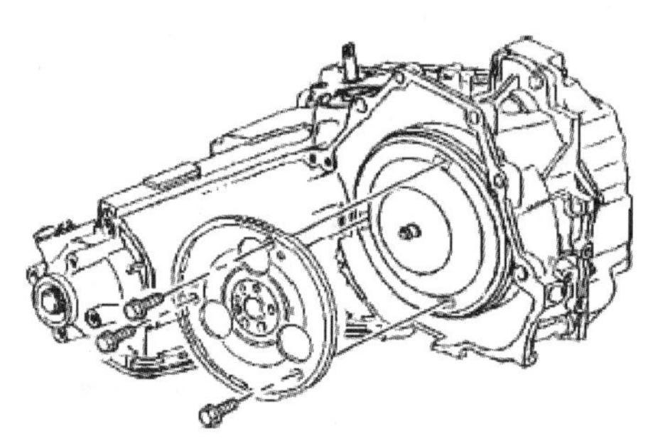

图 1-2-6　变矩器连接螺栓

2. 4T65E 自动变速器的安装

(1) 把变速驱动桥安装到变速驱动桥工作台的车架上，举升变速驱动桥和车架总成，安装车架与车身螺栓，安装变速驱动桥下端螺栓 6 和双头螺栓 1 紧固，如图 1-2-5 所示。把变速驱动桥紧固到发动机上，并把发动机紧固到变速驱动桥螺栓上(紧固扭矩为 75 N • m)，安装变速器驱动机构拉杆，拆除变速驱动桥工作台。

(2) 安装车速传感器线束插头，连接车轮转速传感器线束插头， 把驱动桥连接到变速驱动桥，把变速驱动桥机油冷却器软管安装到变速驱动桥。

(3) 安装变矩器螺栓并紧固(紧固扭矩为 63N • m)，如图 1-2-6 所示。安装起动机，安装变矩器盖，把下端球节安装到下控制臂，安装发动机支座下螺母。

(4) 把动力转向系统冷却管路卡箍安装到车架上，把动力转向齿轮安装到车架上，把转向横拉杆端安装到转向节上，安装发动机挡泥板，安装前轮胎和车轮，安装油液加注口管，拆除车辆支撑，降下车辆。

(5) 安装变速驱动桥上部螺栓 3、4 和 5 及双头螺栓 2(如图 1-2-5 所示)，并安装接地线(紧固变速驱动桥上部螺栓和双头螺栓扭矩为 75N·m)。

(6) 安装驻车空挡位置开关，安装自动变速驱动桥变速杆拉索支架及拉索，把自动变速驱动桥变速杆拉索安装到驻车空挡位置开关上，把线束插头安装到变速驱动桥上。

(三)项目工作页

4T65E 自动变速器的拆装工作页

姓名：________　班级：________　学号：__________　指导教师：________　日期：_______

(1) 工作内容与目标。

工作内容：4T65E 自动变速器的拆装。

工作目标：运用相关知识，正确使用工具对自动变速器进行拆卸与安装。

(2) 工作准备。

① 工作组。

序　号	姓　名	学　号	职　责	备　注
				组长

② 工具、设备、器材准备。

序号	工具、设备、器材、耗材名称	型号、规格	套(件)数	备注

(3) 工作过程与结果分析。

操作	步骤	工作记录	注意事项
拆卸			
安装			

(4) 进行工位“5S”，自检、互检，工作结束。

(5) 项目测评。

测评者	评　语	成　绩
自我评价		
小组评价		
教师评价		
总成绩		

模块三　大众 01M 自动变速器的基本结构

一、学习材料

大众车系 01M 自动变速器采用横置安装，其外形图如图 1-3-1 所示。

图 1-3-1　01M 自动变速器外形图

01M 自动变速器的总体构造如图 1-3-2 所示，其由以下几部分组成。

(1) 液力元件：包括液力变矩器及油泵等，用于传递动力及提供液压元件(如各离合器和制动器)的动力源。

(2) 控制机构：采用电子、液压混合控制，电子控制部分包括 ECU 及其相应的传感器和执行元件，液压控制部分包括滑阀箱等。

(3) 变速机构：包括换挡执行元件和行星齿轮机构。换挡执行元件由三个离合器(K_1、K_2、K_3)、两个制动器(B_1、B_2)和一个单向离合器(F)组成，如图 1-3-3 所示。行星齿轮机构为拉维纳式，前排为单级结构，后排为双级结构，两个太阳轮独立运动，共用行星齿轮轴架(简称行星架)和齿圈。齿圈为动力输出端，通过对大、小太阳轮及行星架的不同驱动、制动组合，实现四个前进挡及一个倒挡。

(4) 主传动机构：包括主、从动轮，小齿轮轴及差速器(减速器)等部件。

(5) 变速器壳体及相关部件：变速器内部有两个分割的箱体，上部是变速器，内装 ATF 油；下部是差速器，内装齿轮油，在小齿轮轴上有一个油封，把两种油分离开。

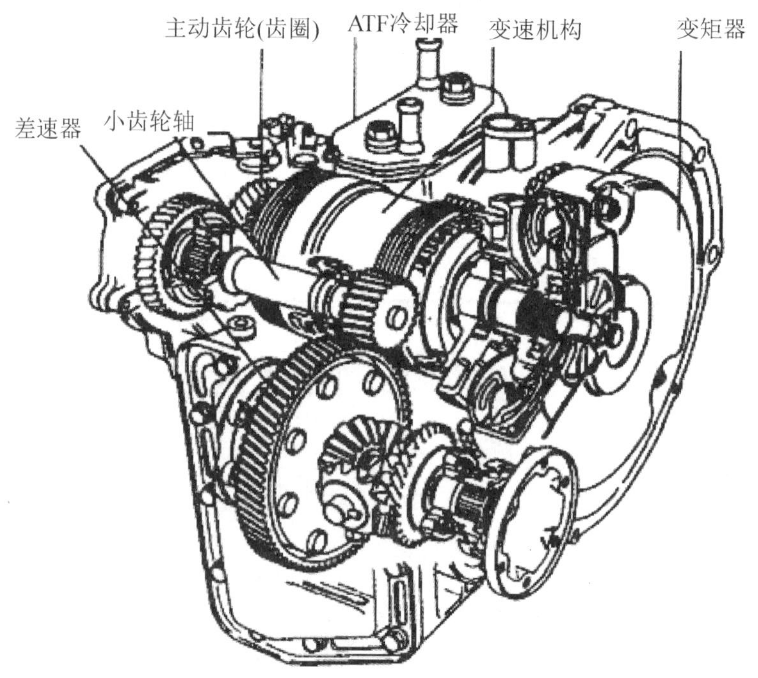

图 1-3-2　01M 自动变速器的总体构造

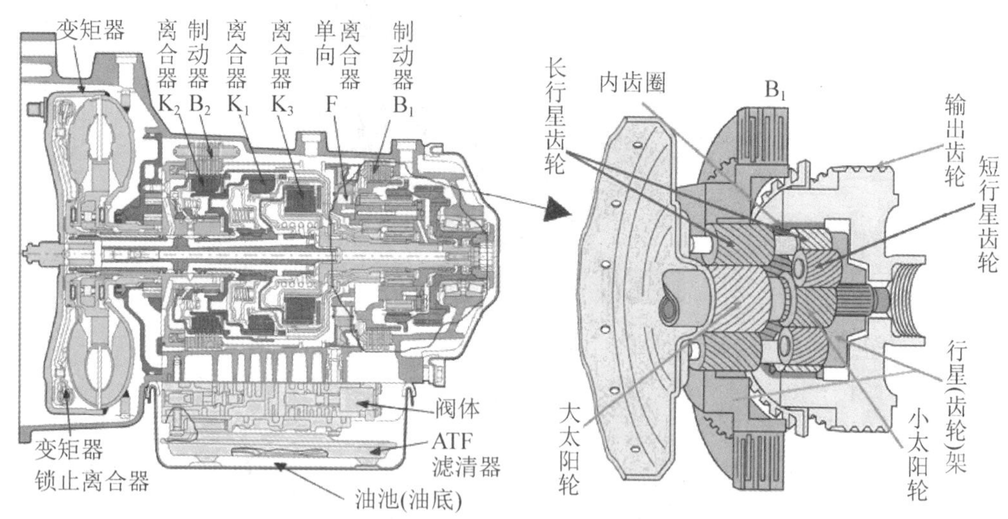

图 1-3-3　01M 自动变速器齿轮变速机构剖面图

二、项目实施与工作页

(一)项目准备

项目实施前应准备好如下自动变速器车辆、工具、耗材等。

(1)　装有 01M 自动变速器的轿车。

(2) 01M 自动变速器拆装专用工具、常用工具。

(3) 01M 自动变速器维修手册等技术资料。

(二)项目实施

1. 01M 自动变速器的拆卸

(1) 对于带有编码收音机的车应注意编码。拆除蓄电池接地线。

(2) 从变速器上拔下速度表插头，拔下车速传感器 G68 的插头。

(3) 从变速器上拔下多功能开关插头及电气插头，如图 1-3-4 中箭头所示。从支架上取下线束并放在一旁。

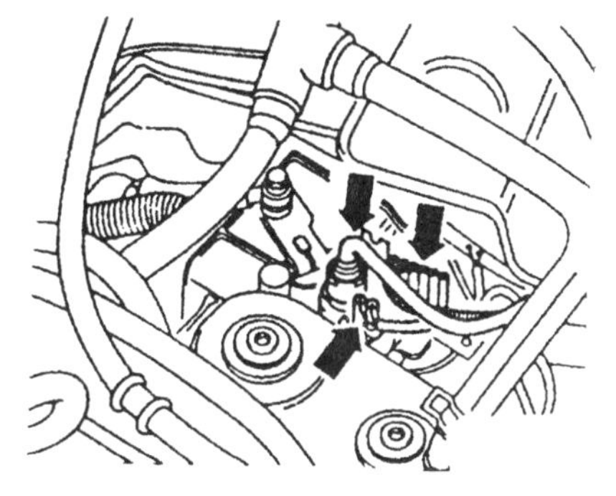

图 1-3-4　拆卸变速器电气插头

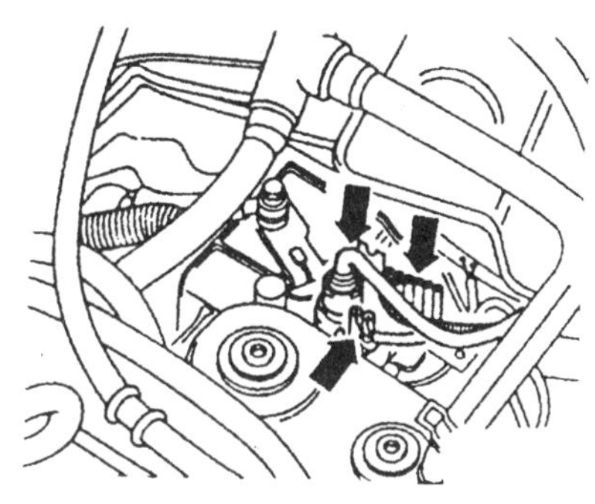

图 1-3-5　拔下多功能开关插头

(4) 将变速杆置于 P 位并从杠杆/选挡换挡轴上拧下变速杆拉索。拆下变速杆拉索支架上的弹性挡圈并拆下变速杆拉索。

(5) 用专用工具 3094 拆除自动变速器机油冷却器软管卡箍并取下软管，如图 1-3-5 所示。

(6) 安装带支柱 10-222A/1 的吊架 10-222A，并吊起发动机/变速器，如图 1-3-6 所示。

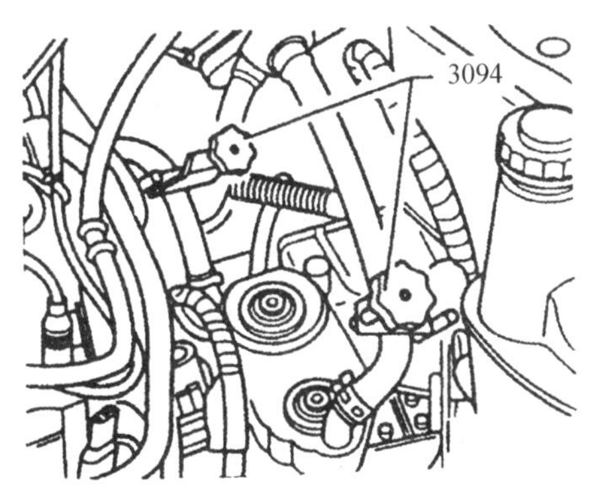

图 1-3-5　拆卸自动变速器机油冷却器软管

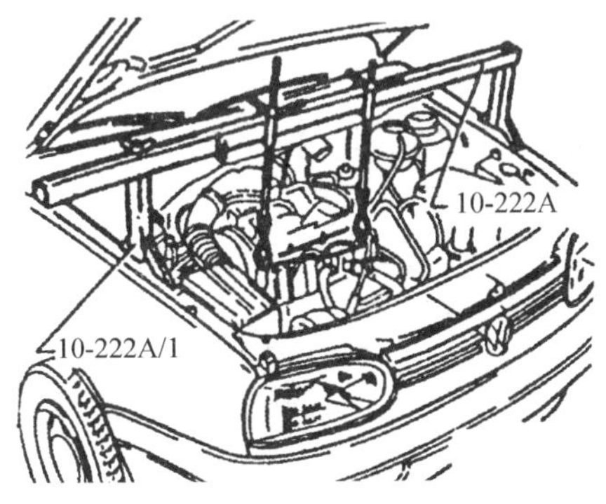

图 1-3-6　安装吊架

(7) 对于 6 缸发动机的车，将吊架装入环耳(图 1-3-7 中箭头所示)前，需拆下真空管和插头，如图 1-3-7 所示。

(8) 拆卸启动机。

(9) 拆下助力转向机构的高压管支架。

(10) 从发动机支架上拆下前支架螺栓，如图 1-3-8 所示。

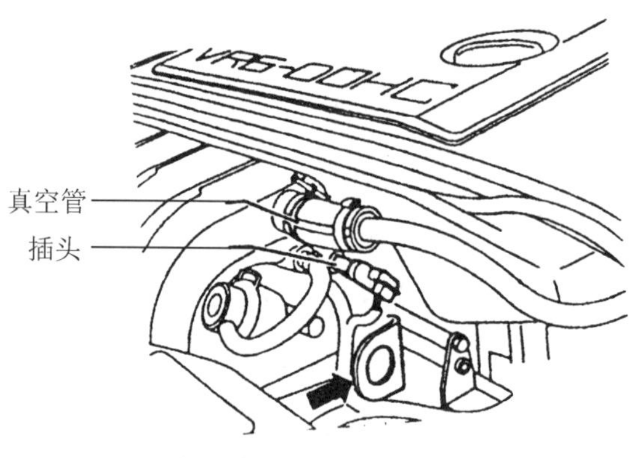

图 1-3-7 拆下真空管

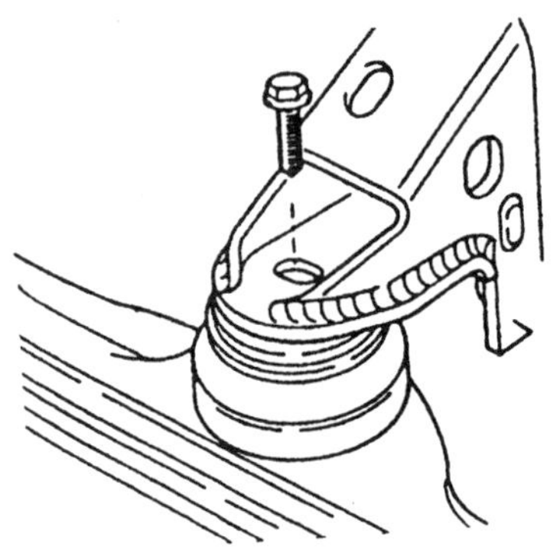

图 1-3-8 拆下前支架螺栓

(11) 拆下支架。

(12) 拧入冷却液补充罐并放在一旁。

(13) 拆下左侧总成悬置支架。

(14) 拆下发动机/变速器上部连接螺栓。

(15) 拆下自动变速器油底壳的防护板。

(16) 拧下液力变矩器防护板和螺母。

(17) 从法兰上拧下驱动轴。

(18) 将右侧驱动轴向上固定好。

(19) 拆下左车轮。

(20) 向右转动转向机构。

(21) 标出左侧悬挂臂上万向节螺栓安装位置，并拆下螺栓。

(22) 对于带有 Plus 底盘的车，需松开螺栓 A 和 B，如图 1-3-9 所示。

(23) 将左侧驱动轴放在一旁，向外侧摆动万向节。对于带 Tripode 万向节的驱动轴，需拆下驱动轴。

(24) 安装变速器支架 3282，如图 1-3-10 所示。

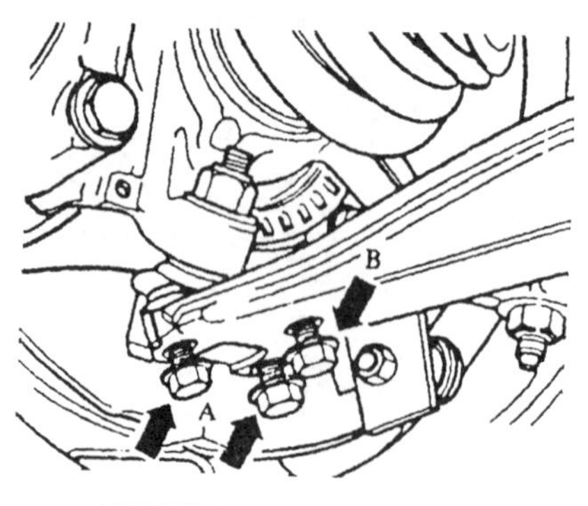

图 1-3-9 拆卸底盘螺栓

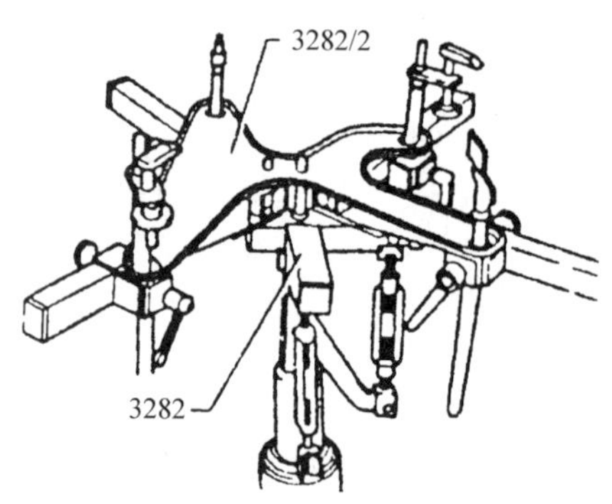

图 1-3-10 安装变速器支架

(25) 将千斤顶 V.A.G1383A 连同变速器支架 3282 一同放到变速器下面并支起变速器，如图 1-3-11 所示。

(26) 将支架芯轴装到油底壳上并紧固到变速器壳体上，如图 1-3-12 中箭头所示。

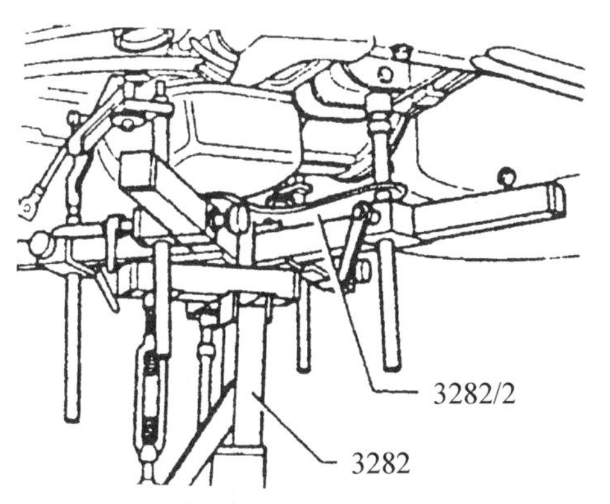

图 1-3-11　安装千斤顶和变速器支架

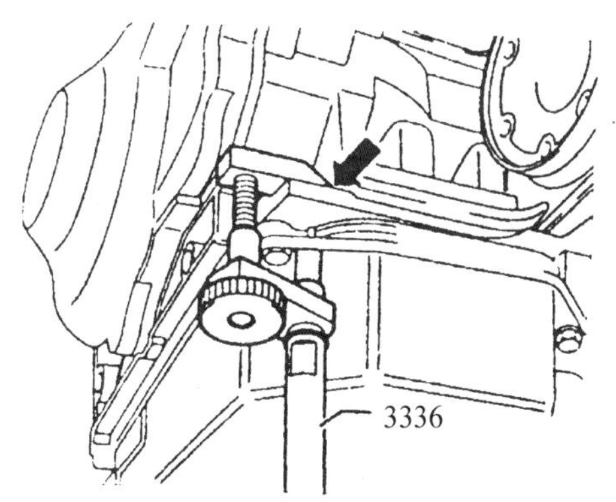

图 1-3-12　安装支架心轴

(27) 拆下发动机/变速器下部连接螺栓。

(28) 向前拧动支架 3300A，以推动发动机和变速器，如图 1-3-13 所示。

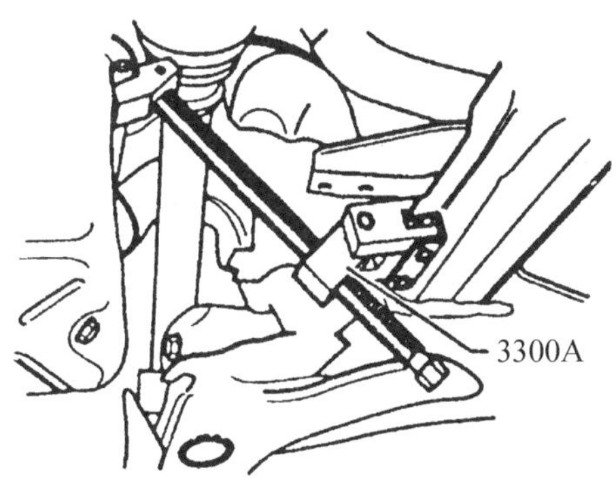

图 1-3-13　用支架推动发动机和变速器

(29) 压开变速器和发动机，从中间板上压出液力变矩器。

(30) 将液力变矩器压靠在自动变速器油泵上。

(31) 通过吊架螺杆放下发动机。稍微放下一点变速器，将助力转向装置高压管拉过变速器。

(32) 通过千斤顶放下变速器，在放下过程中，将罩盖(车轮室一侧)装到车轮室上，向内摆动变速器并小心放下。应注意右驱动法兰不能碰到支架 3300A，多功能开关不能碰到总成支架。

(33) 固定好液力变矩器，以防脱落。

2. 01M 自动变速器的安装

01M 自动变速器的安装过程与拆卸过程相反。安装液力变矩器时应注意驱动轴的两轴

颈必须装入自动变速器油泵内齿轮的槽内。安装变速器时还要注意以下几点。

(1) 安装前应注意紧配轴套的正确位置。

(2) 安装变速器前，应注意液力变矩器与中间板表面接合状况。

(3) 更换变速杆支架上的弹性挡圈。

(4) 检查变速杆拉索的调整情况。与变速器有关的拧紧力矩见表 1-3-1。

表 1-3-1　与变速器有关的拧紧力矩　　单位：N・m

部　位	拧紧力矩	部　位	拧紧力矩
驱动轴与驱动法兰连接	45	支架与左侧总成支承	60
液力变矩器与中间板连接	60	左支架与变速器	25
变速器与发动机 M12 螺栓	80	防护板与变速器	15
变速器与发动机 M10 螺栓	60	万向节与悬架	35
前支架与总成支承	60	起动机与变速器	60

(三)项目工作页

01M 自动变速器的拆装工作页

姓名：________　班级：________　学号：__________　指导教师：________　日期：________

(1) 工作内容与目标。

工作内容：01M 自动变速器的拆装。

工作目标：运用相关知识，正确使用工具对自动变速器进行拆卸与安装。

(2) 工作准备。

① 工作组。

序　号	姓　名	学　号	职　责	备　注
				组长

② 工具、设备、器材准备。

序　号	工具、设备、器材、耗材名称	型号、规格	套(件)数	备　注

(3) 工作过程与结果分析

操 作	步 骤	工作记录	注意事项
拆卸			
安装			

(4) 进行工位“5S”，自检、互检，工作结束。

(5) 项目测评。

测评者	评 语	成 绩
自我评价		
小组评价		
教师评价		
总成绩		

拓展知识：自动变速器型号与油液

同一型号的汽车，由于其使用的地区或用途不同，可能装备不同型号的自动变速器，而同一种自动变速器可能被用在多个公司不同年款的汽车上。因此，必须了解各种自动变速器的型号，以便使用和维修。

1. 自动变速器型号含义

(1) 变速器的性质：主要指的是自动变速器还是手动变速器。一般用字母“A”表示自动变速器，用字母“M”表示手动变速器。

(2) 自动变速器的生产公司：例如，德国 ZF 公司生产的自动变速器，其型号前面大多

为“ZF”字样。

(3) 驱动方式：主要标明是前驱动还是后驱动。一般用字母“F”表示前驱动，用字母“R”表示后驱动。但也有特殊情况，如丰田公司用数字表示驱动方式，一部分四轮驱动车辆在型号后面附字母“H”或“F”表示。

(4) 前进挡变速比个数：主要表示自动变速器前进挡的变速比的个数，用数字表示。

(5) 控制类型：主要说明变速器是电控、液控，还是电液控制的。一般用字母“E”表示电控，用字母“L”表示电控，用字母“EH”表示电液控制。

(6) 改进序号：表示自动变速器是否在原变速器的基础上做过改进。

(7) 额定驱动转矩：在通用与宝马等公司的自动变速器型号中有此参数。

2. 自动变速器型号示例

1) 丰田自动变速器型号

丰田自动变速器的型号可分为两大类：一类为型号中除字母外有两位阿拉伯数字，另一类为型号中除字母外有三位阿拉伯数字。

(1) 型号中有两位阿拉伯数字，如A40、A41、A55、A55F、A40D、A42DL、A43DL、A44DL、A45DL、A45DF、A43D等。字母“A”表示自动变速器。如左起第一位阿拉伯数字为“1”、“2”、“5”，则表示该自动变速器为前驱动车辆用，即自动变速器内含主减速器与差速器，称为自动驱动桥；如左起第一位阿拉伯数字为“3”、“4”，则表示该自动变速器为后驱动车辆用。左起第二位阿拉伯数字表示生产序号。

后附字母的含义如下：“H”或“F”表示该自动变速器用于四轮驱动车辆；“D”表示有超速挡；“L”表示有锁止离合器；“E”表示电控式，同时带有锁止离合器；若无“E”，则表示全液压控制。

(2) 型号中有三位阿拉伯数字，如A130L、A131L、Al32L、A140L、A240L、A241L、A243L、A440L、A440F、A340E、A340H、A340F、A341F、A140E、A141E、A240E、A241E、A540E、A540H等。字母“A”表示自动变速器，左起第一位阿拉伯数字及后附字母的解释同上，左起第二位阿拉伯数字表示前进挡的个数，左起第三位阿拉伯数字表示生产序号。

(3) 特别说明。在上述各自动变速器中，A340H、A340F、A540H自动变速器后面均省略了“E”，但均为电控自动变速器，带锁止离合器；A241H、A440F 自动变速器后面均省略了“L”，但均带有锁止离合器。

若改进后的自动变速器只增加了锁止离合器或驱动轮的个数，其余未做改动，则只在原型号后加注“L”或“F”、“H”，原型号不变。

2) 宝马自动变速器型号

以宝马 ZF4HP22-EH 为例，系列号分别表示：ZF—ZF 公司生产，4—挡位数(4)，H—控制类型(液压)，P—齿轮类型(行星类)，22—额定转矩(22N·m)， E或EH—分别表示电控或电液控制类型的变速器。

3) 通用自动变速器型号

通用自动变速器的型号主要有4T60E、4L60E、4T65E等。第一位阿拉伯数字表示前进挡传动比的个数，如4表示4速，即有4个前进传动比；第二位字母表示驱动方式，如“T”表示变速器为横置前驱，“L”表示变速器为纵置后驱；第三、四位数字表示变速器的额定

驱动转矩；第五位字母表示控制类型，如“E”表示变速器为电子控制。

3. 自动变速器的主要识别方法

1)　变速器铭牌识别法

在很多变速器壳体上都有一个小金属铭牌，上面一般标有自动变速器生产公司名称、型号、生产序号代码、液力变矩器规格等内容，可通过铭牌对自动变速器型号进行识别。例如，丰田 A341E 自动变速器在铭牌栏中的字符为 03-41LE，宝马轿车自动变速器的铭牌上直接标有 ZF4HP-22 或 ZF5HP-18，奥迪 01V 自动变速器铭牌如图 1-3-14 所示。

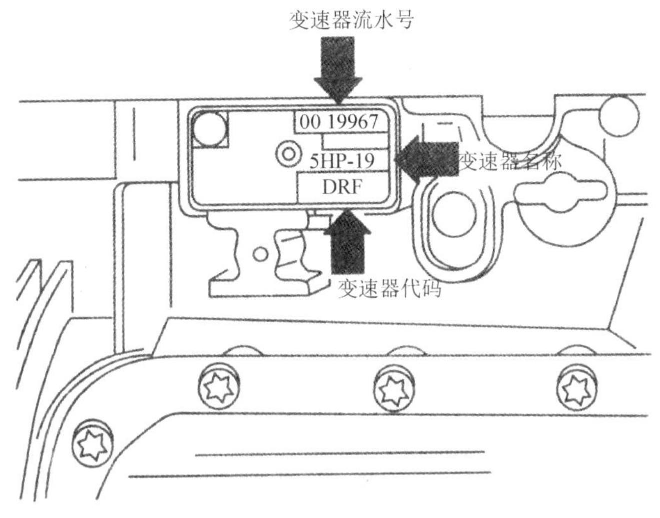

图 1-3-14　奥迪 01V 自动变速器铭牌

2)　汽车铭牌识别法

一部分汽车在发动机舱内、驾驶室内、门柱等位置有汽车铭牌，这些铭牌上一般有生产厂商名称、汽车型号、车身型号、底盘型号、发动机型号、变速器型号、出厂编号等内容。通过汽车铭牌上的内容可对自动变速器的型号进行识别。图 1-3-15 所示为丰田汽车铭牌。

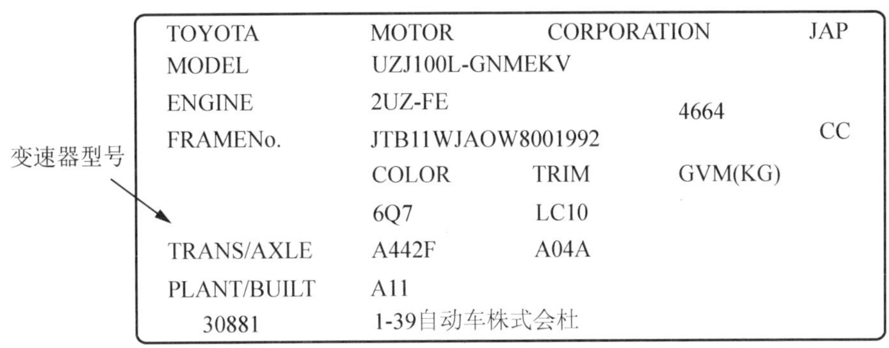

图 1-3-15　丰田汽车铭牌

3)　壳体标号识别法

一部分变速器将其型号刻印在壳体和油底壳等部位，可以很直观地识别出自动变速器

的型号。例如，福特公司的 AXOD 自动变速器，在其端部的阀体油底壳上冲压有很大的“AXOD”字符。

4) 零部件特征识别法

不同的自动变速器装备有不同形状和特征的零部件，常用具有特殊形状及特征的集滤器、油底壳、油底壳密封垫、电磁阀个数及导线端子数等进行区分与识别。例如，通用 4T60E 与 4T65E 自动变速器油底壳衬垫的形状有明显不同，可通过辨别油底壳衬垫的形状来区分自动变速器的型号。

5) 变速器结构特征识别法

可根据自动变速器独特的结构特征来识别变速器。例如，日产千里马 RE4F04A 自动变速器油底壳在上方，宝马或欧宝 4L30E 自动变速器有一大一小两个油底壳，奔驰 S320 轿车的 722.502 5 速自动变速器有加长的壳体，克莱斯勒 41TE(A604)自动变速器外部有电磁阀，马自达 626 轿车 GF4A-EL 自动变速器油底壳在前侧。

6) 车型型号对照表

可利用车型与变速器型号对照表进行查找。

4. 自动变速器的油液

自动变速器油(automatig transmission fluid，ATF)既是液力变矩器的传动油，又是行星齿轮变速机构的润滑油和操纵换挡装置工作的液压油。因此，ATF 具有传递动力、辅助润滑、清洁和冷却的作用，ATF 对自动变速器的工作、使用性能以及使用寿命都有非常重要的影响。现代汽车自动变速器保养的主要内容之一就是对 ATF 进行检查和更换。

ATF 的型号很多，各国的用油规定也不同，一般应按汽车使用说明书的规定选用。我国一般使用兰州、上海炼油厂生产的液力传动油，按其 100℃运动黏度分为 6 号、8 号两种规格，其中 6 号液力传动油用于内燃机车或载货汽车的液力变矩器，8 号液力传动油用于各种轿车、轻型客车和液力自动变速器，可以替代国外的同类产品。目前世界各国普遍使用美国生产的 ATF，主要有通用公司生产的 DexroIII、DexronⅣ型和福特公司生产的 E、F 型。

自动变速器油的型号不同，其摩擦系数也不同，因此既不能错用，也不能混用。如果规定使用 Dexron III型 ATF 而错用了福特 F 型 ATF，会使自动变速器发生换挡冲击和制动器、离合器突然啮合的现象；反之，如果规定使用福特 F 型 ATF 而错用了 DexronIII型 ATF，会出现自动变速器的离合器、制动器打滑的现象，加速摩擦片的早期磨损。

项目二　液力变矩器的结构与检验

【知识要求】

- 掌握液力变矩器的结构。
- 掌握液力变矩器的工作原理。

【能力要求】

- 能够正确检验液力变矩器。
- 能够准确判断液力变矩器的故障。

一、学习材料

(一)液力变矩器的结构

液力变矩器是自动变速器系统的重要组成部分，安装在发动机与自动变速器之间，形成发动机与齿轮机构之间的柔性连接，同时起到飞轮的作用。

液力变矩器的总体结构如图 2-0-1 所示。它由泵轮、涡轮、导轮和单向轮、锁止离合器和变矩器壳体等组成。变矩器内装有油泵提供的自动变速器油。

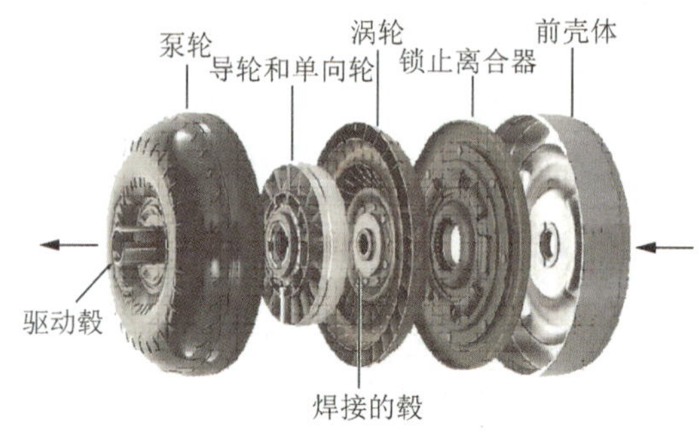

(a) 液力变矩器结构(一)

(b) 液力变矩器结构(二)

图 2-0-1 液力变矩器结构

1. 泵轮

泵轮是液力变矩器的主动元件，与变矩器壳体制成一体。泵轮由许多具有一定曲率的叶片，按一定的方向呈辐射状安装在泵轮壳体上。泵轮的壳体固定在曲轴的驱动盘上，曲轴旋转时，泵轮便随曲轴同方向同速旋转，而每两个叶片间均充满自动变速器油液，因此当泵轮旋转时，叶片便带动其间的液体介质一同运动，将转动能量传给油液，如图 2-0-2 所示。

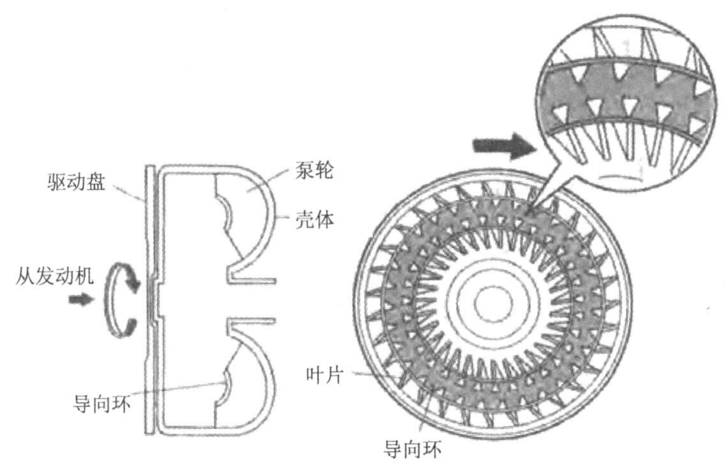

图 2-0-2　泵轮的结构

2. 涡轮

涡轮是液力变矩器的从动元件，其结构如图 2-0-3 所示。涡轮由具有一定曲率、一定方向的叶片呈辐射状安装在涡轮架上，组装后涡轮叶片的方向和泵轮叶片的方向是相反的。涡轮每两个叶片间循环着从泵轮甩出的液体介质，将油液的动能传给涡轮。涡轮叶片与泵轮叶片之间有 2～3mm 的间隙。

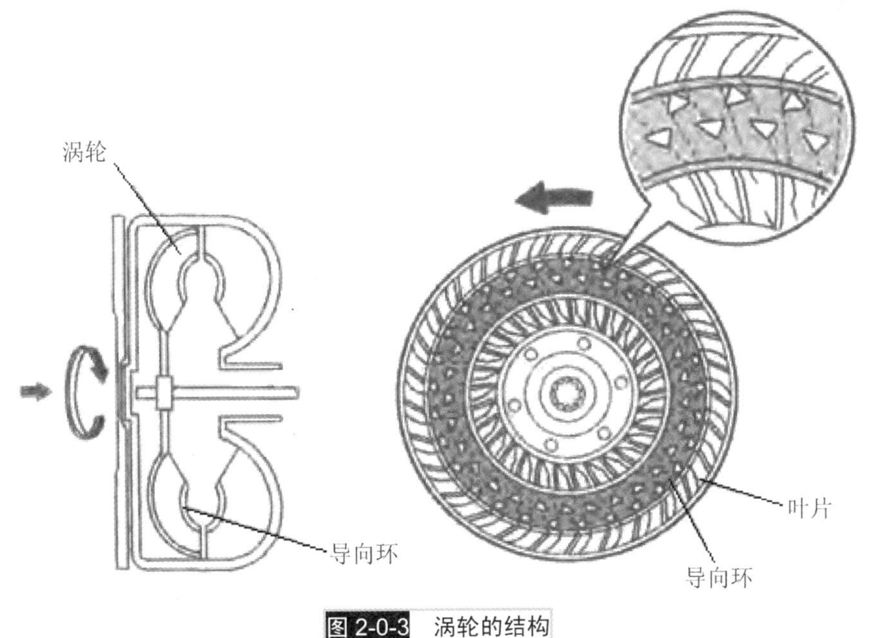

图 2-0-3　涡轮的结构

涡轮的轴孔上有花键槽，它与输出轴即自动变速器输入轴的花键配合，以便把涡轮的转矩转送给自动变速器，如图 2-0-4 所示。

图 2-0-4　涡轮驱动变速器输入轴

3. 导轮和单向轮

导轮位于泵轮与涡轮之间，也由许多具有一定曲率、一定方向的叶片组装在导轮架上。导轮轴孔内装有单向轮，单向轮的外圈与导轮孔紧密配合，单向轮的内圈用花键槽与油泵壳体上的轴配合，如图 2-0-5 所示。其工作示意图如图 2-0-6 所示。因此，导轮只能向一个方向(曲轴旋转方向)自由转动，向另一方向有转动趋势时，单向轮将其锁止而固定。

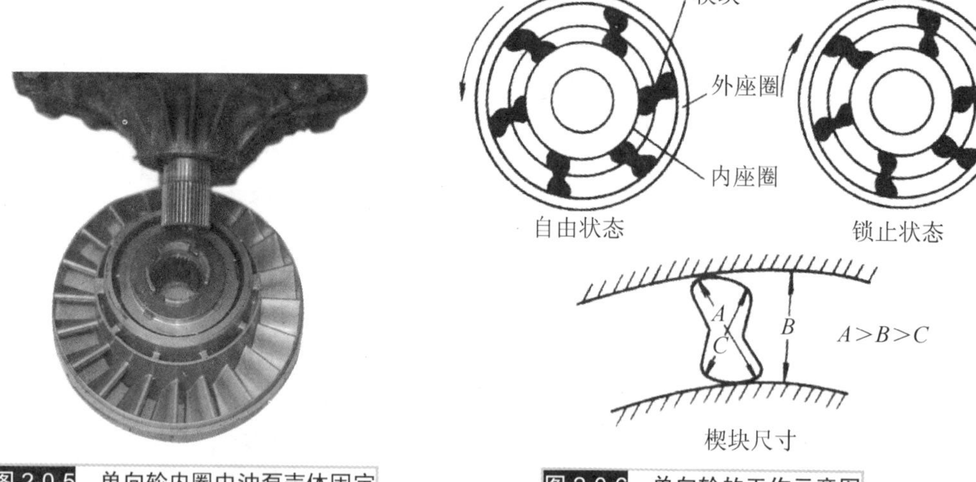

图 2-0-5　单向轮内圈由油泵壳体固定

图 2-0-6　单向轮的工作示意图

当油液冲击导轮叶片正面时，单向轮的外座圈沿逆时针方向转动，此时，楔块将锁止在内、外座圈之间，由于内座圈固定不动，导轮处于锁止状态。反之，当油液冲击导轮叶片背面时，导轮处于自由状态，如图 2-0-7 所示。

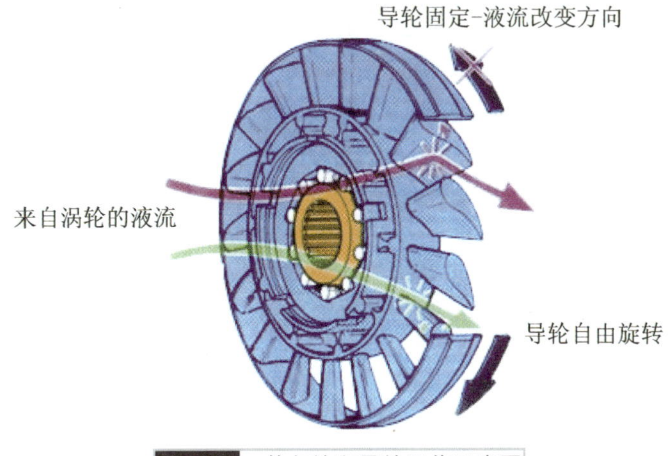

图 2-0-7　单向轮和导轮工作示意图

4. 锁止离合器

锁止离合器为湿式离合器，由主动部件、从动部件和液压控制部件三部分组成，如图 2-0-8 所示。变矩器壳体为主动部件；锁止压盘为从动部件，可轴向移动，并通过花键与涡轮连接，锁止压盘的工作表面上黏附有摩擦材料，以加大摩擦力；锁止压盘上装有减振盘和减振弹簧，衰减离合器接合时的扭转振动。

图 2-0-8　锁止离合器总成结构

锁止离合器在适当的时候将变矩器的壳体连在一起，减少液力变矩器内部油液传动的能量损耗，提高传动效率，提高汽车在正常行驶时的燃油经济性，并防止自动变速器油液过热。

(二)液力变矩器的工作原理

液力变矩器内泵轮与涡轮之间通过油液的流动来传递动力。发动机运转时，带动液力变矩器壳体和泵轮一起旋转，由于泵轮叶片的作用，变矩器内部的油液随壳体一起绕轴线旋转，该油液的流动方式称为环流。同时，在离心力的作用下，离开泵轮后的油液在压力

差的作用下冲到涡轮叶片的外缘，给涡轮叶片作用力的同时，沿着叶片向内缘流入，再经过导轮流回泵轮，该油液的流动方式称为涡流。这样，工作液就靠泵轮内产生的离心力冲向涡轮，并在泵轮与涡轮之间循环流动，于是将在泵轮内获得的能量传递给涡轮，驱动涡轮旋转而将动力输出。

由此可知：变矩器内油液的流动路线为泵轮→涡轮→导轮→泵轮，如图 2-0-9 所示，其流动形式是由涡流和环流叠加而成的一个不间断的螺旋流，如图 2-0-10 所示。需要说明的是，油液涡流流速的快慢取决于泵轮与涡轮之间的转速差大小，转速差越大，涡流流速越快，反之则越慢。这导致在不同工况下，变矩器内油液的流动方向即螺旋流的形式有所不同，从而起到了不同的作用。

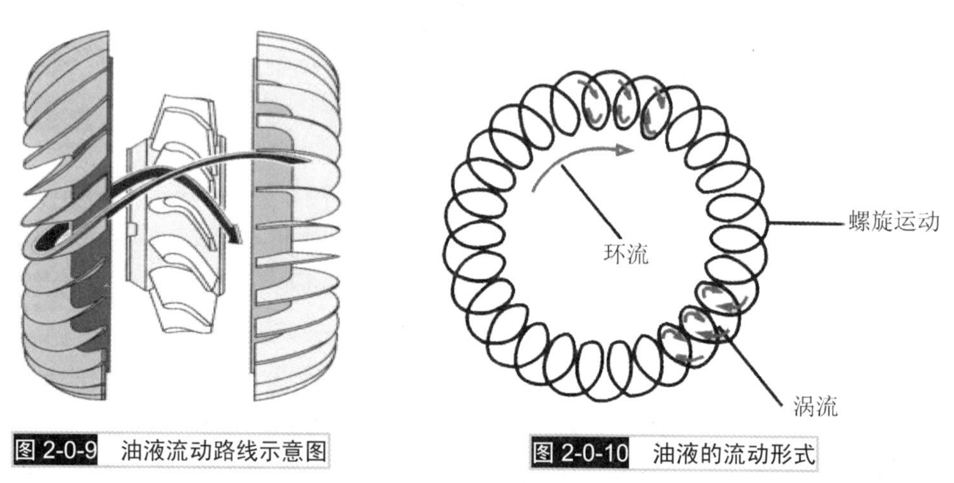

图 2-0-9　油液流动路线示意图

图 2-0-10　油液的流动形式

1. 泵轮与涡轮的转速差较大时

液流冲击导轮叶片的正面，在单向轮的作用下，导轮固定不动。同时，导轮叶片使油液的流动方向发生变化，将油液的动能施加在泵轮叶片的背面，加大泵轮的转速，最终使液流对涡轮的冲击力矩大于泵轮的输出力矩，从而增大了涡轮的输出转矩，如图 2-0-11 所示。

在传递转矩的同时，由于油液在流动时受到了导轮叶片较大的作用力，会造成能量损耗，使传动效率下降。

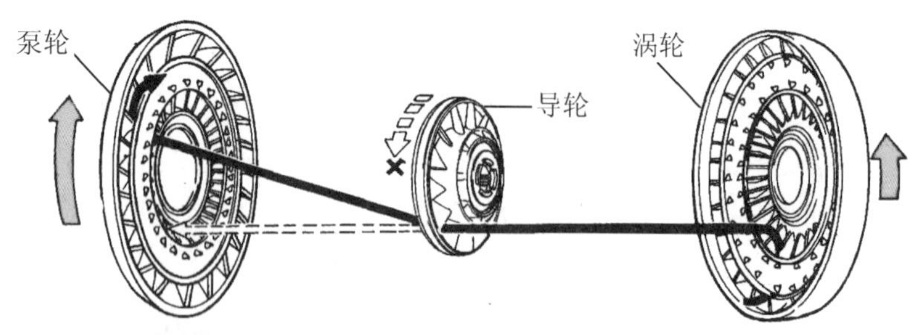

图 2-0-11　油液冲击导轮叶片的正面，单向轮处于锁止状态

2. 泵轮与涡轮的转速差较小时

液流冲击导轮叶片的背面，单向轮不起作用，导轮自由转动，油液直接穿过导轮叶片

流入泵轮。此时变矩器只传递转矩而不再改变转矩的大小，流动的油液受到的作用力较小，因而可提高传动效率，如图 2-0-12 所示。

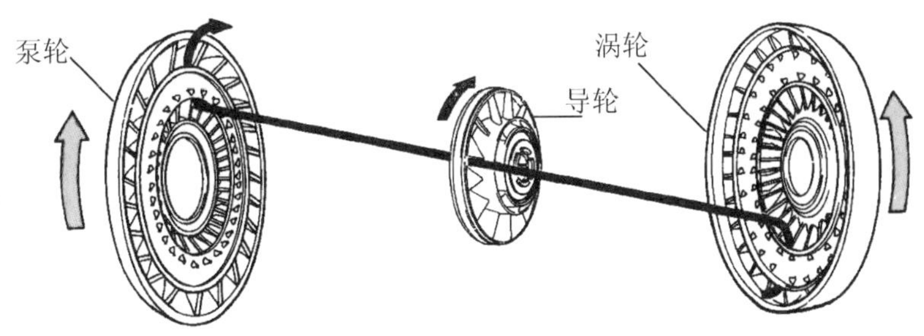

图 2-0-12　油液冲击导轮叶片的背面，单向轮处于自由状态

3. 锁止离合器的工作

电控自动变速器中的电控单元(ECU)根据车速、节气门开度、发动机转速、液压油的温度、变速杆手柄的位置、制动开关、控制模式等因素，按设定的锁止程序向锁止电磁阀发出控制信号，操纵锁止控制阀动作，从而控制锁止离合器动作。

1)　锁止离合器分离

液压控制系统内的控制油液由变速器输入轴的中心油道流入(见图 2-0-13(a))，作用在锁止压盘的左侧，压盘在油液压力的作用下向右移动，锁止离合器处于分离状态，发动机动力经泵轮、油液传给涡轮。此时，变矩器起变速、变扭的作用。

2)　锁止离合器接合

液压控制系统控制油液反向流动，油液由导轮固定套管中的油道(外油道)流入变矩器(见图 2-0-13(b))，作用在锁止压盘的右侧，锁止离合器与前盖之间的油液被排出。压盘在左、右两侧压力差的作用下向左移动，压紧在主动盘(变矩器壳体)上，使涡轮与泵轮接合成一体。发动机输入的动力由变矩器壳体、锁止压盘和涡轮直接传递到变速器输入轴，传动效率为100%，提高了燃油的经济性。此外，锁止离合器的接合能减少油液因摩擦产生的热量，有利于降低油液的温度。

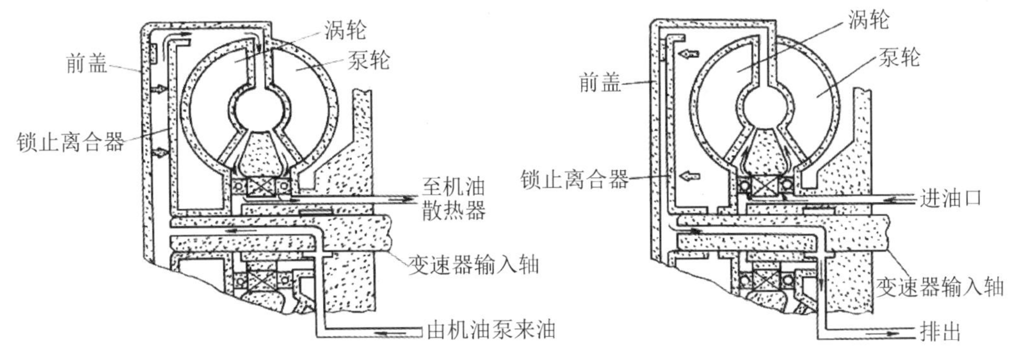

(a) 锁止离合器处于分离状态　　(b) 锁止离合器处于接合状态

图 2-0-13　锁止离合器的工作状态

(三)变矩器液压油的补偿与冷却

变矩器的各工作轮在一个密闭腔内工作，腔内充满液压油，它既是工作介质，又是工作元件的润滑油和冷却剂。变矩器在工作时，由于能量的损失而产生很大的热量，当转速比为 0 时，传动效率为 0，变矩器所传递的发动机的功率全部转化为热量而损失掉。在低速大负荷时，变矩器所传递的功率大而传动效率低，产生的热量多，这时若无有效的冷却措施，工作液的温度会很快升高，将造成工作液变质和密封件的损坏，不仅影响液力变矩器的正常工作，还将影响与之采用同一液压油的齿轮变速器的换挡和润滑。当变矩器工作时，泵轮高速旋转，由于离心力的作用，叶片上各点处液流压力均不相同，在泵轮叶片出口处压力最大，而在泵轮进口处的叶片背面压力最低。在液压油流动过程中，若该处压力下降，低于该温度下工作液的饱和蒸汽压时，液体便开始汽化蒸发，析出气泡。当液体中的气泡随液流运动到压力较高的区域时，气泡在周围压力油的冲击下迅速破裂，又凝结成液态，使体积骤然缩小，出现真空，于是周围的液体质点以极高的速度填充这些空间，在此瞬间，液体质点相互强烈撞击，产生明显的噪声，同时造成很高的局部压力，致使叶片表面的金属颗粒被击破，这一现象称为气蚀现象。气蚀现象将影响变矩器的工作，使其效率降低，并出现噪声。

此外，在液力变矩器中，为了避免高温及气蚀造成的不良后果，可利用油泵及其调压阀将工作液以一定的压力输送到液力变矩器中，使其在循环流动过程中保持一定的补偿压力(通常压力值保持在 0.25～0.7MPa 范围内，而且随工况不同而变化)，并将工作液不断地从液力变矩器中引出，送到散热器或者变速器的油底壳进行冷却。如图 2-0-14 所示，从油泵输出的液压油有一部分经过变矩器轴套与导轮固定套管之间的间隙进入变矩器内，受热后的液压油经过导轮固定套管与变矩器输出轴之间的间隙或中空的变矩器输出轴流出变矩器，经油管进入布置在发动机散热器附近或散热器内的自动变速器油冷却器，经冷却后流回变速器的油底壳。

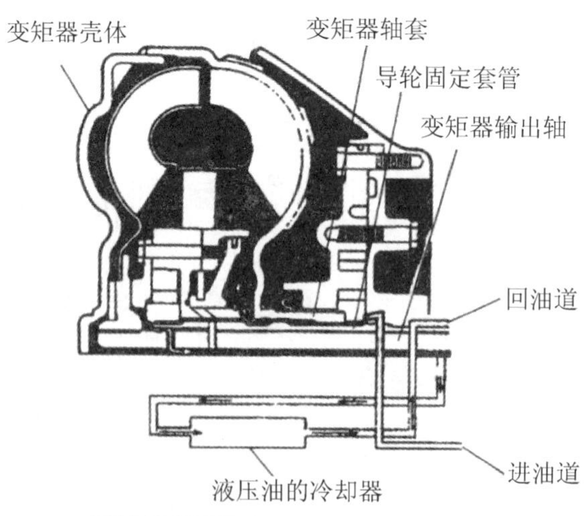

图 2-0-14 变矩器液压油的补偿与冷却

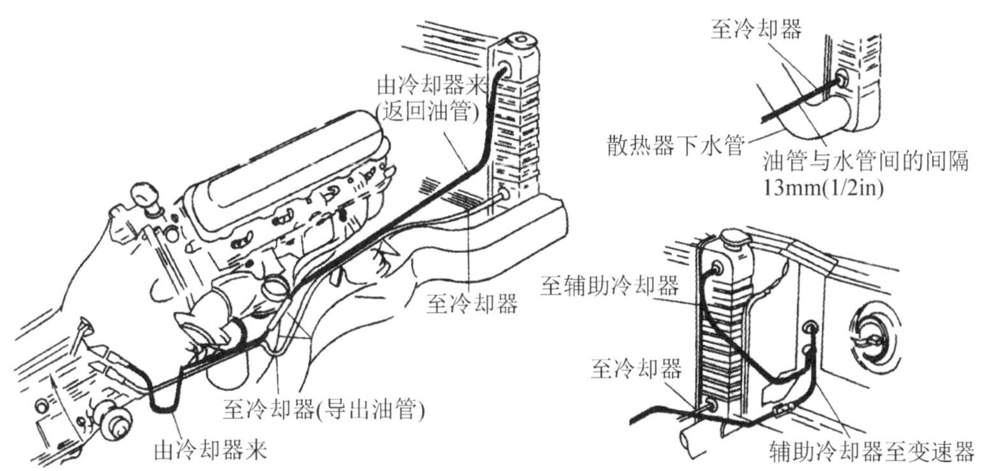

图 2-0-14　变矩器液压油的补偿与冷却(续)

二、项目实施与工作页

(一)项目准备

项目实施前应准备好如下液力变矩器总成、工具耗材等。

(1) 丰田、通用、大众液力变矩器各一台。

(2) 液力变矩器检验专用工具、常用工量具。

(3) 液力变矩器维修手册等技术资料。

(二)项目实施

1. 液力变矩器的检修

液力变矩器的外壳采用焊接式的整体结构，不可分解。液力变矩器内部除了导轮的单向轮和锁止离合器压盘之外，没有互相接触的零件。因此，液力变矩器的检修工作主要是检查和清洗。

1) 目视检查

检查液力变矩器的外部有无操作损伤和裂纹；是否有由于油温高而导致外表发蓝的现象；检查连接螺栓有无松动，如有，则需要更换；检查变矩器轴套是否光滑，如果轴套有磨损，则应仔细检查油泵的驱动部分，并检查轴套缺口有无损伤，必要时应更换液力变矩器，轴套表面轻度的擦痕或损伤可以用细砂布磨光。

2) 单向轮的检修

液力变矩器易发生的故障主要是单向轮的损坏。

如果单向轮在锁止方向上出现打滑，则使导轮变矩增扭作用消失，在汽车起步或低速时加速性能变差，即在低速区域发动机发闷，车速反应迟钝。

如果单向轮在自由转动方向上被卡住，汽车进入中高速行驶时，涡轮的转速接近于泵

轮的转速，由于导轮卡住不转，从涡轮流出的涡流在导轮上受阻，使汽车在中高速时的动力性能变差。

如果单向轮在自由旋转方向上出现半卡滞故障，则不仅会影响发动机动力的输出，而且会因半卡滞摩擦而致使液力变矩器油温升高。

判断单向轮是否卡滞的方法如下。

(1) 将单向轮内座圈驱动杆(专用工具)插入变矩器中。

(2) 将单向轮外座圈固定器(专用工具)插入变矩器中，并卡在轴套上的油泵驱动缺口中。

(3) 转动驱动杆，检查单向轮工作是否正常，转矩应小于 2.5N·m。在逆时针方向上单向轮应锁止，顺时针方向上应能自由转动，如图 2-0-15 所示。如果转矩大于 2.5N·m，说明单向轮有卡滞现象，应更换液力变矩器总成。

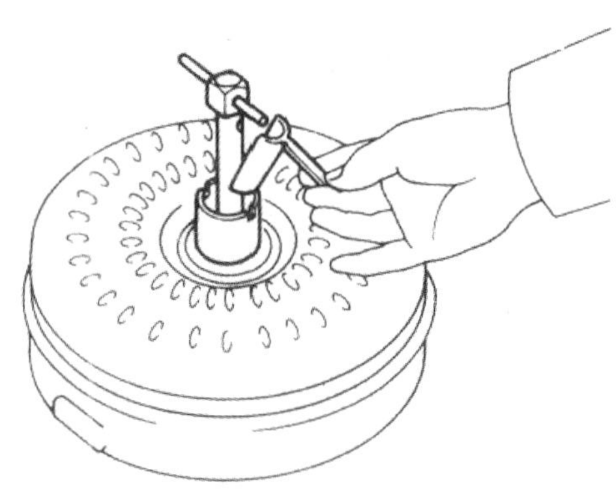

图 2-0-15 用专用工具检查单向轮

3) 测量液力变矩器轴套的偏摆量

首先将液力变矩器暂时安装在驱动盘上，为保证安装正确，应在所在位置做个标记，并安装百分表，如图 2-0-16 所示。如果径向圆跳动超过 0.3mm，则重新调整液力变矩器的安装方位。如果径向圆跳动过大，则无法得到修正，应更换液力变矩器。

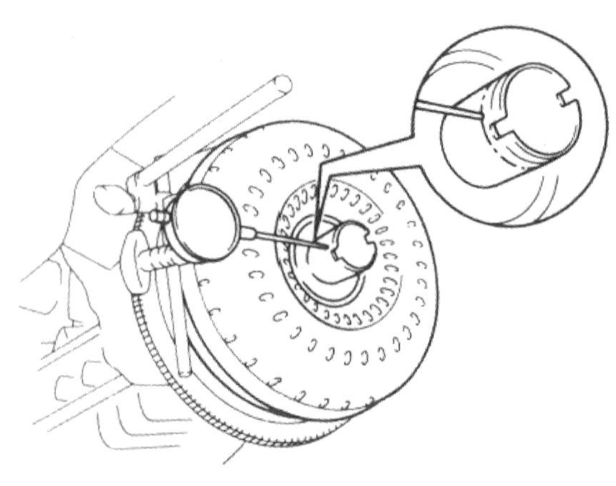

图 2-0-16 检查液力变矩器轴套的偏摆量

4)　清洗

用专用的清洗机清洗液力变矩器。将液力变矩器安装在清洗机的固定架上，清洗机用加压的清洗剂对液力变矩器进行冲洗，清洗机的驱动装置在冲洗的同时还驱动液力变矩器的涡轮。清洗工作大约需要15min，可冲洗掉绝大多数的金属颗粒，完毕后将洗净的液力变矩器从清洗机上拆下。

2. 检修液力变矩器的注意事项

(1)　拆卸液力变矩器时，最好打上装配相互位置的记号，复装时一定要按原位置安装，以免影响动平衡。

(2)　更换新的液力变矩器时，一定要与原型号相同。

(3)　将变速器总成与液力变矩器组合时，要注意油泵驱动轴与油泵主动轮之间的配合键槽应确实对齐、插牢，否则在装车时，必然造成液力变矩器或油泵的损坏。

(三)项目工作页

液力变矩器的结构与检验工作页

姓名：__________　班级：________　学号：_________　指导教师：__________　日期：__________

(1)　工作内容与目标。

工作内容：液力变矩器的检验。

工作目标：掌握液力变矩器的结构、原理及检验。

(2)　工作准备。

①　工作组。

序　号	姓　名	学　号	职　责	备　注
				组长

②　工具、设备、器材准备。

序　号	工具、设备、器材、耗材名称	型号、规格	套(件)数	备　注

③ 工作过程与结果分析。

使用该液力变矩器的车型	
使用工具、量具等	
① 液力变矩器的结构	
② 液力变矩器的工作	

导轮运动状态	泵、涡轮间转速差	油液冲击方向	作　用
固定			
自由转动			

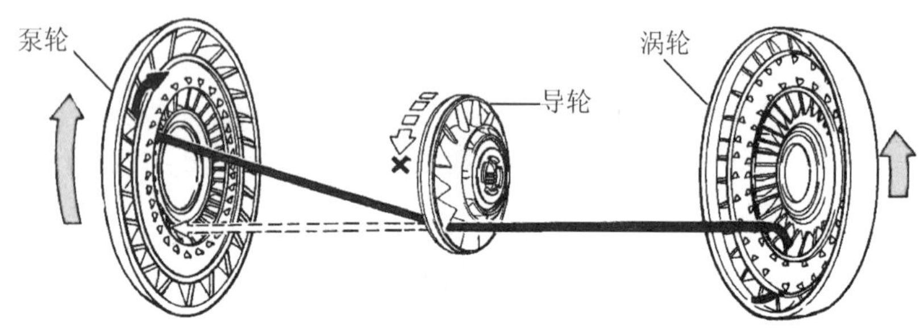

锁止离合器状态	油液流动路线	作　用
接合		
分离		

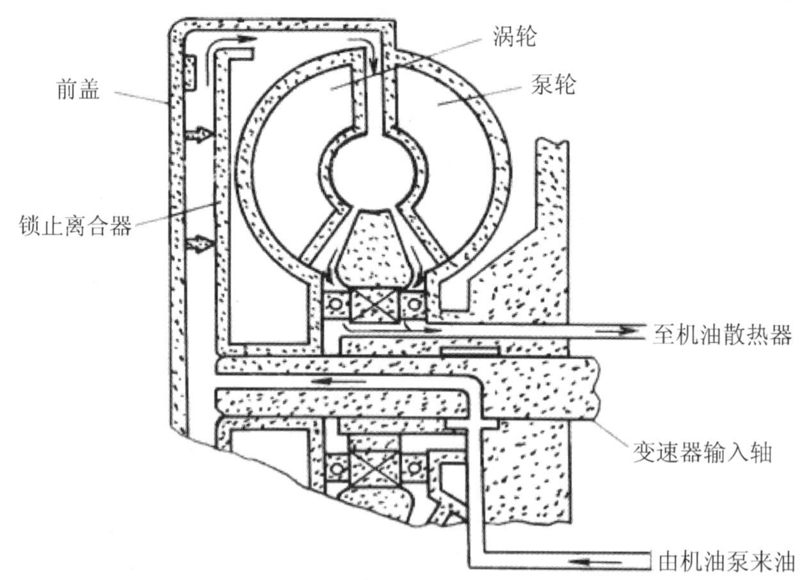

③ 结合学习资料，正确使用工具、量具进行液力变矩器的性能检测，并将检测结论填入下面

实训内容	实训工具	实训步骤	结　论
外部检查		壳体有无损坏及裂纹	
		轴套外径有无磨损	
		驱动油泵的轴套缺口有无损伤	

续表

实训内容	实训工具	实训步骤	结论
检查变矩器轴套的径向圆跳动量		将变矩器安装在发动机飞轮上	偏摆量为(　　) 标准范围为(　　) 是否需更换(　　)
		正确安装千分表，使其有一定的压缩量并调零	
		转动飞轮一周，观察千分表的偏摆量	
检查导轮中的单向轮		将单向轮内座圈驱动杆插入变矩器中	是否正常(　　)
		将单向轮外座圈固定器插入变矩器中，并卡在轴套上的油泵驱动缺口内	
		转动驱动杆，检查单向轮工作是否正常	
检查液力变矩器的安装情况		将液力变矩器安装在变速器输入轴前端	数值为(　　) 标准数值为(　　)
		测量液力变矩器的安装面至自动变速器壳体正面之间的距离	
结论：(是否正常、是否需要修理)			

(4) 进行工位“5S”，自检、互检，工作结束。

(5) 项目测评。

测评者	评　语	成　绩
自我评价		
小组评价		
教师评价		
总成绩		

项目三　自动变速器齿轮变速机构及动力传递

【知识要求】

- 掌握行星齿轮机构的主要组成及运动规律。
- 正确区分辛普森式、拉维纳式行星齿轮机构。
- 掌握辛普森式、拉维纳式行星齿轮机构的结构特点、工作原理。

【能力要求】

- 能够对行星齿轮机构进行正确的拆装。
- 能够对行星齿轮机构进行正确的检查。
- 能够正确分析自动变速器动力传递路径。

模块一　自动变速器齿轮变速机构

(一)行星齿轮机构的基本组成

1. 行星齿轮机构的结构特点

目前汽车自动变速器中的齿轮变速机构多为行星齿轮式。单排行星齿轮机构结构如图 3-1-1 所示，由太阳轮、齿圈、行星架和行星轮等基本元件组成。

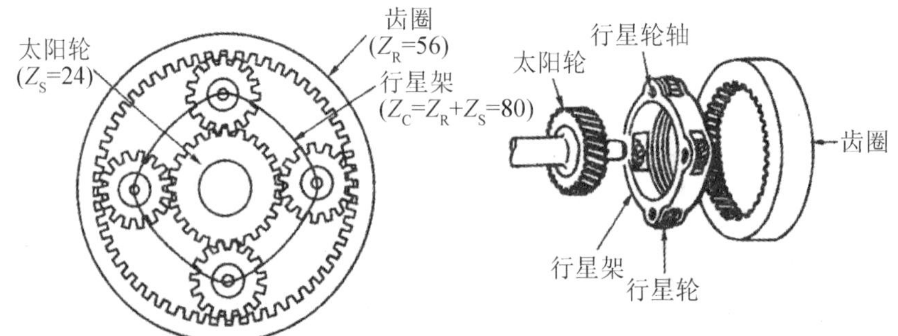

图 3-1-1　单排行星齿轮机构

齿圈轴心与太阳轮中心在一条轴线上，行星轮一般有 3～6 个，支承在行星架的行星轮轴上，并同时与齿圈和太阳轮啮合。当行星齿轮机构运转时，行星轮既可绕自身轴线进行自转，又可以随着行星架一起绕太阳轮进行公转。在该行星齿轮机构中，具有固定轴线的太阳轮、齿圈和行星架被称为三个基本元件。

2. 行星齿轮机构的运动规律

行星齿轮机构工作时，行星轮始终作为中间齿轮，因此它的齿数与行星齿轮机构的传动比无关。行星齿轮机构的传动比主要取决于行星架、太阳轮和齿圈的齿数，由于行星架并无齿轮，因此在计算传动比时，需给行星架指定一个当量齿数，其齿数为太阳轮与齿圈的齿数之和。这就可以得出：三个基本元件中，太阳轮齿数最少，齿圈居中，行星架齿数最多。根据这种关系，可判断不同组合的传动关系，确定降速挡或升速挡，进而掌握行星齿轮机构的传动规律。

设太阳轮、齿圈和行星架的转速分别为n_1、n_2和n_3，齿圈与太阳轮的齿数比为α，则表示单排行星齿轮机构一般运动规律的特性方程式：

$$n_1 + \alpha n_2 - (1+\alpha)n_3 = 0$$

由上式可知，由于单排行星齿轮机构具有两个自由度，在三个基本元件中，任选两个分别作为主动件和从动件，而使另一元件固定不动(该元件转速为 0)或使其运动受到一定的约束(该元件的转速为定值)，则机构只有一个自由度，整个轮系将以一定的传动比传递动力。

1)　固定某一元件时的运动状态

(1)　齿圈固定，太阳轮为主动件(输入)，行星架为从动件(输出)。在齿圈固定($n_2 = 0$)的前提下，由特性方程式可得传动比i_{13}为

$$i_{13} = \frac{n_1}{n_3} = 1+\alpha$$

传动比i大于 1 且为正值，因此为同向减降速传动，且为最大速比降速挡。

因此，当太阳轮按顺时针方向转动时，如图 3-1-2 所示，各行星轮既要分别绕各自的轴沿逆时针方向转动(即自转)，还要沿着齿圈并绕太阳轮沿顺时针方向转动(即公转)，同时带动行星架绕太阳轮沿顺时针方向降速转动。

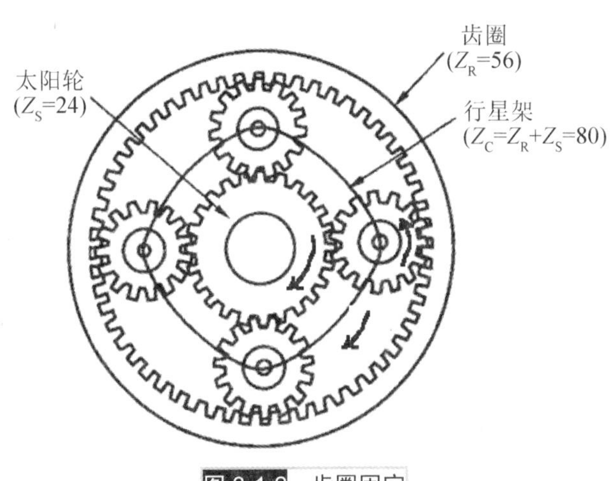

图 3-1-2　齿圈固定

(2)　齿圈固定，行星架为主动件(输入)，太阳轮为从动件(输出)。在齿圈固定($n_2 = 0$)的前提下，由特性方程式可得传动比i_{31}为

$$i_{31} = \frac{n_3}{n_1} = \frac{1}{1+\alpha}$$

传动比i小于 1 且为正值，因此为同向升速传动，且为超速挡(over drive，O/D)。

因此，当行星架按顺时针方向转动时，如图 3-1-2 所示，各行星轮既要分别绕各自的轴沿逆时针方向转动(即自转)，同时驱动太阳轮沿顺时针方向升速转动。

(3)　太阳轮固定，齿圈为主动件(输入)，行星架为从动件(输出)。在太阳轮固定($n_1 = 0$)的前提下，由特性方程式可得传动比i_{23}为

$$i_{23}=\frac{n_2}{n_3}=\frac{1+\alpha}{\alpha}$$

传动比 i 大于 1 且为正值，因此为同向降速传动，且为最小速比降速挡。

因此，当齿圈按顺时针方向转动时，如图 3-1-3 所示，各行星轮既要分别绕各自的轴沿顺时针方向转动(即自转)，还要绕太阳轮沿顺时针方向转动(即公转)，同时带动行星架沿顺时针方向降速转动。

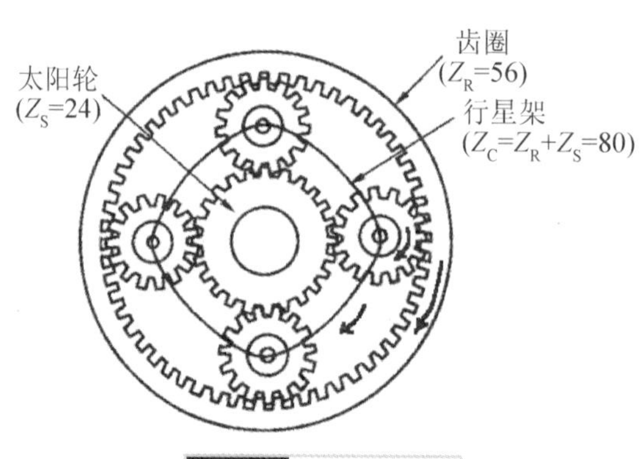

图 3-1-3　太阳轮固定

(4)　太阳轮固定，行星架为主动件(输入)，齿圈为从动件(输出)。在太阳轮固定($n_1=0$)的前提下，由特性方程式可得传动比 i_{32} 为

$$i_{32}=\frac{n_3}{n_2}=\frac{\alpha}{1+\alpha}$$

传动比 i 小于 1 且为正值，因此为同向升速传动。

因此，当行星架绕固定不动的太阳轮按顺时针方向转动时，如图 3-1-3 所示，就会带动各行星轮绕太阳轮沿顺时针方向转动(即公转)，还要绕各自的轴顺时针方向转动(即自转)，同时带动齿圈沿顺时针方向升速转动。

(5)　行星架固定，太轮轮为主动件(输入)，齿圈为从动件(输出)。在行星架固定($n_3=0$)的前提下，由特性方程式可得传动比 i_{12} 为

$$i_{12}=\frac{n_1}{n_2}=-\alpha$$

传动比 i 绝对值大于 1 表示是降速传动。式中负号表示主动件与从动件转向相反。故可实现降速倒挡传动。

因此，当行星架被固定动时，如图 3-1-4 所示，各行星轮只能自转而无公转。此时行星轮作为惰轮使从动轮(齿圈)与主动轮(太阳轮)反向转动。

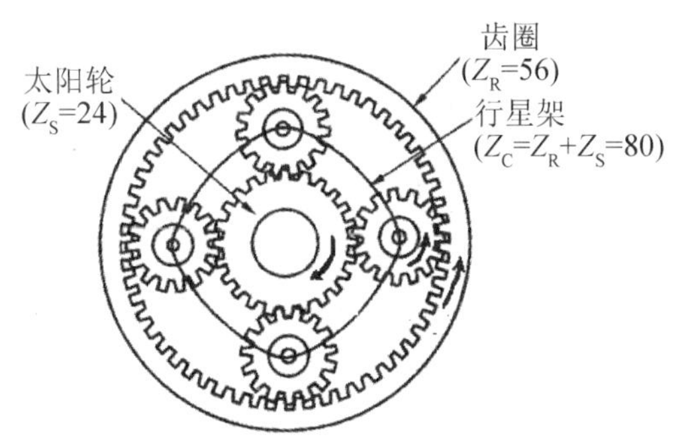

图 3-1-4　行星架固定

(6)　行星架固定，齿圈为主动件(输入)，太阳轮为从动件(输出)。在行星架固定($n_3=0$)的前提下，由特性方程式可得传动比i_{21}为

$$i_{21}=\frac{n_2}{n_1}=-\frac{1}{\alpha}$$

传动比i绝对值小于 1 表示是升速传动。式中负号表示主动件与从动件转向相反。故可实现升速倒挡传动。

因此，当行星架被固定动时，如图 3-1-4 所示，各行星轮只能自转而无公转。此时行星轮作为惰轮使从动轮(太阳轮)与主动轮(齿圈)反向转动。此传动方案一般无实用。

2)　连接任意两元件时的工作状态

任意两元件互相连接，也就说n_1等于n_2或n_2等于n_3，则由特性方程式可知，第三个基本元件的转速必与前两个基本元件的转速相同，即行星齿轮机构连接成一个整体，所有元件均无相对运动。此时传动比为 1，为直接挡。

3)　无固定元件时的工作状态

在太阳轮、齿圈和行星架三个元件中，如果所有元件都不受约束(固定)，任何两个元件也没有联锁成一体，则各元件将自由转动，即当输入轴转动时，输出轴也可不转动。因此不论以哪两个基本元件作为主动件和从动件，都不能传递动力，行星齿轮机构处于自由状态，即为空挡。

由于结构的限制，单排行星齿轮机构的传动比变化范围有限，往往不能满足汽车行驶的需要。因此在实际应用中的行星齿轮变速机构一般由两至三排单行星齿轮机构组成。多排行星齿轮机构尽管结构比单排行星齿轮机构要复杂得多，但其工作原理与单排行星齿轮机构相同，其传动比可根据特性方程式推导出来。

现代自动变速器广泛应用了单排双级行星齿轮机构，单排双级行星齿轮机构与单排单级行星齿轮机构相比，多了一级啮合齿轮，如图 3-1-5 所示。

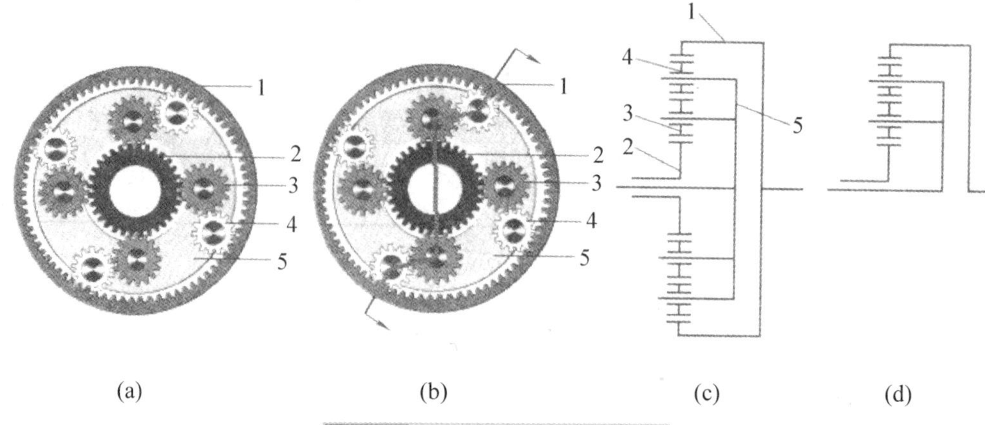

图 3-1-5　单排双级行星齿轮机构

1—内齿圈；2—太阳轮；3—与太阳轮啮合的行星齿轮；4—与内齿圈啮合的行星齿轮；5—行星架

单排双级行星齿轮机构的运动特性方程式为

$$n_1 - \alpha n_2 - (1-\alpha)n_3 = 0$$

式中，太阳轮、齿圈和行星架的转速分别为 n_1、n_2 和 n_3，齿圈与太阳轮的齿数比为 α。

某一行星齿轮为长的双联行星齿轮时，如图 3-1-6 所示，运动特性方程式为：

$$n_1 - \alpha\beta n_2 - (1-\alpha\beta)n_3 = 0$$

式中，β 为行星排的双联长行星轮中同太阳轮相互啮合的齿轮齿数与同内齿圈相互啮合的齿轮齿数之比，双联长行星齿轮的单排双级行星齿轮机构如图 3-1-6 所示。

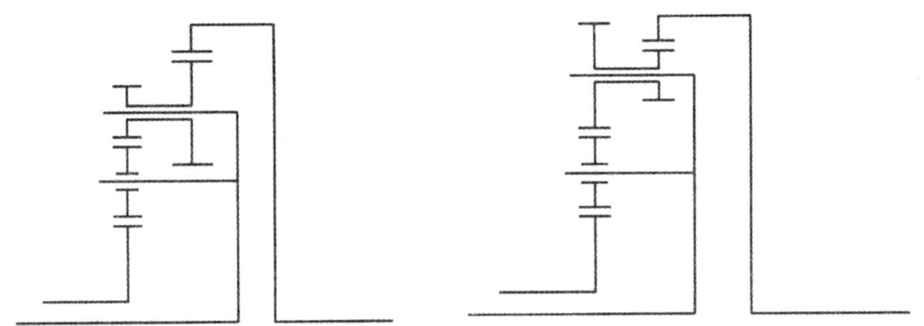
图 3-1-6　双联长行星齿轮的单排双级行星齿轮机构

在自动变速器上使用的多排行星齿轮机构中，应用较多的有辛普森式行星齿轮机构和拉维纳式行星齿轮机构。

(二)辛普森式行星齿轮机构

辛普森式行星齿轮机构是由美国福特汽车公司的工程师 Howard Simpson 设计发明的。辛普森式行星齿轮机构就是将双行星排中其中一排的齿圈和另一排的行星架连接为一体，可以实现 3 个或 4 个前进挡，而且具有结构简单紧凑、传动效率高、工艺性好、制造费用低、换挡平稳、操纵性能好等一系列优点，适用于各种自动变速器和动力换挡变速器。

常用的辛普森式行星齿轮机构有公共太阳轮式和独立太阳轮式两种类型。

1. 公共太阳轮式

公共太阳轮式辛普森式行星齿轮机构是指将前、后两行星齿轮组的太阳轮作为一个整体，输出轴通常与“行星架/齿圈组件”相连接，如图 3-1-7 所示，工作原理如图 3-1-8 所示。

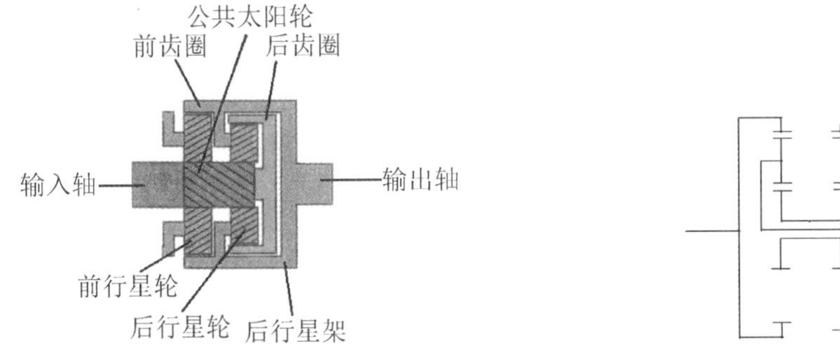

图 3-1-7　公共太阳轮式辛普森式行星齿轮机构

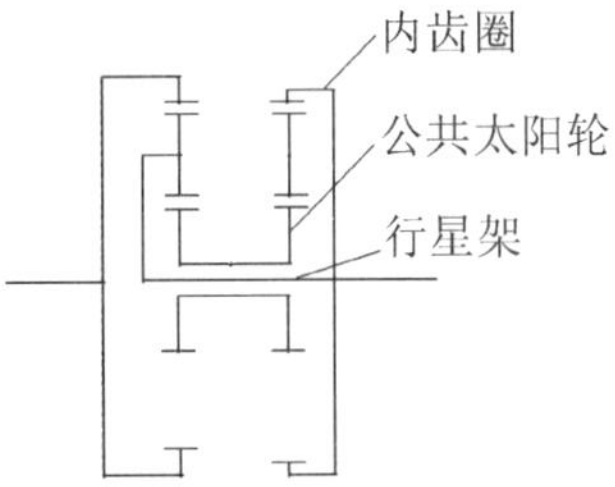

图 3-1-8　公共太阳轮式辛普森式行星齿轮机构原理

2. 独立太阳轮式

独立太阳轮式辛普森式行星齿轮机构是指在前、后两行星齿轮组中各有一个独立太阳轮，如图 3-1-8 所示，通常这种形式也称为辛普森改进式，工作原理如图 3-1-10 所示。

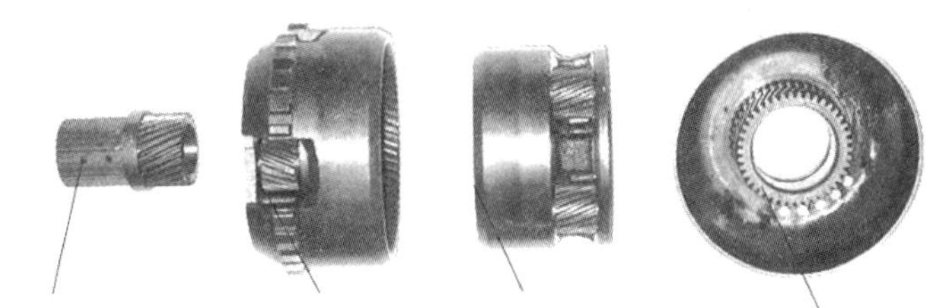

图 3-1-9　独立太阳轮式辛普森式行星齿轮机构

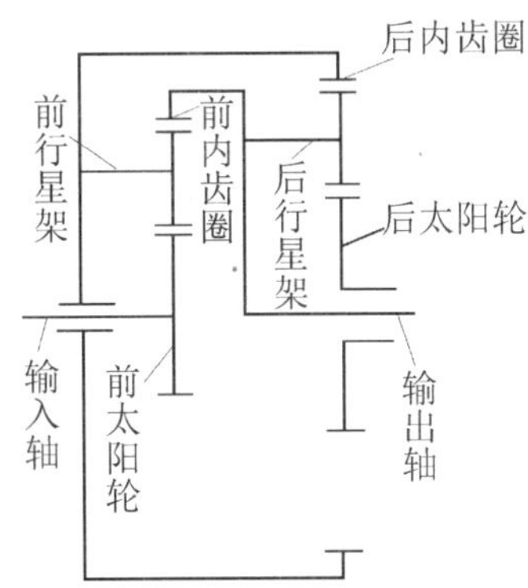

图 3-1-10　独立太阳轮式辛普森式行星齿轮机构原理

(三)拉维纳式行星齿轮机构

拉维纳式行星齿轮机构由两个行星排组合而成：大太阳轮、长行星轮、行星架、内齿圈共同组成一个单行星齿轮式行星齿轮组；小太阳轮、短行星轮、长行星轮、行星架和内齿圈共同组成一个双行星齿轮式行星齿轮组。该行星齿轮机构共用一个内齿圈和一个行星架，结构如图 3-1-11 所示，机构示意图如图 3-1-12 所示，因此，它有四个独立元件：大太阳轮、小太阳轮、行星架、内齿圈。

与辛普森式行星齿轮机构相比，拉维纳式行星齿轮机构结构紧凑，相互啮合的齿数较多，可以传递较大的转矩，传动比变化范围大。

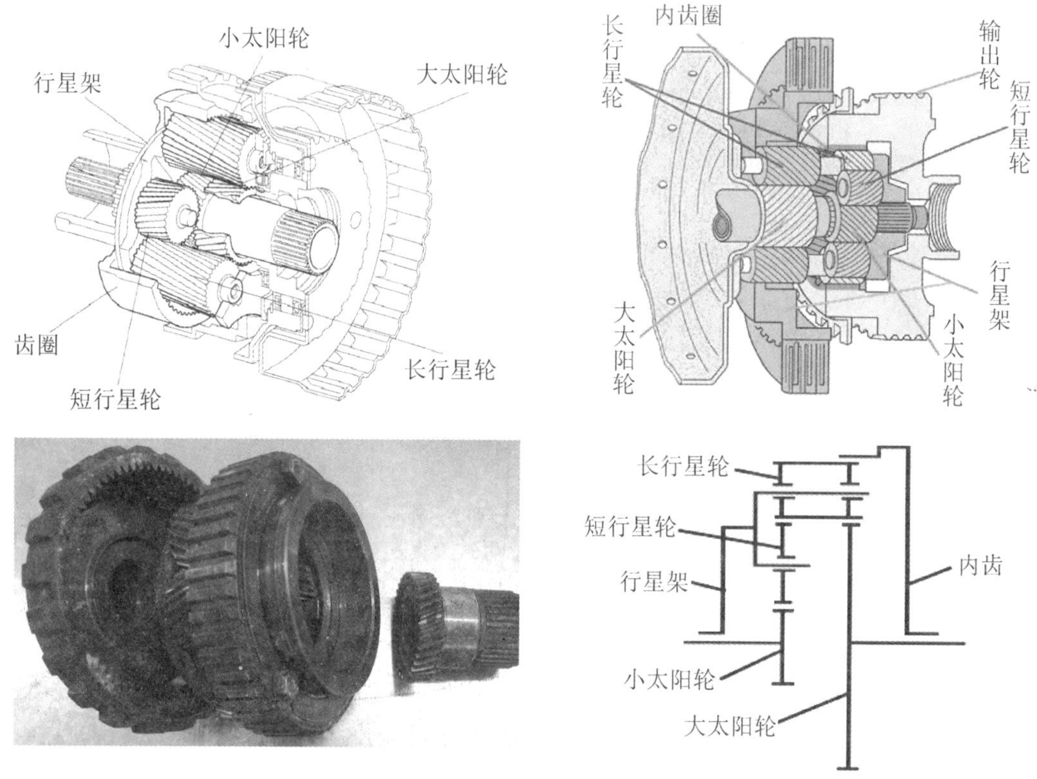

图 3-1-11　拉维纳式行星齿轮机构

图 3-1-12　拉维纳式行星齿轮机构示意图

(四)行星齿轮机构的检查

(1) 检查行星轮与行星架之间的间隙：标准间隙为 0.2～0.6mm，最大间隙为 1.0mm，检查方法如图 3-1-13 所示。如果间隙超过最大值，应更换止推垫片或行星排总成。

(2) 检查太阳轮、行星架、内齿圈等零件的轴颈或滑动轴承处有无磨损，如有异常，应更换新件。图 3-1-14 为前行星排齿圈衬套内径的检查，其最大内径为 24.08mm，若超差应予以更换。

(3) 检查各太阳轮、行星轮、齿圈的齿面，如有磨损或疲劳剥落，应更换整个行星排。

图 3-1-13　行星齿轮机构间隙的检查

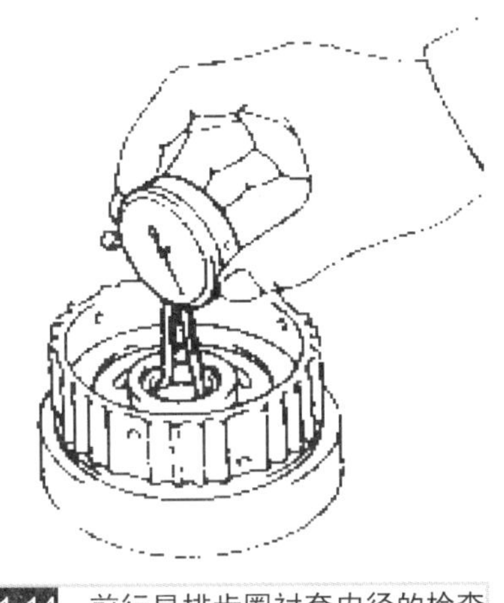

图 3-1-14　前行星排齿圈衬套内径的检查

模块二　丰田 A340E 自动变速器动力传递

一、学习材料

丰田车系 A340E 自动变速器的动力传动机构由两大部分构成，前部是一个单一的行星齿轮组件，后部是辛普森式行星齿轮组件。单一的行星齿轮组件速比为 0.7∶1，起增速作用，通常称它为超速挡(O/D)行星齿轮组件；辛普森式行星齿轮组件可以实现前进挡为 2.5∶1、1.5∶1 和 1∶1 三个速比，以及为 2.75∶1 的倒挡。图 3-2-1 为 A340E 自动变速器齿轮变速机构剖面示意图。

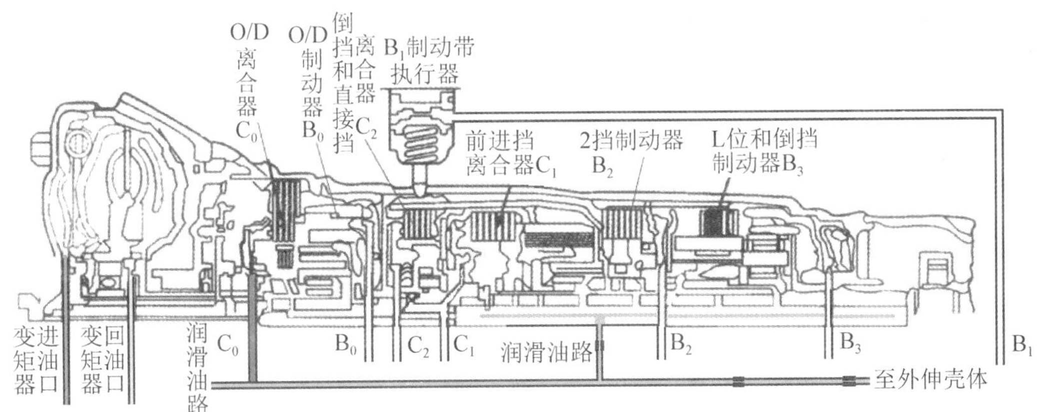

图 3-2-1　A340E 自动变速器齿轮变速机构剖面示意图

A340E 自动变速器动力传递机构示意图如图 3-2-2 所示。前部为 O/D 行星齿轮组件，后部为辛普森式行星齿轮组件。

换挡执行元件的名称和功能如下。

B_0：O/D 制动器，可将 O/D 恒星轮(太阳轮)固定。

C_0：O/D 离合器，可将 O/D 恒星轮(太阳轮)与 O/D 行星架结合。

F_0：O/D 单向离合器，可将 O/D 恒星轮(太阳轮)与 O/D 行星架接合。

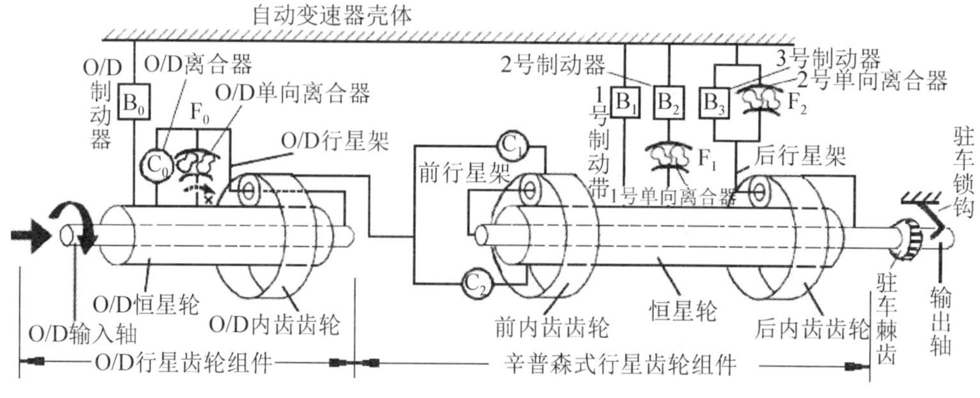

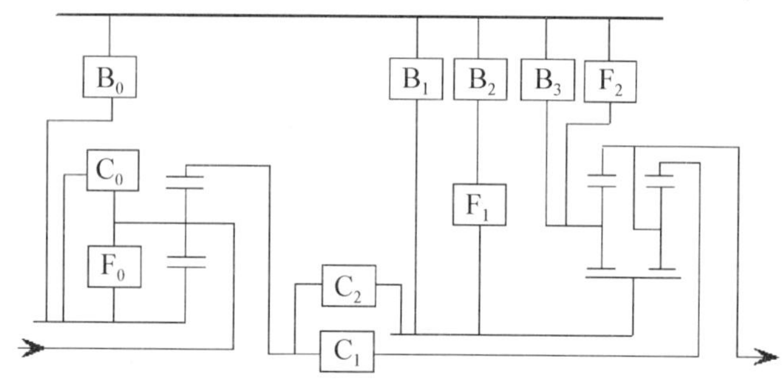

图 3-2-2　A340E 自动变速器动力传递机构示意图

C_1：前离合器(前进挡离合器)，可以将 O/D 行星内齿轮与前内齿圈接合，即动力由 O/D 行星齿轮组件传给前内齿圈。

C_2：后离合器(倒挡离合器、直接挡离合器)，可将 O/D 行星齿轮组件与恒星轮(太阳轮)接合。

B_1：1 号制动带，可将恒星轮(太阳轮)固定。

B_2：2 号制动器，可将 1 号单向离合器的外环固定。

B_3：3 号制动器，可将后行星架固定。

F_1：1 号单向离合器(2 挡单向离合器)，在 B_2 接合时，可以阻止恒星轮(太阳轮)逆时针转动。

F_2：2 号单向离合器(1 挡单向离合器)，可以阻止后行星架逆时针转动。

二、项目实施与工作页

(一)项目准备

项目实施前应准备好自动变速器总成、工具、量具、耗材等。

(1) A340E 自动变速器总成。

(2) A340E 自动变速器拆装专用工具、常用工具。

(3) A340E 维修手册等技术资料。

(二)项目实施

分析 A340E 自动变速器动力传递路径。

A340E 自动变速器换挡执行元件的工作状况见表 3-2-1。

表 3-2-1　A340E 自动变速器换挡执行元件的工作状况

变速杆位置	挡位	离合器			制动器				单向离合器		
		C_0	C_1	C_2	B_0	B_1	B_2	B_3	F_0	F_1	F_2
D 位	1 挡	●	●						●		●
	2 挡	●	●				●		●	●	
	3 挡	●	●	●			●		●		
	4 挡		●	●	●		●				
2 位	1 挡	●	●						●		●
	2 挡	●	●			●	●		●	●	
L 位	1 挡	●	●					●	●		●
R 位		●		●				●	●		
P 位		●							●		
N 位		●							●		

注：●表示换挡执行元件处于接合状态。

1. P 位时的动力传递路径

变速杆置于 P 位，经传动杆将驻车锁钩与驻车棘齿相接合，变速器输出轴与壳体接合成一体，车轮与车体构成一体，使车轮不能转动。

P 位时的动力传递路径如图 3-2-3 所示。O/D 离合器 C_0 接合，F_0 处于锁止状态，使 O/D 行星齿轮组件的转速比为 1∶1。发动机转动之后，O/D 行星齿轮组件空转。

2. N 位时的动力传递路径

变速杆置于 N 位，N 位时的动力传递路径如图 3-2-4 所示。O/D 离合器 C_0 接合，F_0 处于锁止状态，使 O/D 行星齿轮组件的转速比为 1∶1。发动机转动之后，O/D 行星齿轮组件空转。

3. D 位 1 挡时的动力传递路径

变速杆置于 D 位，D 位 1 挡时的动力传递路径如图 3-2-5 所示。O/D 行星齿轮组件的 C_0 接合，F_0 处于锁止状态，O/D 行星齿轮组件的转速比为 1∶1。前离合器 C_1 接合，动力经 O/D 行星齿轮组件、C_1、前内齿圈顺时针转动，前行星轮顺时针转动，共用的恒星轮(太阳轮)逆时针转动，后行星架产生逆时针转矩，F_2 锁止，后行星架锁止不动，动力由输出轴输出。辛普森式行星齿轮组件的转速比则约为 2.5∶1，变速器处于 1 挡。在节气门开度减小时，车辆的惯性经车轮带动输出轴，单向离合器 F_2 滑脱，车轮不能反拖发动机，车辆靠惯性轻松滑行。

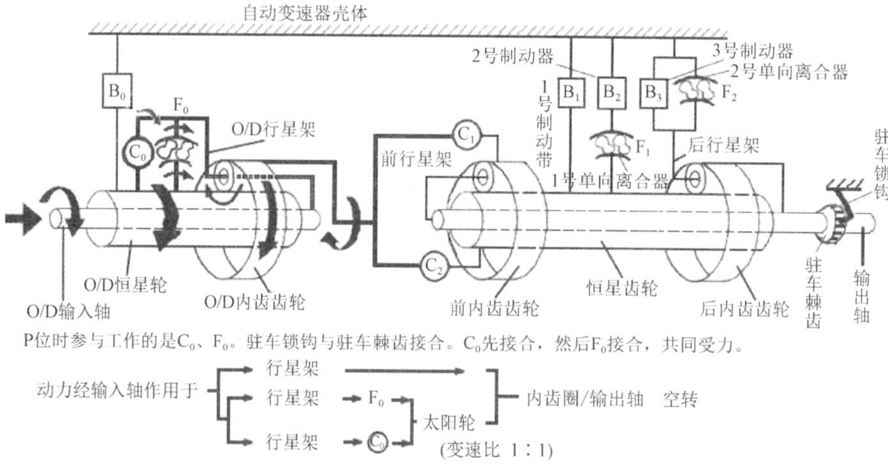

图 3-2-3　P 位时的动力传递路径

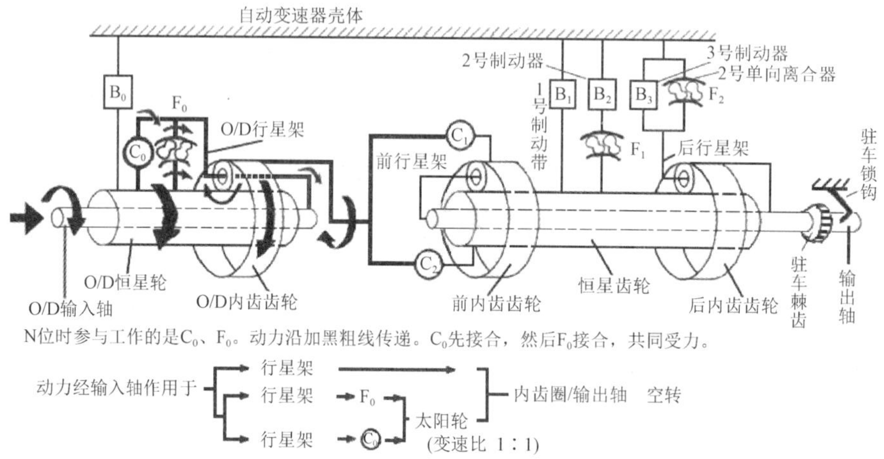

图 3-2-4　N 位时的动力传递路径

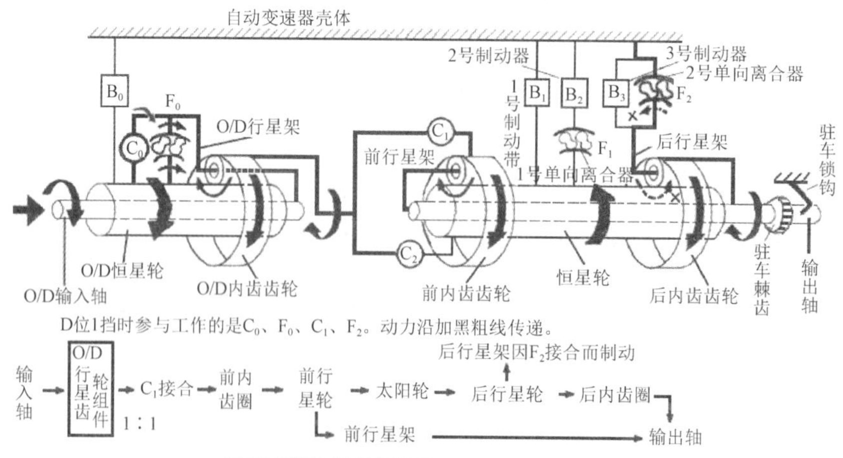

图 3-2-5　D 位 1 挡时的动力传递路径

4. D 位 2 挡时的动力传递路径

变速杆置于 D 位，D 位 2 挡时的动力传递路径如图 3-2-6 所示。O/D 行星齿轮组件的 C_0 接合，F_0 处于锁止状态；前离合器 C_1 接合，2 号制动器 B_2 接合。动力经 O/D 行星齿轮组件、C_1、前内齿圈顺时针转动，前行星轮顺时针转动，共用的恒星轮逆时针转动时 F_1 锁止而不能转动，动力由前行星架、输出轴输出。此时后内齿圈带动后行星轮、后行星架空转(因 F_2 滑脱)。辛普森式行星齿轮组件的转速比约为 1.5∶1，变速器处于 2 挡。在节气门开度减小时，车辆的惯性经车轮带动输出轴，单向离合器 F_1 滑脱，车轮不能反拖发动机，车辆靠惯性轻松滑行。

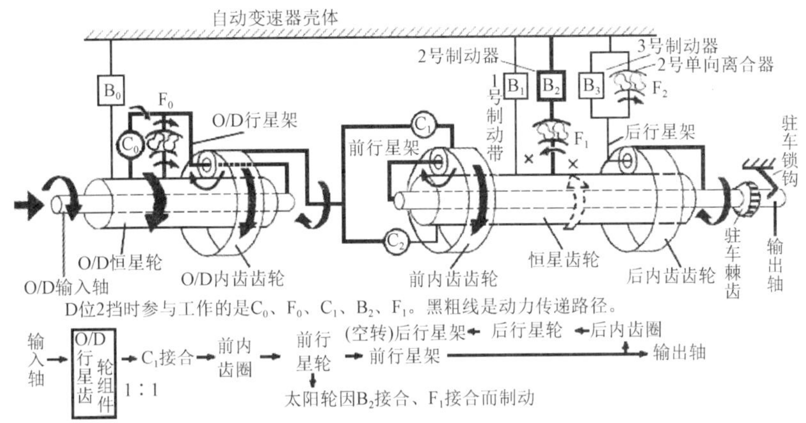

图 3-2-6　D 位 2 挡时的动力传递路径

5. D 位 3 挡时的动力传递路径

变速杆置于 D 位，D 位 3 挡时的动力传递路径如图 3-2-7 所示。O/D 行星齿轮组件的 C_0 接合，F_0 处于锁止状态；前离合器 C_1 接合，2 号制动器 B_2 接合，后离合器 C_2 接合。动力经 O/D 行星齿轮组件、C_1、C_2，使前内齿圈、恒星轮、前行星架、输出轴同步转动，转速比为 1∶1，变速器处于 3 挡。此时后内齿圈带动后行星轮、后行星架空转(因 F_2 滑脱)。在节气门开度减小时，车辆的惯性经车轮带动输出轴，反拖发动机，发动机起到制动作用。

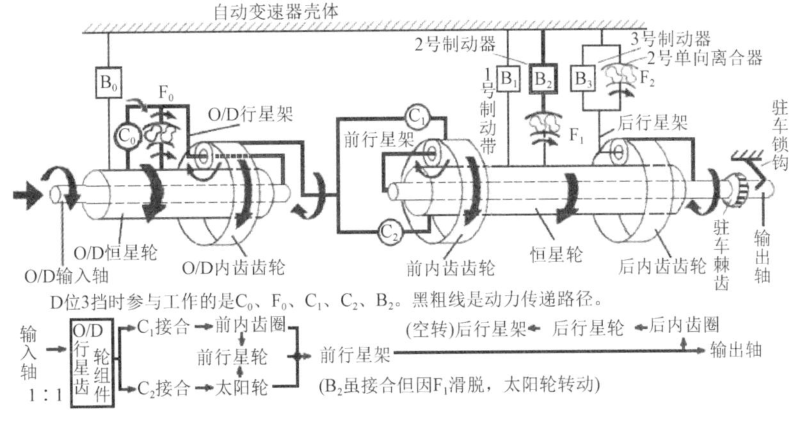

图 3-2-7　D 位 3 挡时的动力传递路径

6. D 位 4 挡时的动力传递路径

变速杆置于 D 位，D 位 4 挡时的动力传递路径如图 3-2-8 所示。O/D 行星齿轮组件的 B_0 接合，O/D 恒星轮被固定，动力经 O/D 输入轴、O/D 行星架带动 O/D 内齿圈顺时针转动，O/D 行星齿轮组件的转速比为 0.7∶1。前离合器 C_1 接合，2 号制动器 B_2 接合，后离合器 C_2 接合，使前内齿圈、恒星轮、前行星架、输出轴同步转动，辛普森式行星齿轮组件的转速比为 1∶1，变速器的转速比为 0.7∶1，处于 4 挡。在节气门开度减小时，车辆的惯性经车轮带动输出轴，反拖发动机，发动机起到制动作用。

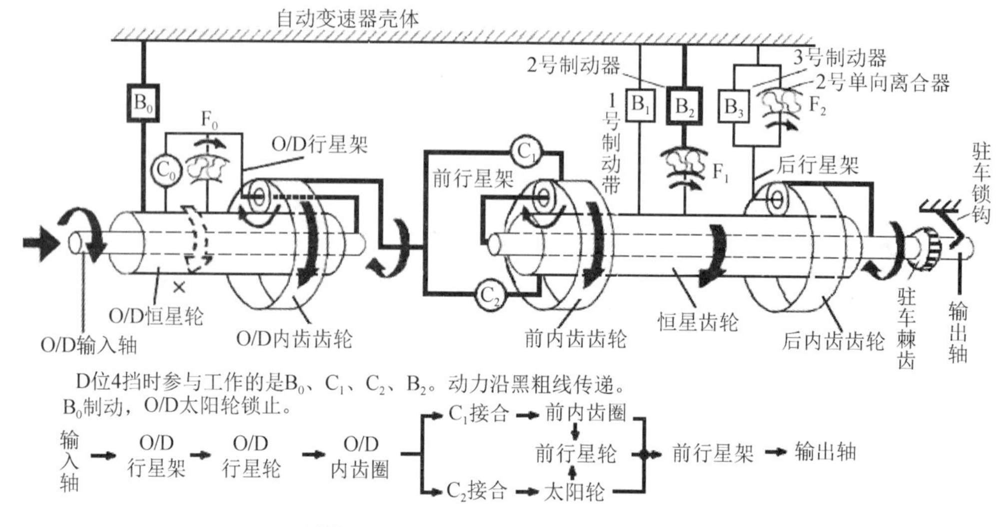

图 3-2-8　D 位 4 挡时的动力传递路径

7. 2 位 2 挡时的动力传递路径

变速杆置于“2”位，2 位 2 挡时的动力传递路径如图 3-2-9 所示。O/D 行星齿轮组件的 C_0 接合，F_0 处于锁止状态；前离合器 C_1 接合，1 号制动器 B_1 接合，恒星轮被固定(B_2 虽接合，但不再起作用)。动力经 O/D 行星齿轮组件、C_1，使前内齿圈顺时针转动，由于恒星轮固定，动力由前行星架、输出轴输出。此时后内齿圈带动后行星轮、后行星架空转(因 F_2 滑脱)。辛普森式行星齿轮组件的转速比约为 1.5∶1，变速器处于 2 挡。在节气门减小时，车辆的惯性经车轮带动输出轴，由于恒星轮固定，车轮反拖发动机，发动机起到制动作用。

8. L 位时的动力传递路径

变速杆置于 L 位，L 位时的动力传递路径如图 3-2-10 所示。O/D 行星齿轮组件的 C_0 接合，F_0 处于锁止状态，O/D 行星齿轮组件的转速比为 1∶1。前离合器 C_1 接合，3 号制动器 B_3 制动，后行星架被固定。动力经 O/D 行星齿轮组件、C_1，使前内齿圈顺时针转动，前行星轮顺时针转动，共用的恒星轮逆时针转动，动力经前行星架、输出轴输出。辛普森式行星齿轮组件的转速比约为 2.5∶1，变速器处于 1 挡。在节气门开度减小时，车辆的惯性经车轮带动输出轴，由于 B_3 制动，后行星架被固定，车轮反拖发动机，发动机起到制动作用。

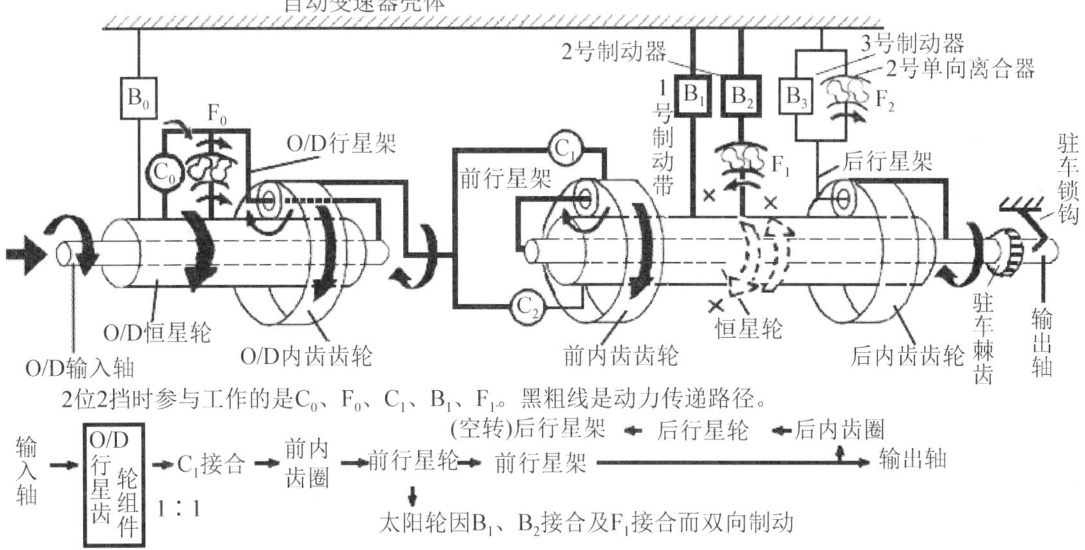

图 3-2-9 2 位 2 挡时的动力传递路径

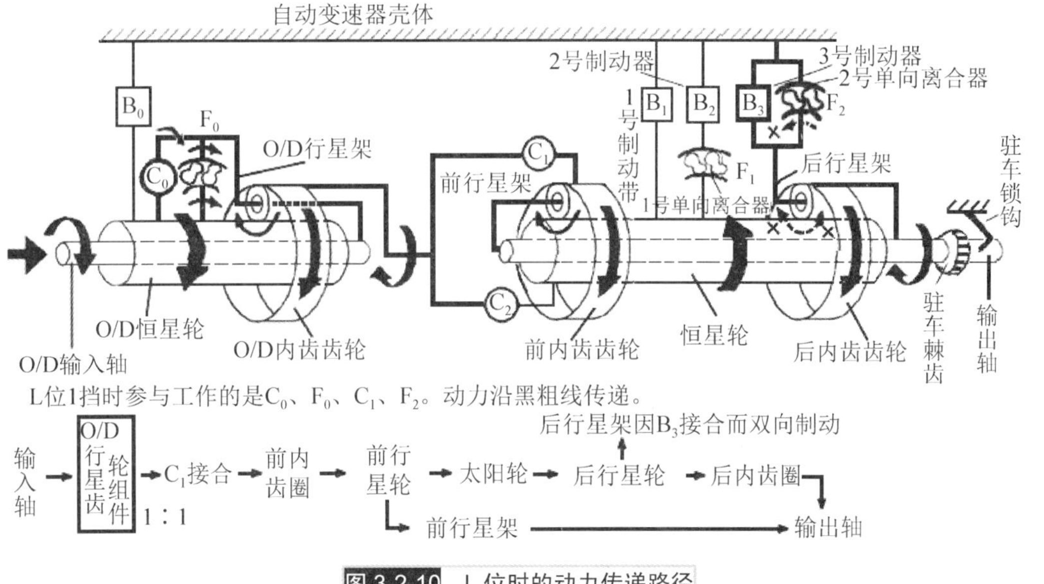

图 3-2-10 L 位时的动力传递路径

9. R 位时的动力传递路径

变速杆置于 R 位，R 位时的动力传递路径如图 3-2-11 所示。O/D 行星齿轮组件的 C_0 接合，F_0 处于锁止状态，O/D 行星齿轮组件的转速比为 1∶1。后离合器(倒挡离合器)C_2 接合，B_3 制动，后行星架被固定。动力经 O/D 行星齿轮组件、C_2，使共用的恒星轮顺时针转动，由于后行星架被固定，后行星轮和前行星轮都逆时针转动，后内齿圈和输出轴逆时针转动，变速器处于倒挡，前内齿圈空转。辛普森式行星齿轮组件的转速比约为 2.75∶1。

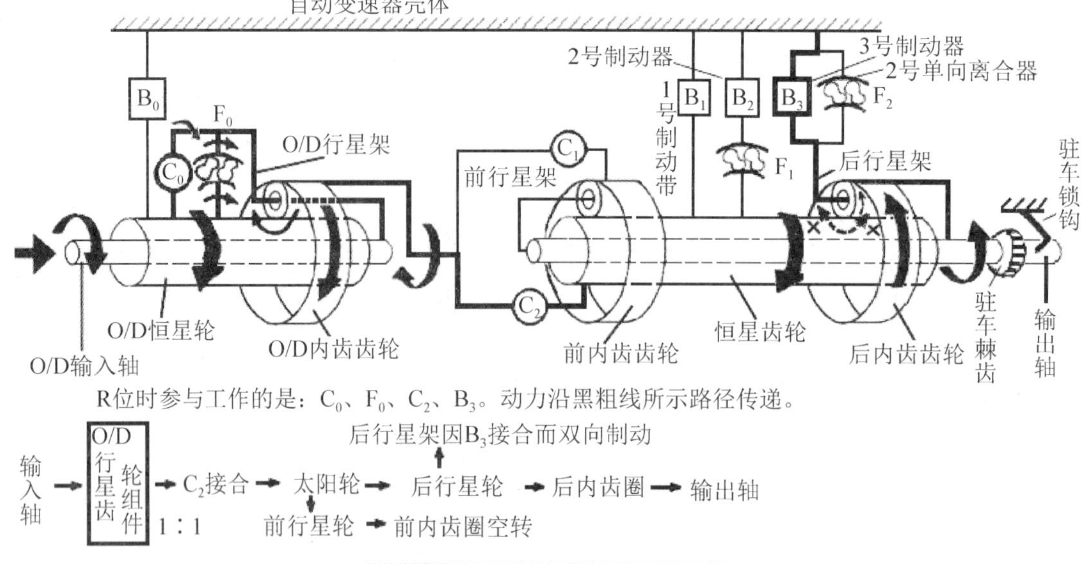

图 3-2-11　R 位时的动力传递路径

三、项目工作页

A340E 自动变速器动力传递分析工作页

姓名：________　班级：________　学号：__________　指导教师：________　日期：________

(1)　工作内容与目标。

工作内容：运用相关知识，正确分析 A340E 自动变速器各挡位动力传递路径。

工作目标：掌握 A340E 自动变速器动力传递规律。

(2)　工作准备。

①工作组。

序　号	姓　名	学　号	职　责	备　注
				组长

② 工具、设备、器材准备。

序　号	工具、设备、器材、耗材名称	型号、规格	套(件)数	备　注

(3) 工作过程与结果分析。

变速杆位置	挡　位	参与工作执行元件	动力传递路径
D 位	1 挡		
	2 挡		
	3 挡		
	4 挡		
2 位	1 挡		
	2 挡		
L 位	1 挡		
R 位			
P 位			
N 位			

(4) 进行工位“5S”，自检、互检，工作结束。

(5) 项目测评。

测评者	评　语	成　绩
自我评价		
小组评价		
教师评价		
总成绩		

模块三　通用 4T65E 自动变速器动力传递

一、学习材料

4T65E 自动变速器换挡执行元件包括：3 个离合器($C_{入}$、C_2、C_3)、4 个制动器($B_{前进}$、$B_{2\text{-}1}$、$B_{倒}$、B_4(原厂资料称其为 C_4)、3 个单向离合器($F_{入}$、F_3、$F_{2\text{-}1}$)。实现 4 个前进挡(速比分别为：1 挡 2.92∶1，2 挡 1.57∶1，3 挡 1∶1，4 挡 0.71∶1)和 1 个倒挡(速比 2.39∶1)。4T65E 自动变速器齿轮传动机构断面图如图 3-3-1 所示，齿轮变速机构示意图如图 3-3-2 所示。

输入离合器 $C_{入}$：输入离合器接合，使从动链轮、输入离合器轴/壳与输入单向离合器外圈连接成一体。输入单向离合器外圈转速大于内圈转速，$F_{入}$ 锁止而接合；输入单向离合器内圈与前排太阳轮一体，前排太阳轮则被从动链轮带动。若外圈转速小于内圈转速，$F_{入}$滑脱而脱开，前排太阳轮则不被从动链轮带动。

2 挡离合器 C_2：2 挡离合器接合，使从动链轮、输入离合器轴/壳与倒挡制动鼓/前排行星架/后排内齿圈连接成一体。

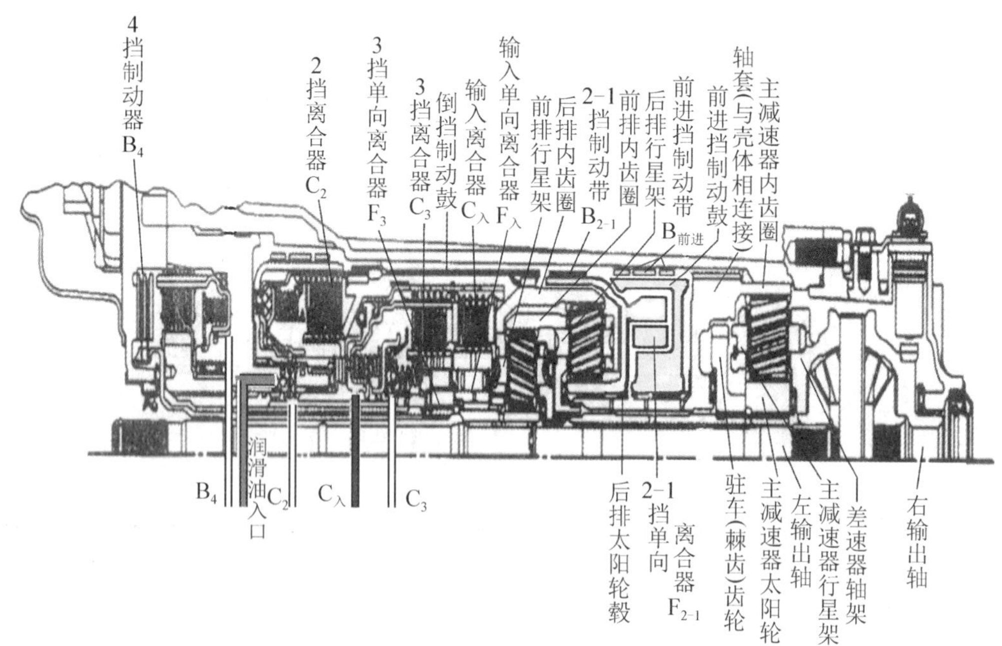

图 3-3-1　4T65E 自动变速器齿轮传动机构断面图

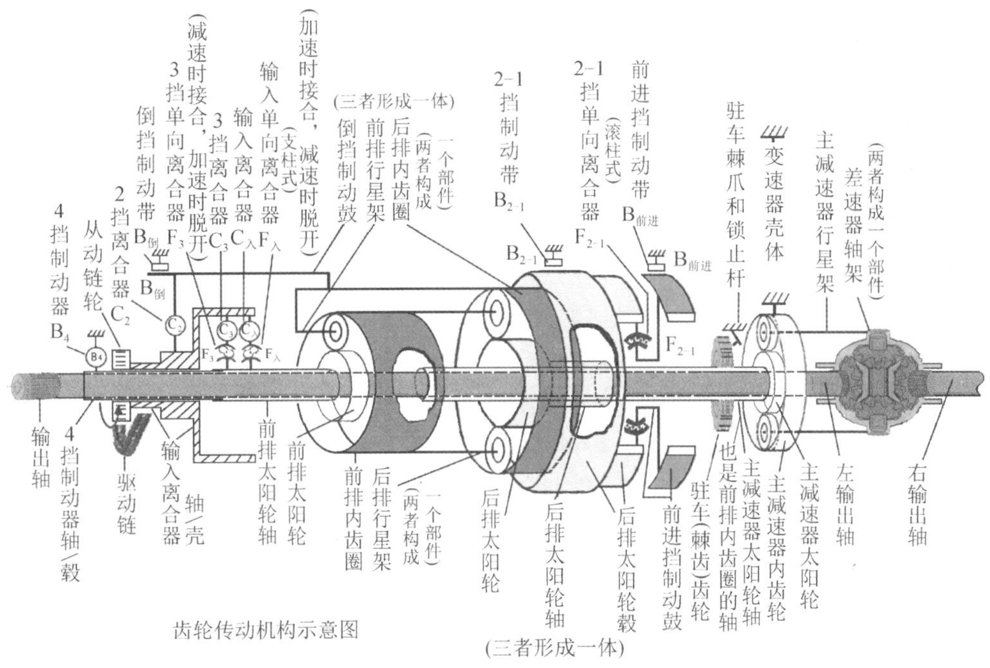

图 3-3-2　4T65E 自动变速器齿轮变速机构示意图

3 挡离合器 C_3：3 挡离合器接合，使从动链轮、输入离合器轴/壳与 3 挡单向离合器外圈连接成一体。输入单向离合器外圈转速大于内圈转速，$F_入$锁止而接合，3 挡单向离合器内圈与前排太阳轮一体，前排太阳轮则不被从动链轮带动。若外圈转速小于内圈转速，F_3 锁止而接合，前排太阳轮则被从动链轮带动。

4 挡制动器 B_4：4 挡制动器轴/毂与前排太阳轮键连成一体，4 挡制动器接合，前排太阳轮则被壳体制动。

前进挡制动带 $B_{前进}$：前进挡制动鼓与 2-1 挡单向离合器 F_{2-1} 的内圈连成一体，当前进挡制动带不制动时，2-1 挡单向离合器的内圈随着后排太阳轮转动而转动。当前进挡制动带实施制动时，后排太阳轮则被制动。

2-1 挡制动带 B_{2-1}：2-1 挡制动鼓就是后排太阳轮毂，2-1 挡制动带 B_{2-1} 与壳体相连，2-1 挡制动带不制动时，后太阳轮可以转动。2-1 挡制动带制动时，后太阳轮锁止不动。

倒挡制动带 $B_倒$：倒挡制动鼓、前排行星架、后排内齿圈三者连成一体，倒挡制动带与壳体相连，倒挡制动带不制动时，三者可以转动；倒挡制动带制动时，三者锁止不动。

输入单向离合器 $F_入$：输入单向离合器外圈转速大于内圈转速，$F_入$锁止而接合，外圈转速小于内圈转速，$F_入$滑脱而脱开。

3 挡单向离合器 F_3 ：3 挡单向离合器外圈与输入离合器轴/壳啮合成一体，其内圈与前排太阳轮轴啮合成一体，外圈转速大于内圈转速，F_3 滑脱而脱开，前排太阳轮则不被带动。若外圈转速小于内圈转速，F_3 锁止而接合，前排太阳轮则被带动。

2-1 挡单向离合器 F_{2-1} ：2-1 挡单向离合器的外圈是后排太阳轮毂，内圈是前进挡制动鼓，外圈转速大于内圈转速，单向离合器带动前进挡制动鼓空转。当前进挡制动毂被制动带制动时，单向离合器的外圈也被制动，后太阳轮被制动。

二、项目实施与工作页

(一)项目准备

项目实施前应准备好如下自动变速器总成、工具、量具、耗材等。

(1) 4T65E 自动变速器总成。

(2) 4T65E 自动变速器拆装专用工具、常用工具。

(3) 4T65E 维修手册等技术资料。

(二)项目实施

分析 4T65E 自动变速器动力传递路径。

4T65E 自动变速器换挡执行元件的工作状况见表 3-3-1。

表 3-3-1　4T65E 自动变速器换挡执行元件的工作状况

变速杆位置	挡位	电磁阀A(1-2/3-4 电磁阀)	电磁阀B(3-4 电磁阀)	换挡执行元件									
				输入离合器$C_入$	2挡离合器C_2	3挡离合器C_3	4挡制动器B_4	前进挡制动带$B_{前进}$	2-1挡制动带B_{2-1}	倒挡制动带$B_倒$	输入单向离合器$F_入$	3挡单向离合器F_3	2-1挡单向离合器F_{2-1}
P		ON	ON	●							●		
R		ON	ON	○						○	○		
N		ON	ON	●							●		
D	1	ON	ON	○				○			○		○
	2	OFF	ON	●	○			○					○
	3	OFF	OFF		○	○		○				○	
	4	ON	OFF		○	●	○	○					
3	1	ON	ON	○				○			○		○
	2	OFF	ON	●	○			○					○
	3	OFF	OFF	○	○	○		○			○	○	
2	1	ON	ON	○				○	○		○		○
	2	OFF	ON	●	○			○	○				○
1	1	ON	ON	○		○		○	○		○	○	○

注：○表示元件工作；●表示元件工作但不传递动力。

1. P 位时的动力传递路径

P 位的动力传递路径如图 3-3-3 所示。

驻车锁止杆卡住驻车齿轮，从而使主减速器的太阳轮轴被锁止，前排内齿圈/后排行星架被锁止。由于主减速器的内齿圈与壳体相连，使其行星架与差速器外壳锁止不动，输出轴则被锁止不动。

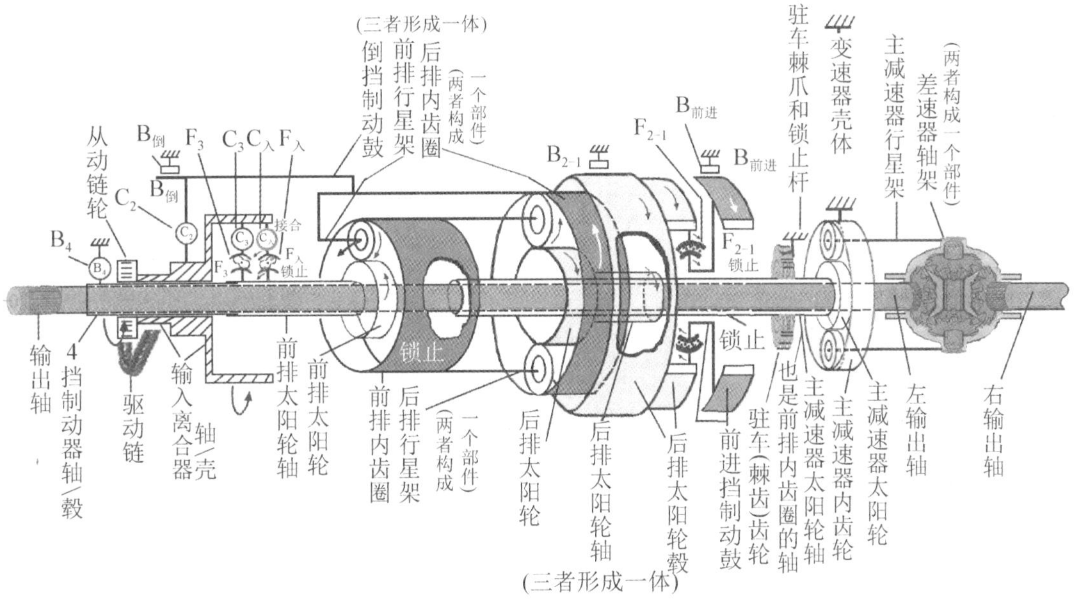

驻车锁止杆卡住驻车齿轮，主减速器太阳轮/主减速器太阳轮轴、前排内齿圈/后排行星架被锁止。

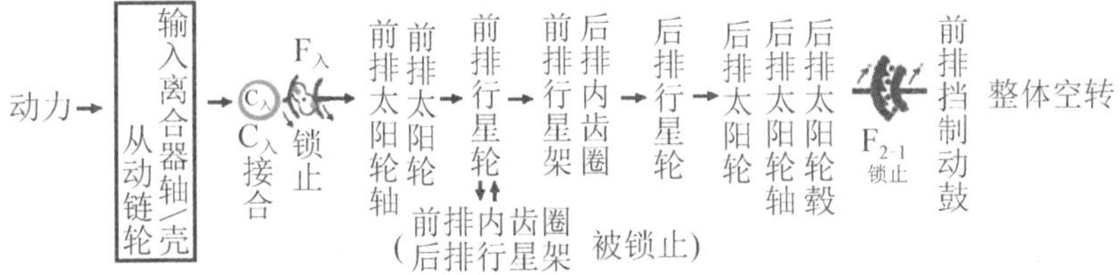

图 3-3-3　P 位时的动力传递路径

输入离合器 $C_{入}$接合、输入单向离合器(支柱式)$F_{入}$接合。

动力传递路径：从动链轮(逆时针方向①)→输入离合器轴/壳，输入离合器 $C_{入}$→输入单向离合器 $F_{入}$→前排太阳轮。此时前排内齿圈/后排行星架被锁止，使前排行星架/后排内齿圈→后排行星轮→后排太阳轮/后排太阳轮轴/后排太阳轮毂→2-1 挡(滚柱式)单向离合器 $F_{2\text{-}1}$→前进挡制动鼓等空转。

2. N 位时的动力传递路径

N 位的动力传递路径如图 3-3-4 所示。

驻车锁止杆与驻车齿轮脱开。车身的重力作用于车轮而产生的阻转矩，经输出轴、差速器传给主减速器太阳轮/前排内齿圈/后排行星架(主减速器太阳轮空心轴与前排内齿圈花键连接)。前排内齿圈相当于处于锁止状态。

输入离合器 $C_{入}$接合、输入单向离合器 $F_{入}$接合。

---

① 打开发动机舱舱盖，站在汽车的左侧，面对自动变速器的从动链轮，发动机运转时，从动链轮沿逆时针方向转动。

动力传递路径：从动链轮(逆时针方向)→输入离合器轴/壳→输入离合器 C入→输入单向离合器 F入→前排太阳轮。因前排内齿圈/后排行星架有较大的阻转矩而不能转动(相当于被锁止)，使前排行星架/后排内齿圈→后排行星轮→后排太阳轮/后排太阳轮轴/后排太阳轮毂轴和毂→2-1 挡(滚柱式)单向离合器 $F_{2\text{-}1}$→前进挡制动鼓等空转。动力作用不到前排内齿圈/后排行星架、主减速器太阳轮。

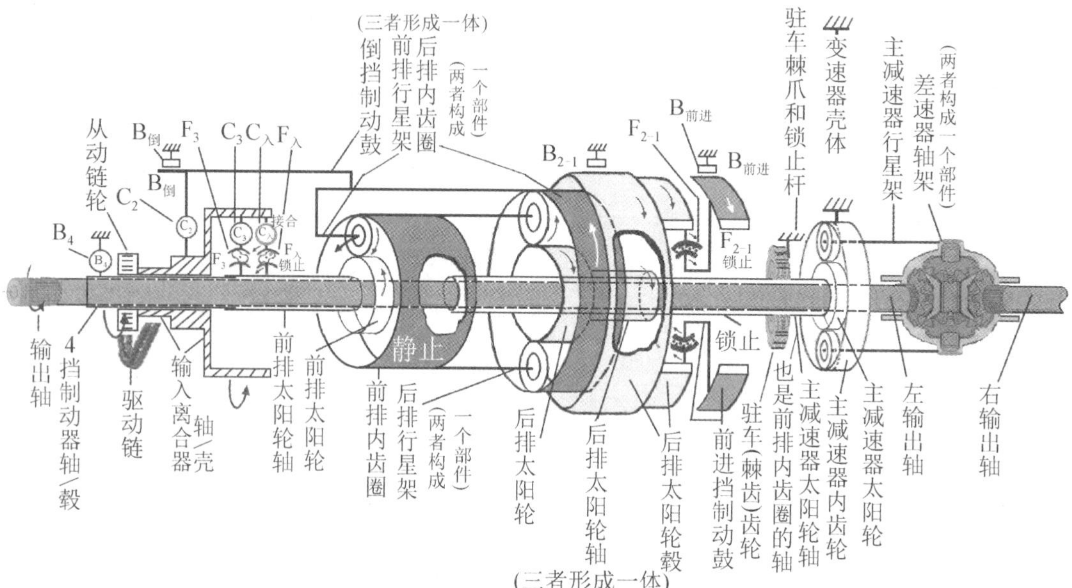

驻车锁止杆已脱离驻车齿轮，但由于车轮与输出轴、差速器、主减速器太阳轮/主减速器太阳轮轴、前排内齿圈/后排行星架等相连，车轮产生的摩擦阻转矩使前排内齿圈静止不动。

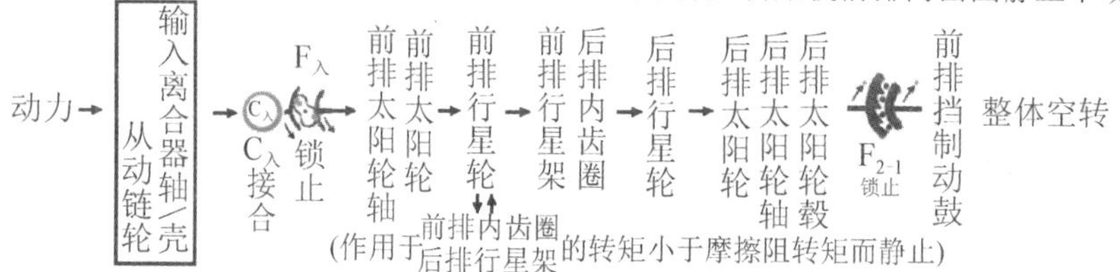

图 3-3-4　N 位时的动力传递路径

3. D 位时的动力传递路径

将变速杆置于 D 位，适用于车辆在高速公路上行驶，变速器可以在 1-2-3-4 挡之间自动转换。处于 D 位 1 挡、D 位 2 挡或 D 位 3 挡时，减小节气门开度，变速器内的齿轮空转，发动机不输出动力，车辆靠惯性滑行，可以节省燃料。D 位 4 挡时，减小节气门开度，车轮经变速器反拖发动机，发动机起制动作用，使车辆迅速减速而降为 3 挡，在 3 挡的条件下靠惯性滑行。

(1) D 位 1 挡时的动力传递路径如图 3-3-5 所示。

D 位 1 挡时，输入离合器 C入接合、输入单向离合器 F入接合、前进挡制动带 B前进制动、2-1 挡单向离合器 $F_{2\text{-}1}$ 接合，使后排太阳轮/后排太阳轮轴/后排太阳轮毂等被锁止不动。与 N 位时相比，增加了前进挡制动带 B前进制动，2-1 挡单向离合器 $F_{2\text{-}1}$ 被接合，使后排太阳轮/后排太阳轮轴/后排太阳轮毂被锁止不动，动力由后排行星架/前排内齿圈、主减速器太阳轮输出。

加大节气门开度时(见图 3-3-5(a))，发动机的动力传递路径：从动链轮→输入离合器轴/壳→输入离合器 $C_{入}$→输入单向离合器 $F_{入}$→前排太阳轮，前排太阳轮逆时针方向转动(发动机的动力推动这些部件转动)。此时，与输出轴相连的前排内齿圈/后排行星架，由于汽车载荷作用而产生阻转矩，使前排行星轮在前排太阳轮的驱动下按顺时针方向自转，并带动前排行星架/后排内齿圈做逆时针方向公转。前排行星架的转速大于前排内齿圈(后排内齿圈的转速大于后排行星架)，在后排内齿圈的作用下，后排行星轮做逆时针方向自转，使后排太阳轮/后排太阳轮轴/后排太阳轮毂产生顺时针方向的转矩，因前进挡制动带 $B_{前进}$制动，2-1挡单向离合器 F_{2-1} 接合，后排太阳轮/后排太阳轮轴/后排太阳轮毂被锁止不动。发动机动力作用在前排内齿圈/后排行星架的转矩大于汽车载荷而产生阻转矩，迫使后排行星架/前排内齿圈带动主减速器太阳轮→差速器→左、右输出轴沿逆时针方向(站在车辆左侧面对车轮)转动，驱动车轮向前行驶。发动机的动力由前、后排行星齿轮组件共同传递，转速比为 2.92∶1。

减小节气门开度时(见图 3-3-5(b))，发动机的转速减小，输入单向离合器 $F_{入}$滑脱，发动机不向变速器输入动力，车辆的惯性力经车轮拖动自动变速器的输出轴，带动差速器、主减速器太阳轮、前排内齿圈/后排行星架等仍保持原来的方向转动(车辆的惯性力拖动这些部件转动)。前排内齿圈带动前排行星架、前排太阳轮等空转；后排行星架带动后排太阳轮/后排太阳轮毂等逆时针方向转动，使 2-1 挡单向离合器 F_{2-1} 滑脱，使这些部件空转，车辆靠惯性滑行。

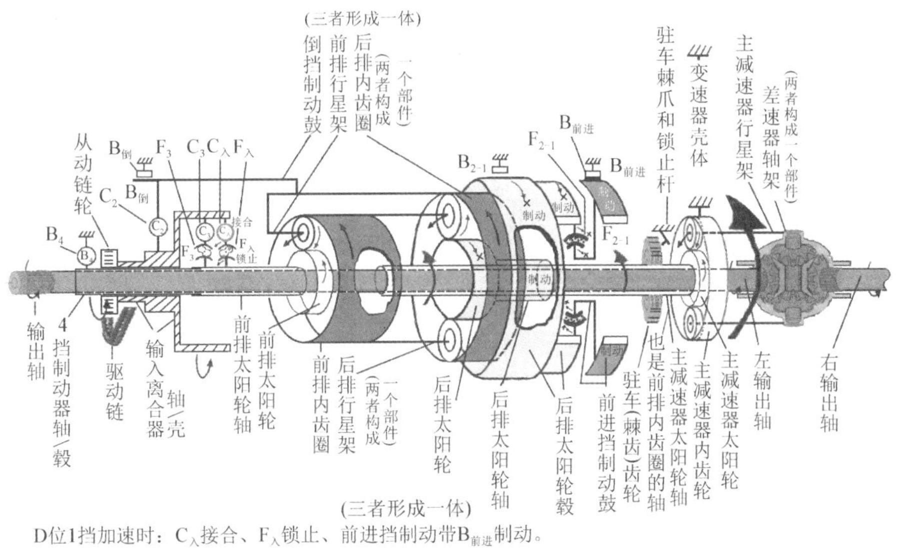

(a) 加大节气门开度时

图 3-3-5　D 位 1 挡时的动力传递路径

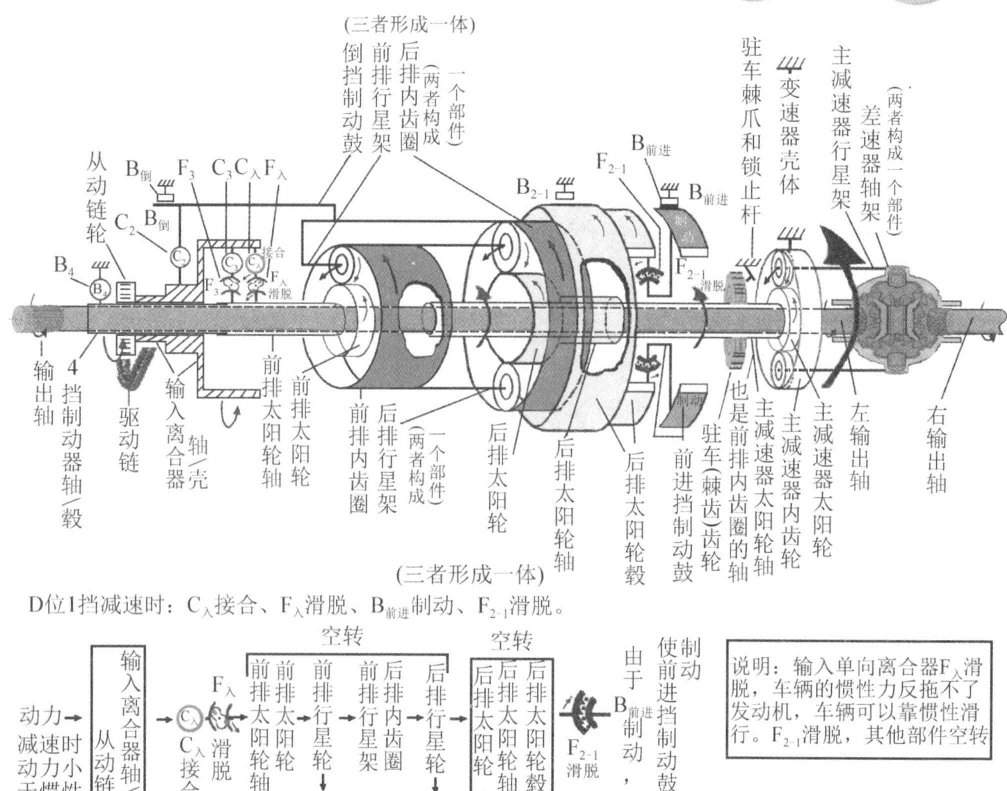

(b) 减小节气门开度时

图 3-3-5　D 位 1 挡时的动力传递路径(续)

(2)　D 位 2 挡时的动力传递路径如图 3-3-6 所示。

D 位 2 挡时，2 挡离合器 C_2 接合、输入离合器 $C_入$接合(但输入单向离合器 $F_入$滑脱)而不传递动力、前进挡制动带 $B_{前进}$制动、2-1 挡单向离合器 F_{2-1} 接合，使后排太阳轮/后排太阳轮轴/后排太阳轮毂等被锁止不动。即在 D 位 1 挡条件下，增加了 2 挡离合器 C_2 的接合。

加大节气门开度时(见图 3-3-6(a))，发动机的动力传递路径：从动链轮→输入离合器轴/壳→2 挡离合器 C_2→倒挡制动鼓/前排行星架/后排内齿圈。因前进挡制动带 $B_{前进}$制动，在后排内齿圈的作用下，后排行星轮做逆时针方向自转时，使后排太阳轮/后排太阳轮轴/后排太阳轮毂产生顺时针方向的转矩，2-1 挡单向离合器 F_{2-1} 接合，后排太阳轮/后排太阳轮轴/后排太阳轮毂被锁止不动。发动机动力作用在后排行星架的转矩大于汽车载荷而产生的阻转矩，迫使后排行星架/前排内齿圈带动主减速器太阳轮→差速器→左、右输出轴沿逆时针方向转动，驱动车轮向前行驶。发动机的动力只由后排行星齿轮组件传递，转速比为 1.57∶1。

同时，由前排行星架带动前排太阳轮转动，其转速超过输入离合器轴/壳的转速，使输入单向离合器 $F_入$滑脱，前排太阳轮空转。

减小节气门开度时(见图 3-3-6(b))，发动机的转速减小，发动机不向变速器输送动力，车辆的惯性力经车轮拖动自动变速器的输出轴，带动差速器、主减速器太阳轮、前排内齿圈/后排行星架等仍保持原来的方向转动(车辆的惯性力拖动这些部件转动)。后排行星架带动行星轮顺时针方向自转，后排太阳轮/后排太阳轮毂等逆时针方向转动，使 2-1 挡单向离合器 F_{2-1} 滑脱，这些部件则空转；前排内齿圈带动前排行星架、前排太阳轮等仍空转，车辆靠惯性滑行。

(3) D 位 3 挡时的动力传递路径如图 3-3-7 所示。

D 位 3 挡时，2 挡离合器 C_2 接合、3 挡离合器 C_3 接合、3 挡单向离合器 F_3 接合、前进挡制动带 $B_{前进}$制动、2-1 挡单向离合器 F_{2-1} 滑脱，使后排太阳轮/后排太阳轮轴/后排太阳轮毂等空转。即在 D 位 2 挡条件下，输入离合器 $C_入$滑脱，增加了 3 挡离合器 C_3 的接合，2-1 挡单向离合器 F_{2-1} 滑脱。

加大节气门开度时(见图 3-3-7(a))，发动机的动力传递路径：从动链轮→输入离合器轴/壳→2 挡离合器 C_2→倒挡制动鼓/前排行星架/后排内齿圈。前排行星架给前排行星轮一个顺时针转矩(图中虚线箭头所示)，使太阳轮产生逆时针方向的转矩(图中虚线箭头所示)，3 挡单向离合器 F_3 接合，产生阻转矩，前排太阳轮只能在 3 挡离合器 C_3 的推动下与前排行星架同步转动(前排行星轮只公转不自转)，带动前排内齿圈同步转动。前排内齿圈带动主减速器太阳轮→差速器→左、右输出轴沿逆时针方向转动，驱动车轮向前行驶。发动机的动力只由前排行星齿轮组件传递，转速比为 1∶1。

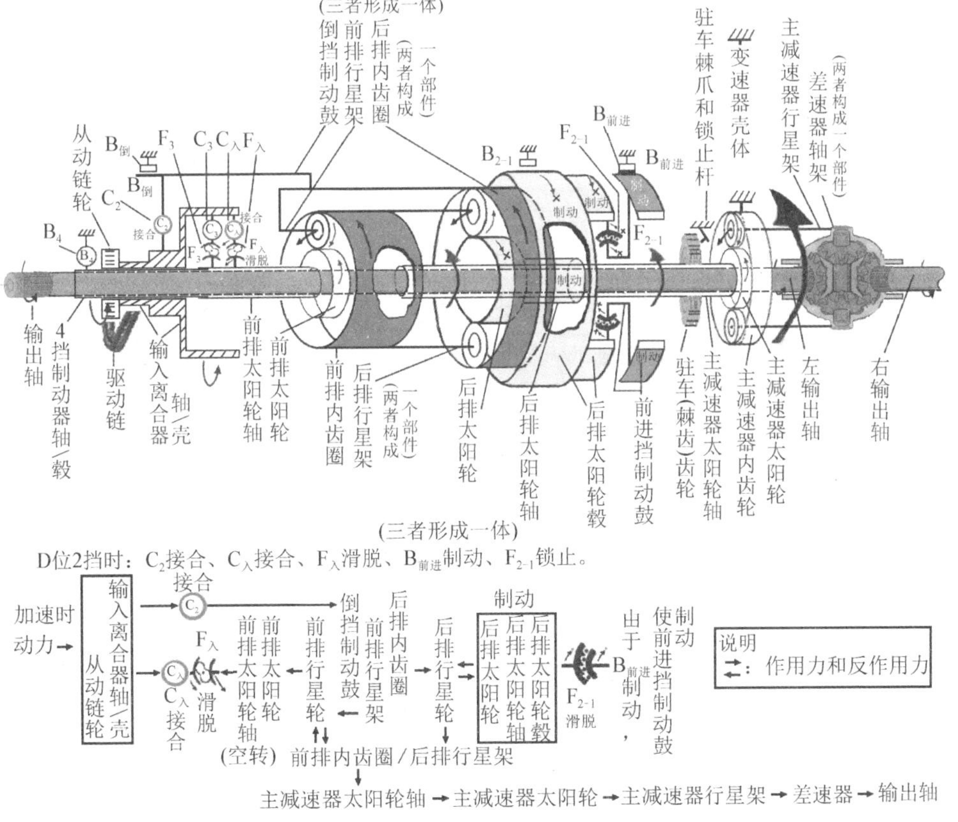

(a) 加大节气门开度时

图 3-3-6　D 位 2 挡时的动力传递路径

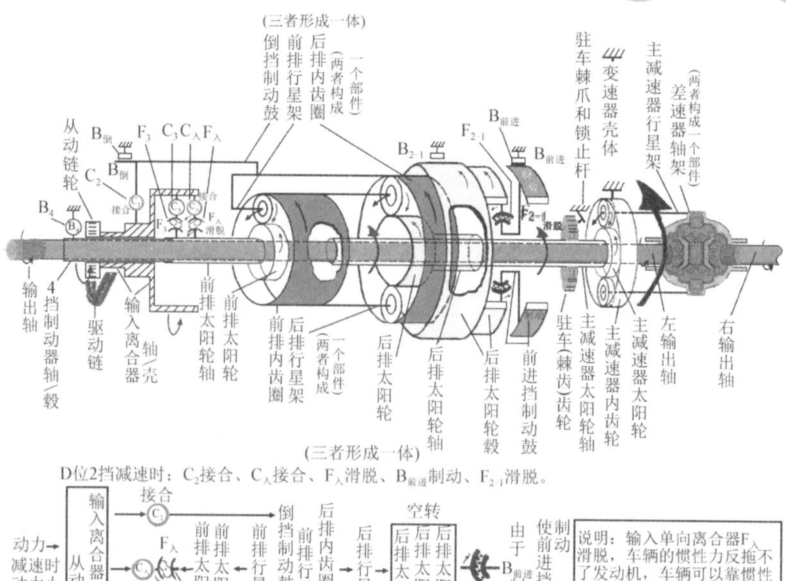

(b) 减小节气门开度时

图 3-3-6 D 位 2 挡时的动力传递路径(续)

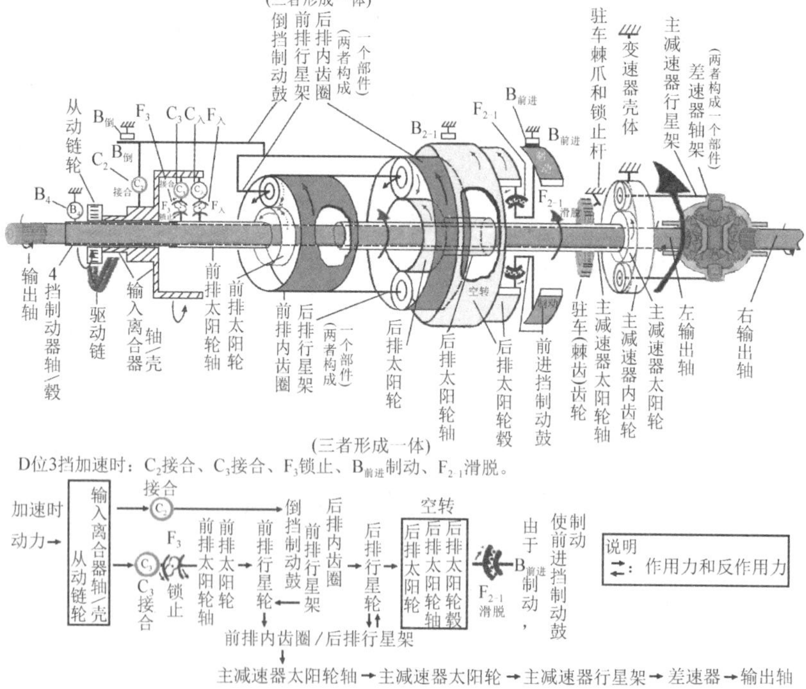

(a) 加大节气门开度时

图 3-3-7 D 位 3 挡时的动力传递路径

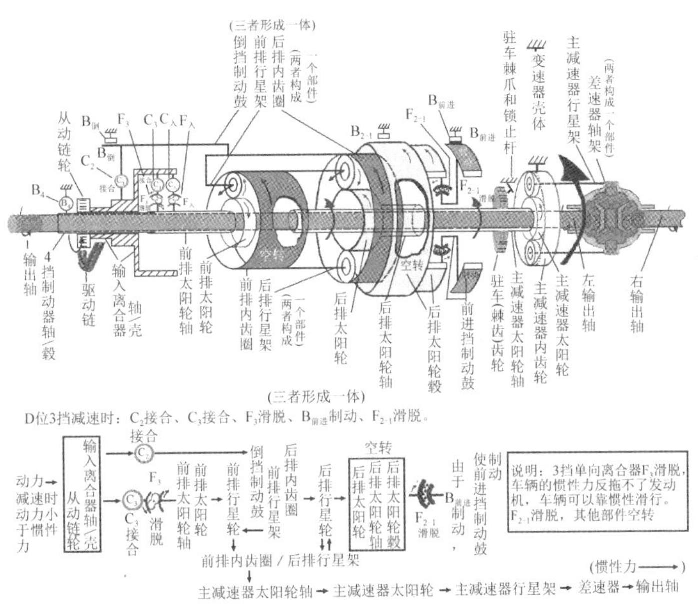

(b) 减小节气门开度时

图 3-3-7 D 位 3 挡时的动力传递路径(续)

同时，由于前排行星架和前排内齿圈同步转动，使后排内齿圈和后排行星架也同步转动(后排行星齿轮不自转)，后排太阳轮/后排太阳轮毂沿逆时针方向转动，2-1 挡单向离合器滑脱，后排行星齿轮组件空转而不传递动力。

减小节气门开度时(见图 3-3-7(b))，发动机的转速减小，发动机不向变速器输送动力，车辆的惯性力经车轮拖动自动变速器的输出轴，带动差速器、主减速器太阳轮、前排内齿圈/后排行星架等仍保持原来方向转动(车辆的惯性力拖动这些部件转动)。后排行星架带动后排太阳轮/后排太阳轮毂等部件仍沿逆时针方向空转；前排内齿圈拖动前排行星轮逆时针方向自转(前排行星架保持发动机的转速，沿逆时针方向转动而不传递动力)，使前排太阳轮洞顺时针方向转动，3 挡单向离合器 F_3 滑脱，整个前排行星齿轮组件空转，车辆靠惯性滑行。

(4) D 位 4 挡时的动力传递路径如图 3-3-8 所示。

D 位 4 挡时，2 挡离合器 C_2 接合、4 挡离合器 C_4 接合而制动、3 挡离合器 C_3 接合(3 挡单向离合器 F_3 滑脱)、前进挡制动带 $B_{前进}$制动(2-1 挡单向离合器 F_{2-1} 滑脱，使后排太阳轮/后太阳轮轴/后太阳轮毂等空转)。即在 D 位 3 挡条件下，增加了 4 挡制动器 B_4 的制动。

加大节气门开度时(见图 3-3-8)，发动机的动力传递路径：从动链轮→输入离合器轴/壳→2 挡离合器 C_2→倒挡制动鼓/前排行星架/后排内齿圈。因 4 挡制动器 C_4 的制动，前排太阳轮被固定。3 挡离合器 C_3 虽接合，但由于 3 挡单向离合器 F_3 滑脱，使 3 挡离合器 C_3 不传递动力。前排行星架带动前排内齿圈绕着太阳轮转动(前排行星轮沿逆时针方向自转，内齿圈的转速高于行星架，起增速作用)。前排内齿圈带动主减速器太阳轮→差速器→左、右输出轴沿逆时针方向转动，驱动车轮向前行驶。发动机的动力只由前排行星齿轮组件传递，转速比为 0.71∶1。

同时，由于前排内齿圈的转速高于前排行星架，而后排行星架的转速则高于后排内齿

圈，后排行星轮沿顺时针方向自转，后排太阳轮/后排太阳轮毂沿逆时针方向转动，2-1 挡单向离合器滑脱，后排行星齿轮组空转而不传递动力。

减小节气门开度时(见图 3-3-8)，发动机的转速减小，车辆的惯性力经车轮拖动自动变速器的输出轴，带动差速器、主减速器太阳轮、前排内齿圈/后排行星架等仍保持原来方向转动(车辆的惯性力拖动这些部件转动)。后排行星架带动后排太阳轮/后排太阳轮毂等部件仍沿逆时针方向空转；前排内齿圈拖动前排行星轮沿逆时针方向自转，因前排太阳轮不转动，前排行星架沿逆时针方向公转，车辆的惯性力经 2 挡离合器 C_2→输入离合器轴/壳→从动链轮反拖发动机，发动机可起到制动作用，使车辆迅速降为 3 挡后，再靠惯性滑行。

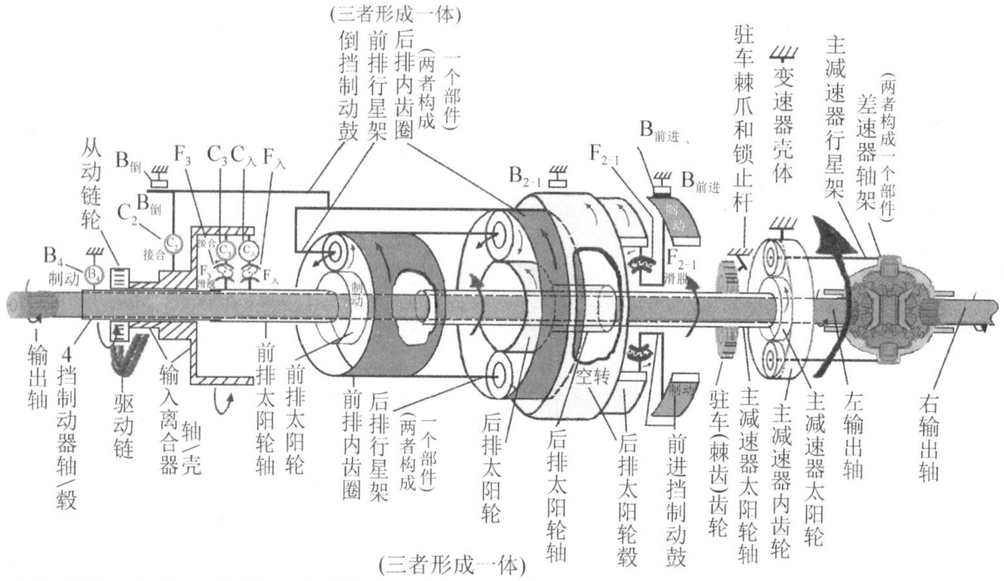

D位4挡时：C_2接合、C_3接合、F_3滑脱、B_4制动、$B_{前进}$制动、F_{2-1}滑脱。

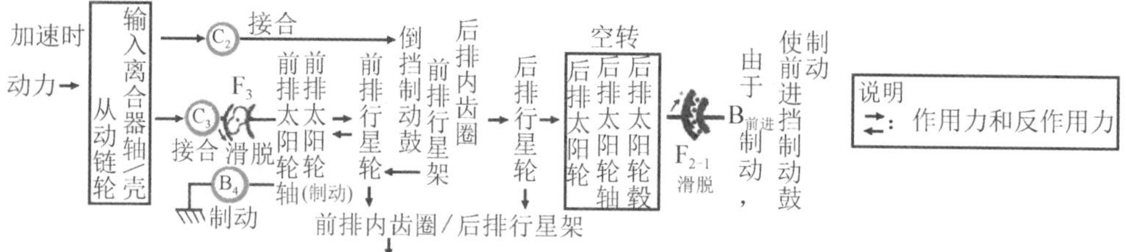

减速时：C_2、C_3、F_3、B_4、$B_{前进}$、F_{2-1}的工作状态未变，惯性力经输出轴……前排内齿圈、前排行星轮、前排行星架/倒挡制动鼓、2挡离合器……反拖发动机曲轴。发动机起到制动作用。

图 3-3-8　D 位 4 挡时的动力传递路径

4. 3 位时的动力传递路径

将变速杆置于 3 位，适用于车辆在城市公路上行驶，变速器可以在 1-2-3 挡之间自动转换。处于 3 位 1 挡或 3 位 2 挡时，减小节气门开度，变速器内的齿轮空转，发动机不输出动力，车辆靠惯性滑行，可以节省燃料。3 位 3 挡时，减小节气门开度，车轮经变速器反拖发动机，发动机起制动作用，使车辆迅速减速而降为 2 挡，在 2 挡的条件下靠惯性滑行。

(1) 3 位 1 挡时的动力传递路径与 D 位 1 挡时的相同，如图 3-3-5 所示，可参阅其相应

内容。

(2) 3 位 2 挡时的动力传递路径与 D 位 2 挡时的相同，如图 3-3-6 所示，可参阅其相应内容。

(3) 3 位 3 挡时的动力传递路径如图 3-3-9 所示。

3 位 3 挡时，2 挡离合器 C_2 接合、3 挡离合器 C_3 接合、3 挡单向离合器 F_3 接合、输入离合器 $C_入$接合、输入单向离合器 $F_入$接合、前进挡制动带 $B_{前进}$制动、2-1 挡单向离合器 F_{2-1} 滑脱，使后排太阳轮/后排太阳轮轴/后排太阳轮毂等空转。即在 D 位 2 挡条件下，增加了 3 挡离合器 C_3 的接合，2-1 挡单向离合器 F_{2-1} 滑脱。

加大节气门开度时(图 3-3-9(a))，发动机的动力传递路径：从动链轮→输入离合器轴/壳→2 挡离合器 C_2→倒挡制动鼓/前排行星架/后排内齿圈。另一路传递路径：输入离合器轴/壳→输入离合器 $C_入$→输入单向离合器 $F_入$→前排太阳轮。前排太阳轮与前排行星架同步转动(前排行星轮只公转而不自转)，带动前排内齿圈同步转动。前排内齿圈带动主减速器太阳轮→差速器→左、右输出轴沿逆时针方向转动，驱动车轮向前行驶。发动机的动力只由前排行星齿轮组件传递，转速比为 1∶1。

同时，由于前排行星架和前排内齿圈同步转动，后排内齿圈和后排行星架也同步转动，后排行星轮无自转，后排太阳轮/后排太阳轮毂沿逆时针方向转动，2-1 挡单向离合器滑脱，后排行星齿轮组件空转而不传递动力。

减小节气门开度时(图 3-3-9(b))，发动机的转速减小，发动机不向变速器输送动力，车辆的惯性力经车轮拖动自动变速器的输出轴，带动差速器、主减速器太阳轮、前排内齿圈/后排行星架等仍保持原来的方向转动(车辆的惯性力拖动这些部件转动)。后排行星架带动后排太阳轮/后排太阳轮毂等部件仍沿逆时针方向空转；前排内齿圈给前排行星轮一个逆时针转矩(图中虚线箭头所示)，使太阳轮产生顺时针方向的转矩(图中虚线箭头所示)，输入单向离合器 $F_入$，产生阻转矩，前排行星轮只公转而不自转，前排内齿圈带动前排行星架、前排太阳轮同步转动。车辆的惯性力带动前排行星架→倒挡制动鼓→2 挡离合器 C_2→输入离合器轴/毂→从动链轮反拖发动机。因 3 挡单向离合器 F_3 接合，3 挡离合器 C_3 也带动输入离合器轴/壳→从动链轮反拖发动机。发动机可起到制动作用，使车辆迅速降为 2 挡后，再靠惯性滑行。

5. 2 位时的动力传递路径

将变速杆置于 2 位，适用于车辆在乡村小路或行人较多的路上行驶，变速器可以在 1-2 挡之间自动转换。处于 2 位 1 挡时，减小节气门开度，变速器内的齿轮空转，发动机不输出动力，车辆靠惯性滑行，可以节省燃料。2 位 2 挡时，减小节气门开度，车轮经变速器反拖发动机，发动机起制动作用，使车辆迅速减速而降为 1 挡，在 1 挡条件下靠惯性滑行。

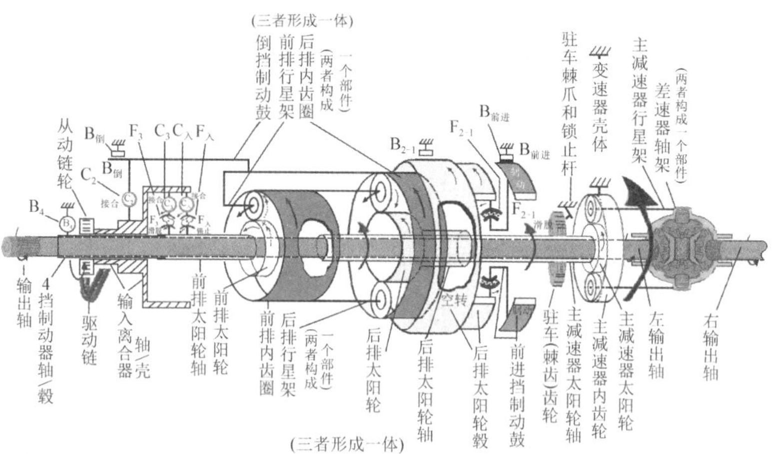

3位3挡加速时：C_2接合、$C_入$接合、$F_入$锁止、C_3接合、F_3滑脱、$B_{前进}$制动、$F_{2\text{-}1}$滑脱。

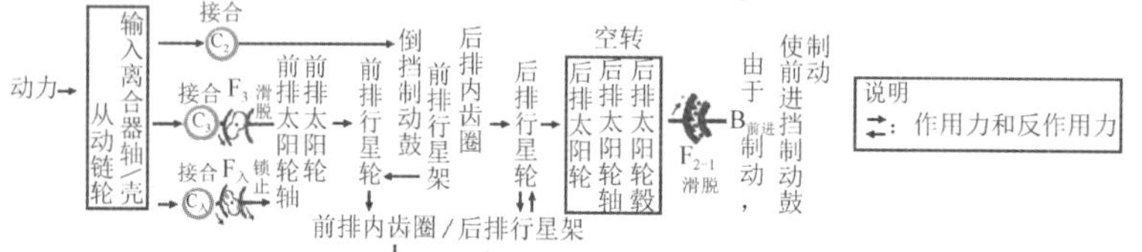

(a) 加大节气门开度时

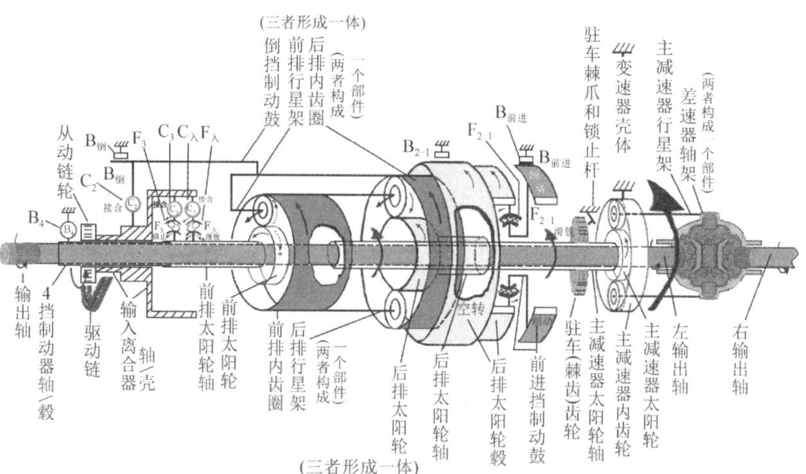

3位3挡时：C_2接合、$C_入$接合、$F_入$滑脱、C_3接合、F_3锁止、$B_{前进}$制动、$F_{2\text{-}1}$滑脱。

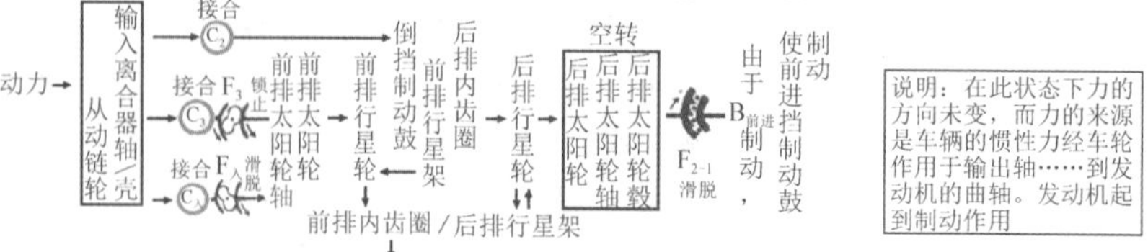

(b) 减小节气门开度时

图 3-3-9　3 位 3 挡时的动力传递路径

(1) 2 位 1 挡时的动力传递路径如图 3-3-10 所示。

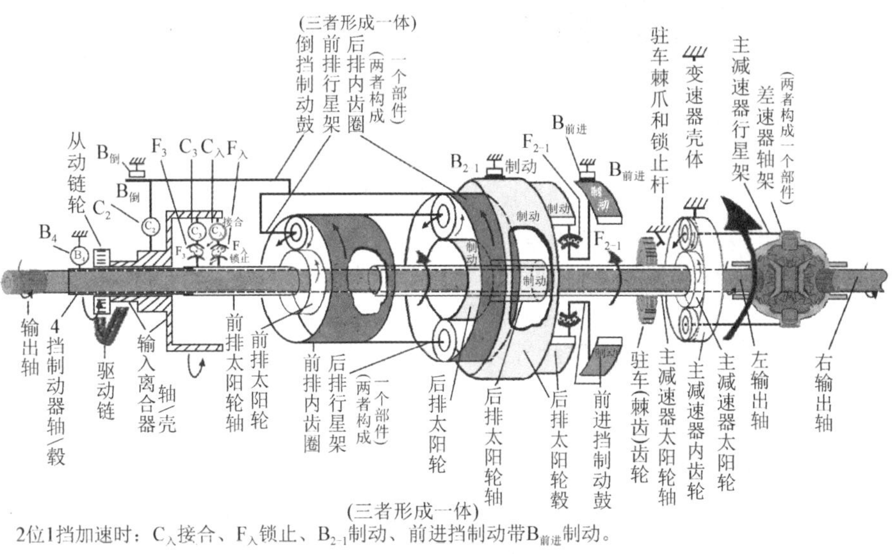

2位1挡加速时：$C_入$接合、$F_入$锁止、B_{2-1}制动、前进挡制动带$B_{前进}$制动。

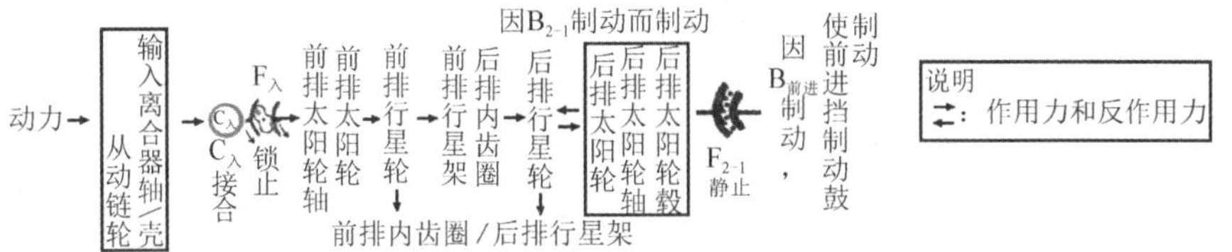

(a) 加大节气门开度时

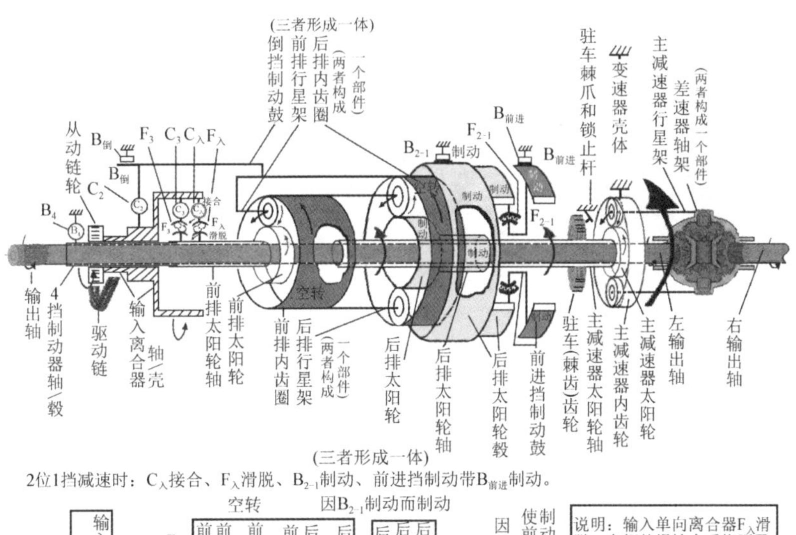

2位1挡减速时：$C_入$接合、$F_入$滑脱、B_{2-1}制动、前进挡制动带$B_{前进}$制动。

动力→ 减速时动力小于惯性力 | 输入离合器轴/壳 从动链轮 → $C_入$接合 $F_入$滑脱 | 空转：前排太阳轮轴 → 前排太阳轮 → 前排行星轮 → 前排行星架 → 后排内齿圈 → 后排行星轮 ⇄ 因B_{2-1}制动而制动：后排太阳轮 后排太阳轮轴 后排太阳轮毂 | F_{2-1}静止 | 因$B_{前进}$制动，使制动前进挡制动鼓

前排内齿圈/后排行星架

主减速器太阳轮轴→主减速器太阳轮→主减速器行星架→差速器→输出轴 (惯性力⟶)

说明：输入单向离合器$F_入$滑脱，车辆的惯性力反拖不了发动机，车辆可以靠惯性滑行。F_{2-1}滑脱，其他部件空转

b

(b) 减小节气门开度时

图 3-3-10 2 位 1 挡时的动力传递路径

2 位 1 挡时，输入离合器 $C_{\text{入}}$接合、输入单向离合器 $F_{\text{入}}$接合、2-1 挡制动带 $B_{2\text{-}1}$ 制动(使后排太阳轮/后排太阳轮轴/后排太阳轮毂等被固定不动)、前进挡制动带 $B_{\text{前进}}$制动(2-1 挡单向离合器 $F_{2\text{-}1}$ 不起作用)。与 D 位 1 挡相比，增加了 2-1 挡制动带 $B_{2\text{-}1}$ 制动，由于 $B_{2\text{-}1}$ 的制动，前进挡制动带 $B_{\text{前进}}$和 2-1 挡单向离合器 $F_{2\text{-}1}$ 则不起作用(这样在油路控制上可以简单一些)。

加大节气门开度时(见图 3-3-10(a))，发动机的动力传递路径：从动链轮→输入离合器轴/壳→输入离合器 $C_{\text{入}}$→输入单向离合器 $F_{\text{入}}$→前排太阳轮，前排太阳轮沿逆时针方向转动(发动机的动力推动这些部件转动)。此时，与输出轴相连的前排内齿圈/后排行星架由于汽车载荷作用而产生阻转矩，使前排行星轮在前排太阳轮的驱动下按顺时针的方向自转，并带动前排行星架/后排内齿圈做逆时针方向转动。因后排太阳轮毂被 2-1 挡制动带 $B_{2\text{-}1}$ 制动，后排太阳轮被固定，后排行星齿轮做逆时针方向自转，并与后排行星架一起绕太阳轮公转。发动机动力作用在前排内齿圈/后排行星架的转矩大于汽车载荷而产生阻转矩，迫使前排内齿圈/后排行星架带动主减速器太阳轮→差速器→左、右输出轴沿逆时针方向转动，驱动车轮向前行驶。发动机的动力由前、后排行星齿轮组件共同传递，转速比为 2.92∶1。

减小节气门开度时(见图 3-3-10(b))，发动机的转速减小，输入单向离合器 $F_{\text{入}}$滑脱，发动机不向变速器输入动力，车辆的运动惯量经车轮拖动自动变速器的输出轴，带动差速器、主减速器太阳轮、前排内齿圈/后排行星架等仍保持原来的方向转动(车辆的惯性力拖动这些部件转动)。前排内齿圈带动前排行星架、前排太阳轮等空转；后排行星架带动后排内齿圈空转。车辆靠惯性滑行。

(2) 2 位 2 挡时的动力传递路径如图 3-3-11 所示。

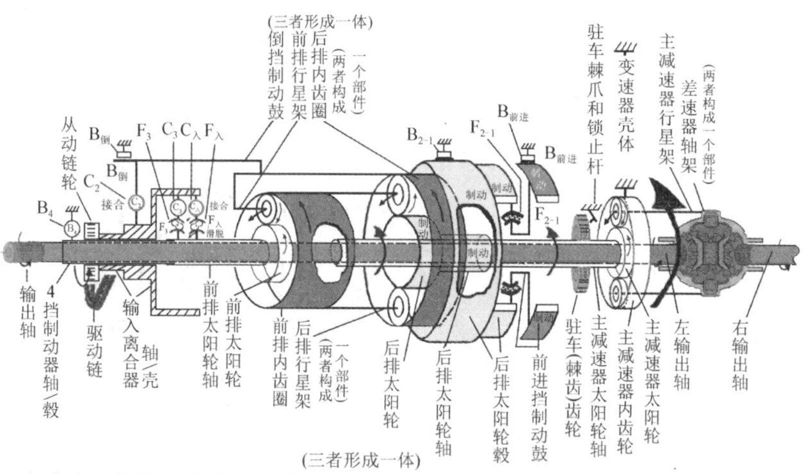

2位2挡时：C_2接合、$C_{\text{入}}$接合、$F_{\text{入}}$滑脱、$B_{2\text{-}1}$制动、前进挡制动带$B_{\text{前进}}$制动。

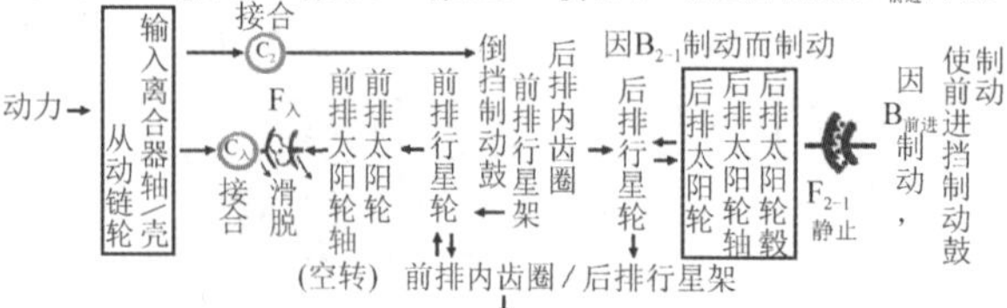

2档时的动力传递路径只靠后排行星齿轮组件，前排行星齿轮组件靠输入单向离合器$F_{\text{入}}$总是滑脱而处于空转状态。减速时C_2接合、$C_{\text{入}}$接合、$F_{\text{入}}$滑脱、$B_{2\text{-}1}$制动、前进挡制动带$B_{\text{前进}}$制动的工作状态不变，在此状态下力的方向未变，而力的来源是车辆的惯性力经车轮作用于输出轴……到发动机的曲轴。发动机起到制动作用。

图 3-3-11　2 位 2 挡时的动力传递路径

2 位 2 挡时，2 挡离合器 C_2 接合、输入离合器 $C_入$接合(但输入单向离合器 $F_入$滑脱)、2-1 挡制动带 B_{2-1} 制动(使后排太阳轮/后排太阳轮轴/后排太阳轮毂等被固定不动)、前进挡制动带 $B_{前进}$制动(2-1 挡单向离合器 F_{2-1} 不起作用)。与 D 位 2 挡相比，增加了 2-1 挡制动带 B_{2-1} 制动，由于 B_{2-1} 的制动，前进挡制动带 $B_{前进}$和 2-1 挡单向离合器 F_{2-1} 则不起作用(这样在油路控制上可以简单一些)。

加大节气门开度时(见图 3-3-11)，发动机的动力由从动链轮→输入离合器轴/壳→2 挡离合器 C_2→倒挡制动鼓/前排行星架/后排内齿圈。因后排太阳轮毂被 2-1 挡制动带 B_{2-1} 制动，后排太阳轮被固定，后排行星轮既做逆时针方向自转，又与后排行星架一起绕太阳轮公转。发动机动力作用在前排内齿圈/后排行星架的转矩大于汽车载荷而产生阻转矩，迫使前排内齿圈/后排行星架带动主减速器太阳轮→差速器→左、右输出轴沿逆时针方向转动，驱动车轮向前行驶。发动机的动力只由后排行星齿轮组件传递，转速比为 1.57∶1。同时，由前排行星架带动前排太阳轮转动，其转速超过输入离合器轴/壳转速，使输入单向离合器 $F_入$滑脱，前排太阳轮空转。输入离合器 $C_入$虽接合，但不传递动力。

减小节气门开度时(见图 3-3-11)，发动机的转速减小，发动机不向变速器输送动力，车辆的惯性力经车轮拖动自动变速器的输出轴，带动差速器、主减速器太阳轮、前排内齿圈/后排行星架等仍保持原来的方向转动(车辆的惯性力拖动这些部件转动)。因后排太阳轮毂被 2-1 挡制动带 B_{2-1} 制动，后排太阳轮被固定，车辆的惯性力沿前排内齿圈/后排行星架→后排内齿圈/前排行星架/倒挡制动鼓→2 挡离合器 C_2→输入离合器轴/壳→从动链轮反拖发动机。发动机可起到制动作用，使车辆迅速降为 1 挡后，再靠惯性滑行。同时，前排行星架使前排太阳轮空转。

6. 1 位时的动力传递路径

将变速杆置于 1 位，适用于车辆在崎岖山路上行驶，变速器只有 1 挡。减小节气门开度，车轮经变速器反拖发动机，发动机起到制动作用。

1 位时的动力传递路径如图 3-3-12 所示。

1 位时，输入离合器 $C_入$接合，输入单向离合器 $F_入$加速时接合、减速时滑脱，3 挡离合器 C_3 接合，3 挡单向离合器 F_3 减速时接合、加速时滑脱，2-1 挡制动带 B_{2-1} 制动(使后排太阳轮/后排太阳轮轴/后排太阳轮毂等被固定不动)，前进挡制动带 $B_{前进}$制动(2-1 挡单向离合器 F_{2-1} 不起作用)。与 D 位 1 挡相比，增加了 3 挡离合器 C_3 的接合和 2-1 挡制动带 B_{2-1} 的制动。由于 B_{2-1} 的制动，前进挡制动带 $B_{前进}$和 2-1 挡单向离合器 F_{2-1} 不起作用(这样在油路控制上可以简单一些)。

加大节气门开度时(见图 3-3-12(a))，发动机的动力传递路径：从动链轮→输入离合器轴/壳→输入离合器 $C_入$→输入单向离合器 $F_入$→前排太阳轮，前排太阳轮沿逆时针方向转动(发动机的动力推动这些部件转动)。此时，与输出轴相连的前排内齿圈/后排行星架由于汽车载荷作用而产生阻转矩，使前排行星轮在前排太阳轮的驱动下按顺时针方向自转，并带动前排行星架/后排内齿圈做逆时针方向转动。因后排太阳轮毂被 2-1 挡制动带 B_{2-1} 制动，后排太阳轮被固定，后排行星轮既做逆时针方向自转，并与后排行星架一起绕太阳轮公转。发动机动力作用在前排内齿圈/后排行星架的转矩大于汽车载荷而产生阻转矩，迫使前排内齿圈/后排行星架带动主减速器太阳轮→差速器→左、右输出轴沿逆时针方向转动，驱动车轮

向前行驶。发动机的动力由前、后排行星齿轮组件共同传递，转速比为 2.92∶1。

减小节气门开度时(见图 3-3-12(b))，发动机的转速减小，输入单向离合器 $F_入$滑脱，3 挡单向离合器 F_3 接合，发动机不向变速器输入动力，车辆的惯性力经车轮拖动自动变速器的输出轴，带动差速器、主减速器太阳轮、前排内齿圈/后排行星架等仍保持原来的方向转动(车辆的惯性力拖动这些部件转动)。因后排太阳轮毂被 2-1 挡制动带 $B_{2\text{-}1}$ 制动，后排太阳轮被固定，车辆的惯性力沿前排内齿圈/后排行星架→后排内齿圈/前排行星架→前排太阳轮→3 挡单向离合器 F_3→3 挡离合器 C_3→输入离合器轴/壳→从动链轮，反拖发动机，发动机起到制动作用。

7. R 位的动力传递路径

将变速杆置于 R 位，用于倒车。

R 位时的动力传递路径如图 3-3-13 所示。

R 位时，输入离合器 $C_入$接合、输入单向离合器 $F_入$接合、倒挡制动器 B_R 制动。动力传递路径：从动链轮→输入离合器轴/壳→输入离合器 $C_入$→输入单向离合器 $F_入$→前排太阳轮；因倒挡制动器 B_R 制动，倒挡制动鼓/前排行星架/后排内齿圈被固定，前排行星轮沿顺时针方向自转，使前排内齿圈/后排行星架沿顺时针方向转动，带动主减速器太阳轮→主减速器行星架/差速器外壳→输出轴(左、右半轴)。其转向与从动链轮转向相反，使车轮倒转，传动比为 2.39∶1。前排内齿圈/后排行星架同时带动后排太阳轮/后排太阳轮轴/后排太阳轮毂空转。

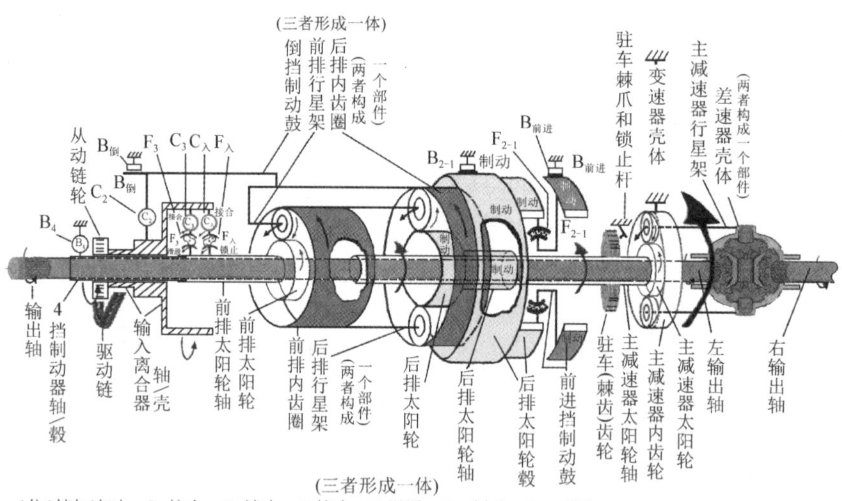

1位1挡加速时：$C_入$接合、$F_入$锁止、C_3接合、F_3滑脱、$B_{2\text{-}1}$制动、$B_{前进}$制动。

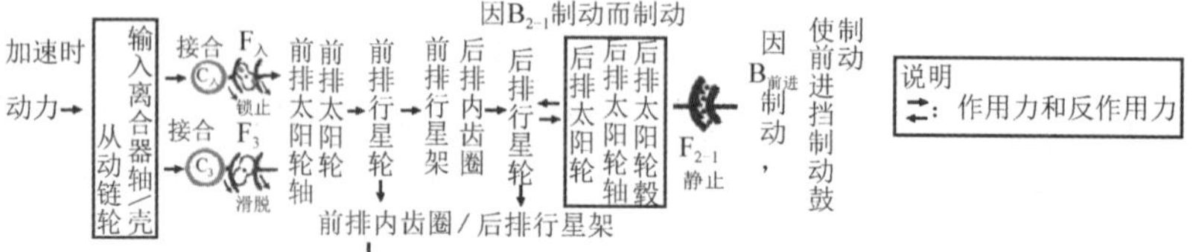

主减速器太阳轮轴→主减速器太阳轮→主减速器行星架→差速器→输出轴

(a) 加大节气门开度时

图 3-3-12　1 位时的动力传递路径

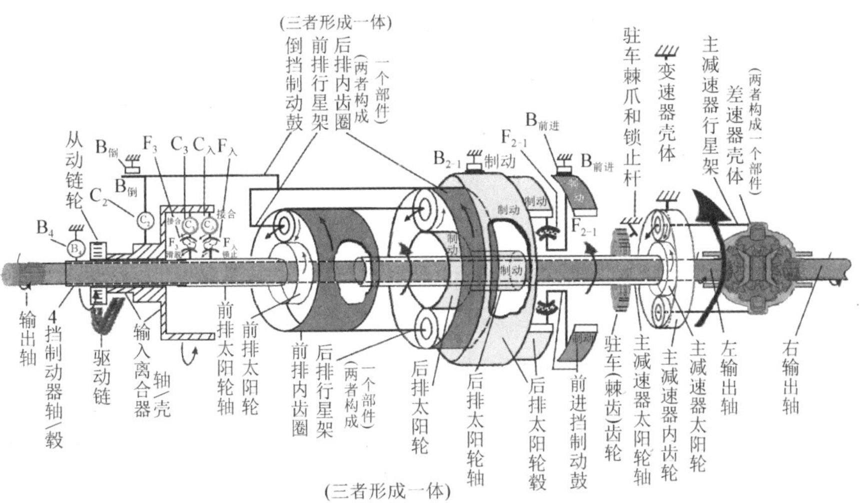

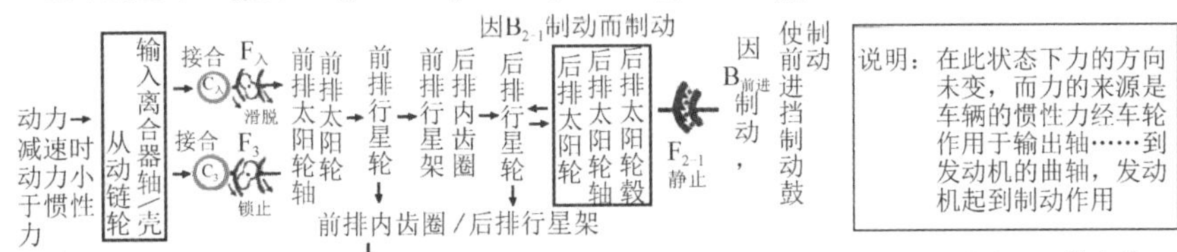

主减速器太阳轮轴→主减速器太阳轮→主减速器行星架→差速器→输出轴

(b) 减小节气门开度时

图 3-3-12　1 位时的动力传递路径(续)

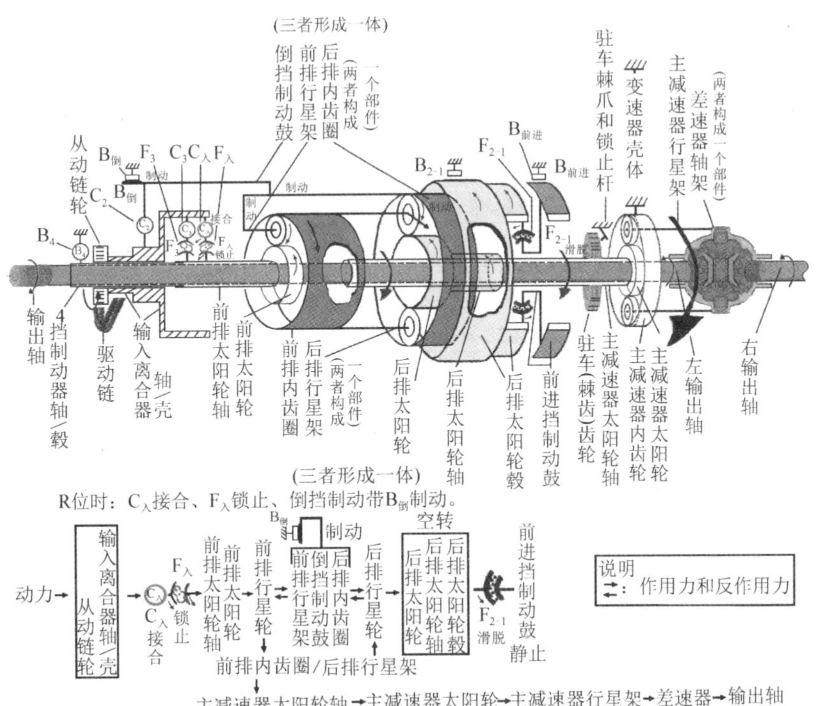

图 3-3-13　R 位时的动力传递路径

(三)项目工作页

4T65E 自动变速器动力传递分析工作页

姓名：________ 班级：________ 学号：__________ 指导教师：________ 日期：________

(1) 工作内容与目标。

工作内容：运用相关知识，正确分析 4T65E 自动变速器各挡位动力传递路径。

工作目标：掌握 4T65E 自动变速器动力传递规律。

(2) 工作准备。

① 工作组。

序 号	姓 名	学 号	职 责	备 注
				组长

② 工具、设备、器材准备。

序 号	工具、设备、器材、耗材名称	型号、规格	套(件)数	备 注

(3) 工作过程与结果分析。

变速杆位置	挡　位	参与工作执行元件	动力传递路径
P 位			
N 位			
D 位	1 挡		
	2 挡		
	3 挡		
	4 挡		
3 位	1 挡		
	2 挡		
	3 挡		
2 位	1 挡		
	2 挡		
1 位	1 挡		
R 位			

(4) 进行工位“5S”，自检、互检，工作结束。

(5) 项目测评。

测评者	评　语	成　绩
自我评价		
小组评价		
教师评价		
总成绩		

模块四　大众 01M 自动变速器动力传递

一、学习材料

大众 01M 自动变速器采用拉维纳式行星齿轮机构，其前排为单级结构，后排为双级结构，前、后排共用一个长行星轮、一个内齿圈和一个行星架。在行星架上，外行星轮为长行星轮，与前排大太阳轮和内齿圈啮合；内行星轮为短行星轮，与后排小太阳轮和长行星轮同时啮合。齿圈输出动力，通过对大、小太阳轮及行星架的不同驱动、制动组合，实现 4 个前进挡及 1 个倒挡。

在 01M 自动变速器中有 3 个离合器、2 个制动器和 1 个单向离合器，各换挡执行元件的布置如图 3-4-1 所示，动力传递机构示意图如图 3-4-2 所示。

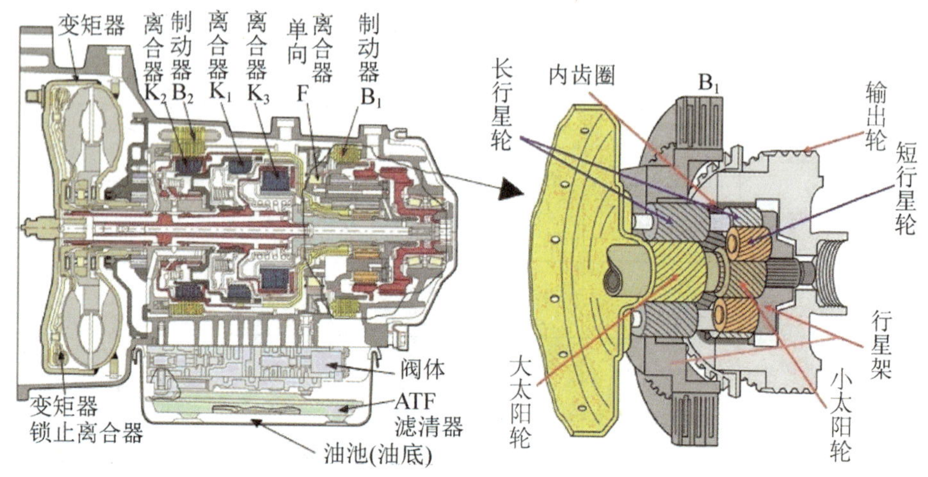

图 3-4-1　01M 自动变速器换挡执行元件的布置

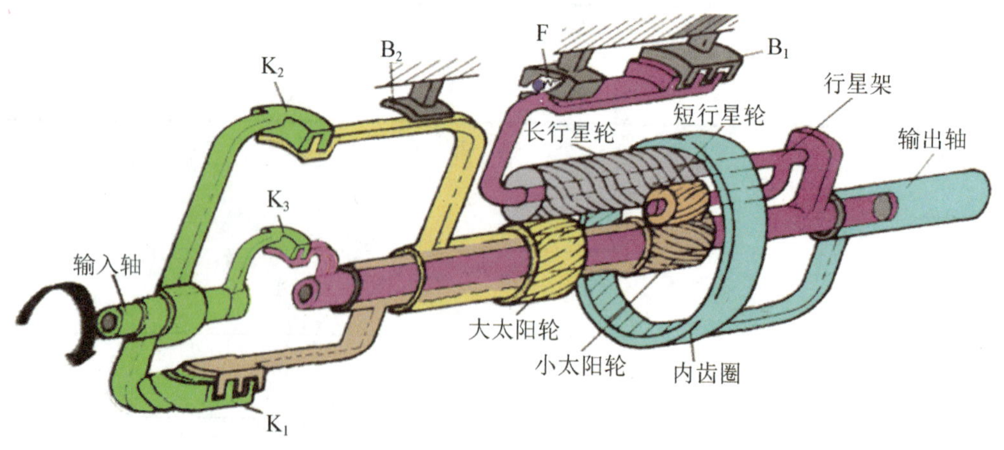

图 3-4-2　01M 自动变速器动力传递机构示意图

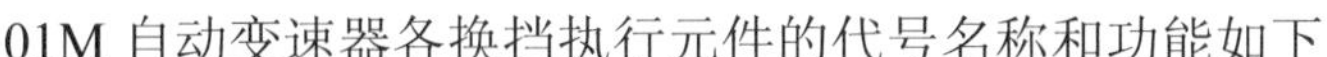

01M 自动变速器各换挡执行元件的代号名称和功能如下。

K_1：1 挡/2 挡/3 挡离合器。K_1 接合，可以使输入轴的动力传给小太阳轮。

K_2：倒挡离合器。K_2 接合，可以使输入轴的动力传给大太阳轮。

K_3：3 挡、4 挡离合器。K_3 接合，可以使输入轴的动力传给行星架。

B_1：1 位(手动 1 挡)、倒挡制动器。B_1 接合，可以将行星架固定。

B_2：2 挡/4 挡制动器。B_2 接合，可以将大太阳轮固定。

F：1 挡单向离合器。F 可以阻止行星架逆时针转动。

二、项目实施与工作页

(一)项目准备

项目实施前应准备好如下自动变速器总成、工具、耗材等。

(1) 01M 自动变速器总成。

(2) 01M 自动变速器拆装专用工具、常用工具。

(3) 01M 的维修手册等技术资料。

(二)项目实施

分析 01M 自动变速器动力传递路径。

01M 自动变速器换挡执行元件的工作状况见表 3-4-1。

表 3-4-1　01M 自动变速器换挡执行元件的工作状态

变速杆位置	挡　位	换挡执行元件					
		K_1	K_2	K_3	B_1	B_2	F
D 位	1 挡	●					●
	2 挡	●				●	
	3 挡	●		●			
	4 挡			●		●	
3 位	1 挡	●					●
	2 挡	●				●	
	3 挡	●		●			
2 位	1 挡	●					●
	2 挡	●				●	
1 位	1 挡	●			●		
R 位	R 档		●		●		

注：●表示换挡执行元件处于接合状态。

1. D 位 1 挡时的动力传递路径

变速杆在 D 位 1 挡时，离合器 K_1 工作，驱动后排小太阳轮；单向离合器 F 锁止，固定

行星架，齿圈同向减速输出。D 位 1 挡时的动力传递路径如图 3-4-3 所示。

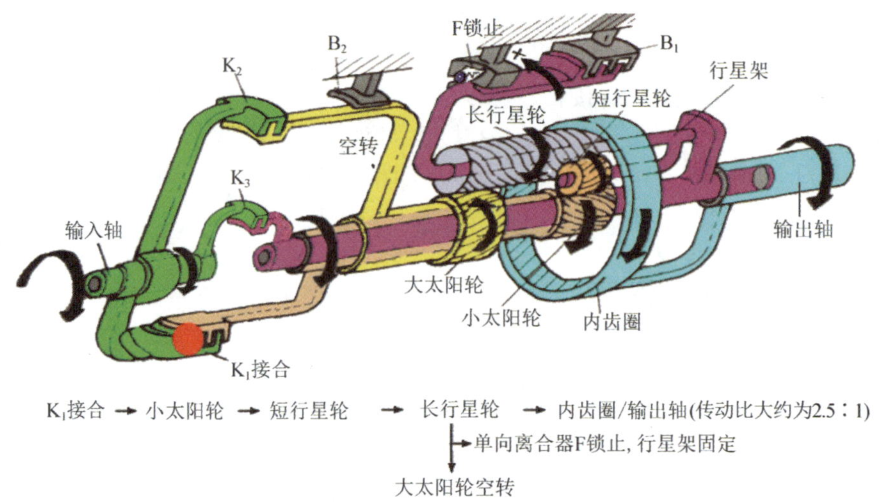

图 3-4-3　D 位 1 挡时的动力传递路径

2. D 位 2 挡时的动力传递路径

变速杆在 D 位 2 挡时，离合器 K_1 工作，驱动后排小太阳轮；制动器 B_2 工作，固定前排大太阳轮，齿圈同向减速输出。D 位 2 挡时的动力传递路径如图 3-4-4 所示。

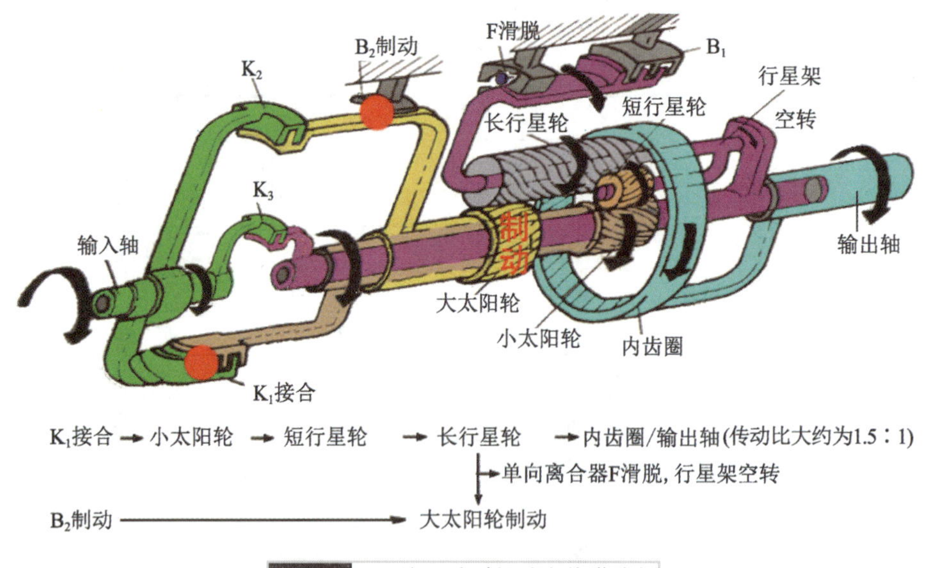

图 3-4-4　D 位 2 挡时的动力传递路径

3. D 位 3 挡时的动力传递路径

变速杆在 D 位 3 挡时，离合器 K_1 工作，驱动后排小太阳轮；离合器 K_3 工作，驱动行星架，因太阳轮和行星架同时被驱动，由整个行星齿轮机构以一个整体旋转，为直接传动挡。D 位 3 挡时的动力传递路径如图 3-4-5 所示。

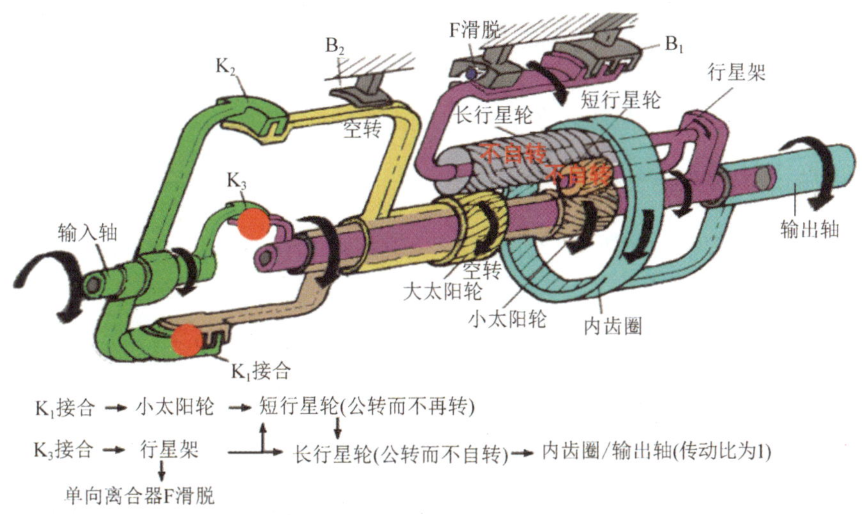

图 3-4-5 D 位 3 挡时的动力传递路径

4. D 位 4 挡时的动力传递路径

变速杆在 D 位 4 挡时，离合器 K_3 工作，驱动行星架；制动器 B_2 工作，固定前排太阳轮，齿圈同向增速输出，为超速挡。D 位 4 挡时的动力传递路径如图 3-4-6 所示。

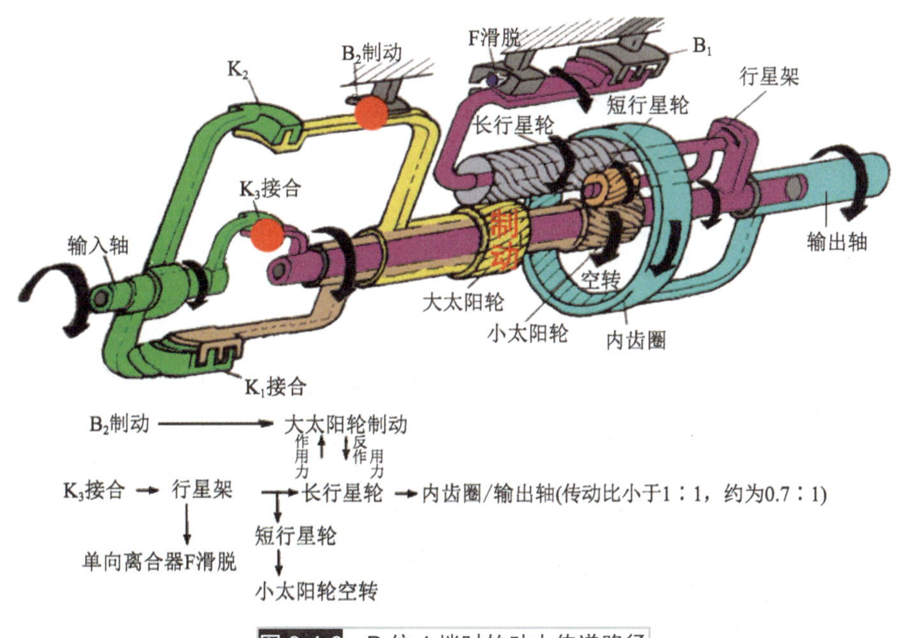

图 3-4-6 D 位 4 挡时的动力传递路径

5. 3 位时的动力传递路径

变速杆在 3 位时的动力传递路径与 D 位 1 挡、D 位 2 挡、D 位 3 挡相同。

6. 2 位时的动力传递路径

变速杆在 2 位时的动力传递路径与 D 位 1 挡、D 位 2 挡相同。

7. 1 位时的动力传递路径

变速杆在 1 位时的动力传递路径如图 3-4-7 所示。

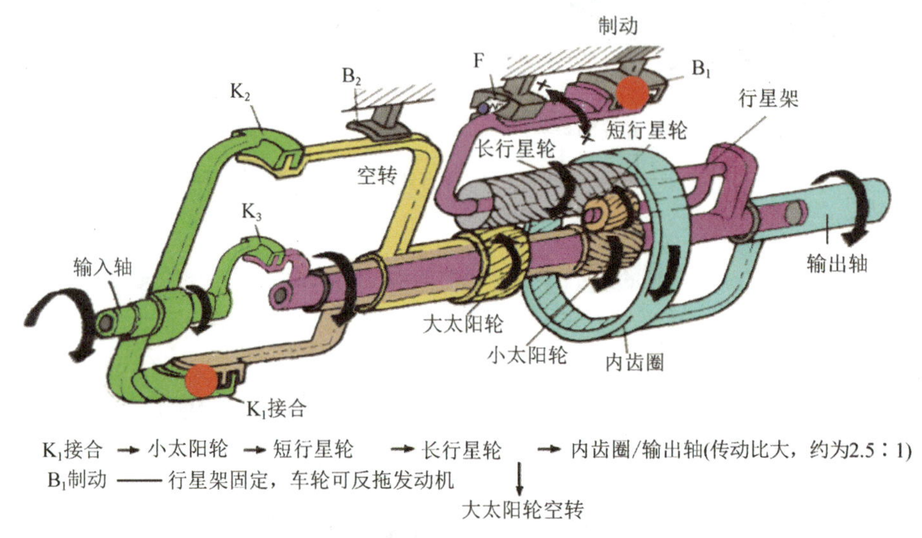

图 3-4-7　1 位时的动力传递路径

8. R 位时的动力传递路径

变速杆在 R 位时，离合器 K_2 工作，驱动前排太阳轮；制动器 B_1 工作，固定行星架，齿圈反向减速输出。R 位时的动力传递路径如图 3-4-8 所示。

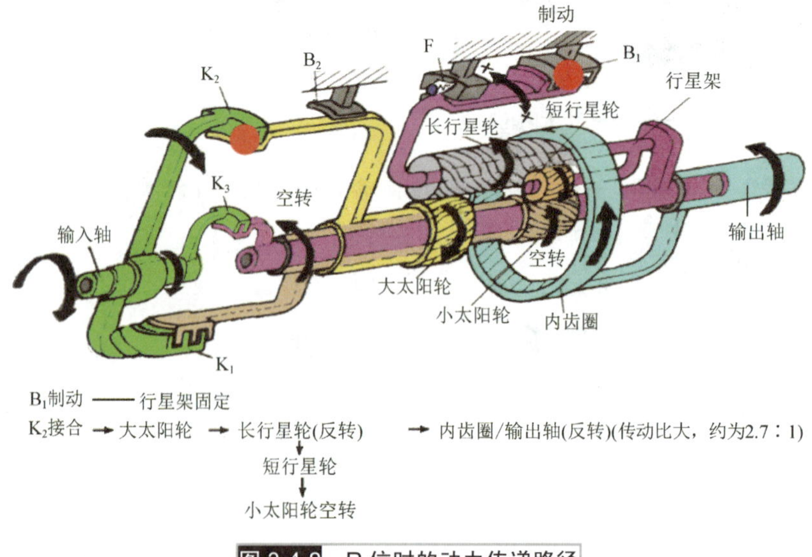

图 3-4-8　R 位时的动力传递路径

此动力传动机构只有在 1 挡时，减小节气门开度，单向离合器滑脱，车辆靠惯性滑行。2 挡、3 挡、4 挡时，减小节气门开度，车辆的惯性反拖发动机，发动机起到制动作用。

(三)项目工作页

01M 自动变速器动力传递分析工作页

姓名：________ 班级：________ 学号：__________ 指导教师：________ 日期：_______

(1) 工作内容与目标。

工作内容：运用相关知识，正确分析 01M 自动变速器各挡位动力传递路径。

工作目标：掌握 01M 自动变速器动力传递规律。

(2) 工作准备。

① 工作组。

序　号	姓　名	学　号	职　责	备　注
				组长

② 工具、设备、器材准备。

序　号	工具、设备、器材、耗材名称	型号、规格	套(件)数	备　注

③ 工作过程与结果分析。

变速杆位置	挡位	参与工作执行元件	动力传递路径
D 位	1 挡		

续表

变速杆位置	挡位	参与工作执行元件	动力传递路径
D 位	2 挡		
	3 挡		
	4 挡		
R 位	R 档		

(4) 进行工位“5S”，自检、互检，工作结束。

(5) 项目测评。

测评者	评　语	成　绩
自我评价		
小组评价		
教师评价		
总成绩		

项目四　自动变速器换挡执行元件及检修

【知识要求】

- 掌握自动变速器换挡执行元件的结构及工作原理。
- 掌握自动变速器换挡执行元件的检修方法。

【能力要求】

- 能够对自动变速器进行正确的解体和组装。
- 能够对自动变速器的执行元件进行正确检修。
- 能够对自动变速器的行星齿轮机构进行正确的检修。

一、学习材料

采用行星齿轮机构的自动变速器，其挡位的变换是通过对行星齿轮机构中的基本元件进行约束来实现的。所谓“约束”就是固定或连接某些元件。而实现这一任务的就是执行元件，换挡执行元件主要有离合器、制动器、单向轮三类。

(一)离合器

1. 作用

离合器用于连接行星齿轮变速器的输入轴和行星齿轮机构中的基本元件，或者把行星齿轮组中某两个基本元件连接起来，成为一个整体以传递动力。

2. 结构

离合器多为多片湿式离合器，主要由摩擦片、钢片、活塞、密封圈、离合器鼓、离合器毂及回位弹簧等组成，如图 4-0-1 所示。

离合器活塞安装在离合器鼓内，它是一种环状活塞，内、外缘密封圈保证其密封，使它和离合器鼓形成一个封闭的环状液压油缸，通过离合器鼓内轴颈上的进油孔和控制油道相连接。钢片和摩擦片交错排列，统称为离合器片，钢片外花键齿安装在离合器鼓的内花键齿圈上，并可沿齿圈齿槽轴向移动；摩擦片内花键齿与离合器毂的外花键齿连接，也可沿齿槽轴向移动。摩擦片的两面均为摩擦系数较大的铜基粉末冶金层或合金纤维层。回位弹簧在油缸泄压时使活塞回位，而在加压时减轻活塞动作的冲击。

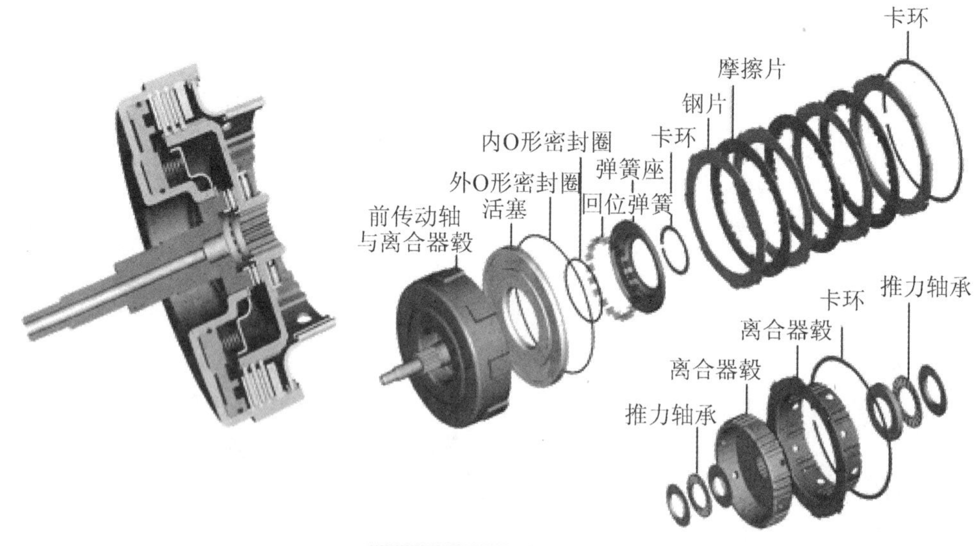

图 4-0-1　离合器的组成

3. 工作原理

当来自控制阀的液压油进入离合器液压缸时，油液压力作用在离合器活塞上，当压力达到某个设计值后，达到使回位弹簧变形的初始值，迅速、柔和地将所有的钢片和摩擦片相互压紧在一起。两者之间的摩擦力使离合器鼓和离合器毂连接为一个整体，此时离合器处于接合状态，如图 4-0-2(a)所示。

活塞内开有一条控制油路，通常设在缸体的中间部位。离合器接合时，压缩工作油液通过油路流入缸体内；离合器分离时，工作油液也从同一油路排出。

离合器分离时，由于离合器鼓随变速器输入轴或行星轮组中某一元件一起高速旋转，残留在液压缸内的液压油在离心力的作用下被甩向液压缸外缘，并在该处产生一定的油压。残余的油压将会引起离合器分离不彻底或回位阻滞，影响离合器的工作性能。

为此，在离合器活塞外缘上设有单向阀以实现油路的转换，工作情况如图 4-0-2 所示。当液压油进入液压缸时，止逆球在油压的推动下压紧在阀座上，单向阀处于关闭状态(图 4-0-2(a))，保证了液压缸的密封，使离合器处于接合状态；当液压缸内的油压被解除后，单向阀止逆球在离心力的作用下离开阀座，单向阀处于开启状态(图 4-0-2(b))，残留在液压缸内的液压油在离心力的作用下从单向阀的阀孔中流出，使活塞两侧的油压相等，保证了离合器彻底分离。

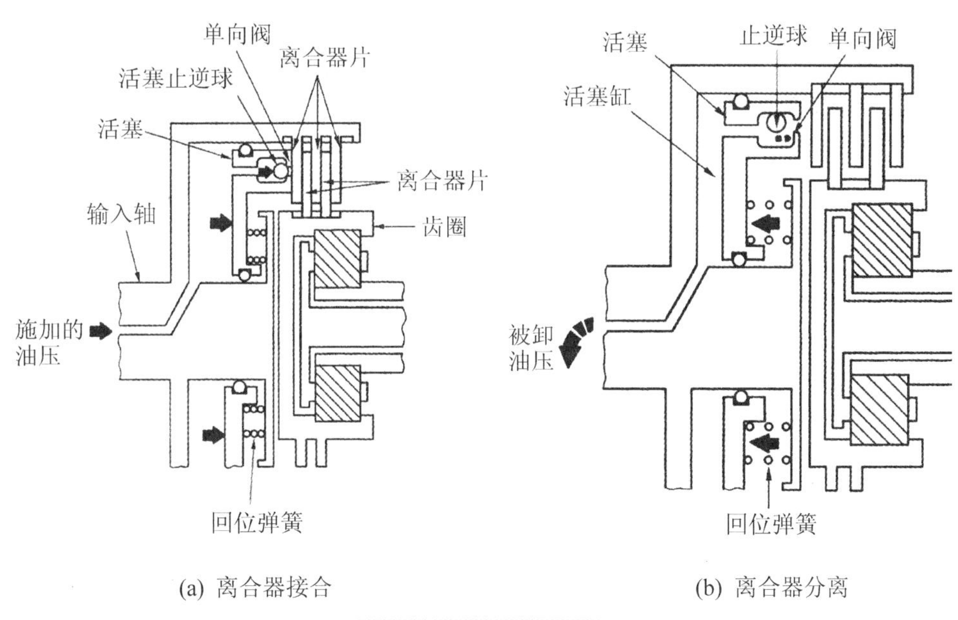

(a) 离合器接合　　(b) 离合器分离

图 4-2　离合器工作原理

4. 接合过程动态分析

离合器的动态接合过程，如图 4-0-3(a)～(c)所示。在未加压之前，活塞缸的初始容积为 V_0，活塞与钢片之间的间隙为δ_1，钢片与摩擦片之间间隙的总和为δ_2。活塞缸内油压作用于活塞上的力大于回位弹簧初始形变所需的力之后，活塞才开始移动，活塞随着主油压的上升而位移，首先消除δ_1，消除δ_1后活塞缸的容积为 V_1(第一阶段)；然后消除δ_2，消除δ_2后

活塞缸的容积为 V_2，到达终点后，主油压继续上升，确保摩擦片不会滑动(第二阶段)。充压过程油压将按指数函数曲线变化，如图 4-0-3(d)所示，这与电容器的充电过程相似。在离合器的接合过程中，活塞连续移动，活塞缸的容积不停地变化，图 4-0-3(d)中只选了三个特殊点，图 4-0-3(e)可表达离合器接合过程中活塞缸油压的变化。第一阶段钢片尚未受压，摩擦片与钢片仍保持原有间隙而不会转动。在此阶段，油压作用于活塞一侧的面积大，而活塞另一侧与回位弹簧的接触面积小，作用到回位弹簧上的压强大，弹簧的形变大，位移量大，活塞的移动速度就大。当活塞位移了 δ_1 之后，进入第二阶段，开始与钢片接触，在此阶段，活塞受力状况发生了变化，一侧仍为主油压，另一侧是回位弹簧和钢片的反作用力，回位弹簧受力减小，活塞位移速度减小，由于 δ_2 数值很小，作用力的绝对值又大，从而使钢片和摩擦片在发生少许滑动之后就紧紧结合成一体，足以将力矩传递过去而不会打滑。

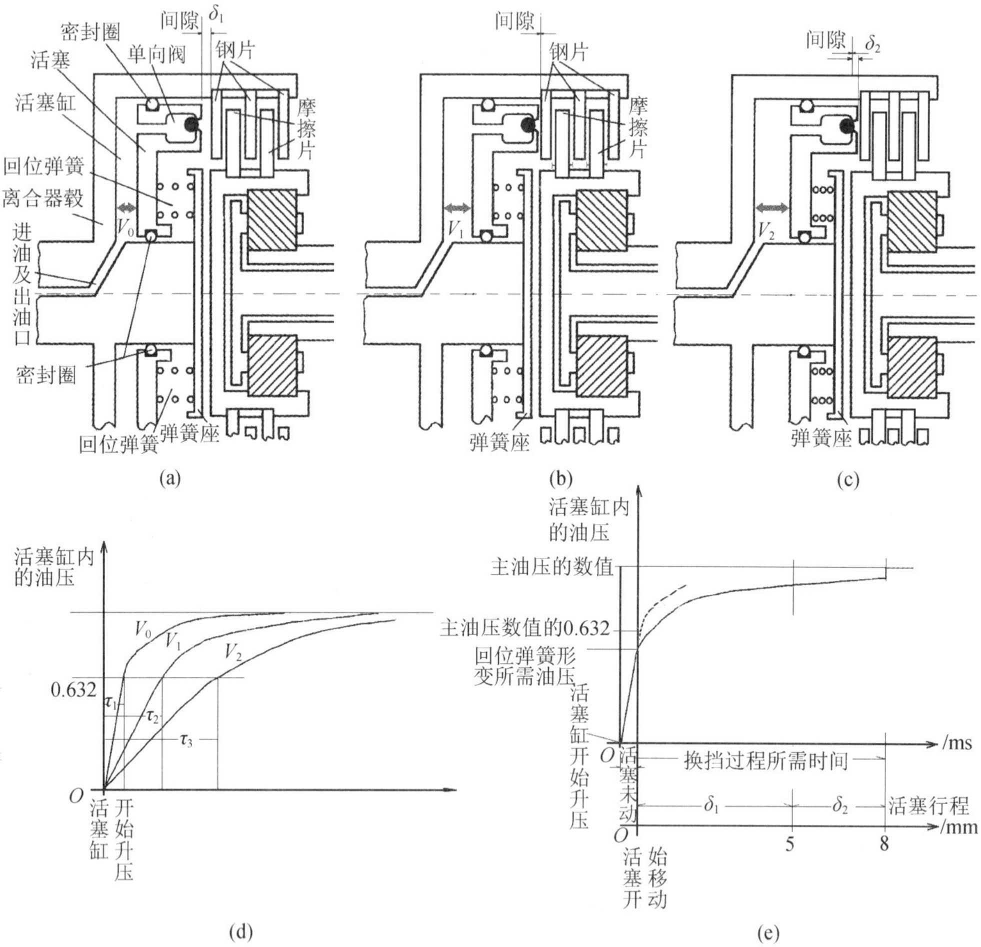

(a)　　(b)　　(c)

(d)　　(e)

图 4-0-3　离合器动态接合过程

为了使离合器(或制动器)的接合柔和平稳、分离迅速彻底，实现平顺换挡，防止摩擦片损伤，常在离合器(或制动器)油路中并联一个蓄压器，或者串联一个油压调节阀(也称滑行油压调节阀或随动油压调节阀)，或者串联一个双向节流孔径不同的缓冲阀。

(二)制动器

1. 作用

自动变速器中的制动器用来固定行星齿轮机构中的某个基本元件，一般用字母 B 表示。通过制动器的接合，将行星齿轮机构中的太阳轮、内齿圈和行星架这三个基本元器件之一与变速器壳体相连，使该元器件被约束固定而不能旋转。

制动器常见的有片式制动器、带式制动器两种。

2. 片式制动器结构与原理

片式制动器由制动鼓、制动器活塞、回位弹簧、钢片、摩擦片及制动毂等部件组成，如图 4-0-4 所示。其工作原理和动态接合过程与离合器基本相同，但片式制动器中的制动鼓(相当于离合器鼓)固定在变速器壳体上。因此，摩擦片接合时的效果是制动而不是接合传递动力。

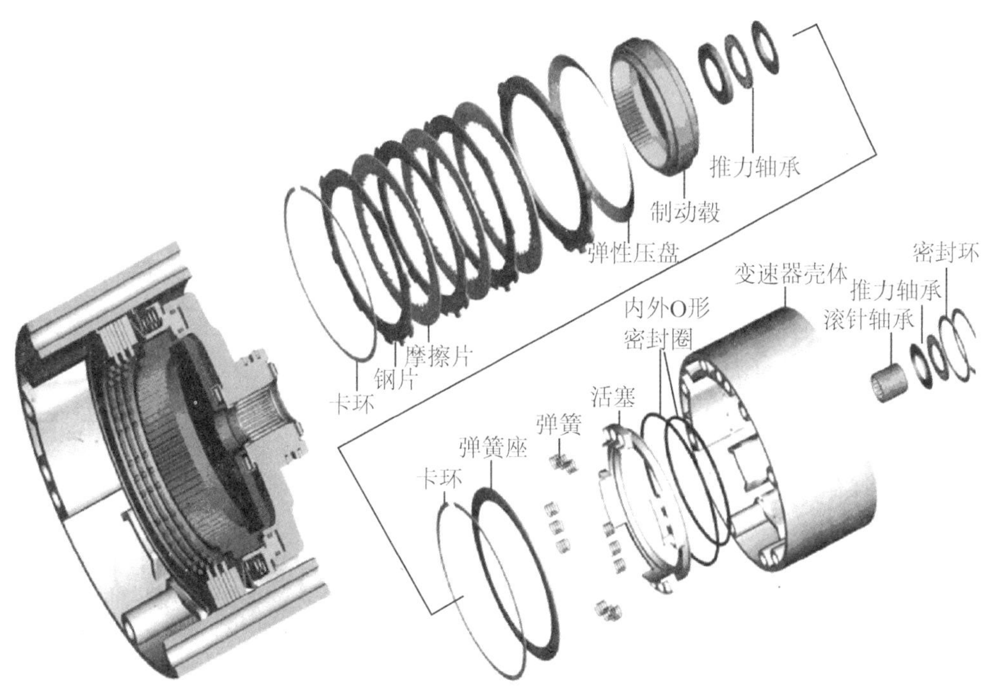

图 4-0-4　片式制动器器结构分解图

3. 带式制动器结构与原理

带式制动器主要由制动鼓、制动带、液压缸和调整机构等组成，如图 4-0-5 所示。制动鼓与需要被制动的某行星轮元件相连，制动带的一端用销子或调整螺钉与变速器壳体上的制动带支架相连，另一端与油缸活塞上的推杆相连，液压缸的缸体和变速器壳体连接为一体。

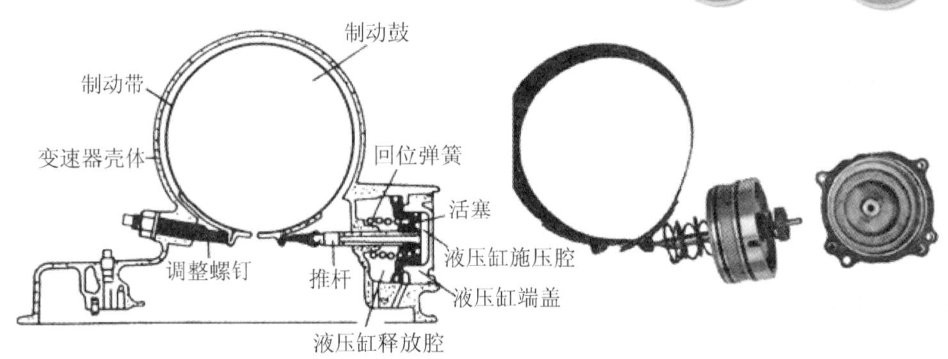

图 4-0-5　带式制动器结构示意图

在非制动状态下，制动带与制动鼓之间应保持适当的间隙，否则将影响制动器的正常工作。其间隙的大小可通过调整螺钉调节，在安装时，一般将螺钉向内拧紧至一定力矩，然后退回规定的圈数(通常为 2 或 3 圈)。

带式制动器结构简单、维修方便，但工作平顺性较差。需在控制油路中安装缓冲阀或蓄压器，使制动器在此开始接合时油压缓慢上升，缓和制动力的增长速度，改善制动平顺性，如图 4-0-6 所示。

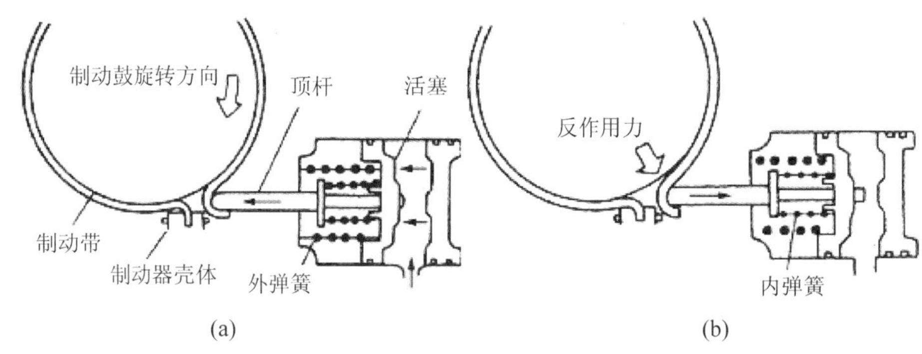

图 4-0-6　带式制动器缓冲机构

4. 两种制动器对比

与片式制动器相比，带式制动器具有结构简单、便于安装和轴向尺寸小等优点。但片式制动器的平顺性优于带式制动器，不同排量的发动机只需通过增减摩擦片的片数即可，适应性较强。

(三)单向轮

1. 作用

单向轮也称单向离合器、超越离合器，其作用是使某个元器件只能按一定方向旋转，在另一个方向上锁止，或者限制两个元器件在某一个方向自由转动，在相反方向相互制约。单向轮在液力变矩器和行星齿轮机构中均有应用。

单向轮的工作无需液压控制机构，其锁止及释放状态完全由与之相连组件的受力方向来控制。当与之相连组件的受力方向与锁止方向相同时，该组件即被锁止；当受力方向与锁止方向相反时，该组件即被释放。

常用的单向轮有楔块式和滚柱斜槽式两种。根据单向轮在行星齿轮机构中的作用可分为单向离合器和单向制动器。

2. 楔块式单向轮

楔块式单向轮由内座圈、外座圈、楔块等组成，结构如图 4-0-7 所示。楔块具有特殊形状：其一条对角线 A 的长度略大于内外座圈之间的距离 B，而另一条对角线 C 的长度略小于 B。当内座圈固定，外座圈相对于内座圈向顺时针方向旋转时，楔块在摩擦力的作用下立起，卡死在内、外座圈之间，此时单向轮处于锁止状态；当外座圈相对于内座圈向逆时针方向旋转时，楔块在摩擦力的作用下倾斜，脱离锁止状态，内、外座圈可以相对转动，此时单向轮处于自由状态。

当外座圈固定时，内座圈的运动情况正好相反。如果内、外座圈都没有固定，则前面的自由状态变为分离状态，锁止状态变为连接状态。

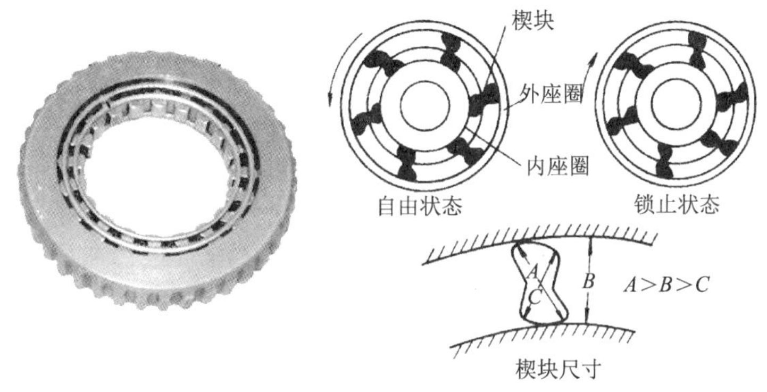

图 4-0-7　楔块式单向轮结构

3. 滚柱斜槽式单向轮

滚柱斜槽式单向轮由外座圈、内座圈、滚柱、滚柱回位弹簧等组成，其结构如图 4-0-8 所示。

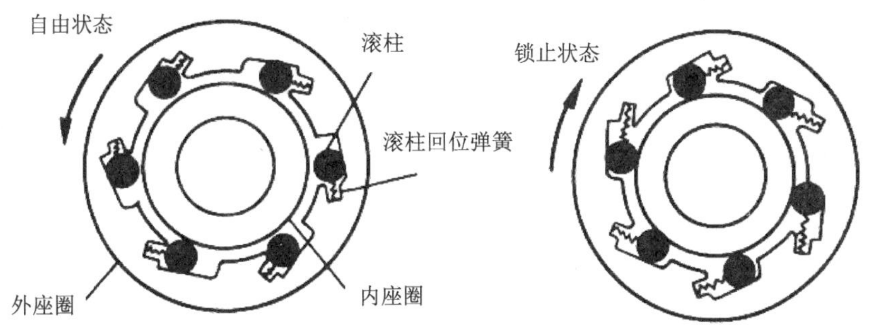

图 4-0-8　滚柱斜槽式单向轮

在外座圈的内表面制有与滚柱相同数目的楔形槽，内、外座圈之间的楔形槽内装有滚柱和回位弹簧，回位弹簧的弹力将各滚柱推向楔形槽较窄的一端。当外座圈相对于内座圈沿顺时针方向转动时，滚柱在摩擦力和弹簧弹力的作用下被卡死在楔形槽较窄的一端，内、外座圈不能相对转动，此时单向轮处于锁止状态。当外座圈相对于内座圈沿逆时针方向转动时，滚柱在摩擦力的作用下，克服弹簧的弹力，滚向楔形槽较宽的一端，出现打滑现象，外座圈相对于内座圈可以做自由滑转，此时单向轮脱离锁止而处于自由状态。

由此看出：滚柱式单向轮的锁止方向取决于外座圈楔形槽的方向。同理，楔块式单向轮的锁止方向取决于楔块的安装方向。特别注意，当装配单向轮时，不得装反，以免影响自动变速器的正常工作性能。

二、项目实施与工作页

(一)项目准备

项目实施前应准备好如下自动变速器总成、工具、量具、耗材等。

(1) A340E 自动变速器总成。

(2) A340E 自动变速器拆装专用工具、常用工具及量具。

(3) A340E 自动变速器维修手册等技术资料。

(二)项目实施

以 A340E 自动变速器为例，拆装操作如下。

1. 拆卸自动变速器壳体及阀体

(1) 从自动变速器前方取下液力变矩器。

(2) 拆除安装在自动变速器壳体上的附件，如加油管、挡位开关、车速传感器、输入轴转速传感器等。

(3) 松开紧固螺栓，拆下自动变速器前端的变矩器壳体。

(4) 拆除输出轴凸缘及自动变速器后端壳，从输出轴上拆下车速传感器的感应转子。

(5) 拆下油底壳，松开滤网与阀体之间的固定螺栓，再从阀体上拆下进油滤网。

(6) 拔下连接在阀体上的所有线束插头，拆除与节气门连接的节气门拉索，松开阀体与自动变速器壳体之间的固定螺栓(螺栓位置如图 4-0-9 所示)，取下阀体总成。

(7) 取出变速器壳体油道中的止回阀和弹簧，如图 4-0-10 所示。

(8) 取出变速器壳体上的蓄压器活塞。用手指按住蓄压器活塞，向蓄压器活塞周围对应油孔中吹入压缩空气，如图 4-0-11 所示，将蓄压器活塞吹出。

2. 拆卸油泵总成

(1) 拆下油泵周围的固定螺栓。

(2) 用专用拉具将油泵总成拉出，也可用惯性锤拉出油泵，如图 4-0-12 所示。

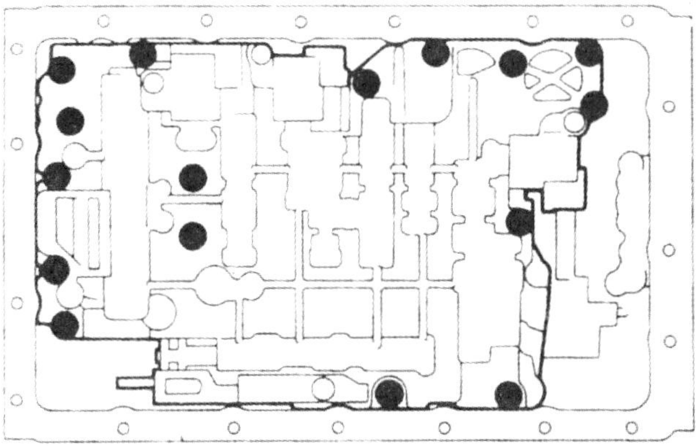

图 4-0-9　A340E 自动变速器阀体固定螺栓的位置

图 4-0-10　止回阀的安装位置

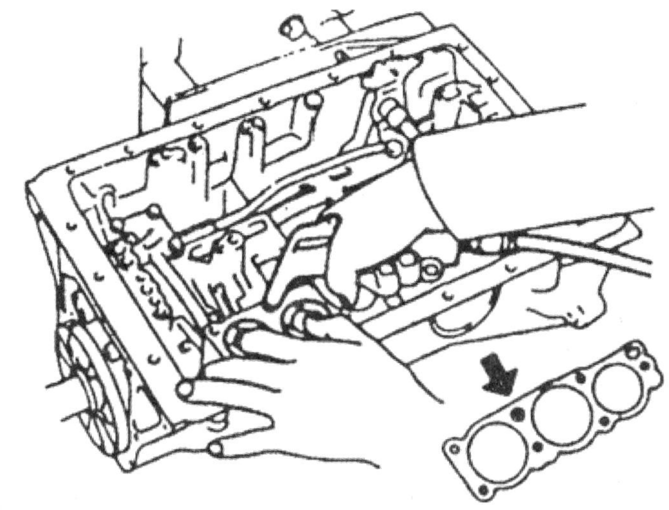

图 4-0-11　蓄压器活塞的安装位置及拆卸方法

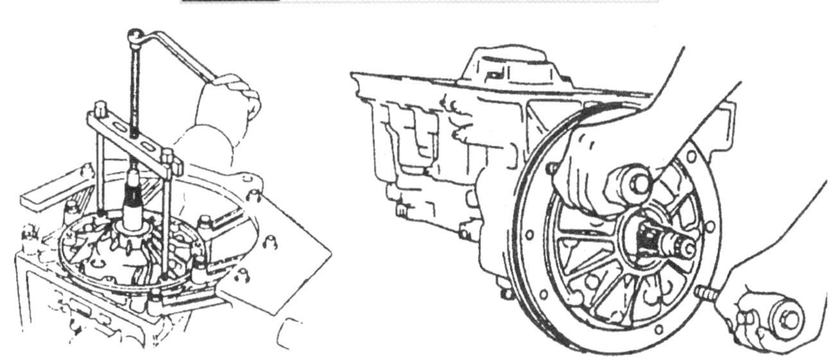

(a) 用拉具拉出油泵　　(b) 用惯性锤拉出油泵

图 4-0-12　油泵的拆卸

3. 拆卸超速行星排

从自动变速器前方取出超速行星架、超速离合器组件及内齿圈，如图 4-0-13 所示。

图 4-0-13 超速行星排的结构

1) 超速离合器 C_0 的分解

(1) 从超速行星架和超速离合器组件中取出离合器，其结构如图 4-0-14 所示。

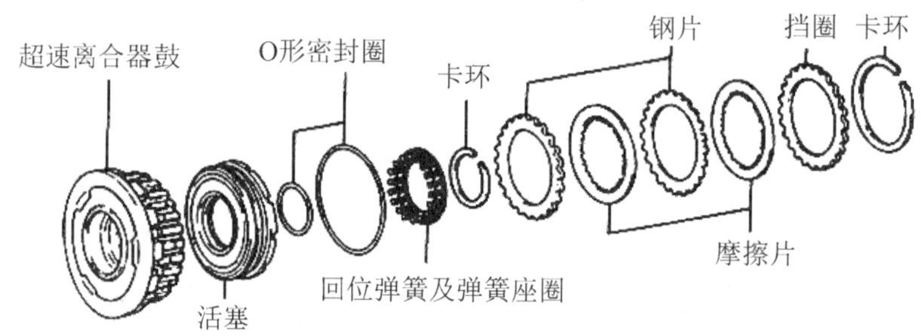

图 4-0-14 超速离合器的结构

(2) 按图 4-0-15(a)所示，用螺钉旋具拆除卡环，取出挡圈、摩擦片及钢片。

(3) 按图 4-0-15(b)所示，用专用工具将活塞回位弹簧座圈压下，用卡环钳或螺钉旋具拆下卡环，取出弹簧座圈和回位弹簧。

(4) 先将油泵装在变矩器上，再将超速离合器装在油泵上，按图 4-0-15(c)所示方法向油道内吹入压缩空气，取出离合器活塞，最后拆下活塞上的 O 形密封圈。

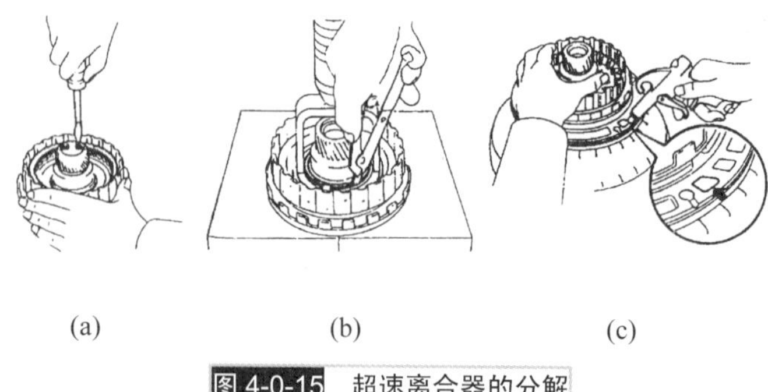

图 4-0-15 超速离合器的分解

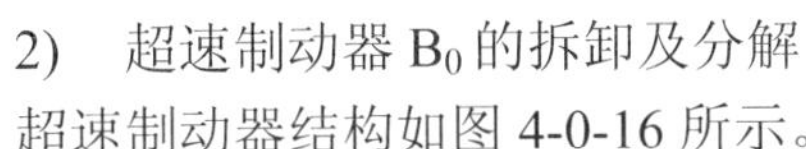

2)　超速制动器 B_0 的拆卸及分解

超速制动器结构如图 4-0-16 所示。

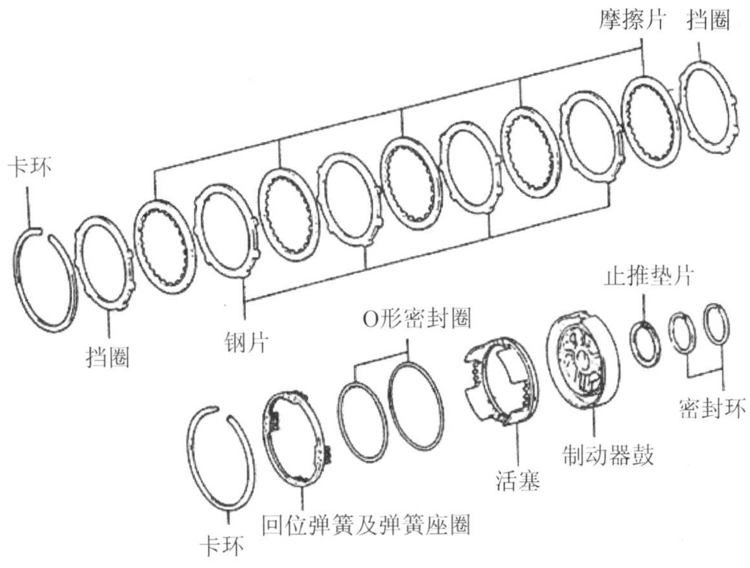

图 4-0-16　超速制动器的结构

(1)　拆下超速制动器内的卡环，取出超速制动器钢片和摩擦片。

(2)　拆下超速制动器鼓中的卡环，松开壳体上的固定螺栓，用专用拉具将超速制动器鼓拉出，如图 4-0-17 所示。

(3)　使用专用工具，将活塞回位弹簧座圈压下，用螺钉旋具拆下卡环，取出回位弹簧和弹簧座圈，如图 4-0-18(a)所示。

(4)　将超速制动器鼓装在倒、高挡离合器上，按图 4-0-18(b)所示方法向油道内吹入压缩空气，取出制动器活塞。

(5)　拆下活塞外圆上的 O 形密封圈(图 4-0-18(c))及制动鼓后端轴颈上的密封环和止推轴承座。

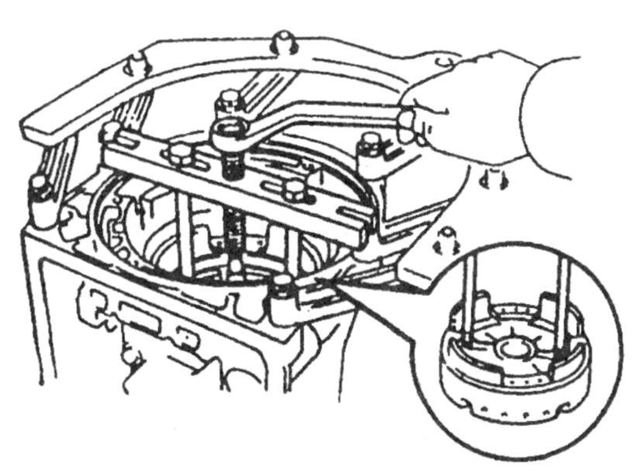

图 4-0-17　超速制动器鼓的拆装

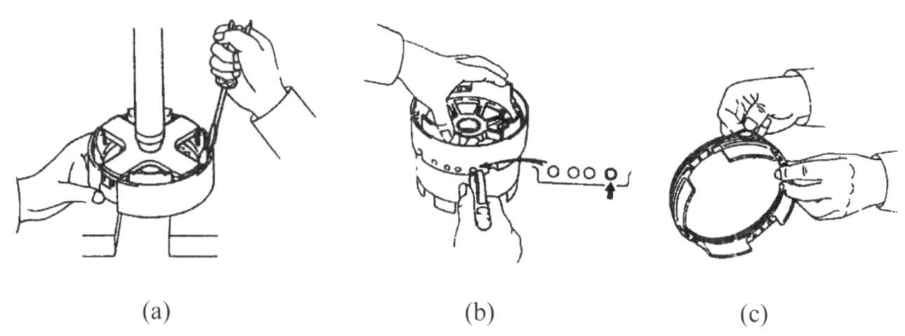

(a) (b) (c)

图 4-0-18　超速制动器的分解

4. 拆卸辛普森式行星轮机构

(1) 拆卸 2 挡强制制动带活塞：如图 4-0-19 所示，从外壳上拆下 2 挡强制制动带液压缸缸盖卡环，用手指按住液压缸缸盖，从液压缸进油孔中吹入压缩空气，将液压缸缸盖和活塞吹出。2 挡强制制动器的结构如图 4-0-20 所示。

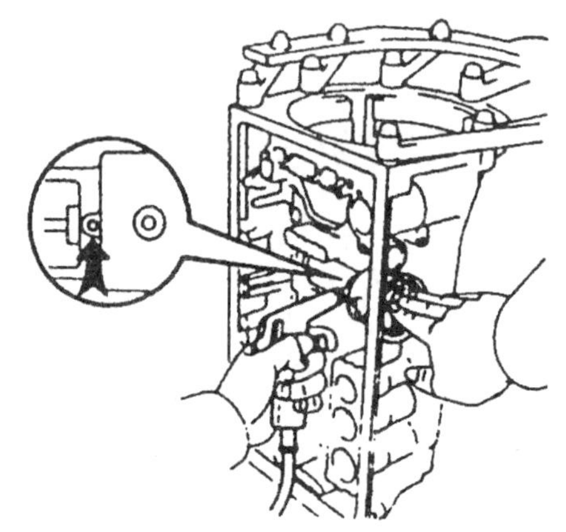

图 4-0-19　2 挡强制制动带活塞的拆卸

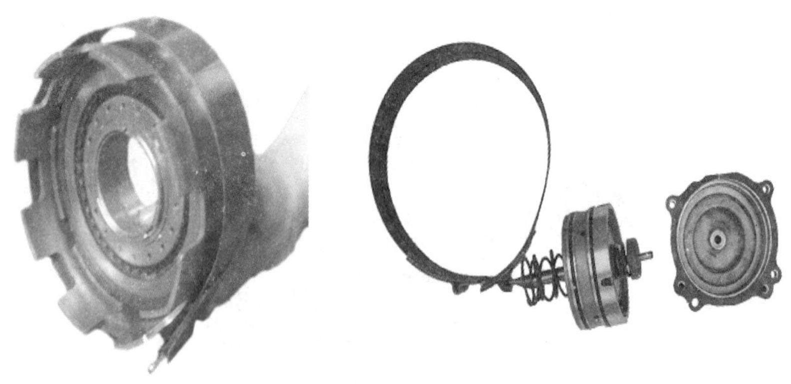

图 4-0-20　2 挡制动带结构

(2) 取出中间轴及高、倒挡离合器和前进离合器组件。

(3) 分解倒、高挡离合器 C_2，其结构如图 4-0-21 所示，分解方法与超速离合器的分解

类似，如图 4-0-22 所示。

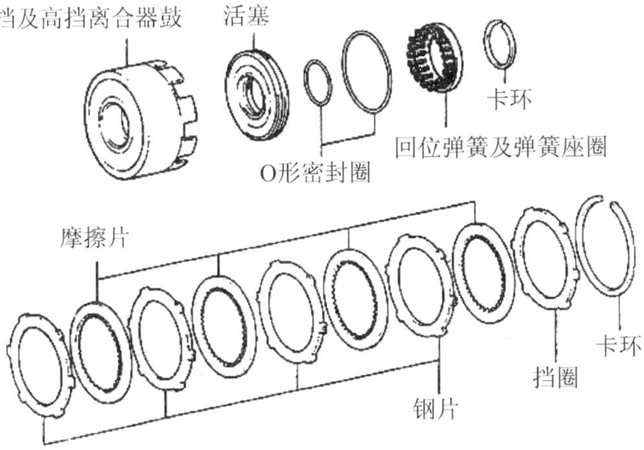

图 4-0-21　倒挡及高挡离合器的结构

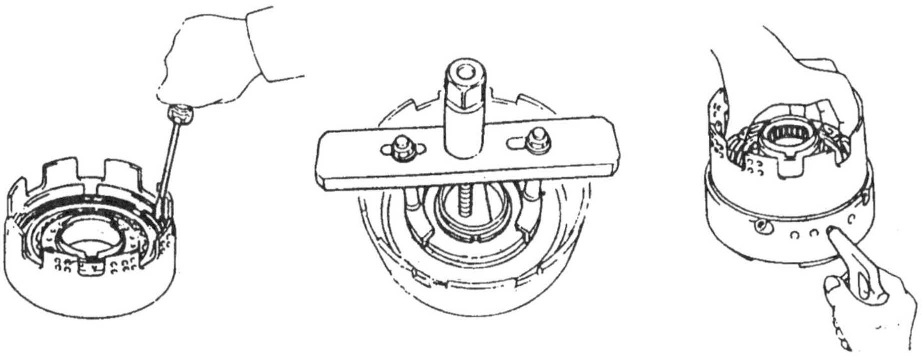

(a)　(b)　(c)

图 4-0-22　倒挡及高挡离合器的分解

(4)　拆下 2 挡强制制动带 B_1 锁轴，取出制动带。

(5)　拆出前行星排：取出前齿圈，将自动变速器立起，用木块垫住输出轴，拆下前行星架上的卡环，取出前行星架和行星轮组件，如图 4-0-23 所示。

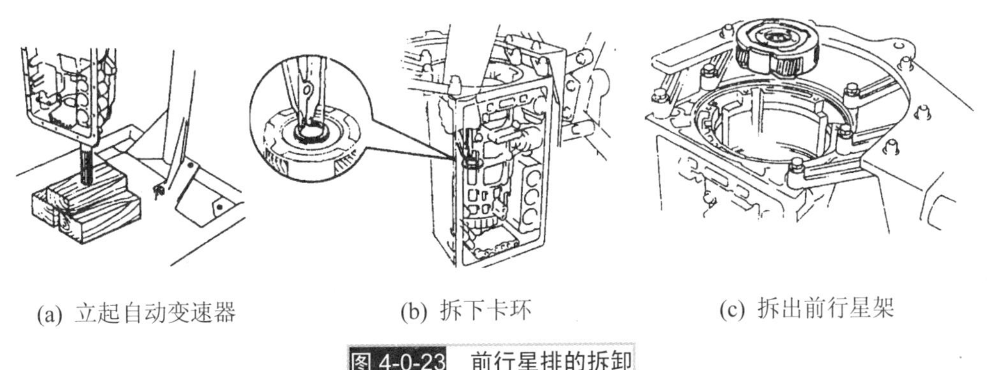

(a) 立起自动变速器　(b) 拆下卡环　(c) 拆出前行星架

图 4-0-23　前行星排的拆卸

(6) 前进离合器 C_1 的分解。

分解方法同超速离合器，前进离合器结构如图 4-0-24 所示。

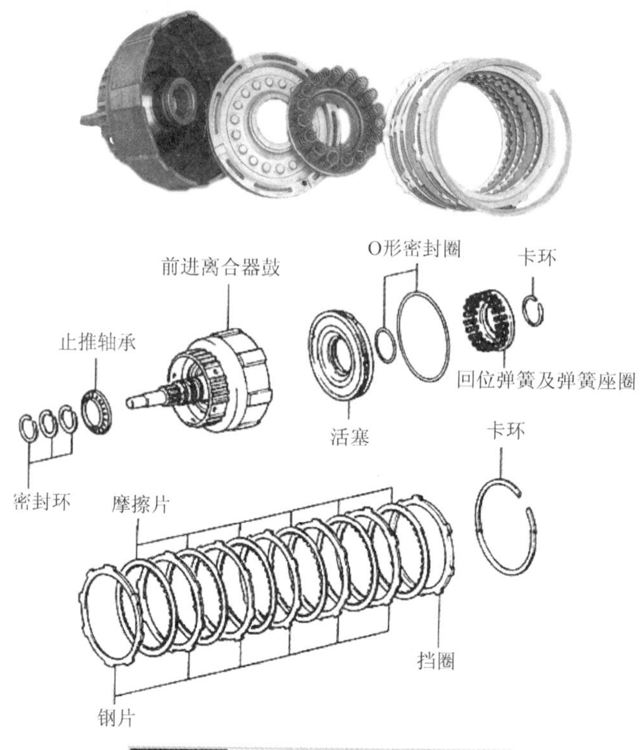

图 4-0-24 前进离合器的结构及分解

(7) 取出前、后太阳轮组件和低挡单向离合器 F_1。

(8) 拆卸 2 挡制动器 B_2。拆下卡环，取出制动器中所有摩擦片、钢片及活塞衬套。2 挡制动器结构如图 4-0-25 所示。

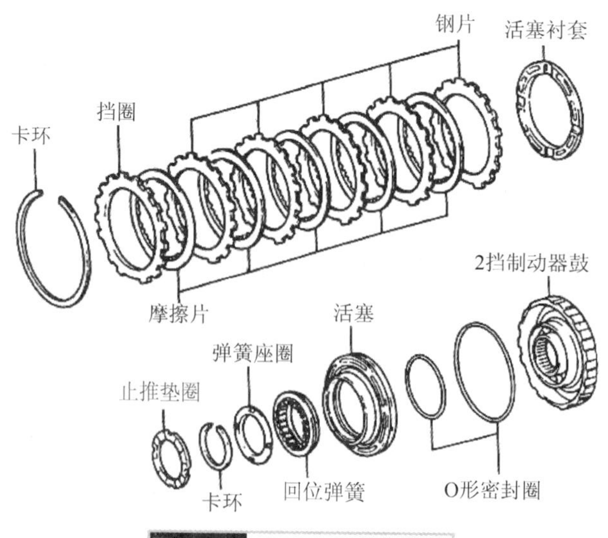

图 4-0-25 2 挡制动器的结构

(9) 拆卸输出轴及后行星排和低、倒挡制动器 B_3 组件。拆下卡环，取出输出轴、后行星排、单向离合器 F_2 以及低、倒挡制动器 B_3 和 2 挡制动器鼓组件。低、倒挡制动器的结构如图 4-0-26 所示。

(10) 在分解自动变速器时，应将所有组件和零件按分解顺序依次排放，便于检修和组装。要特别注意各个止推垫片、止推轴承的位置，不可错乱。

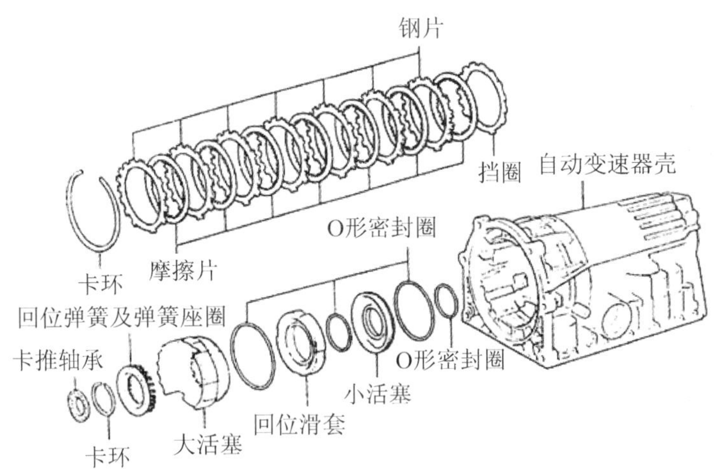

图 4-0-26　低、倒挡制动器的结构

5. 执行元件的检修

1)　单向离合器工作性能的检测

分解行星排中的单向离合器之前，应先确认、记录各个单向离合器的锁止方向，否则，一旦分解后不能按原有安装方向装复，就会使自动变速器不能正常工作，造成返工。

(1) 超速排单向离合器 F_0 锁止方向的检查：将超速排离合器总成安装到超速排行星架上，握住超速离合器 C_0 并转动输入轴，顺时针方向(由自动变速器前方看，下同)应能自由转动，逆时针方向锁止。检查方法如图 4-0-27(a)所示。

(2) 单向离合器 F_1 锁止方向的检查：将 F_1 和二挡制动器轮毂装到太阳轮上，左手握住太阳轮驱动鼓，右手转动单向离合器外圈，检查锁止方向，应使外圈相对于内圈在逆时针方向锁止，顺时针方向自由转动。检查方法如图 4-0-27(b)所示。

(3) 低挡单向离合器 F_2 锁止方向的检查：握住后行星架、转动低挡单向离合器内圈，应使内圈相对于外圈在顺时针方向锁止、逆时针方向自由转动，检查方法如图 4-0-27(c)所示。

此外，单向离合器中滚柱破损，滚柱保持架断裂或内、外圈滚道磨损起槽时，应更换新件。如果在锁止方向上出现打滑或在自由转动方向上存在卡滞现象，也应更换单向离合器。

2)　离合器、制动器工作性能的检测

(1) 检查离合器或制动器的摩擦片，如有烧焦、表面粉末冶金层脱落或翘曲变形等情况，应更换。许多自动变速器的摩擦片表面上印有符号，如图 4-0-28(a)所示，若符号已被磨去，则说明摩擦片已磨损至极限，应更换。也可测量摩擦片的厚度，如图 4-0-28(b)所示，若小于极限厚度，则应更换。

(2) 检查制动带内表面，如有烧焦、表面粉末冶金层脱落或表面符号已被磨去情况，如图 4-0-28(c)所示，则应更换。

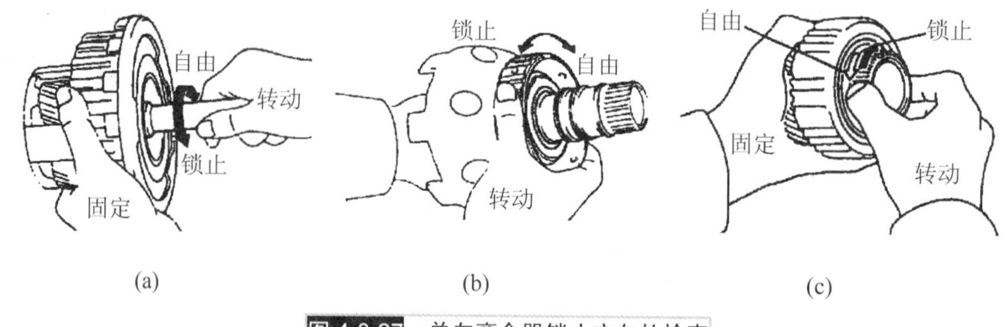

图 4-0-27 单向离合器锁止方向的检查

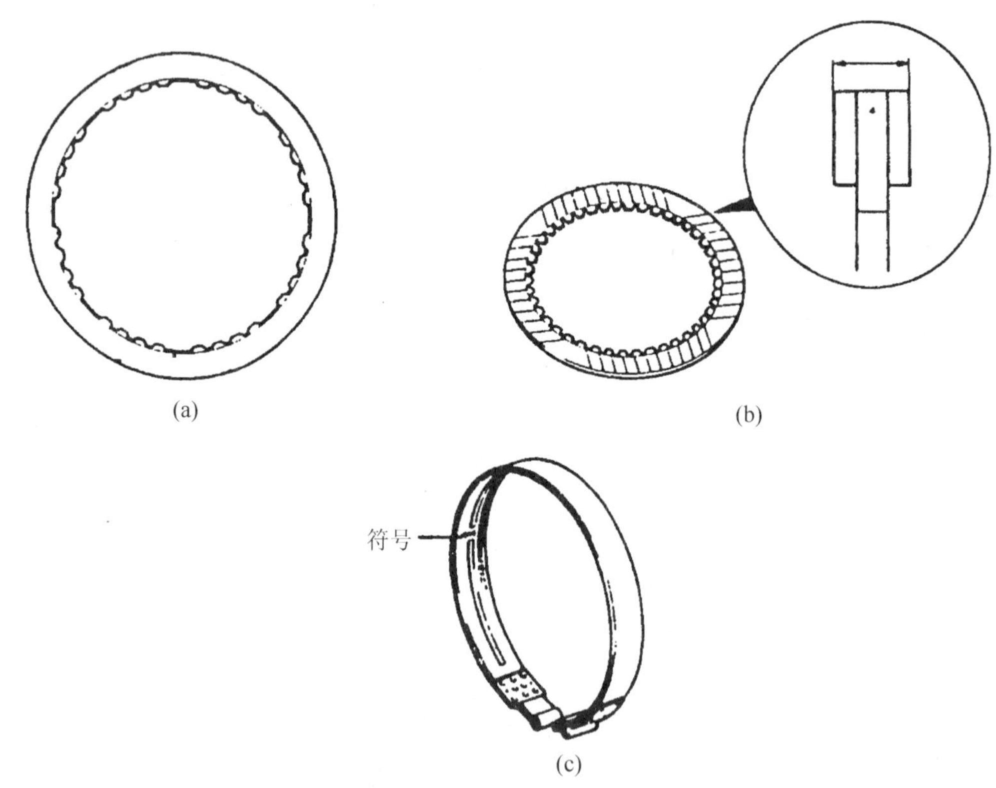

图 4-0-28 摩擦片和制动带的检查

(3) 检查钢片，如有磨损或翘曲变形，则应更换。

(4) 检查挡圈的摩擦面，如有磨损，则应更换。

(5) 检查离合器和制动器的活塞，其表面应无损伤或拉毛，否则应更换新件。

(6) 检查离合器活塞上的单向阀，阀球应能在阀座内活动自如。用压缩空气或煤油检查单向阀的密封性，密封应良好，检查方法如图 4-0-29 所示，如有异常，则应更换活塞。

(7) 检查离合器和制动器鼓，其液压缸内表面应无损伤或拉毛，与钢片配合的花键槽应无磨损。如有异常，则应更换新件。

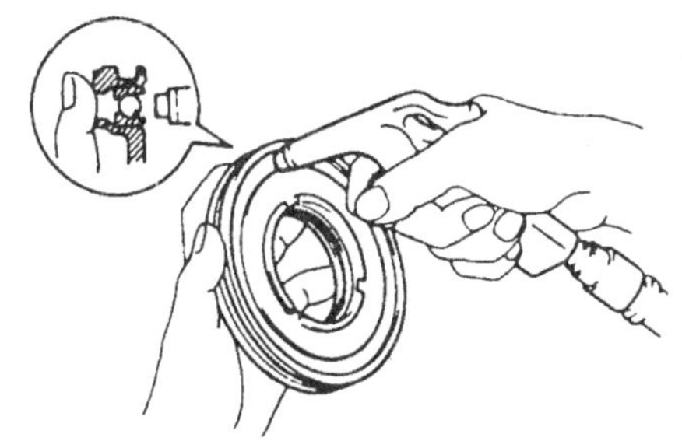

图 4-0-29　离合器活塞单向阀密封性的检查

(8) 测量活塞回位弹簧的自由长度，并与表 4-0-1 中的相关数值进行比较。若弹簧自由长度过小或有变形，则应更换新弹簧。

(9) 更换所有离合器、制动器及制动带液压缸活塞上的 O 形密封圈及轴颈上的密封环。新的密封圈或密封环在装入前应涂上少许液压油或凡士林。

表 4-0-1　A340E 自动变速器的离合器和制动器检修标准

离合器或制动器的名称	代　号	弹簧自由长度标准/mm	自由间隙/mm
超速离合器	C_0	15.8	1.45～1.70
超速制动器	B_0	17.23	1.75～2.05
倒挡及高挡离合器	C_1	24.35	1.37～1.60
前进离合器	C_2		0.70～1.00
2 挡制动器	B_1	19.64	0.63～1.98
低挡及倒挡制动器	B_2	12.9	0.70～1.22
2 挡强制制动器	B_3		2.0～3.0

(10) 检查离合器和制动器的自由间隙，若自由间隙与标准数值不符，则可使用更换不同厚度的挡圈或增减钢片的方法来调整。

3) 离合器与制动器活塞自由行程的检测

离合器和制动器活塞的总行程一般为 3～4mm，如果摩擦片与压盘之间的间隙过大，则会导致自动变速器换挡打滑及摩擦片烧蚀；如果间隙过小，则会导致自动变速器换挡时有冲击或摩擦片分离不彻底，这样也会引起摩擦片磨损和烧蚀。

检查离合器和制动器活塞行程：将钢片和摩擦片压紧，用厚薄规检测压盘与弹性卡簧之间的自由间隙，方法如图 4-0-30(a)所示。也可将压缩空气充入相应的控制油道，用百分表测量离合器的自由间隙，方法如图 4-0-30(b)所示，若吹入压缩空气后活塞不能移动，应检查漏气部位，修复后重新安装。若自由间隙不符合标准，可采用更换不同厚度挡圈的方法进行调整。

6. 行星齿轮机构的组装

行星齿轮机构的安装顺序与分解顺序相反，即先拆的后装，后拆的先装。组装应在所有零部件均已清洗干净，各离合器、制动器、阀体、油泵等总成部分均已装配好并调整完毕后进行。

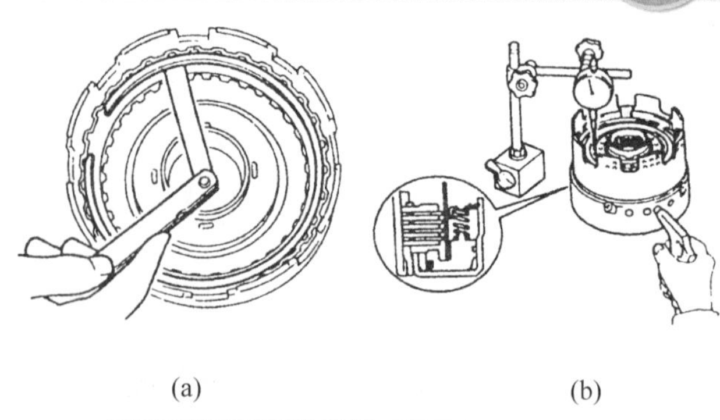

(a) (b)

图 4-0-30 离合器和制动器自由行程的检查

此外，行星齿轮机构在组装时，应注意以下几个问题。

(1) 组装行星齿轮机构时，应更换各接合平面及轴颈上的密封圈或密封环。

(2) 安装小零件(如止推轴承、止推垫片、密封圈等)时，为防止零件掉落，可在零件表面涂抹一些润滑脂或凡士林，以便将零件可靠地固定在安装位置上。

(3) 在组装过程中，应注意各止推轴承和座圈及密封圈的安装位置、方向。图 4-0-31 所示为 A340E 自动变速器各个止推轴承和座圈的安装位置及方向，表 4-0-2 为各止推轴承和座圈的规格。

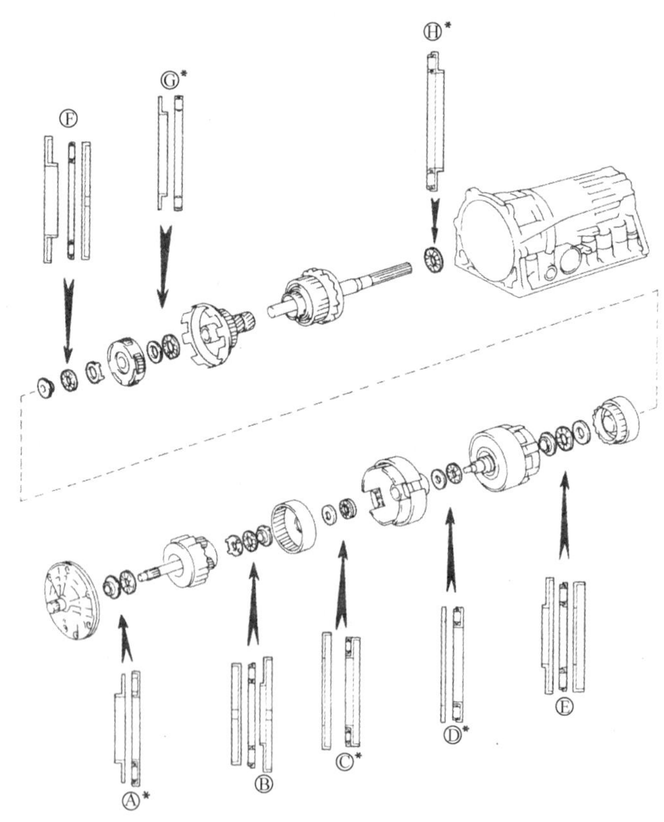

图 4-0-31 A340E 自动变速器止推轴承和座圈安装位置和方向

*—组合型轴承和座圈

(4) 注意单向离合器的安装方向，以保证自动变速器工作性能正常。

(5) 安装制动器时，应注意各制动器鼓上的油口与壳体上的油口一一对应。

(6) 行星齿轮机构组装后应保证离合器片(制动器片)之间的自由间隙符合要求。如不符合标准，应更换不同厚度的挡圈，予以调整。

(7) 自动变速器组装后，转动输入轴，检查其在顺时针和逆时针方向是否转动自由。如有异常，应拆除后重新安装。

(8) 再次将压缩空气吹入各离合器、制动器的控制油孔，检查其工作情况，控制油孔的位置如图 4-0-32 所示。在吹入压缩空气时，应能听到离合器或制动器活塞移动的声音。如有异常，应重新拆检并查找故障原因。

表 4-0-2　A340E 自动变速器止推轴承和座圈规格

名　称	前止推垫片		止推轴承		后止推垫片	
	内径/mm	外径/mm	内径/mm	外径/mm	内径/mm	外径/mm
Ⓐ	28.1	47.3	28.9	50.2		
Ⓑ	27.1	41.8	26.0	46.8	24.2	47.8
Ⓒ	37.1	59.0	33.6	50..3		
Ⓓ	36.8	50.9	33.7	47.6		
Ⓔ	26.0	48.9	26.0	46.6	26.8	47.0
Ⓕ	30.6	53.6	32.6	47.7	34.3	47.8
Ⓖ	33.7	47.6	35.5	47.7		
Ⓗ			39.2	57.7		

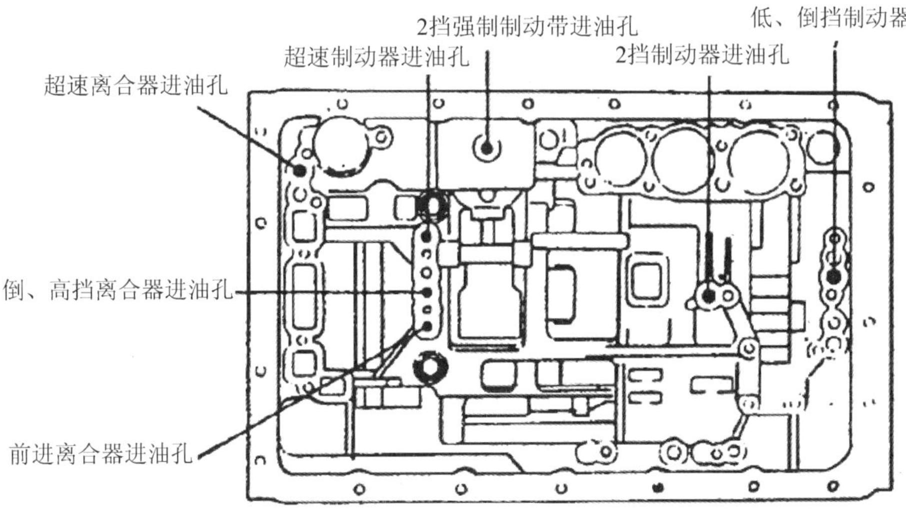

图 4-0-32　A340E 自动变速器各个离合器和制动器进油孔位置

(三)项目工作页

A340E 自动变速器的解体与组装工作页

姓名：________ 班级：________ 学号：__________ 指导教师：________ 日期：_______

(1) 工作内容与目标。

工作内容：解体与组装 A340E 自动变速器。

工作目标：运用相关知识，正确使用工具按照技术规范完成自动变速器的解体与组装。

(2) 工作准备。

① 工作组。

序　号	姓　名	学　号	职　责	备　注
				组长

② 工具、设备、器材准备。

序　号	工具、设备、器材、耗材名称	型号、规格	套(件)数	备　注

(3) 工作过程与结果分析。

① 分解 A340E 自动变速器。

分解内容	分解步骤	工作记录	注意事项
ATF 液			
外围附件			
前后端盖			
车速传感器信号转子			
油底			
阀体			
油泵			
超速行星排及执行元件			
辛普森双行星排和执行元件			

② 检测执行元件。

检测内容		检测结果			是否更换
离合器		C_0	C_1	C_2	
	摩擦片有无烧焦、变形				
	测量活塞回位弹簧的自由长度/mm				
	离合器活塞单向阀密封性及灵活性				
	钢片有无磨损、变形				

续表

检测内容		检测结果				是否更换
离合器	活塞表面有无拉毛					
	离合器鼓有无损伤、拉毛；花键槽有无磨损					
	测量离合器活塞行程					
单向轮		F_0	F_1	F_2		
	滚柱有无破损、滚柱保持架有无断裂					
	内、外圈滚道有无磨损起槽					
	锁止方向的检查					
制动器		B_0	B_1	B_2	B_3	
	制动器鼓有无损伤、拉毛；花键槽有无磨损					
	制动带内表面有无烧焦、磨损(B_1)					
	钢片有无磨损、变形					
	摩擦片有无烧焦、变形					
	测量活塞回位弹簧的自由长度/mm					
	测量制动器活塞行程					

(3) 组装 A340E 自动变速器。

组装内容	组装步骤	工作记录	注意事项
辛普森双行星排和执行元件			
超速行星排及执行元件			
油泵			
阀体			
油底			
车速传感器信号转子			
后前端盖			
外围附件			

(4) 进行工位“5S”，自检、互检，工作结束。

(5) 项目测评。

测评者	评 语	成 绩
自我评价		
小组评价		
教师评价		
总成绩		

项目五　液压系统液压源和变矩器油路

【知识要求】

- 掌握典型自动变速器液压油泵的结构及工作原理。
- 掌握典型自动变速器主油路油压调节的工作原理。
- 掌握典型自动变速器油路的工作原理。
- 掌握典型自动变速器锁止离合器控制油路的工作原理。
- 掌握典型自动变速器变矩器油路。

【能力要求】

- 能够正确分析典型自动变速器液压主油路。
- 能够正确分析典型自动变速器变矩器油路。
- 能够正确分析典型自动变速器锁止离合器控制油路。

模块一　丰田 A340E 主油压和变矩器油路

一、学习材料

(一)内啮合齿轮泵

油泵由发动机直接驱动，为液力变矩器和液压控制系统提供足够流量的油液，由油压调节阀自动调节成设定的油压，从而构成液压控制系统的液压源。

丰田 A340E 内啮合式齿轮泵的结构如图 5-1-1 所示。油泵总成泵盖上的定子轴从壳体中心伸出，将其安装在自动变速器的壳体上之后，变速器的输入轴从定子轴中伸出。将液力变矩器装在油泵之外，变矩器轴套上的键槽与油泵主动齿轮凸键相连接，定子轴端的花键与变矩器导轮的单向离合器内圈相连接，变速器输入轴与涡轮中心花键孔相连接。这样，单向离合器的内圈被固定，变矩器壳体与油泵的驱动齿轮一体，变速器输入轴与涡轮一体。因此，油泵的驱动齿轮是由发动机直接驱动的。

油泵装配好后，月牙形隔板将两个齿轮的不啮合部分隔开，如图 5-1-1 所示。油泵工作时，驱动齿轮带动从动齿轮转动，齿轮脱离啮合的一端(吸油腔)，容积由小变大，产生真空吸力，把油液从油底壳(油池)经滤网吸入油泵；齿轮进入啮合的一端(压油腔)，容积由大变小，油压升高，将油液排出。此种油泵每转一圈，所排出的油量是恒定的，称之为定排量泵。每分钟的泵油量与转速成正比，其输出的油压由设置的油压调节阀来决定。

齿轮泵内部进油口、出油口等各油道及位置如图 5-1-2 所示。

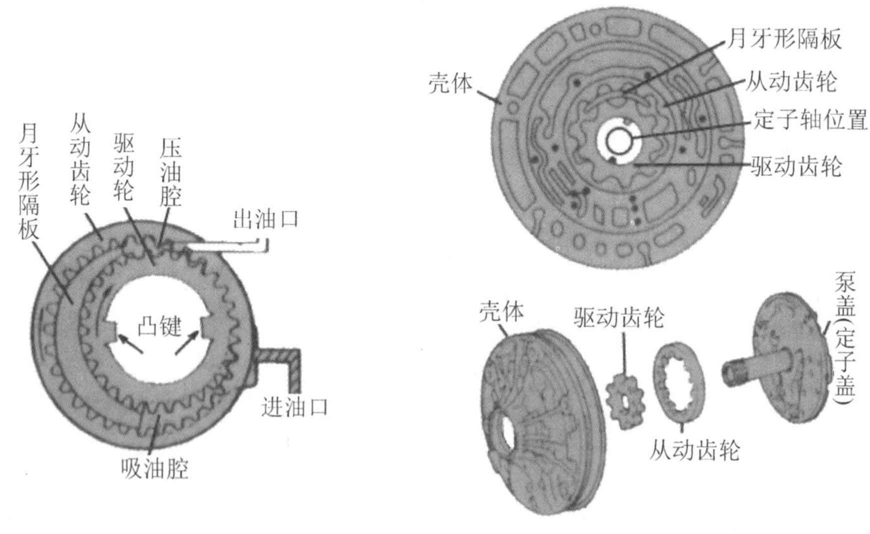

图 5-1-1　内啮合式齿轮泵的结构

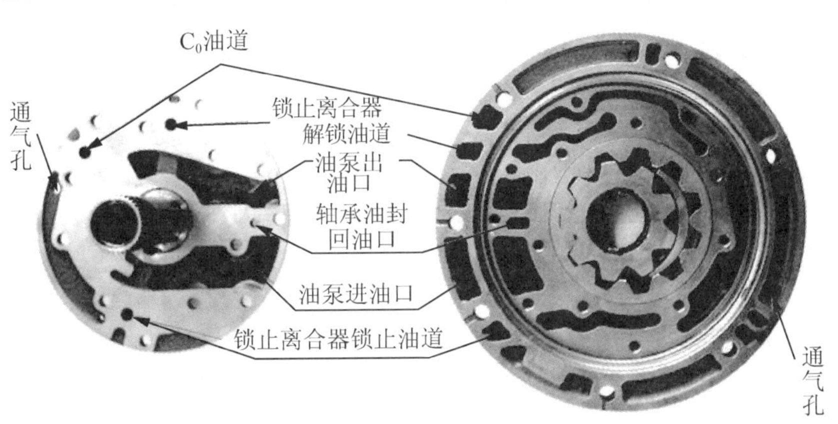

图 5-1-2　齿轮泵各油道及位置

(二)主油压调节阀

1. 自动调节阀

主油压调节阀为泄流式压调节阀，结构如图 5-1-3 所示。自动调节阀由三个直径相同的阀门活塞(以下简称阀塞)、四个阀门的进、出油口(以下简称阀口)和弹簧构成。

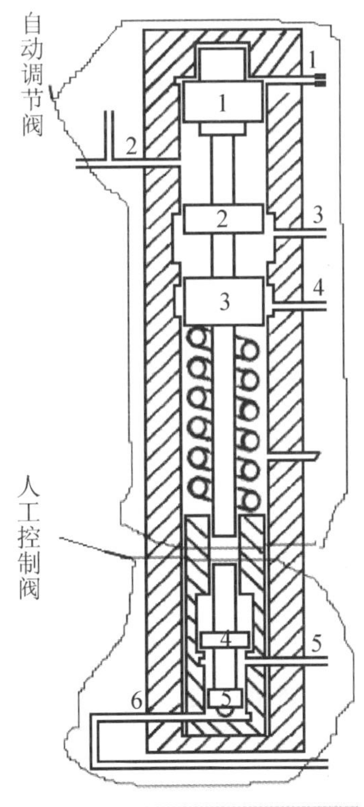

图 5-1-3　主油压调节阀的结构

阀口 1 经限流孔(节流孔)与油泵和主油路相接，此油压作用于阀塞 1 的上部，是自动调节过程的采样点。阀口 2 与液力变矩器和润滑油路相接，油液经此处流向液力变矩器和润

滑油路。阀塞 2 与壳体形成一个开关阀，发动机不转动时，关闭此通道，如图 5-1-3 所示，防止主油路的油液经此通道泄出；怠速时此开关阀打开，油液不停地流向变矩器和润滑油路。阀口 3 接主油路(油泵出油口)，油液经此处流入。阀口 4 为泄油口，与油底和油泵吸油口相接，调压泄油口变化虽小，但由于油泵的吸力大，因此泄油量变化很大，从而提高了油压调节的灵敏度。发动机未转动时，弹簧弹力使柱塞停于顶部位置，构成其初始状态。

2. 人工控制阀

人工控制阀由可以自由活动的阀塞 4 和阀塞 5，以及阀口 5 和阀口 6 构成(图 5-1-3)。阀口 5 与手动阀相接，在倒挡位置时，经手动阀引入主油压，使额定油压升高到另一个设定数值。阀口 6 引入节气门信号油压，代表了自动变速器传递的扭矩，使主油压在额定油压的数值上，随节气门开度的增加而增加相应数值。

二、项目实施与工作页

(一)项目准备

项目实施前应准备好如下自动变速器总成、工具、耗材等。

(1) 丰田 A340E 自动变速器、油泵、变矩器、阀体等总成。

(2) 丰田 A340E 自动变速器拆装专用工具、常用工具。

(3) 丰田 A340E 自动变速器维修手册、油路图等技术资料。

(二)项目实施

1. 液压主油路油压分析

1) 主油路额定油压分析

主油压调节阀在油路中的连接如图 5-1-4 所示。变速杆置于 P/N 位，启动发动机，油泵开始转动时，主油压阀处于图 5-1-3 所示状态，由于整个油路是封闭的，主油路的油压迅速上升。油压经阀口 1 作用于阀塞 1，如图 5-1-4 所示，当作用力大于弹簧的预紧力后，柱塞压缩弹簧而下移，首先阀塞 2 打开一个出油口，经阀口 2 向变矩器油路供油。此油路是开口的，油液从此口不停地流出，但此时油泵的泵油量仍大于整个油路的总泄油量，主油压上升变缓。当主油压达到额定值后，打开阀口 4 形成一个泄油口，总泄油量大于油泵的泵油量，立即关小阀口 4，油泵的泵油量又大于总泄油量，油压又上升，柱塞则不停地上下移动，使主油压稳定在额定值。额定油压与油泵转速的对应关系如图 5-1-5 中曲线②所示。此时的油泵转速称为额定转速，此转速略小于发动机怠速。

变速杆在 P/N 位，发动机在怠速和最大转速之内变化时，油泵的泵油量与转速成正比。转速上升时，阀口 1 这个油压监测点的压力增加，柱塞下移，阀口 4 形成的泄油口增大，泄油量增加，经自动调节过程后，使所增的泵油量泄掉 98%以上，主油压只稍稍上升。同理，转速下降时，泵油量减少，监测点的压力减少，柱塞上移，泄油量减少，经自动调节后，主油压稍稍回落。这样的自动调节称为有差调节，有差调节的差值可根据需要设计。

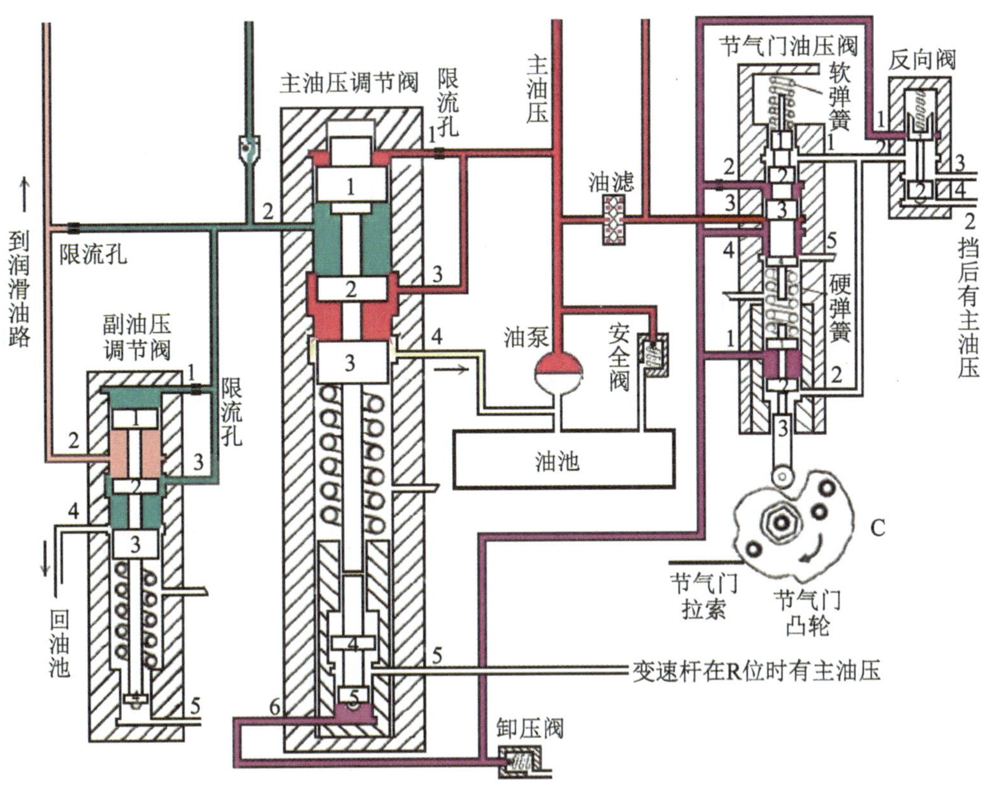

图 5-1-4　主油压调节阀的油路中的连接

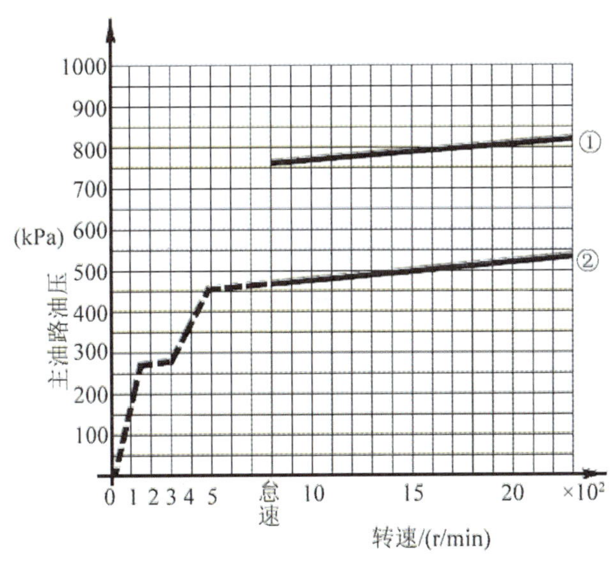

图 5-1-5　额定油压与油泵转速的对应关系

对于泄流式油压调节阀，如果主油压保持不变，泄油口就不会改变，油压必须变化，才能使泄油口变化，所以其调节必然是有差调节。从油泵的额定转速(小于怠速)到最大转速，

称为油泵的转速范围。在此转速范围内，主油压调节阀所调节的油压只在小范围内波动，但仍可称其为额定油压。

2) 人工控制主油压分析

(1) 变速杆位置对额定油压的影响。在分析额定油压值的产生和保持过程中，主油压调节阀的阀口 5 没有加主油压(参见图 5-1-3)。将变速杆置于 R 位，手动阀移到 R 位，经手动阀将主油压引到主油压调节阀的阀口 5，此油压推动阀塞 4 上移，与柱塞相连接，作用于柱塞的底部，改变了柱塞上原有的(手动阀在 P/N 位)受力状况，经自动调节阀调节后的额定油压数值升高，油压与转速的对应关系如图 5-1-5 中曲线①所示。这样就导致倒挡时的额定油压高于前进挡 (因前进挡在 D、2、L 位时主油压调节阀的油路与 P/N 位相同)。

(2) 扭矩变化对主油压的影响。调压阀引入节气门信号油压，该油压作用于阀塞 5，推动阀塞 4 与柱塞相接，使柱塞底部受力。当节气门增加到某一开度时，节气门油压的作用力打破了柱塞上受力的平衡，使柱塞上移，泄油口开度减小，总泄油量减小，主油压上升。经自动调节过程之后，采样点所增加的油压的作用力与所加节气门油压的作用力相抵，柱塞上的力又处于平衡状态，柱塞位置微小上移，泄油口稍有减小，总泄油量又等于泵油量，主油压升高到一个新的数值。

① 节气门油压阀信号分析。在 A340E 自动变速器油路中，利用节气门油压阀将节气门开度变换成油压信号，它产生的信号油压就代表了扭矩信号油压，其结构和油路连接如图 5-1-4 中的节气门油压阀部分所示。

节气门油压阀的结构如图 5-1-6 所示。阀体上部为节气门油压阀，下部为强制降挡阀，但不再输出强制降挡信号油压，它的柱塞只起一个推杆的作用。节气门油压阀的柱塞两端各有一个弹簧，上端的弹簧软，下端的弹簧硬，下端弹簧与强制降挡阀的柱塞相接，柱塞上有四个阀塞。强制降挡阀柱塞的外端与一个凸轮相接触，凸轮由节气门拉索带动。凸轮外沿各点的半径不同，节气门全都关闭时半径最小，节气门全开时半径最大。强制降挡阀的柱塞随凸轮外沿而停于不同位置，进而带动节气门油压阀的柱塞。

节气门油压阀上有五个阀口，阀口 3 是进油口，与主油路相接。阀口 4 是出油口，所接油路是一段封闭的油路，其油压就是节气门信号油压，简称节气门油压，这段油路就称为节气门信号油路。阀口 2 经一个限流孔(节流孔)与节气门信号油路相接，节气门油压经阀口 2 作用于阀塞 3(因阀塞 3 的受力面积大于阀塞 2)。阀口 1 经反向阀与节气门信号油路相接，反向阀接通时，节气门油压经阀口 1 作用于阀塞 2(因阀塞 2 的受力面积大于阀塞 1)，此时，同样的节气门油压作用于柱塞上的力就大。反向阀不接通时，阀塞 2 无节气门油压，同样的节气门油压作用于柱塞上的力就小。同样的节气门开度，反向阀接通时，节气门油压较低，可以使阀塞 3 将阀口 3 关闭，从而所调节的油压就较低。

在怠速时，节气门开度为 0，节气门油压阀的柱塞在上下弹簧的作用下停于最低处，如图 5-1-6(a)所示。阀塞 3 堵塞阀口 3，截断主油压，阀塞 4 错开阀口 5，阀口 5 泄油，节气门信号油路的油压为 0，即节气门油压为 0。

当节气门由 0 开大到 10° 时，凸轮半径由小增大，强制降挡阀柱塞上移，首先经硬弹簧使节气门油压阀的柱塞上移，压缩软弹簧，阀塞 3 移开阀口 3，阀塞 2 移开阀口 2，主油路的油液经阀口 3 流入，由阀口 4 流出到节气门信号油路，如图 5-1-6(b)所示。因节气门信号油路是封闭的，其油压随之上升，此油压经阀口 2 给阀塞 3 加压，与软弹簧共同使柱塞压缩硬弹簧而向下回移，直至阀塞 3 将阀口 3 堵塞，截断主油压，节气门油压不再上升，阀塞 4 堵塞阀口 5，保持一个相应数值的油压，此油压值就代表了此时节气门的开度(10°)，如图 5-3(c)所示。

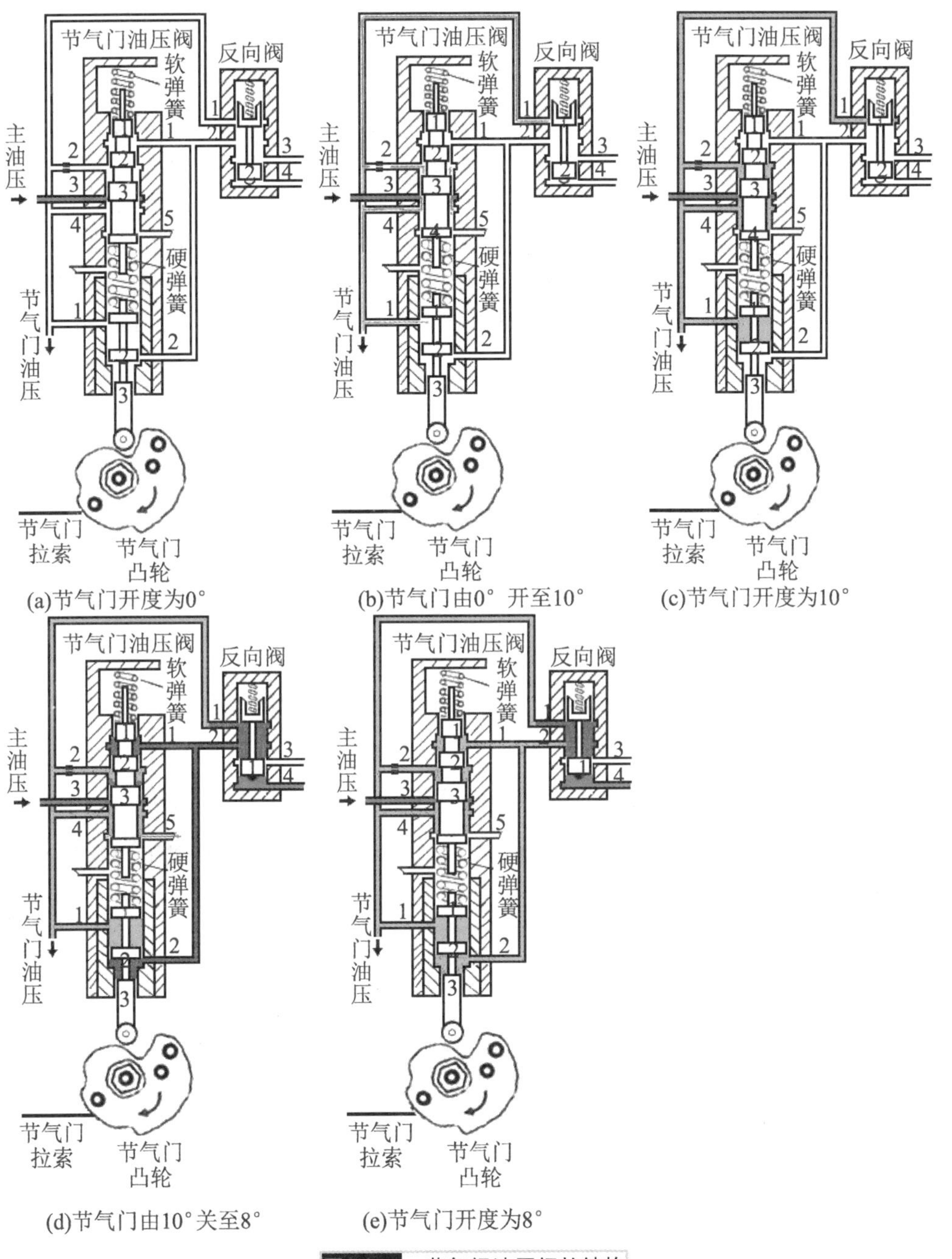

(a)节气门开度为0°　(b)节气门由0°开至10°　(c)节气门开度为10°

(d)节气门由10°关至8°　(e)节气门开度为8°

图 5-1-6　节气门油压阀的结构

当节气门由大关小时，假定由 10°关小到 8°，节气门油压阀的柱塞随之下移，使阀塞 4 移开阀口 5，节气门信号油路的油液由阀口 5 泄出一点，油压下降，如图 5-1-6(d)所示。此后油压加在阀塞 3 的作用力减小，硬弹簧又使柱塞向上回移，直至阀塞 4 将阀口 5 堵塞，

油压不再下降，保持一个相应较低的油压，如图 5-1-6(e)所示，此油压值就代表了此时节气门的开度(8°)。

这样，节气门油压阀就可以产生与节气门位置一一对应的信号油压，因为凸轮的半径不是成正比变化的，所以节气门信号油压与节气门位置的对应关系是设定的曲线。阀口 2 油路中的限流孔(节流孔)只在节气门位置变化过程中起作用，孔径的大小只影响油压调节过程(动态)的灵敏度，不影响调节后(静态)的油压数值。

阀口 1 也引入节气门油压，与阀口 2 引入节气门油压的作用相同，只是在此段油路中加了一个反向阀，它是一个油路开关阀，如图 5-1-6 所示。当进入 2 挡时，反向阀连通，如图 5-1-6(d)、(e)所示，节气门油压则作用于阀塞 2 上，此时，节气门油压作用于柱塞上的面积增加，较低的节气门油压就可以将主油压截断。在此状态下，节气门位置在相同的条件下，产生的节气门油压要低一些，具体低多少由阀塞 2 和阀塞 1 的面积之差来决定，而与反向阀阀口 1 的开度大小无关。两者对比如图 5-1-7 所示，图中曲线①是反向阀阻断时的节气门油压与节气门位置的对应关系，曲线②是反向阀连通时的节气门油压与节气门位置的对应关系(曲线①、②只是定性的描述)。

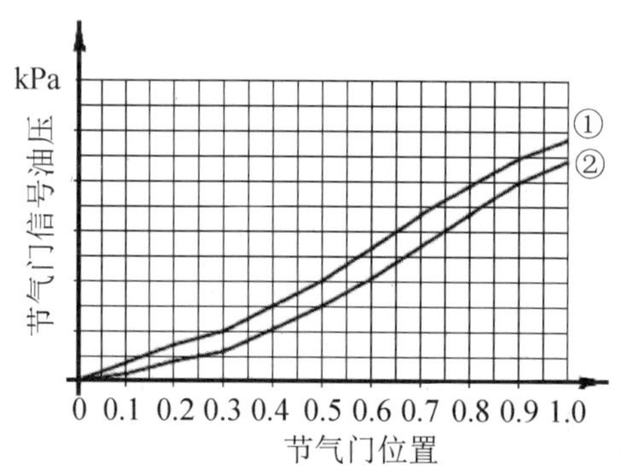

图 5-1-7　节气门油压与节气门位置的对应关系

② 主油压随扭矩而变化。当选变速杆在 D 位时，若改变节气门的开度，主油压会在额定油压的基础上随之改变，主油压与节气门位置的对应关系如图 5-1-8 中曲线②所示，即节气门开度增加，象征着变速器传递的扭矩增加，主油压则在额定油压的基础上随之增加，确保参与换挡的离合器和制动器不会打滑。

当变速杆在 R 位时，与前进挡相比，在节气门开度相同的情况下，其主油压的数值要大一些，如图 5-1-8 中曲线①所示，以确保倒车时变速器传递扭矩的需要。

2. 变矩器油路分析

1) 锁止离合器油路分析

液力变矩器供油油路如图 5-1-9 所示。变矩器锁定中继阀用以控制变矩器离合器的接合或分离，结构如图 5-1-9 左上角所示。通常情况下，从阀口 1 引入主油压，而阀口 7 无油压(由于 3 号电磁阀不通电，因此其阀门打开时泄油)，主控油压加在柱塞顶部的作用力大于底部弹簧的作用力，使柱塞下移。阀口 3 和阀口 4 相通，从主油压调节阀阀口 2 来的油液经此送往液力变矩器，经变矩器再流回阀口 5，从阀口 6 流出，然后经冷却器返回油池。如果冷却器散热不良，冷却器两端压力升高到设定值时，冷却器分路阀被打开，部分油液经分路阀分流回油池，使油液流动加速。

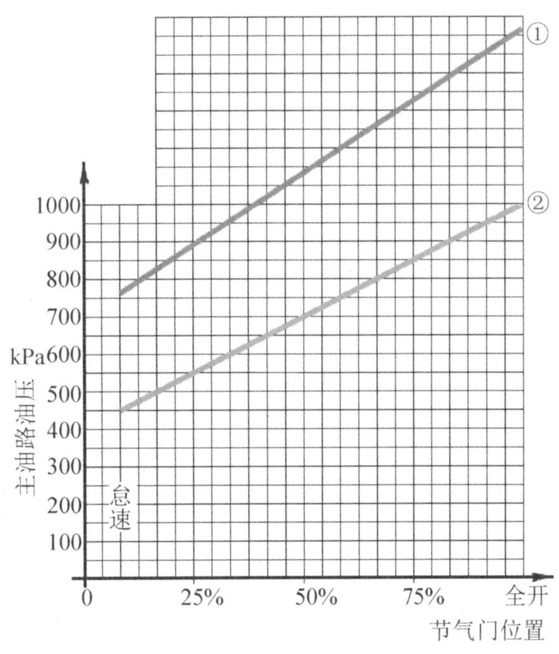

图 5-1-8　主油压与节气门位置的对应关系

3 号电磁阀为常开型电磁阀(不通电时泄油口打开)，由电子控制单元(ECU)控制。在 2 挡之后(通常是在 3 挡或 4 挡时)，由 ECU 根据车速信号控制 3 号电磁阀通电，其阀门关闭而不泄油(见图 5-1-9 右上角)，变矩器锁定中继阀的阀口 7 引入主控油压，柱塞被推到顶部(因阀塞 5 的面积大于阀塞 1)，阀口 3 与阀口 2 相通而泄油，阀口 4 与阀口 5 相通，油液经此送往变矩器的回油口而进入液力变矩器，使变矩器离合器接合，泵轮与涡轮连接成一体同步转动，变矩器此时相当于一根传动轴。当 ECU 控制 3 号电磁阀断电时，其阀门打开而泄油，阀口 7 油压消失，柱塞被阀口 1 的油压推动而下移，阀口 3 和阀口 4 相通，油液经此送往液力变矩器的进油口，经变矩器再流回阀口 4 和阀口 5，然后经冷却器和冷却器分路阀回油池，使变矩器离合器分离，泵轮轴与涡轮轴分离，液力变矩器恢复常态。这样，ECU 就可以通过控制 3 号电磁阀使变矩器离合器接合或分离，即 3 号电磁阀断电(OFF)时，变矩器离合器分离；3 号电磁阀通电(ON)时，变矩器离合器接合。

变矩器离合器锁止后，动力不再由油液传递，变矩器不再补充油液，油温也不会上升。

2)　副油压调节阀油路分析

副油压调节阀的结构如图 5-1-9 左下角所示。它属于泄流型的油压调节阀，阀口 1 是自动调节过程的采样点，引入从主油压阀送来的油压，此处的油压达到设定值后，将柱塞下移到阀口 4 打开位置而泄油，不停地自动调节，使该段油路的油压保持在设定数值。阀口 2 与阀塞 2 形成一个出油口，油液由此口送往润滑油路。阀口 5 引入节气门油压，使该调节器调节出的油压随节气门开度的增加而增加。

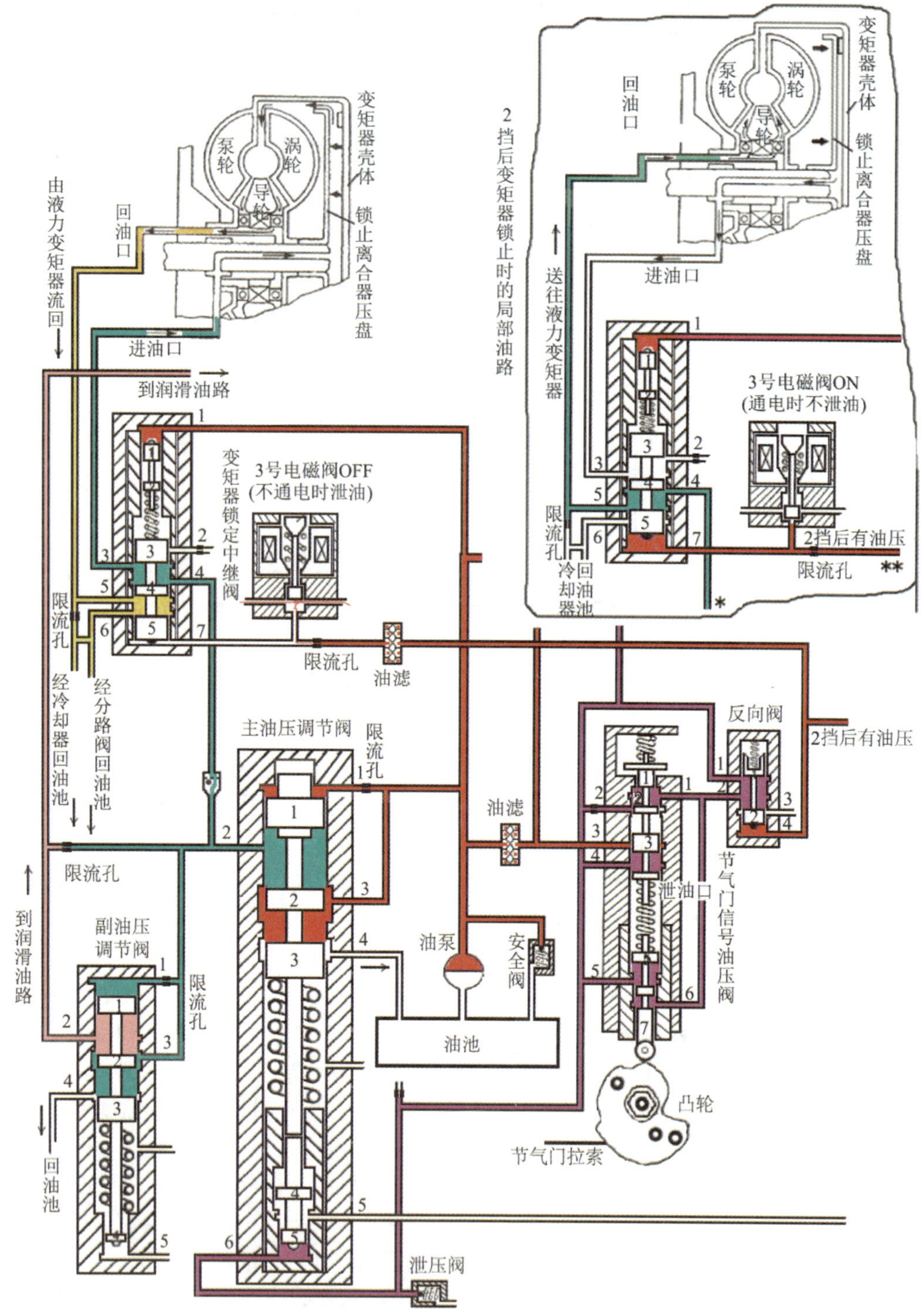

图 5-1-9　液力变矩器供油油路

(三)项目工作页

A340E 主油路油压与变矩器油路分析工作页

姓名：________ 班级：________ 学号：__________ 指导教师：________ 日期：________

(1) 工作内容与目标。

工作内容：运用相关知识，正确分析 A340E 主油路油压；分析 A340E 液力变矩器油路。

工作目标：掌握 A340E 主油路油压、液力变矩器油路的分析方法。

(2) 工作准备。

① 工作组。

序　号	姓　名	学　号	职　责	备　注
				组长

② 工具、设备、器材准备。

序　号	工具、设备、器材、耗材名称	型号、规格	套(件)数	备　注

(3) 工作过程与结果分析。

油　路	油液流经路线	经过元部件	备　注
主油路额定油压分析			
变速杆位置对额定油压的影响			
扭矩变化对主油压的影响			
锁止离合器油路分析			

(4) 进行工位“5S”，自检、互检，工作结束。

(5) 项目测评

测评者	评　语	成　绩
自我评价		
小组评价		
教师评价		
总成绩		

拓展知识：内啮合式齿轮泵的检验

1. 内啮合式齿轮泵的解体

(1) 转动泵，把泵放到液力变矩器上，从油泵后端取下密封环，从泵总成后部拆下螺栓，从泵体上取下导轮轴。

(2) 在主动齿轮和从动齿轮上做上标记，以作为重装的参考，再从泵体中将主动齿轮和从动齿轮拆下来。如果油封环需要更换，则用螺钉旋具从壳体上撬下油封环。

2. 内啮合式齿轮泵的检验

(1) 检测从动齿轮与泵体的间隙。检测方法和要求如图 5-1-10 所示。

(2) 检测从动齿轮轮齿与月牙形隔板的间隙。检测方法和要求如图 5-1-11 所示。

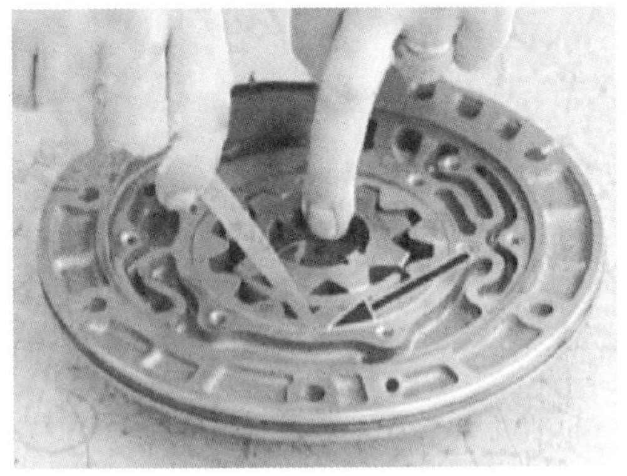

正常间隙为 0.07～0.15mm，
最大不超过 0.3mm，否则要更换

图 5-1-10　从动齿轮与泵体间隙的检测

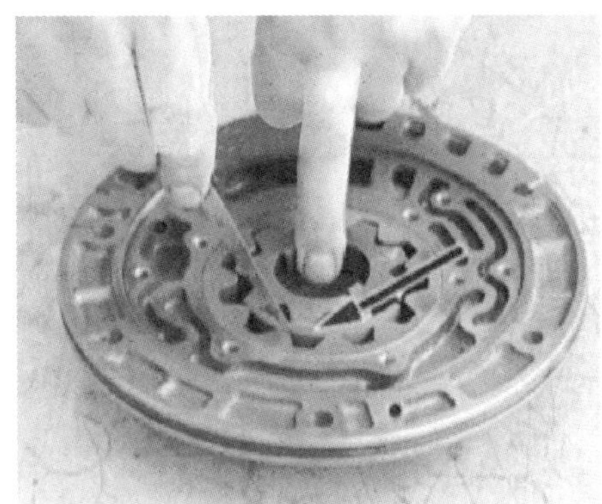

正常应为 0.11～0.14mm，
最大不超过 0.30mm

图 5-1-11　从动齿轮轮齿与月牙形隔板间隙的检测

(3) 检测齿轮端面间隙。检测方法和要求如图 5-1-12 所示。

(4) 检测泵体衬套内径。检测方法和要求如图 5-1-13 所示。

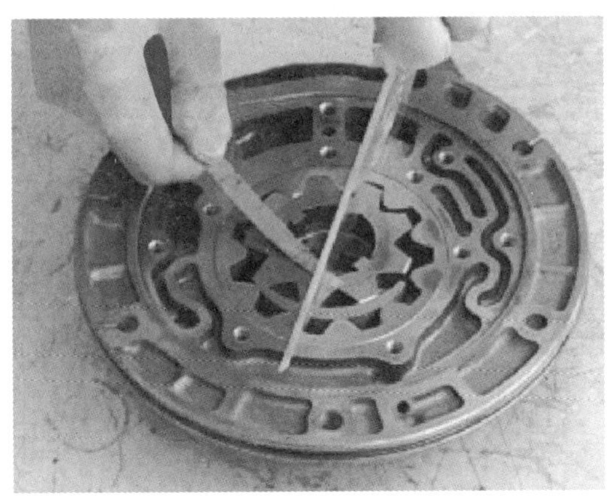

正常间隙为 0.02～0.05mm，最大为 0.1m

图 5-1-12　齿轮端面间隙的检测

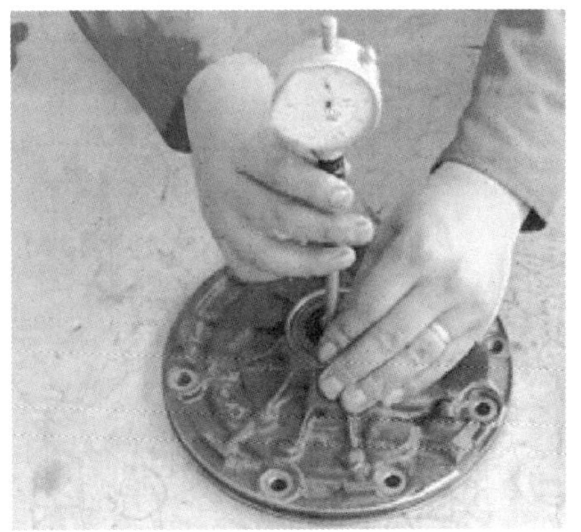

应小于 38.18mm，否则更换泵体总成

图 5-1-13　泵体衬套内径的检测

(5) 检测定子轴衬套内径。检测方法和要求如图 5-1-14 所示。

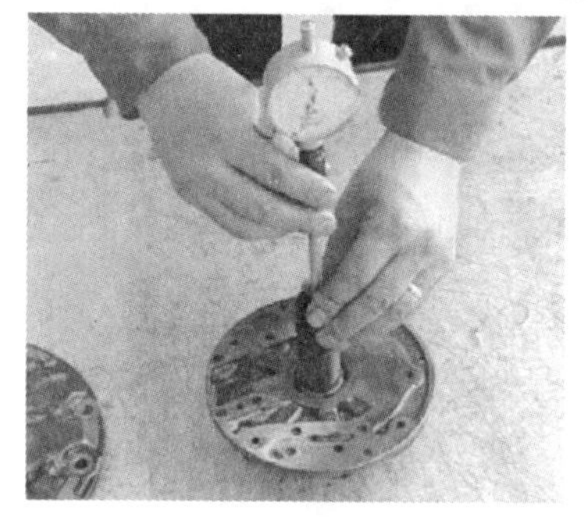

一端内径应小于 21.58mm，否则更换定子轴；另一端内径最大为 27.08mm

图 5-1-14　定子轴衬套内径的检测

(6) 检查泵体前油封。检查泵体前油封是否老化、磨损、裂纹、损坏，检查方法如图 5-1-15 所示。

油泵不可修理，上述检查若有一项不合格则必须更换。

3. 内啮合式齿轮泵的组装

(1) 安装密封剂，使密封剂均匀地涂在油泵壳体的外边缘。转动油泵，把导轮轴放进液力变矩器中。在所有的部件上涂上自动变速器油。

(2) 安装时对准齿轮的参考标记。安装过程与拆卸过程相反。拧紧螺栓到规定值，方法和要求如图 5-1-16 所示。在安装过程中，不要过分地膨大密封环，确保密封环在安装后能光滑地移动，确保装进液力变矩器后主动齿轮能平稳转动。

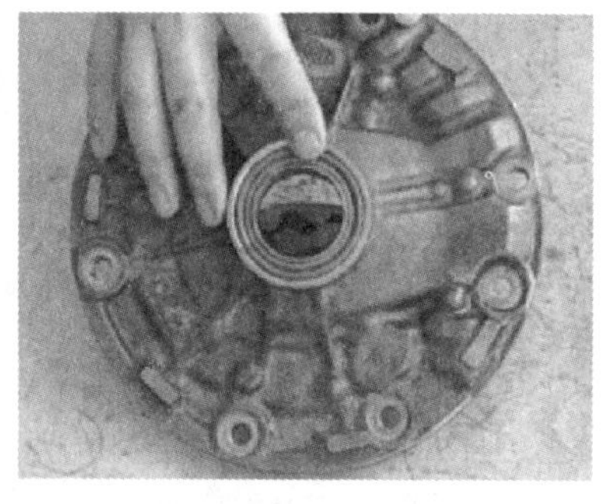

图 5-1-15　泵体前油封的检测

注：力矩为 10N • m。

图 5-1-16　泵体的组装

模块二　通用 4T65E 主油压和变矩器油路

一、学习材料

(一)变排量式叶片泵

变排量式叶片泵的结构如图 5-2-1 所示，其中图 5-2-1(a)为油泵结构分解图，图 5-2-1(b)

为油泵原理示意图，图 5-2-1(c)为变排量式叶片泵内部结构实物图。

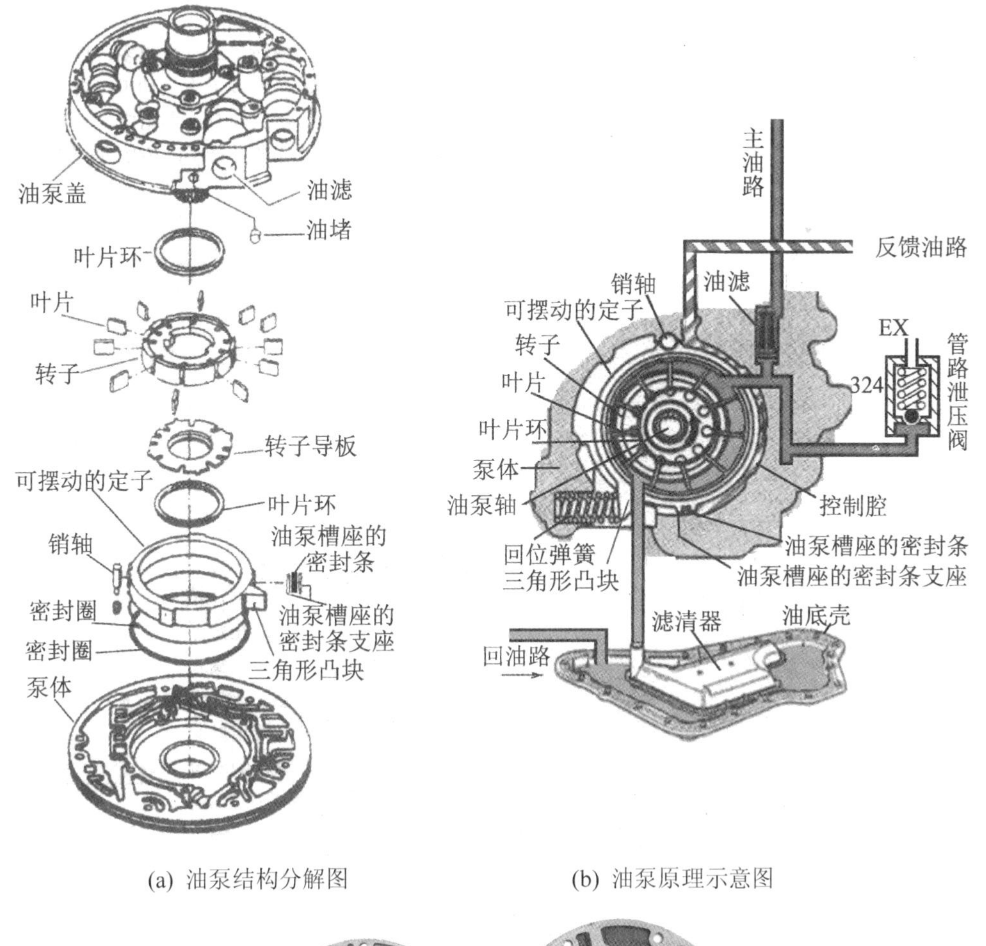

(a) 油泵结构分解图

(b) 油泵原理示意图

(c) 变排量式叶片泵内部结构实物图

图 5-2-1　变排量式叶片泵的结构

油泵转子与油泵定子的圆心不同心，转子外缘与定子内环有一个内切点，转子上均匀分布着 11 个径向窄槽，矩形叶片放置在槽内，靠近内切点一侧的叶片缩进，远离内切点一侧的叶片经叶片环推动而伸出，所有叶片的外端都与定子内环相接触，转子转动时，离心力使叶片与定子内环接触更紧密，叶片将吸入的油液从进油口刮到出油口。

转子由发动机输出轴直接驱动，转子每转一圈的排油量(以下简称排量)取决于转子和定子的直径、叶片的宽度，以及转子与定子的偏心距(以下简称偏心距)，转子和定子的直径越

大，叶片的宽度越宽，转子与定子的偏心距越大，油泵的排量就越大。对于一个制造好的油泵来说，其转子、定子和叶片的结构已定，只把转子与定子的偏心距作为变量，用以改变油泵的排量。

此油泵在定子外沿一侧设置了一个半圆凹槽，经销轴与泵体连接；油泵定子外沿的另一侧设置了一个三角形凸块，与泵体上的回位弹簧相接触，调整回位弹簧的位置，可使油泵定子以销轴为轴心左右摆动，弹簧的初始位置决定了油泵的最大排量。定子的右侧外沿与泵体形成一个空腔，称为控制腔，一端设有密封条，一端与反馈油路相接，反馈油压作用于密封条支座，可使油泵定子以销轴为轴心顺时针摆动。反馈油路由油压调节阀控制其开或关，从而改变油泵的排量，此油泵则称为变排量式叶片泵。

(二)主油压调节阀

主油压调节阀(通用公司的资料中称压力调节阀)的结构如图 5-2-2(a)所示(变排量式叶片泵使用的是节流式主油压调节阀)，它在油路中的连接如图 5-2-2(b)所示。

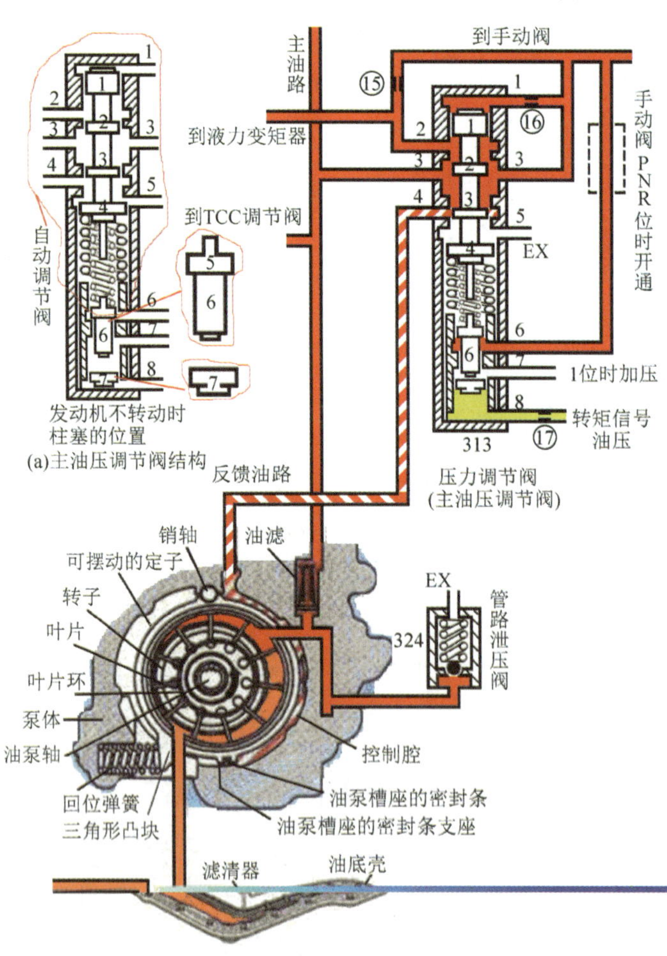

图 5-2-2 主油压调节阀的结构和工作原理

1. 自动调节阀

主油压调节阀的结构如图 5-2-2(a)所示，上部柱塞上有四个阀塞，壳体上有五个阀口、大弹簧坐落在壳体上，小弹簧坐落在下部阀塞 5 顶部，它们共同构成自动调节阀。

自动调节阀在装配时，弹簧被压缩到规定长度，产生相应的预紧压力，弹力使柱塞停于顶部位置，构成其初始状态。上部三个阀塞的直径相同，阀口 3 是进油通道，阀口 1 经节流孔与主油路相接，此油压作用于阀塞 1 的顶部，是自动调节过程的采样点。阀口 2 与液力变矩器油路相接，油液经此处流向液力变矩器，阀塞 2 与阀口 2 形成一个开关阀，发动机不转动时，关闭此通道，如图 5-2-2(a)所示，防止主油路的油液经此通道泄出，怠速时此开关阀打开，如图 5-2-2(b)所示，油液不停地流向变矩器油路。阀口 3 为主油路的通道，油液经此处流入流出。阀口 4 与阀塞 3 构成一个开关，控制油泵的反馈油路，油泵转速稳定不变时关闭；转速上升过程中阀塞 3 上沿错开阀口 4，形成进油口，向反馈油路注油；转速下降过程中阀塞 3 下沿错开阀口 4，形成泄油口，从反馈油路中泄油。阀口 5 为泄油口。

2. 人工控制阀

主油压调节阀的结构下部的阀塞 5、6、7，以及阀口 6、7、8 构成人工控制阀。

阀塞 5 和阀口 6 构成 R 位(倒挡)升压控制阀，阀口 6 与手动阀相接，在 R 位时，经手动阀引入主油压，使额定油压升高到某一设定数值。

阀塞 6 和阀口 7 构成 1 位升压控制阀，在 1 位时，经手动阀引入主油压，使额定油压升高到某一设定数值。

可自由活动的阀塞 7 和阀口 8 构成扭矩升压控制阀，阀口 8 引入扭矩信号油压(代表了自动变速器传递的扭矩)，使主油压在额定油压的数值上，随节气门开度的增加再增加相应数值。

二、项目实施与工作页

(一)项目准备

项目实施前应准备好如下自动变速器总成、工具、耗材等。

(1) 通用 4T65E 自动变速器、油泵、变矩器、阀体等总成。

(2) 通用 4T65E 自动变速器拆装专用工具、常用工具。

(3) 通用 4T65E 自动变速器维修手册、油路图等技术资料。

(二)项目实施

1. 液压主油路油压分析

1) 额定油压分析

如图 5-2-3(a)中的虚线部分所示，变速杆置于 P/N 位，起动发动机，在发动机起动过程中，油泵随之转动，因控制腔内的压力为 0，偏心距最大，排量最大，管路油压就迅速上升。此油压经阀口 3 和 16 号节流孔到阀口 1(见图 5-2-3(b))，加在阀塞 1 顶部(此处为自动调节的采样点)，当油压的作用力大于大、小弹簧的预紧力之后，柱塞逐渐下移。首先打开阀口 2，由阀口 3 经阀口 2 向变矩器油路供油，此油路是开口的，油液从此口不停地流出，但此时油泵的泵油量仍大于总泄油量，主油压上升变缓。

设定当油泵转速达到 600r/min 时，采样点油压使柱塞下移到阀塞 3 与阀口 4 的上沿处，此时的油压定为额定油压。转速再稍一增加，采样点的油压使阀塞 3 的上沿与阀口 4 形成一个缝隙，油液经此缝隙反馈到油泵的控制腔，控制腔的油压由 0 而上升到ΔP，ΔP 使油泵定子顺时针方向转动，并压缩回位弹簧，偏心距减小，排油量减小，泵油量基本不变(或略有增加)，采样点油压恢复到额定油压，柱塞又恢复到阀塞 3 堵塞阀口 4 的位置。发动机转速在怠速(已大于 600r/min)至最大转速之间，不论稳定在哪一个转速下，主油压都保持同一个数值不变，柱塞都停于阀塞 3 堵塞阀口 4 的位置。高转速时，控制腔内的油压高，偏心距小，排油量小；低转速时，控制腔内的油压低，偏心距大，排油量大，两者的泵油量却相差不大。在此转速范围内，转速增加到某一数值时，首先是泵油量增加，采样点的油压略有上升，使柱塞下移，阀塞 3 的上沿与阀口 4 形成一个缝隙，主油路向控制腔注入油液，反馈油压增加，偏心距减小，排油量减小，然后泵油量又恢复到原来数值，采样点油压恢复到额定值，柱塞又恢复到阀塞 3 堵塞阀口 4 的位置。在此转速范围内，转速减少到某一数值时，首先是泵油量减少，采样点的油压略有下降，使柱塞上移，阀塞 3 的下沿与阀口 4 形成一个缝隙，控制腔内的油液泄出，反馈油压减小，偏心距增加，排油量增加，然后泵油量又恢复到原来数值，采样点油压恢复到额定值，柱塞又恢复到阀塞 3 堵塞阀口 4 的位置。这样的调节过程称为无差调节。

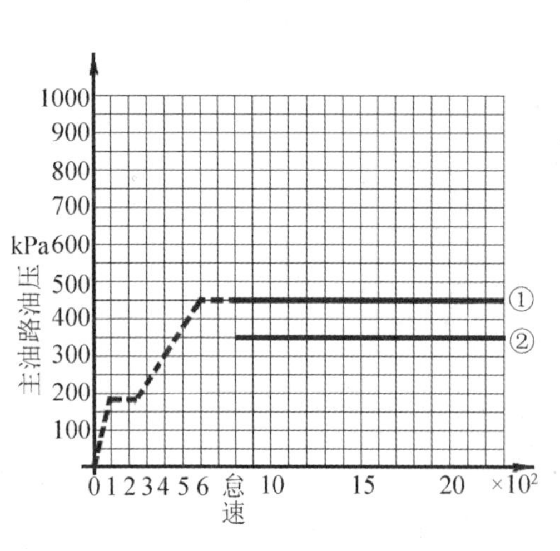

(a) 额定油压与油泵转速的对应关系

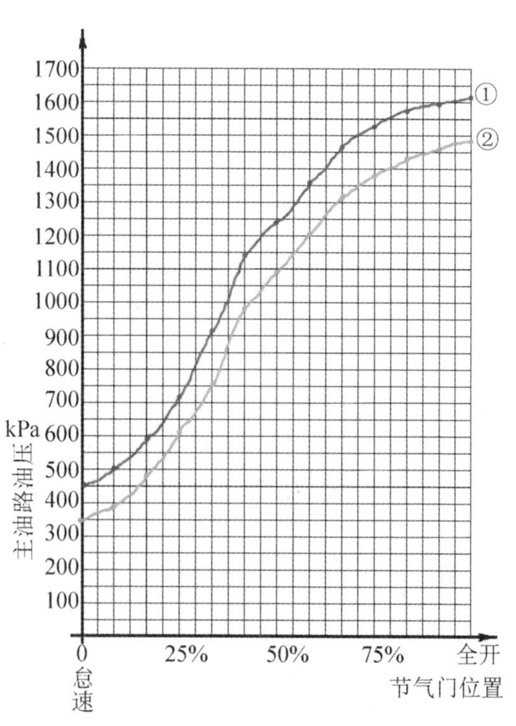

(b) 主油压与节气门位置的对应关系

注：本图曲线的数据不完全准确，只能作为定性分析的参考。

图 5-2-3 额定油压与油泵转速的对应关系及主油压与节气门位置的对应关系

2) 人工控制主油压分析

(1) 变速杆位置对额定油压的影响。将变速杆置于 P、R、N 位时，主油压调节阀的阀口 6 经手动阀与主油路连通，有油压作用于阀塞 5，经小弹簧传递到柱塞，采样点的额定油压作用于柱塞上的力与大、小弹簧的反作用力相平衡时，柱塞则停于阀塞 3 堵塞阀口 4 的位置。额定油压与油泵转速的对应关系如图 5-2-3(a)中曲线①所示。

将变速杆置于 D、3、2 位时，主油压调节阀的阀口 6 被手动阀将主油路阻断，无油压作用于阀塞 5，小弹簧作用到柱塞的力减小，采样点的额定油压作用于柱塞上的力与大、小弹簧的反作用力相平衡时，柱塞仍停于阀塞 3 堵塞阀口 4 的位置。额定油压与油泵转速的对应关系如图 5-2-3(a)中曲线②所示。

将变速杆置于 1 位时，主油压调节阀的阀口 6 被手动阀将主油路阻断，但阀口 7 经手动阀与主油路连通，有油压作用于阀塞 6，经小弹簧传递到柱塞，采样点的额定油压作用于柱塞上的力与大、小弹簧的反作用力相平衡时，柱塞仍停于阀塞 3 堵塞阀口 4 的位置。额定油压与油泵转速的对应关系则在图 5-2-3(a)中曲线①和曲线②之间某已设定位置(图中未画出)。

由上可知，倒挡时的额定油压值比前进挡时要高某一设定数值。因 P、N 位的油压高低无使用意义，4T65E 设计成 P、N 位油压与 D 位油压相同。但另外一些变速器如 A340E，设计成 P、N 位油压与倒挡油压相同。

(2) 扭矩变化对额定油压的影响。在分析额定油压值的产生和保持中，阀口 8 未引入扭矩信号油压。若引入扭矩信号油压，则此油压作用于阀塞 7，经阀塞 6、阀塞 5、小弹簧作用于柱塞，其方向与采样点油压作用力的方向相反。当引入扭矩信号油压时，柱塞受力平衡的状态被打破，柱塞上移，阀塞 3 下沿与阀口 4 形成一个缝隙而泄油，控制腔内油压下降，偏心距增加，排油量增加，因转速未变，泵油量增加，采样点油压升高，其所增的作用力与扭矩信号油压所增的作用力相等时，柱塞又回到阀塞 3 堵塞阀口 4 的位置，而主油压升高了相应的数值。这样，就使主油压随扭矩变化而变化，主油压与扭矩(节气门位置，象征传递扭矩的大小)的对应关系如图 5-2-3(b)所示。

4T65E 自动变速器油路将节气门开度转换成电信号，再将电信号转换成小数值的 VBS 油压信号，然后以此油压信号去控制扭矩信号调制阀，产生一个数值较大的扭矩油压信号(或称扭矩信号油压)，将其引入主油压调节阀的阀口 8。

产生扭矩信号油压的油路如图 5-2-4 所示。

① 促动器限压阀信号分析。

在将节气门的电信号(扭矩电信号)变换成油压信号时，设定空间必须由一个稳定的油压和特定的限流孔向其供油，因而设置了一个专供电磁阀使用的促动器限压阀(沿用 4T65E 资料中的名称)，其结构如图 5-2-4(f)所示。图 5-2-4(a)～(c)中是它的正常工作状态，图 5-2-4(f)中是它不工作时的状态。

促动器限压阀的柱塞上有阀塞 1、阀塞 2 和阀塞 3，阀塞 2 与阀塞 3 的截面积相等，阀塞 2 的截面积大于阀塞 1，不工作时，柱塞在弹簧的预紧力作用下停于顶部。发动机起动后，主油压使油液由阀口 2 入，阀口 3 出，因阀口 3 之后的油路是封闭的，油压逐渐上升，经阀口 1 反馈到阀塞 1 和阀塞 2 之间，因阀塞 2 的截面积大于阀塞 1，因此油压作用于阀塞 2，使柱塞压缩弹簧而下移，当阀塞 2 将阀口 2 堵塞时，截断主油压，而阀塞 3 上沿与泄油口

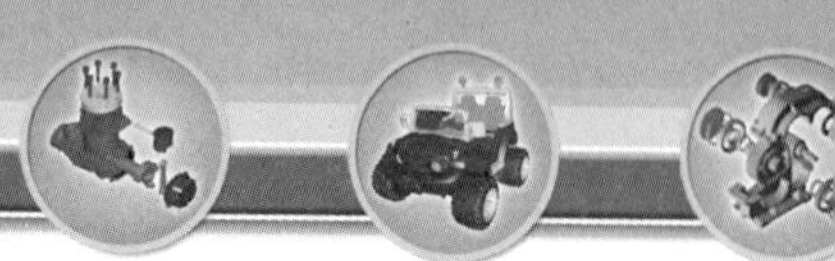

形成一定缝隙开始泄油，阀口 3 后的油压下降，柱塞又上移，阀口 2 又进油，阀口 3 后的油压又上升，柱塞则不停地上下移动，使阀口 3 后的油压保持设定数值。主油压变化，而阀口 3 后的油压则保持不变。

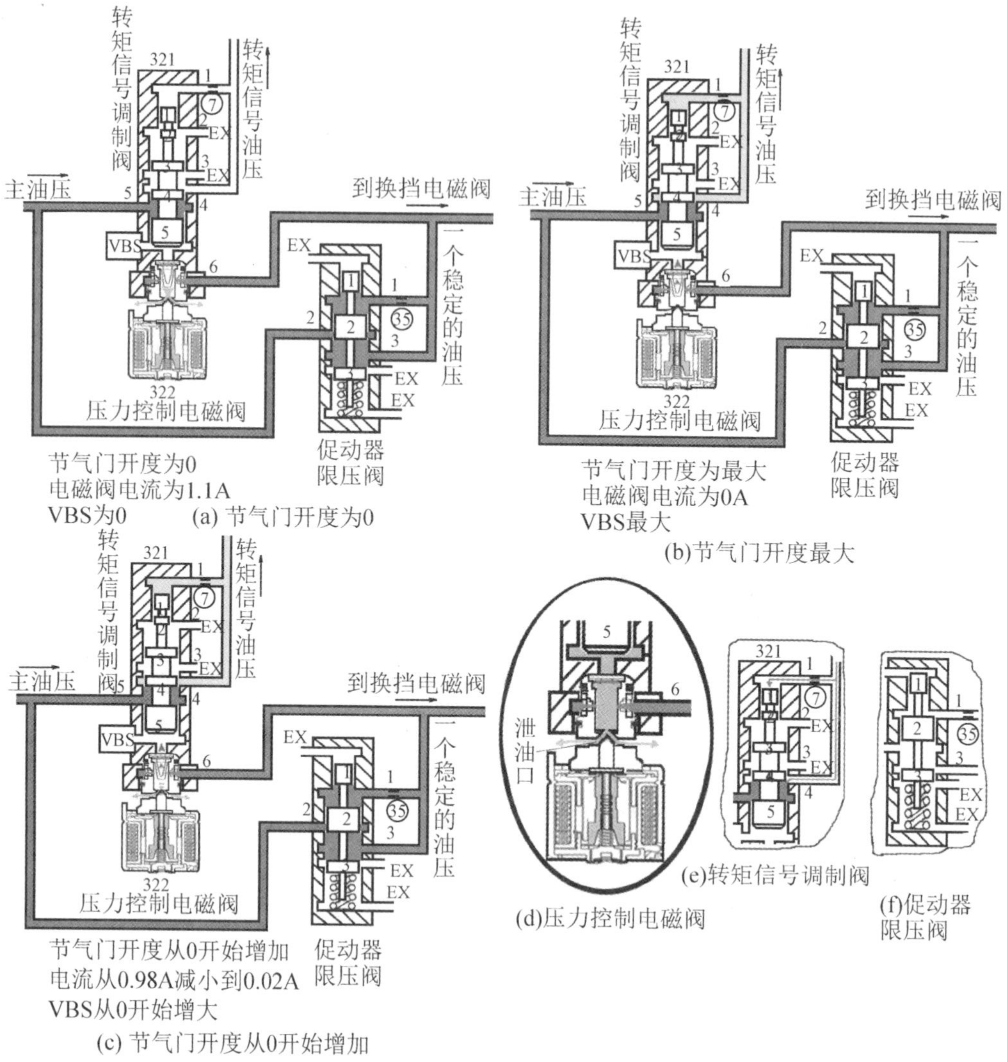
转矩信号调制阀
321
转矩信号油压
主油压
到换挡电磁阀
VBS
EX
一个稳定的油压
322
压力控制电磁阀
促动器限压阀
节气门开度为0
电磁阀电流为1.1A
VBS为0
(a) 节气门开度为0
节气门开度为最大
电磁阀电流为0A
VBS最大
(b)节气门开度最大
节气门开度从0开始增加
电流从0.98A减小到0.02A
VBS从0开始增大
(c) 节气门开度从0开始增加
泄油口
(d)压力控制电磁阀
(e)转矩信号调制阀
(f)促动器限压阀

图 5-2-4　产生扭矩信号油压的油路

② 压力控制电磁阀信号分析。

压力控制(pressure control，PC)电磁阀的结构如图 5-2-5 所示。

压力控制电磁阀的油阀在上部，电磁阀的线圈在下部，将压力控制电磁阀与扭矩信号调制阀连接成一体后，油阀则与扭矩信号调制阀底部形成一个小的油腔，如图 5-2-4(a)～(c)所示，供油口 6 是一个小孔，外接稳定的油压，由锥形阀芯控制着泄油口的泄油量，油腔的油压即压力控制信号 VBS 油压，直接作用于扭矩信号调制阀的柱塞底部。

压力控制电磁阀线圈的磁路是特殊设计的，以使活动铁芯(活动阀芯)的位移量与线圈的电流成正比(即线性关系)。改变线圈中的电流是采用脉冲宽度调制(pulse width modulated,

PWM)法(简称脉宽调制)实现的，代表扭矩的电信号(节气门位置的电信号和程序中添加的数据)控制着占空比(脉冲宽度与脉冲周期之比称为占空比，占空比大，电流的平均值大，占空比小，电流的平均值就小)，占空比最大时，平均电流最大，锥形阀芯全开，泄油量最大，油腔(VBS)油压为 0，如图 5-2-5(c)所示。随着电流的减小，锥形阀芯随之回移，泄油量减小，油腔压力随之上升，如图 5-2-5(b)所示。当线圈的电流为 0 时，不再泄油，油腔压力最大，如图 5-2-5(a)所示。经此电磁阀的控制，VBS 油压随节气门开度的变化而变化：节气门开度为 0 时，线圈电流最大，VBS 油压为 0；节气门开度增加时，线圈电流减小，VBS 油压增大；节气门开度最大时，线圈电流最小，VBS 油压最大。

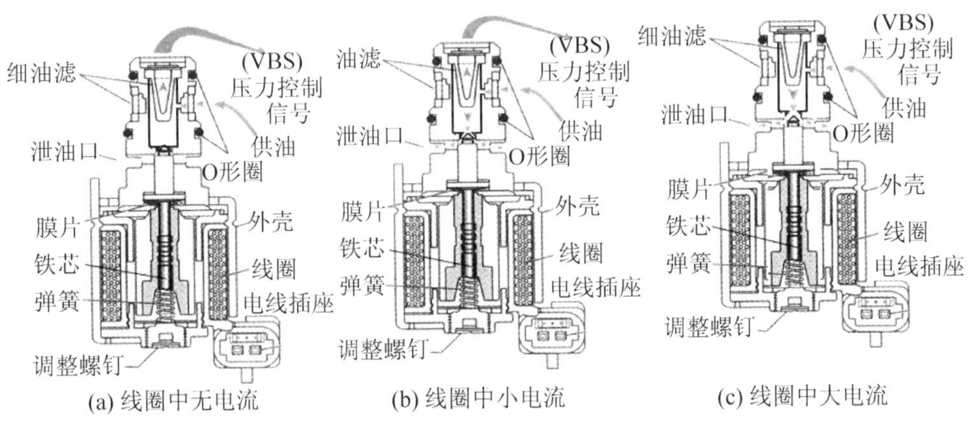

图 5-2-5　压力控制电磁阀的结构

这样的设计使电磁阀电路发生故障时，电磁阀线圈无电流，电磁阀的泄油口不泄油，输出口的油压高，扭矩信号油压阀输出的油压高，油压调节阀调节出来的主油压高，可以保证变速器仍能传递大扭矩。

③　扭矩信号调制阀信号分析。

扭矩信号调制阀的结构如图 5-2-4(e)所示，阀中没有弹簧，只有一个柱塞，柱塞上有五个阀塞，阀口 2、阀口 3 为泄油口，阀口 5 接主油路油压，阀口 4 所接的输出油路是密闭的，阀口 1 经节流孔与阀口 4 相通。柱塞底部引入压力控制信号 VBS 油压，作用于阀塞 5，阀塞 5 的截面积是阀塞 1 截面积的 N 倍。

当柱塞底部无油压时，柱塞随机地停在阀口 4 与阀口 5 相通的位置，就会有油液经阀口 4 流入输出油路而产生相应的油压，此油压经阀口 1 作用于柱塞顶部，因底部无油压，柱塞则被推移到底，阀口 5 与阀口 4 被阀塞 3 阻断，阀口 4 与阀口 3(泄油口)相通而泄压，输出油路的油压必为 0。如图 5-2-4(a)所示，此时，节气门开度为 0，压力电磁阀的电流为 1.1A(最大)，电磁阀的泄油口最大，VBS 油压为 0，输出的扭矩信号油压为 0。

当柱塞底部输入一点(VBS)油压时，使柱塞上移，阀口 3 关闭，阀口 4 打开，输出油路的油压逐渐上升，经阀口 1 作用于阀塞 1 上的力随之增加，使柱塞由上升变为下降，当阀塞 4 回位于刚好关闭阀口 4 而阀口 3 尚未打开时，柱塞因两端的受力相等而停于此，输出油路的油压则保持一个相应的数值，如图 5-2-4(c)所示。柱塞底部的 VBS 油压再上升，同理，使输出油路的油压随之上升，过程终止后，阀口 4 又处于关闭位置，输出油路的油压则上升了相应的数值，也是图 5-2-4(c)所示的状况。

当节气门开度最大时，PC 电磁阀的电流为 0，泄油口关闭，VBS 油压最大，同理，阀

口 4 输出的油压最大。

当柱塞底部的 VBS 油压稍一下降时，柱塞受力失衡而下移，打开阀口 3 使输出油路泄油，输出油压下降相应数值之后，阀口 4 又处于于关闭位置，输出油路的油压则下降了相应的数值。因阀塞 5 的截面积是阀塞 1 截面积的 N 倍，输出油路的油压总是柱塞底部输入油压的 N 倍，起到了将油压信号放大的作用，所以说扭矩信号调制阀本质上就是一个油压信号放大器。

用压力控制信号 VBS 油压去控制扭矩信号调制阀，扭矩信号调制阀产生的扭矩信号油压引到主油压调节阀的阀口 8，用于调节主油压，使主油压在额定值之上随节气门开度的增加而增加，即当节气门开度的增大时，使主油压升高，以保证在传递大扭矩时，离合器、制动器不会打滑。

④ 扭矩电信号电路分析。

产生扭矩电信号的电路图如图 5-2-6 所示。

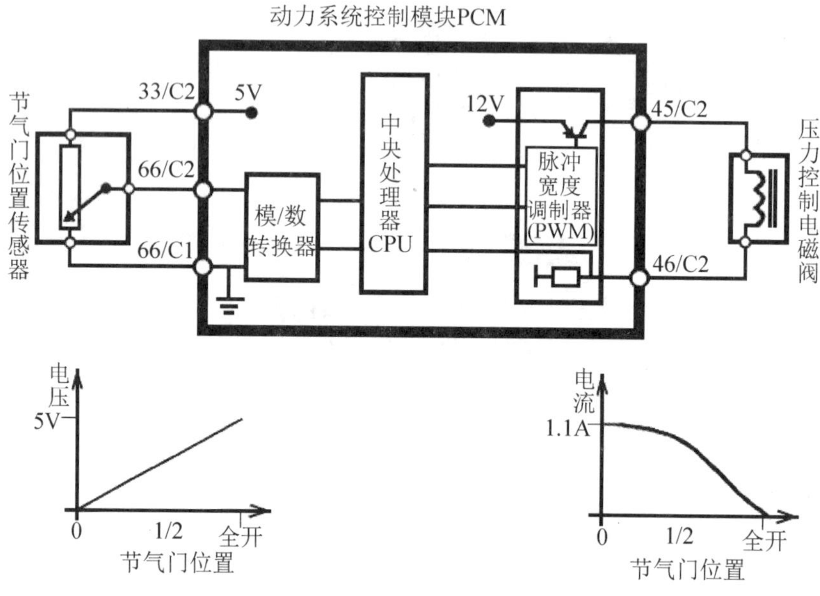

图 5-2-6 产生扭矩电信号的电路图

节气门位置传感器把节气门的机械位置转换成一一对应的电压信号，如图 5-2-6 中电压与节气门位置对应关系的曲线所示，再将此电信号送入动力系统控制模块(powertrain control module，PCM)，经模/数转换器将模拟量的电压信号变换为数字量，送往中央处理器。

中央处理器实时采集节气门位置信号，并和相关程序中代表扭矩的数据进行综合运算(此时的电信号中有时只有节气门位置信号，有时则是节气门位置信号再加某些代表扭矩的数据)，再将结果送至脉冲宽度调制器(该调制器的频率为 292.5Hz)，控制脉冲的宽度，使脉冲宽度随节气门开度而变化，经末级放大晶体管，使电磁阀的电流与节气门位置的对应关系如图 5-2-6 中电流与节气门位置对应关系的曲线所示。节气门开度为 0 时，占空比最大，线圈的平均电流最大。节气门开度增加，占空比减小，线圈的平均电流减小。节气门全开时，占空比接近为 0，线圈的电流接近为 0。线圈断电时，电流为 0。

注意： 脉冲宽度调制器的末级输出管采用 PNP 型晶体管，起到倒相作用，使输出的电流与节气门开度成反向变化关系。

2. 变矩器锁止离合器油路分析

4T65E 变速器配置的是电子控制额定功率锁止离合器变矩器(electronically controlled converter clutch，ECCC)，在锁止离合器接合时，压力盘没有完全抱死在变矩器盖上，而是通过改变变矩器离合器(torque converter clutch，TCC)的控制电磁阀的电流来实施精确控制，使变矩器壳体(泵轮)与涡轮之间保持适量滑动，以降低驱动系统的扭矩失调。

TCC 控制部分的局部油路如图 5-2-7 所示。

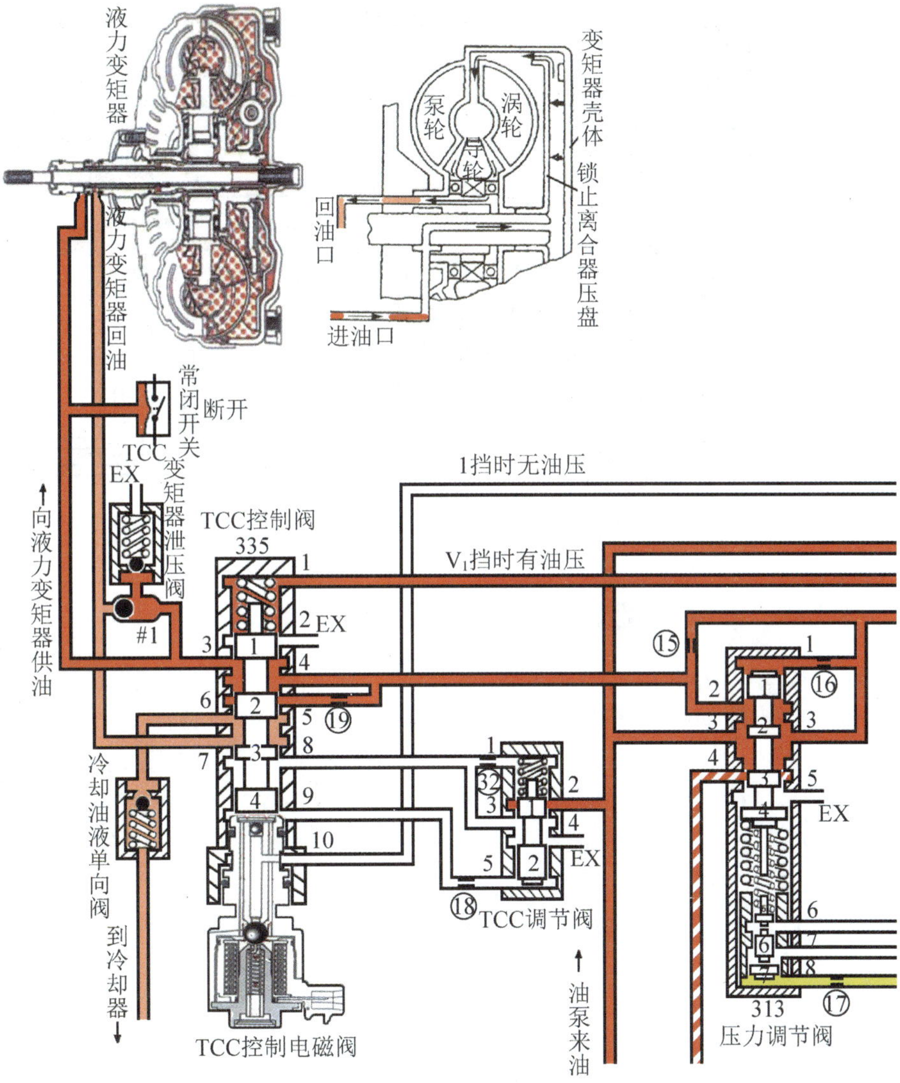

(a) 1 挡时 TCC 分离状态下的控制油路

图 5-2-7　TCC 控制部分的局部油路

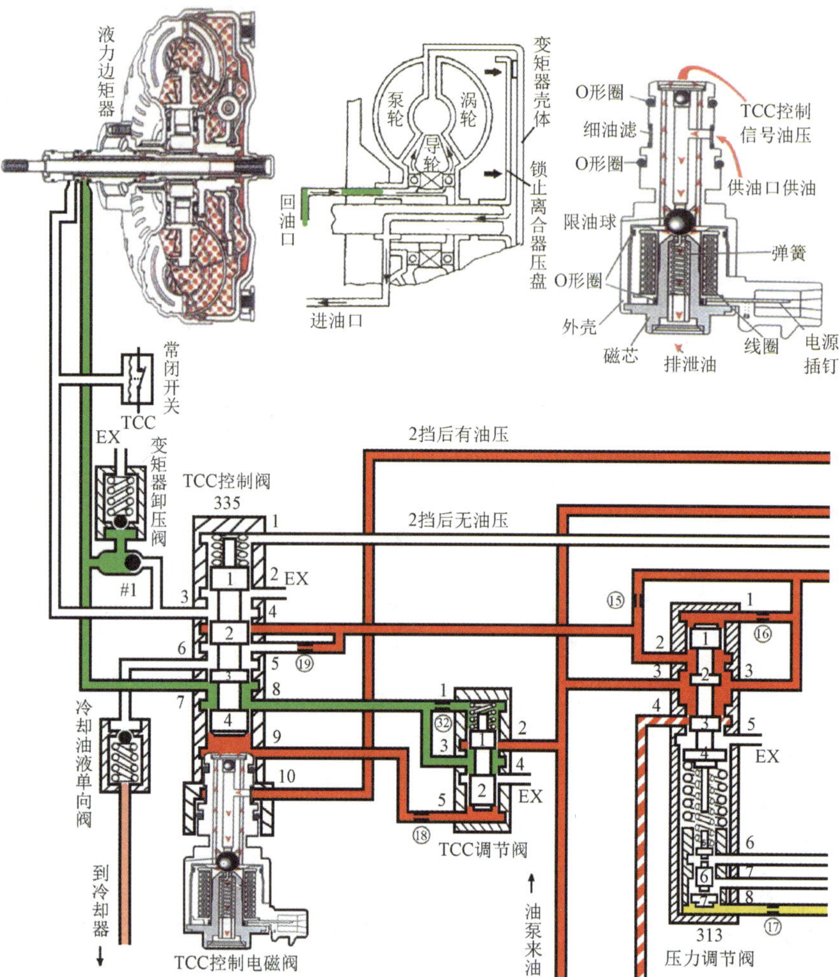

(b) 2 挡之后 TCC 接合状态下的控制油路

图 5-2-7　TCC 控制部分的局部油路(续)

1)　TCC 控制电磁阀

TCC 控制电磁阀(简称 TCC 电磁阀)的结构如图 5-2-7(b)右上角所示，它是一个脉宽调制(PWM)型的电磁阀，其电流频率为 32Hz。变矩器离合器的工作常态是处于脱开状态，当需要离合器接合时，PCM 给电磁阀输出一个初始值的占空比为 22%的电流，然后电流逐渐增加，达到设定数值之后，则在一定范围内变化，使变矩器离合器缓缓接合，并产生滑移。当踩下制动踏板时，PCM 收到此信号，其输出电流的占空比立即变为 0，变矩器离合器迅速脱开。在 TCC 锁止的情况下换挡时，PCM 都要同时断开(占空比为 0)TCC 电磁阀。

2)　TCC 调节阀

TCC 调节阀(又称 TCC 调制阀)的结构如图 5-2-7(a)、(b)所示，阀口 2 接主油路，阀口 3 为调制后的油压输出口，阀口 5 接 TCC 控制电磁阀输出的调制信号油压。在 TCC 电磁阀无电流时(见图 5-2-7(a))，阀口 5 无油压，柱塞在弹簧弹力的作用下停于底部，阀塞 1 将阀口 2 堵塞，主油压不能进入，阀口 3 与阀口 4(泄油扣)相通，阀口 3 无油压。给阀口 5 加一定油压后，柱塞随之上移，阀口 2 打开，阀口 4 关闭，油压由阀口 3 输出，经阀口 1 反馈到柱塞顶部，使柱塞又下移，上下作用力相平衡时，阀口 2 关闭，阀口 4 也关闭，阀口 3 则输出相应的油压，如图 5-2-7(b)所示。阀口 5 所加的油压发生变化，阀口 3 输出的油压则随之做相应变化。例如，当离合器需要锁止时，PCM 给电磁阀输出一个初始值的占空比为 22%的电流，电磁阀输出相应的油压，一方面作用于 TCC 控制阀的柱塞底部，使柱塞上移；另一方面送到 TCC 调节阀的阀口 5，阀口 3 随之输出一个相应的油压，经 TCC 控制阀的阀口 8、阀口 7 到变矩器。

3)　TCC 控制阀

TCC 控制阀的结构如图 5-2-7(a)、(b)所示，它有 10 个阀口，柱塞上有四个阀塞，顶部有一个复位弹簧，底部装有 TCC 控制电磁阀。

在 1 挡时(见图 5-2-7(a))，阀口 10 无油压，阀口 1 引入主油压，柱塞在主油压和弹簧的共同作用下停于底部。阀口 3、4 相通，阀口 6、7 相通，油液(由压力调节阀的阀口 2 进入)经阀口 4、阀口 3 到液力变矩器的进油口，流入变矩器的内腔；再经泵轮→涡轮→导轮→泵轮……循环后，油温升高，由变矩器的回油口流出，经 TCC 控制阀的阀口 7、阀口 6 流向冷却器。

(三)项目工作页

4T65E 主油路油压与变矩器油路分析工作页

姓名：________　班级：________　学号：__________　指导教师：________　日期：________

(1)　工作内容与目标。

工作内容：运用相关知识，正确分析 4T65E 主油路油压；分析 4T65E 液力变矩器油路。

工作目标：掌握 4T65E 主油路油压、液力变矩器油路的分析方法。

(2)　工作准备。

①　工作组。

序　号	姓　名	学　号	职　责	备　注
				组长

② 工具、设备、器材准备。

序　号	工具、设备、器材、耗材名称	型号、规格	套(件)数	备　注

(3) 工作过程与结果分析。

油　路	油液流经路线	经过元部件	备　注
主油路额定油压分析			
变速杆位置对额定油压的影响			
扭矩变化对主油压的影响			
锁止离合器油路分析			

(4) 进行工位“5S”，自检、互检，工作结束。

(5) 项目测评。

测评者	评　语	成　绩
自我评价		
小组评价		
教师评价		
总成绩		

模块三　大众 01M 主油压和变矩器油路

一、学习材料

大众 01M 自动变速器采用内啮合式齿轮泵(不再赘述)，主油压调节阀的结构如图 5-3-1(a)所示，与油泵的连接油路如图 5-3-1(c)所示。

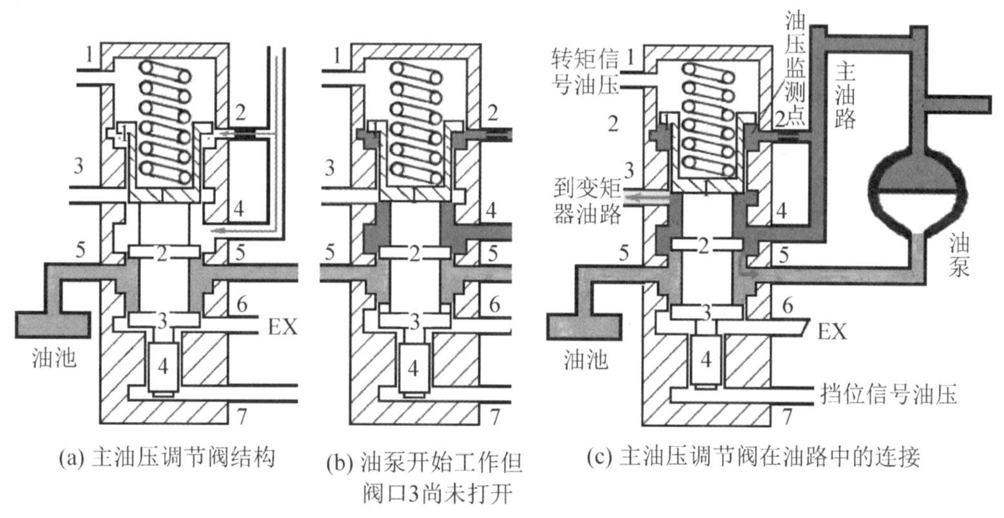

(a) 主油压调节阀结构　(b) 油泵开始工作但阀口3尚未打开　(c) 主油压调节阀在油路中的连接

图 5-3-1　主油压调节阀的结构和工作原理

1. 自动调节阀

阀塞 1 上部与阀口 2 构成油压监测点，也称采样点。阀塞 2 与阀口 5 构成调压泄油口，简称泄油口；阀口 5 接油底和油泵的进油口，调压泄油口变化虽小，但由于油泵的吸力大，因此泄油量变化很大，从而提高了油压调节的灵敏度。阀塞 1 下部与阀口 3 构成变矩器的开关阀，控制着流向变矩器油路的流量。阀口 4 为进油口，其流量等于阀口 3 与阀口 5 之和。阀口 6 为排泄口，以减小柱塞移动时的阻力。

2．人工控制阀

阀口 7 引入挡位信号油压，以改变主油压的额定值，在 R 位时无油压，额定值高；在 D 位时有油压，额定值低。

阀口 1 引入扭矩信号油压，扭矩信号油压主要取决于节气门位置，在不同工况下，ECU 按设定程序控制，使主油压在额定油压数值之上随节气门位置和相应的数据而变化。

二、项目实施与工作页

(一)项目准备

项目实施前应准备好如下自动变速器总成、工具、耗材等。

(1) 大众 01M 自动变速器、变矩器、阀体等总成。

(2) 大众 01M 自动变速器拆装专用工具、常用工具。

(3) 大众 01M 自动变速器维修手册、油路图等技术资料。

(二)项目实施

1．主油路油压分析

1) 主油路额定油压分析

变速杆置于 P/N 位，起动发动机，油泵开始转动时，主油压阀处于图 5-3-1(a)所示状态，由于整个油路是封闭的，因此主油路的油压迅速上升。油压经阀口 2 作用于阀塞 1，如图 5-3-1(b)所示，当作用力大于弹簧的预紧力后，柱塞压缩弹簧而上移，首先打开阀口 3，向变矩器油路供油。此油路是开口的，油液从此口不停地流出，但此时油泵的泵油量仍大于总泄油量，只使主油压上升变缓。当主油压达到额定值后，打开阀口 5 形成一个泄油口，总泄油量大于油泵的泵油量，立即关闭阀口 5，油泵的泵油量又大于总泄油量，油压又上升，柱塞则不停地上下移动，使主油压稳定在额定值。额定油压与转速的对应关系如图 5-3-2(a)中曲线①所示。此时油泵的转速称为额定转速，此转速略小于发动机怠速。

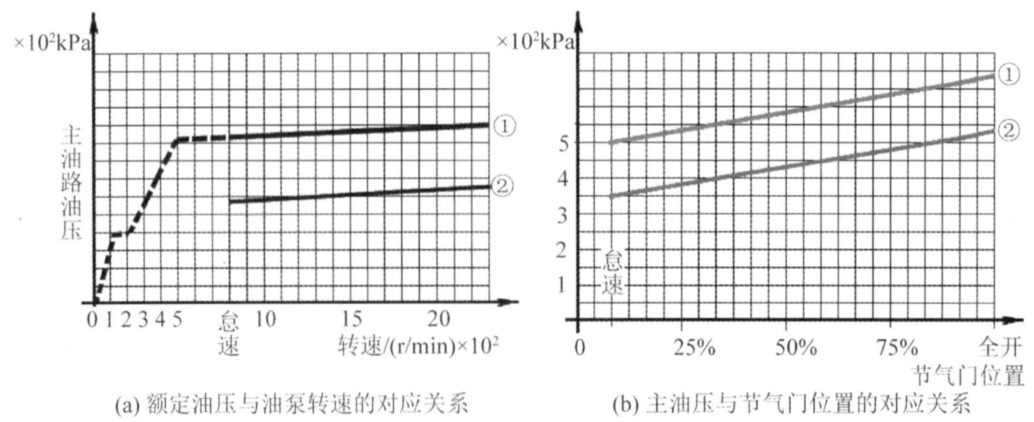

(a) 额定油压与油泵转速的对应关系　　(b) 主油压与节气门位置的对应关系

图 5-3-2 额定油压与油泵转速的对应关系及主油压与节气门位置的对应关系

变速杆在 P/N 位，发动机在怠速和最大转速之内变化时，油泵的泵油量与转速成正比，转速上升时，阀口 2 这个油压监测点的压力增加，柱塞上移，阀口 5 形成的泄油口增大，泄油量增加，经自动调节过程后，使所增的泵油量泄掉 98%以上，主油压只稍稍上升一点。同理，转速下降时，泵油量减少，监测点的压力减少，柱塞下移，泄油量减少，经自动调节后，主油压稍稍回落一点。这样的自动调节称为有差调节，有差调节的差值可根据需要设计。

对于泄流式油压调节阀，如果主油压保持不变，泄油口就不会改变，所以油压必须变化，才能使泄油口变化。从油泵的额定转速(小于怠速)到最大转速，称为油泵的转速范围。在此转速范围内，主油压调节阀所调节的油压只在小范围内波动，但仍可称为额定油压。

2) 人工控制主油压分析

自动调节阀装配完好后，在油泵的工作转速范围内，其油压自动调节为设定数值，此油压称为额定油压，人为地改变柱塞两端的受力状况，经自动调节后，主油压的数值就会发生改变。

(1) 变速杆位置对额定油压的影响。在 01M 自动变速器油路中，手动阀在 P、R、N 位(对应变速杆位置)时，主油压调节阀阀口 7 没加主油压，如图 5-3-3 所示；而在前进挡(D、3、2、1 位)时，主油压调节阀阀口 7 引入主油压，如图 5-3-4 所示。主油压调节阀阀口 7 引入主油压后，因其作用于柱塞的力与采样点油压作用力的方向相同，在相同转速下，要保持相同的泄油口，主油压的额定值就要低一点，如图 5-3-2(a)中曲线②所示。相反，倒挡时(P、R、N 位)，主油压调节阀阀口 7 无油压，主油压额定值要比前进挡时高一点，如图 5-3-2(a)中曲线①所示。这样就使倒挡时的额定油压高于前进挡。

(2) 扭矩变化对主油压额定值的影响。在调压阀中引入扭矩信号油压，此油压作用于阀塞 1 的顶部，其作用力与采样点油压的作用力方向相反，在相同转速下，要保持相同的泄油口，主油压的数值就要高一点。主油压在额定值的基数上随节气门开度的增加而增加，满足了变速器传递扭矩增加时的需求，如图 5-3-2(b)中曲线①(倒挡)和曲线②(前进挡)所示。

01M 自动变速器将节气门位置先变换成电信号，再将电信号变换成小数值的油压信号去控制扭矩信号油压阀(又称增压阀)，产生一个数值较大的扭矩油压信号，引入主油压阀的阀口 1。产生扭矩信号油压的油路如图 5-3-5 所示。

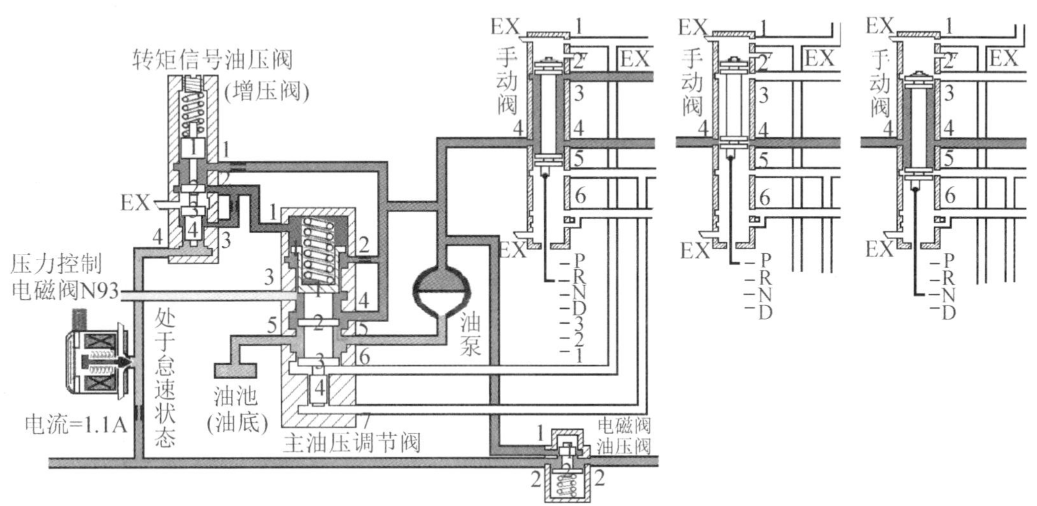

图 5-3-3　变速杆在倒挡时主油压阀的油路连接状况

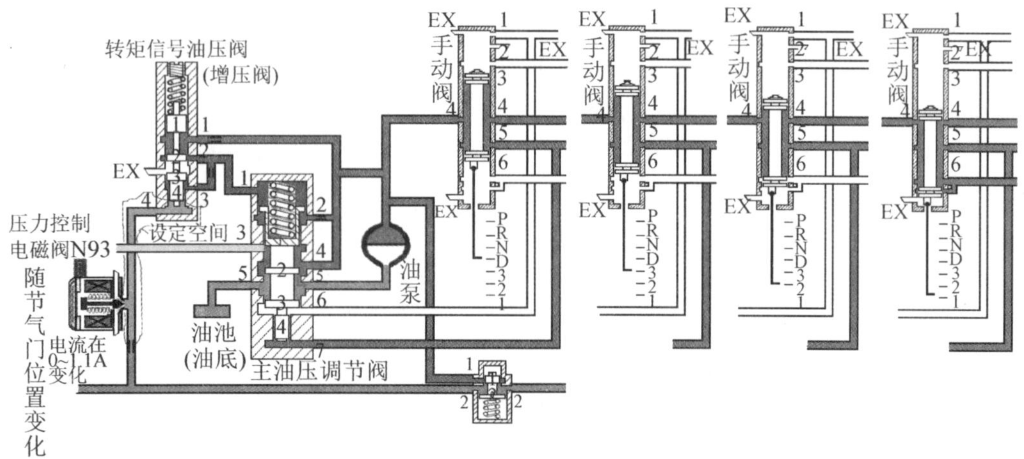

图 5-3-4　变速杆在前进挡时主油压阀的油路连接状况

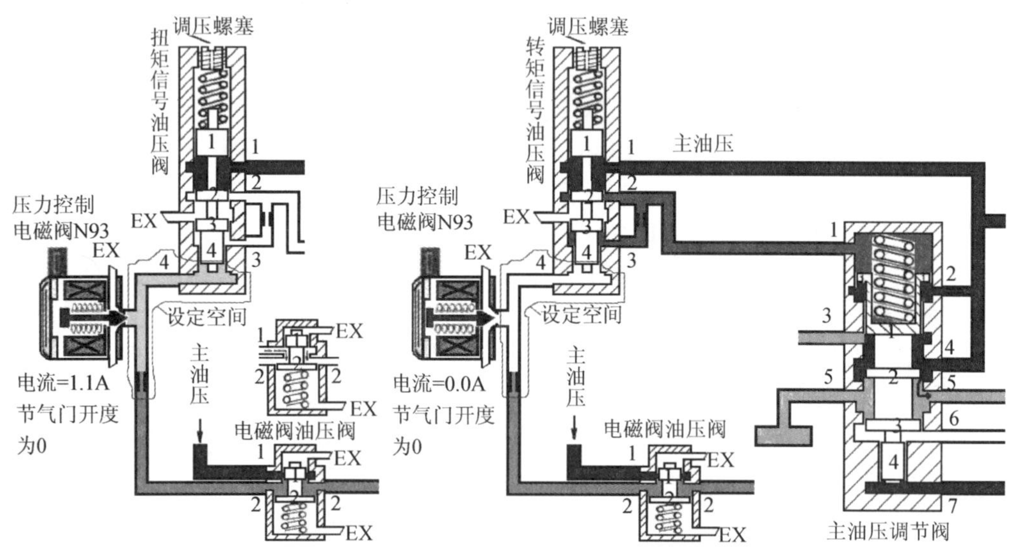

(a) 扭矩信号油压阀、电磁阀油压阀的结构　　(b) 扭矩信号油压阀在油路中的连接

图 5-3-5　产生扭矩信号油压的油路

① 电磁阀油压阀信号分析。在将节气门的电信号(扭矩电信号)变换成油压信号时，设定空间(图 5-3-5 中扭矩信号油压阀柱塞下端油腔)必须由一个稳定的油压和特定的限流孔向其供油，因而设置了一个专供电磁阀 N93 使用的电磁阀油压调制阀(简称电磁阀油压阀，沿袭 01M/01N 资料中的名称)，其结构如图 5-3-5(a)所示。柱塞上有阀塞 1 和阀塞 2，阀塞 2 的截面积大于阀塞 1，不工作时，柱塞停于顶部；发动机起动后，主油路油压使油液由阀口 1 进入，阀口 2 流出，因阀口 2 之后的油路是密闭的，油压逐渐上升，因阀塞 2 的截面积大于阀塞 1，油压作用于阀塞 2，使柱塞压缩弹簧而下移，当阀塞 1 将阀口 1 堵塞时，截断主油压，阀口 2 后的油压达到设定数值，此油压作用于阀塞 2 上的力与弹簧弹力相平衡，柱塞则停于此位置。此后，主油路油压如何变化，阀口 2 的输出油压都不会变化，但阀口 2 后的油压因电磁阀泄油而稍稍降低时，弹簧弹力使柱塞上移，打开阀口 1，主油压经阀口 1

注油，阀口 2 后的油压恢复到设定数值，柱塞又回位于阀口 1 被堵的位置。

② 压力控制电磁阀油压信号分析。压力控制电磁阀的结构如图 5-3-6 所示。

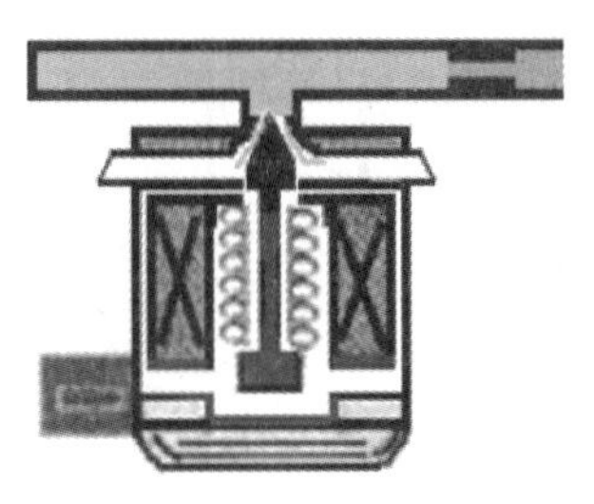
(a) 占空比较小的状态

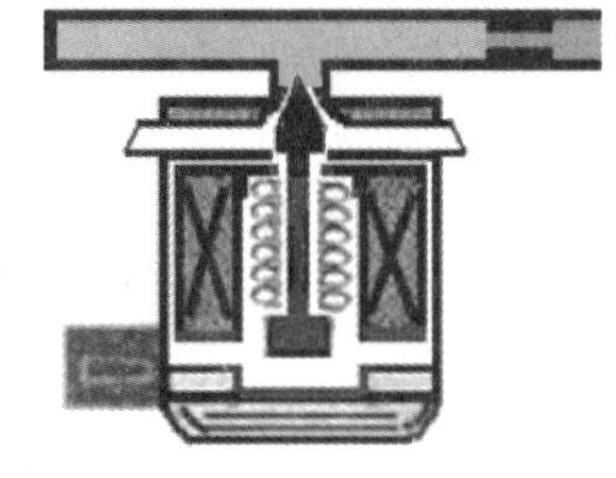
(b) 占空比较大的状态

图 5-3-6　压力控制电磁阀的结构

压力控制电磁阀接在一段油路中(图 5-3-5)，一端密封，另一端是一个特意设定的节流孔，外接稳定的油压，构成一个容积不大的设定空间，简称油腔。

电磁阀的磁路是特意设计制造的，使活动阀芯的位移量与线圈的电流成正比(即线性关系)。改变线圈的电流，是采用脉宽调制(PWM)实现的，代表扭矩的电信号(节气门位置的电信号和程序中添加的数据)控制着占空比，占空比最大时，平均电流最大，锥形阀芯全关，泄油量为 0，油腔油压最大。随着电流的减小，锥形阀芯随之回移，泄油量增大，油腔压力随之下降。线圈中无电流时，弹簧弹力使锥形阀芯将泄油口完全打开，油腔的压力最小。

经此电磁阀的控制，油腔油压通常随节气门开度的变化而变化，此油压作为压力控制信号去控制扭矩信号油压阀，扭矩信号油压阀产生的信号油压再引到主油压调节阀，用于调节主油压，使主油压随节气门开度的增加而增加，即当节气门开度增大时，使主油压升高，以保证在传递大扭矩时，离合器、制动器不会打滑。

这样的设计使电磁阀电路发生故障时，电磁阀线圈无电流，电磁阀的泄油口泄油，设定空间的油压最低，扭矩信号油压阀输出的油压高，油压调节阀调节出来的主油压高，可以保证变速器仍能传递大扭矩。

③ 扭矩信号油压阀信号分析。如图 5-3-5(a)所示，阀塞 1、2、3 的直径相同，在怠速时，节气门开度为 0，压力控制电磁阀 N93 的电流最大，约为 1.1A，其泄油口关闭，设定空间的油压最大(出厂前，厂家已将调压螺塞调整到位并锁紧，通常不准调整)，此时，阀口 2 的输出油压为 0，主油压阀的阀口 1 无油压，主油压阀调节出的油压为额定值。

节气门开度增加时，N93 的电流由大变小，其泄油口由小变大，设定空间的油压由大变小，当此油压下降时，弹簧弹力使柱塞下移，阀塞 2 与阀口 2 打开一个缝隙，主油压经阀口 2 注油，阀口 2 的油压上升，此油压经阀口 3 作用于阀塞 3，与设定空间的油压一起使柱塞上移，当设定空间的油压停止下降时，阀塞 2 又将阀口 2 关闭。这样，阀口 2 就可以输出一个与节气门开度一一对应的扭矩信号油压给主油压阀的阀口 1。

节气门开度最大时，电流约为 0A，阀口 2 的输出油压最大，主油压阀调节出的油压最大。

④ 扭矩电压信号分析。产生扭矩信号的电路图如图 5-3-7 所示。

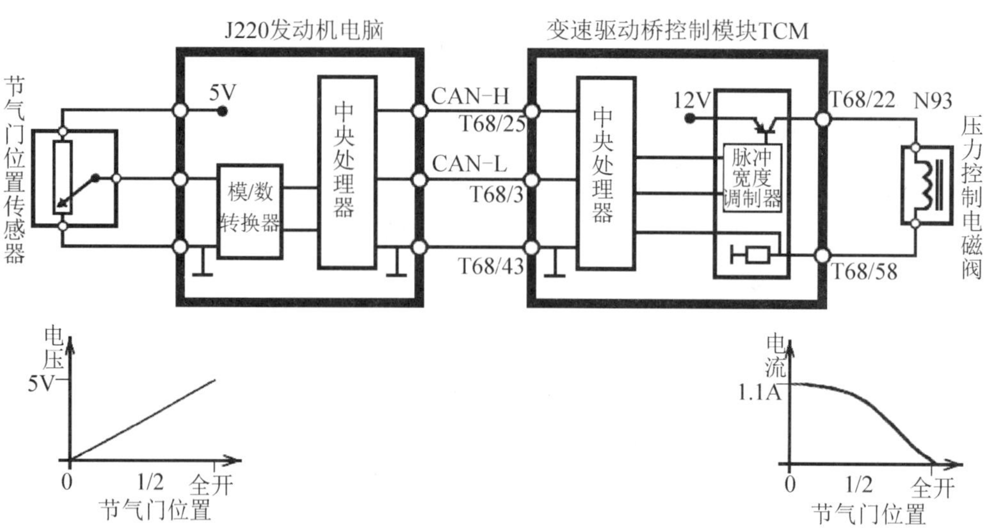

图 5-3-7 产生扭矩信号的电路图

节气门位置传感器连接在发动机电脑上，它把节气门的机械位置转换成一一对应的电压信号，如图 5-3-7 中电压与节气门位置对应关系的曲线所示。模/数转换器将模拟量的电压信号变换为数字量，送往中央处理器 CPU。CPU 通过控制器局域网(controller area network，CAN)的数据传输线 CAN-H、CAN-L，实时地将节气门位置信号传递到变速驱动桥控制模块(transmission control module，TCM)。TCM 的 CPU 实时采集节气门位置信号，并和相关程序中代表扭矩的数据进行综合运算，再将结果送至脉宽调制器 PWM，控制脉冲的宽度，使脉冲宽度随节气门位置而变化，经末级放大晶体管，使电磁阀的电流与节气门位置的对应关系如图 5-3-7 中电流与节气门位置对应关系的曲线所示。节气门开度为 0 时，占空比最大，线圈的平均电流最大。节气门开度增加，占空比减小，线圈的平均电流减小。节气门全开时，占空比接近为 0，线圈的电流接近为 0。线圈断电时，电流为 0。

注意： PWM 的末级输出管采用 PNP 型晶体管，起到倒相作用，使输出的电流与节气门开度成反向变化关系。

2. 变矩器油路分析

变矩器部分的局部油路如图 5-3-8 所示，图 5-3-8(a)为变矩器离合器 TCC 分离状态下的控制油路，图 5-3-8(b)为 TCC 接合状态下的控制油路。

1) 变矩器油压调节阀

变矩器油压调节阀的结构如图 5-3-8(a)所示，变矩器油压阀串联在其中，变矩器油路是未封闭的，从主油压阀引来的油液经阀口 3 进，阀口 2 出，油压经阀口 1 作用于阀塞 1，当作用力大于弹簧的预紧力后，柱塞下移，当油压达到设定值时，阀塞 2 将阀口 2 关闭。由于是未封闭的，阀口 2 之后的压力立即下降，柱塞上移，阀口 2 打开，油压又上升。这样，柱塞就不停地往复移动，使油压保持在设定值，油液则不停地流动着。

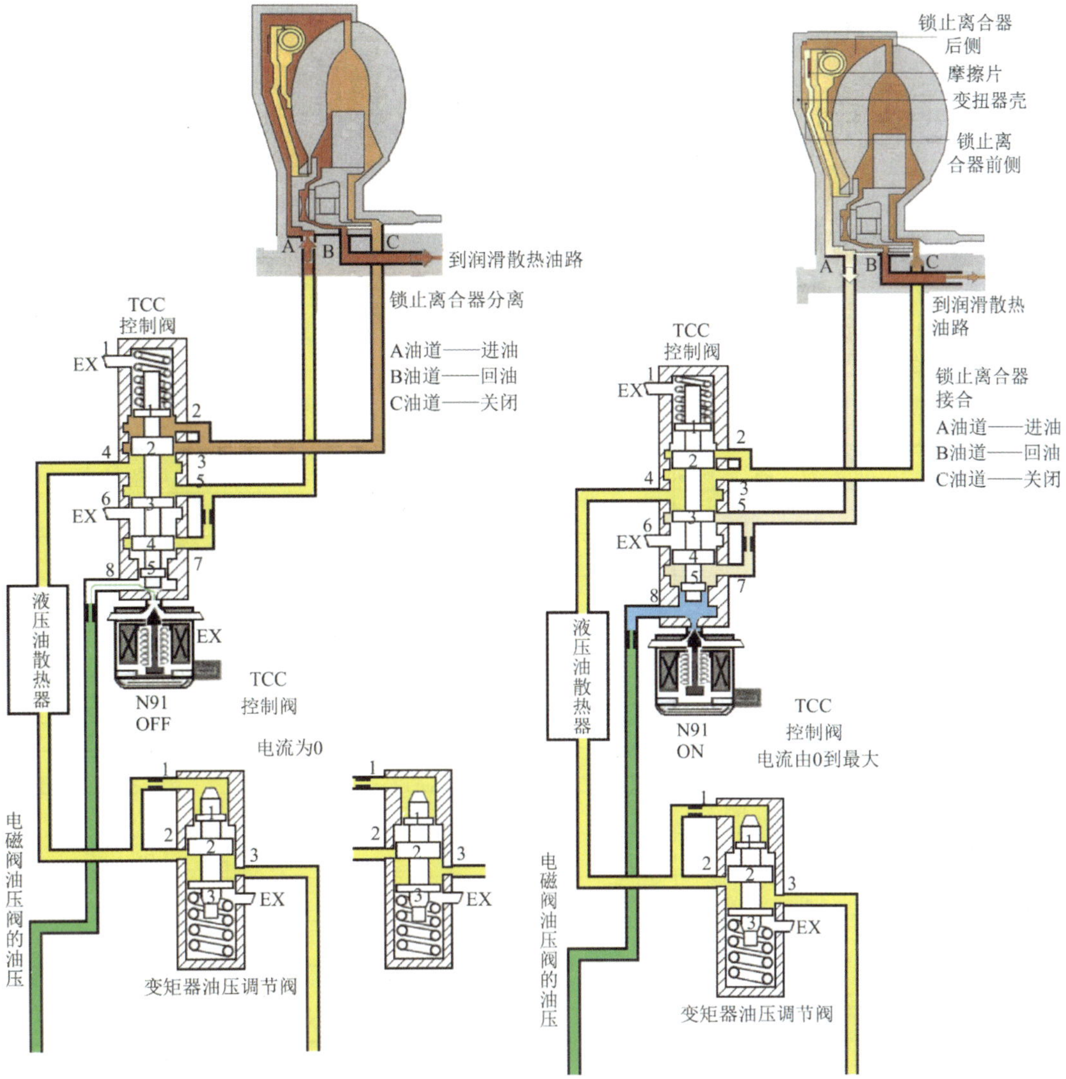

(a) TCC分离状态下的控制油路

(b) TCC接合状态下的控制油路

图 5-3-8　变矩器部分的局部油路

2)　TCC 控制阀和 TCC 电磁阀

TCC 控制阀和电磁阀的结构如图 5-3-8 所示。

图 5-3-8(a)所示为 TCC 电磁阀的电流为 0 时的情况。此时，泄油口泄油，在弹簧弹力的作用下，TCC 控制阀的柱塞下移到底部，油液经阀口 4 进，阀口 5 出，流向液力变矩器，油液从 A 口进，B 口出，C 口将油压引入 TCC 控制阀的阀口 2，作用于阀塞 2，确保柱塞停于底部。

图 5-3-8(b)所示为 TCC 电磁阀的电流为最大时的情况。此时，电磁阀泄油口关闭，TCC 控制阀底部油压将柱塞推到顶部，油液经阀口 4 进，阀口 3 出，流向液力变矩器，油液从 C 口进，B 口出，A 口将油压引入 TCC 控制阀的阀口 7，作用于阀塞 4，确保柱塞停于顶部。

(三)项目工作页

01M 主油压与变矩器油路分析工作页

姓名：________ 班级：________ 学号：__________ 指导教师：________ 日期：________

(1) 工作内容与目标。

工作内容：运用相关知识，正确分析 01M 主油路油压；分析 01M 液力变矩器油路。

工作目标：掌握 01M 主油路油压、液力变矩器油路的分析方法。

(2) 工作准备。

① 工作组。

序　号	姓　名	学　号	职　责	备　注
				组长

② 工具、设备、器材准备。

序　号	工具、设备、器材、耗材名称	型号、规格	套(件)数	备　注

(3) 工作过程与结果分析。

油　路	油液流经路线	经过元部件	备　注
主油路额定油压分析			
变速杆位置对额定油压的影响			
扭矩变化对主油压的影响			
锁止离合器油路分析			

(4) 进行工位“5S”，自检、互检，工作结束。

(5) 项目测评。

测评者	评　语	成　绩
自我评价		
小组评价		
教师评价		
总成绩		

项目六　自动变速器电液系统及其检验

【知识要求】

- 掌握自动变速器液压控制系统各元件结构和工作原理。
- 掌握自动变速器电子控制系统各元件结构和工作原理。
- 掌握自动变速器各挡位电液控制系统的工作情况。
- 掌握自动变速器检验的基本方法。

【能力要求】

- 能够正确拆装和检修自动变速器液压元件及电控元件。
- 能够正确分析自动变速器液压控制系统和电子控制系统工作情况。
- 能够正确进行自动变速器的检验、测试，分析结果。

模块一　丰田 A340E 电液控制系统

一、学习材料

(一)丰田 A340E 液压控制系统的阀体

丰田 A340E 阀体的结构如图 6-1-1～图 6-1-4 所示。

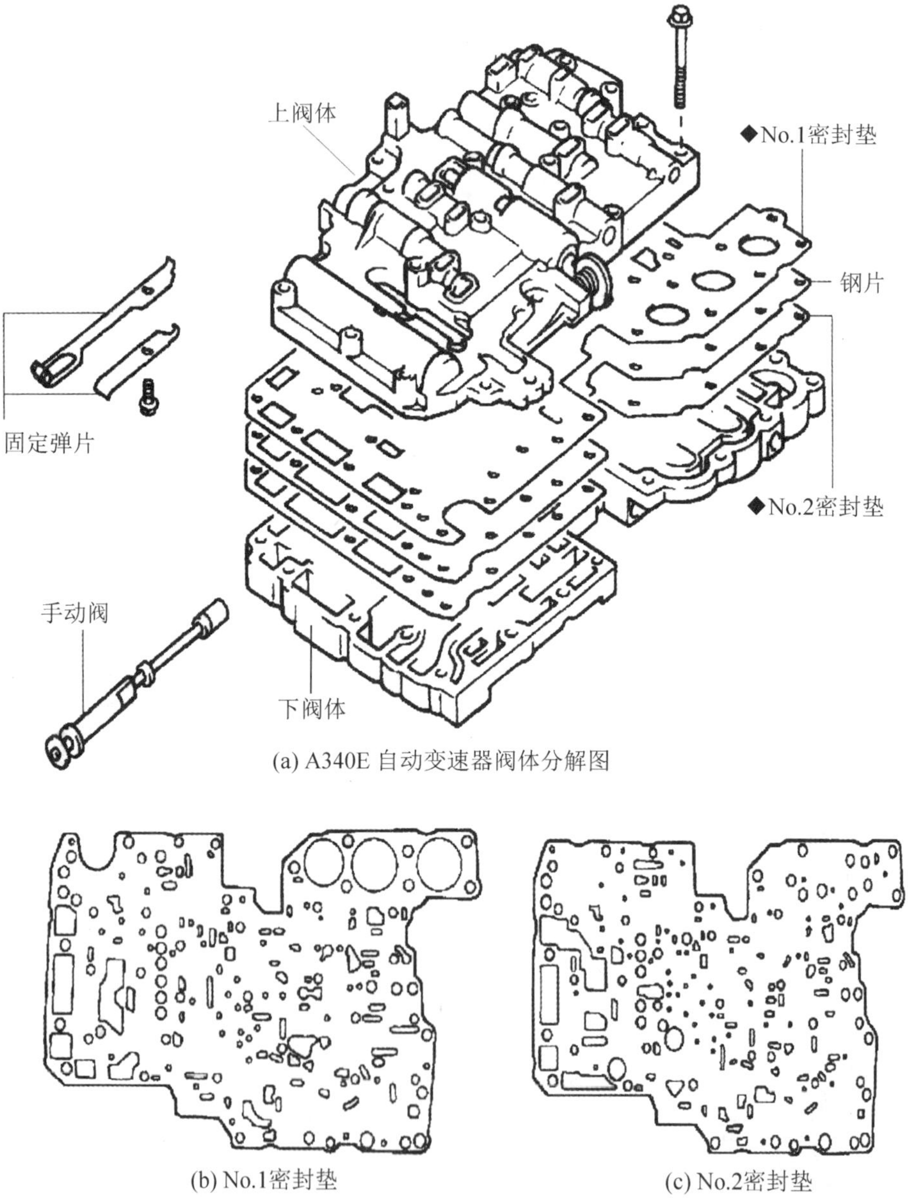

上阀体
◆No.1密封垫
钢片
固定弹片
◆No.2密封垫
手动阀
下阀体

(a) A340E 自动变速器阀体分解图

(b) No.1密封垫

(c) No.2密封垫

图 6-1-1　A340E 自动变速器阀体总成

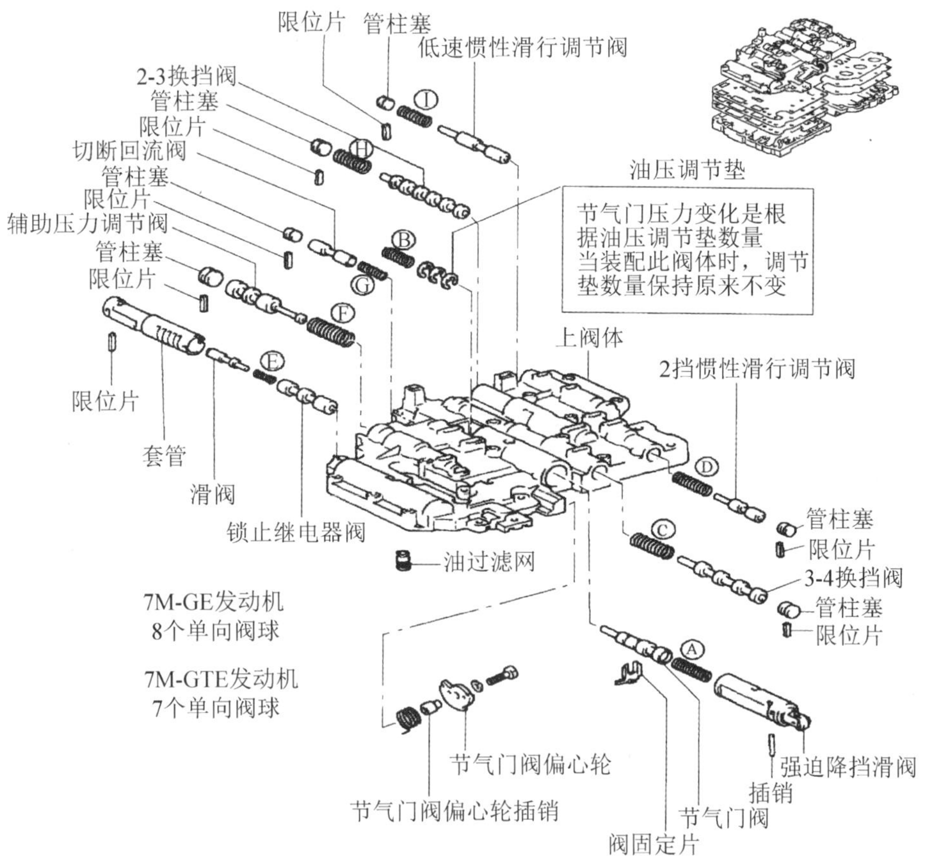

图 6-1-2 A340E 自动变速器上阀体控制阀部件

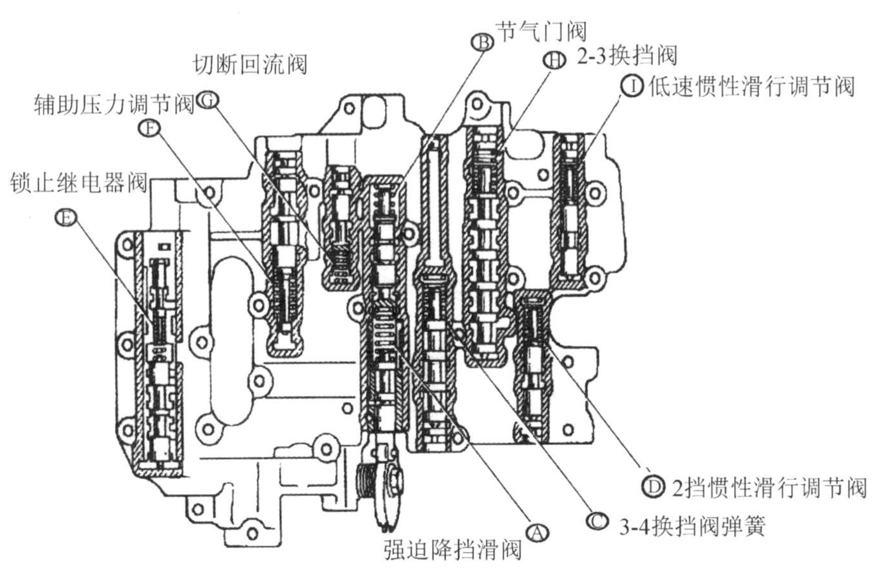

图 6-1-3 A340E 自动变速器上阀体控制阀弹簧透视图

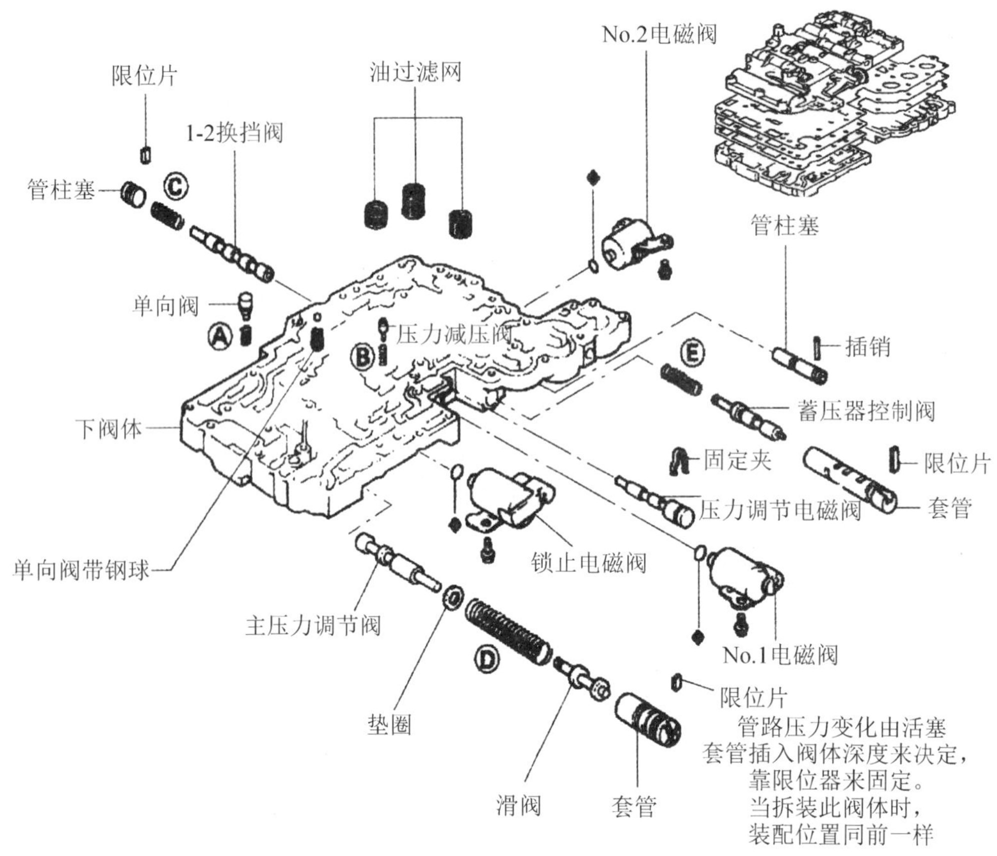

图 6-1-4　A340E 自动变速器下阀体控制阀部件

1. 阀体的拆卸与安装

1)　拆卸

(1)　放干机油，拆下油底、加油管、垫片、滤清器和油底上的磁铁，断开每个电磁阀的接头，拆下电磁阀连线、止动片和电磁阀线。

(2)　注意油管的位置，用螺钉旋具撬油管两端并拆下油管，拆下阀体螺栓。注意它们的位置和螺栓的长度。

(3)　轻轻放下阀体并且拆下蓄压器活塞弹簧，注意弹簧的位置，从阀体凸轮上断开节气门拉索，拆下阀体。拆下时要注意不要让单向阀球丢失了，并且注意阀体上弹簧的位置。

注意：在阀体拆卸过程中，注意蓄压器活塞弹簧位置、油管、螺栓长度和位置、单向阀球和弹簧。部件的位置必须做上标记以便重装时作为参考。

2)　安装

(1)　安装时，与拆卸过程相反。确保单向阀球和弹簧安在阀体上面，确保变速器壳体上的手动变速杆与阀体上的手动阀对准。

(2)　按原来的位置安装蓄压器活塞弹簧和衬垫。长度正确的螺栓必须安在指定的区域。如需要，在电磁阀、滤清器和垫片上换上新的 O 形圈。确保油管不和油底接触。安装油底上的磁铁，给油底安装新的垫片，将油面加到正确的高度。

2. 阀体的解体与装配

1) 解体

从阀体总成上取下锁止弹簧和手动阀。取下 1 号、2 号和 3 号电磁阀，锁止片，滤清器和泄压阀。取出下阀体至上阀体间的螺柱。记下螺柱长度和位置。从下阀体上分开上阀体和阀体隔板。

注意：在拆装过程中不要使阀体隔板从上阀体分离，否则，单向阀球和滤清器会掉出来。

2) 检查

(1) 在清洗液(ATF 或煤油)中清洗所有的部件，用压缩空气吹干，确保所有的阀体通道都是干净的，确保滤清器没有被损坏和堵塞。检查阀是否划伤或变粗糙。

(2) 确保阀能够在孔中自由滑动。检查阀弹簧的损坏、垂直度或断裂。测量弹簧的自由长度。如果弹簧不在规范之内则更换。确保阀体弹簧和相应的阀相对应，确保挡块装在合适的位置上。

注意：阀可能用销或挡块或塞子固定，拆下部件并注意位置，将部件按顺序放好以便作为重装的参考。

3) 装配

(1) 将所有的部件涂上 ATF，重装与解体的过程相反。确保上、下阀体的单向阀球安装正确。

(2) 将新的 1 号垫片、连接板和新的 2 号垫片定位于上阀体。将下阀体及其上面的连接板和垫片一起放在上阀体上。不要让部件分开，将阀体上的每个螺栓孔和衬套和连接板对准。

(3) 安装位于上阀体的螺栓并用手上紧，确保螺栓长度是正确的。拧紧螺栓到 6.4N • m。安装油滤清器、泄压阀和电磁阀。

(4) 安装手动阀和锁止弹簧。拧紧螺栓到 10N • m。确保手动阀能自由移动。

(二)丰田 A340E 油路中各部件基本结构和工作原理

丰田 A340E 液压油路(P 位)如图 6-1-5 所示。A 区为液压源部分，B 区为液力变矩器油路，C 区为换挡控制部分，D 区为平顺换挡部分。A 区和 B 区内容“项目五”已介绍，下面讲述 C 区和 D 区相关内容。

1. 换挡控制部件

换挡控制部件的局部油路如图 6-1-6 所示。换挡控制部件由手动阀、1 号电磁阀(2-3 换挡电磁阀)及 2-3 换挡阀、2 号电磁阀(1-2/3-4 换挡电磁阀)及 1-2 换挡阀和 3-4 换挡阀构成。

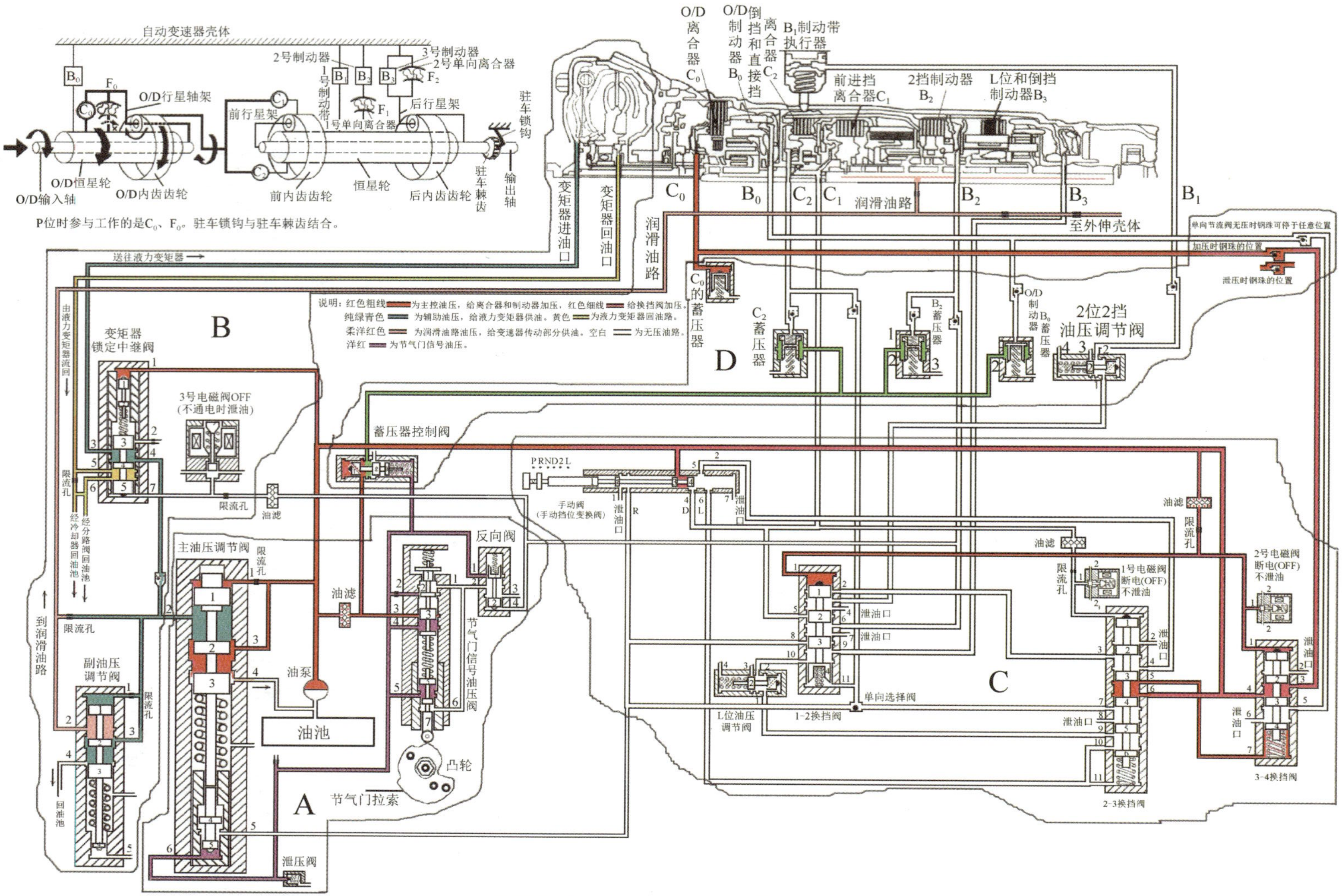

自动变速器壳体

B_0　F_0　C_0　O/D行星轴架　2号制动器　1号制动带　B_1　B_2　B_3　3号制动器　F_2　2号单向离合器　F_1　1号单向离合器　前行星架　C_1　C_2　后行星架　驻车锁钩

O/D输入轴　O/D恒星轮　O/D内齿齿轮　前内齿齿轮　恒星轮　后内齿齿轮　驻车棘齿　输出轴

P位时参与工作的是C_0、F_0。驻车锁钩与驻车棘齿结合。

O/D离合器C_0　O/D倒挡制动器B_0　离合器和直接挡C_2　B_1制动带执行器　前进挡离合器C_1　2挡制动器B_2　L位和倒挡制动器B_3

变矩器进油口　变矩器回油口　润滑油路　C_0　B_0　C_2　C_1　润滑油路　B_2　B_3　B_1　至外伸壳体

单向节流阀无压时钢珠可停于任意位置　加压时钢珠的位置　泄压时钢珠的位置

送往液力变矩器 →

说明：红色粗线为主控油压，给离合器和制动器加压，红色细线给换挡阀加压。
纯绿青色为辅助油压，给液力变矩器供油。黄色为液力变矩器回油路。
柔洋红色为润滑油路油压，给变速器传动部分供油。空白为无压油路。
洋红为节气门信号油压。

C_0的蓄压器　C_2蓄压器　B_2蓄压器　O/D制动器B_0蓄压器　2位2挡油压调节阀　D

B　变矩器锁定中继阀　3号电磁阀OFF（不通电时泄油）　限流孔　油滤　蓄压器控制阀

由液力变矩器流回　经冷却器回油池　经分路阀回油池　限流孔

PRND2L　手动阀（手动挡位变换阀）　泄油口　R　D　L

主油压调节阀　限流孔　油滤　反向阀　节气门信号油压阀　油泵　油池　凸轮　节气门拉索　A　泄压阀

到润滑油路　限流孔　副油压调节阀　回油池

C　油滤　限流孔　1号电磁阀断电(OFF)不泄油　2号电磁阀断电(OFF)不泄油　泄油口　单向选择阀　L位油压调节阀　1-2换挡阀　2-3换挡阀　3-4换挡阀

图 6-1-5　A340E 液压油路的组成(P 位)

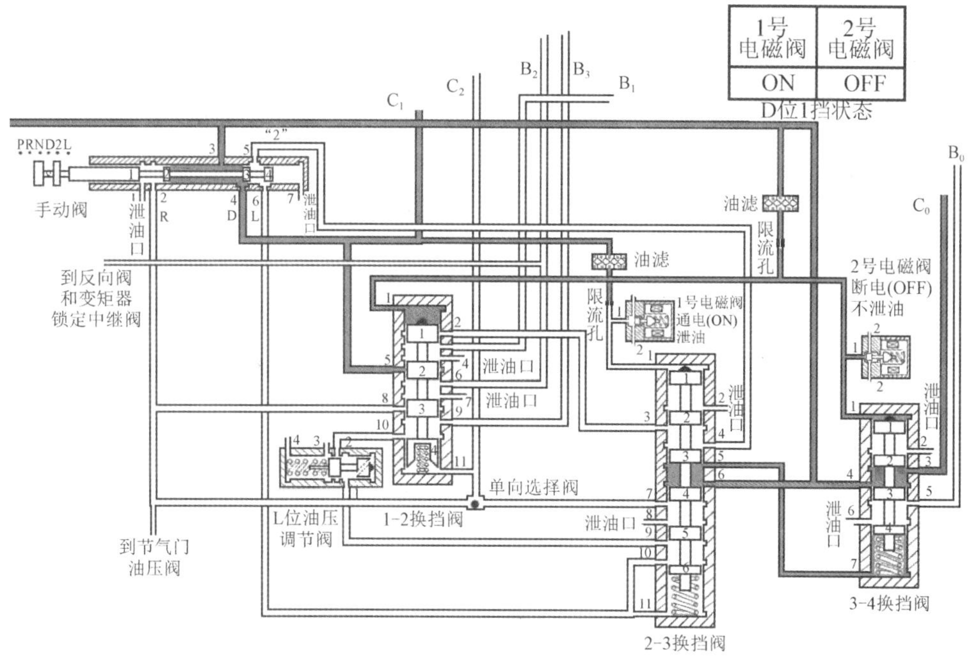

图 6-1-6 换挡控制部件的局部油路

1) 手动阀

手动阀的结构如图 6-1-7 所示，其柱塞由变速杆带动，柱塞的位置对应着变速杆的位置，不同的位置改变了局部主油路的去向。阀口 1、7 为泄油口，阀口 3 为主油压引入口。手动阀在 P 或 N 位时，所有出油口都没有主油压引出。在 R 位时，阀口 2 有主油压引出。在 D 位时，阀口 4 有主油压引出。在 2 位时，阀口 4、5 有主油压引出。在 L 位时，阀口 4、5、6 都有主油压引出。

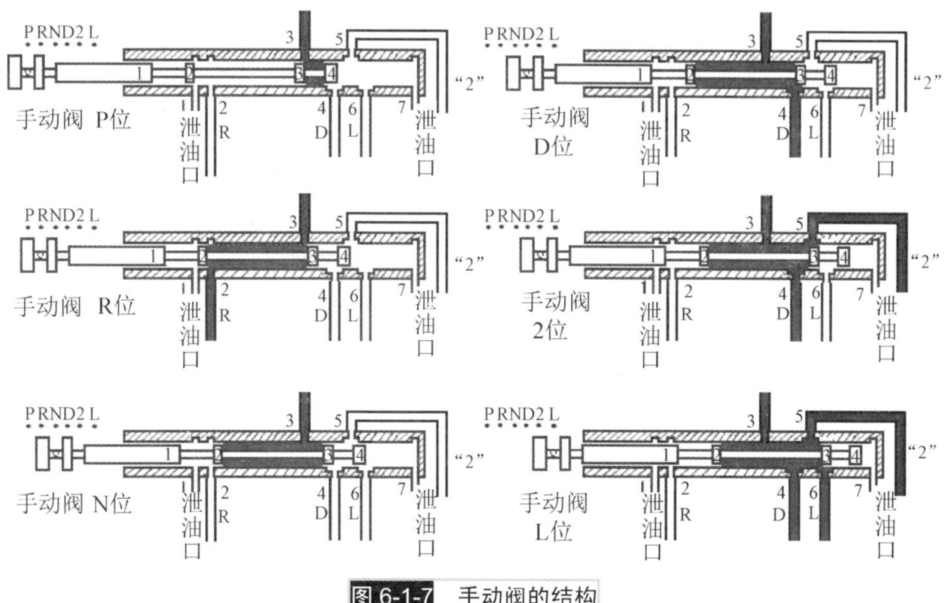

图 6-1-7 手动阀的结构

2) 换挡电磁阀

换挡电磁阀的结构如图 6-1-8 所示。两个电磁阀的型号相同，都是常闭式的，线圈不通电(OFF)时，铁芯受弹簧弹力而下移，如图 6-1-8(a)所示，阀芯将油路堵塞，泄油口不泄油，信号油压则作用于换挡阀的柱塞上；线圈通电(ON)时，铁心受电磁吸力而上移，如图 6-1-8(b)所示，阀芯移开，泄油口泄油，信号油压被泄掉。1 号电磁阀接在 2-3 换挡阀顶部的阀口 1，此电磁阀又称为 2-3 挡电磁阀。2 号电磁阀接在 1-2 换挡阀顶部阀口 1 和 3-4 换挡阀顶部阀口 1，此电磁阀又称为 1-2 挡/3-4 挡电磁阀。

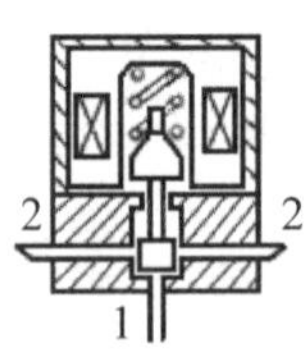

(a) 断电时状态

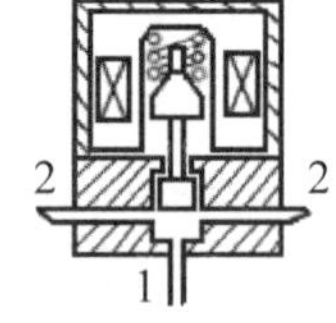

(b) 通电时状态

图 6-1-8 换挡电磁阀结构

3) 1-2 换挡阀

1-2 换挡阀的结构和工作原理如图 6-1-9 所示。

当 2 号电磁阀断电(OFF)而不泄油(图 6-1-9(a))时，顶部有信号油压，将柱塞推到底部，阀口 5 被阀塞 2 堵塞，由手动阀来的主油压送到阀口 5 备用，同时并送到离合器 C_1，使变速器处于 1 挡。

当 2 号电磁阀通电(ON)而泄油(图 6-1-9(b))，顶部油压消失，底部弹簧使柱塞上移到顶部，阀口 5、6 相通，主油压由阀口 5 入，阀口 6 出，送到 2 挡制动器 B2，使变速器升入 2 挡。

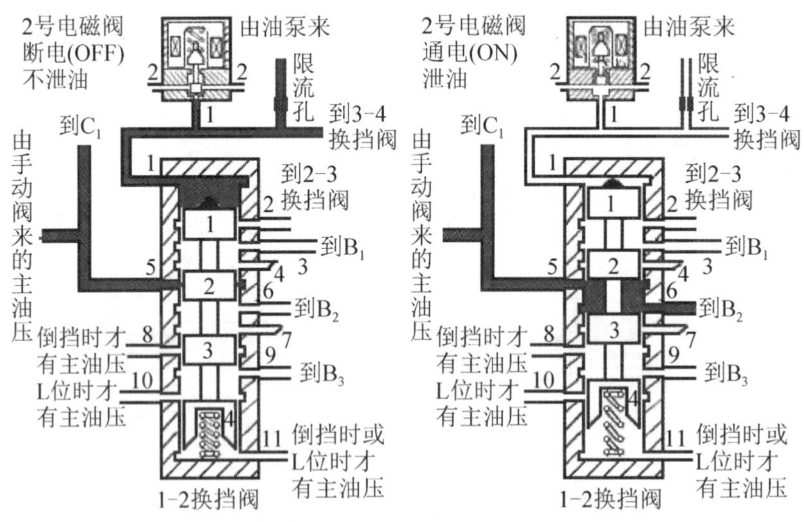

(a) 处于 1 挡状态时 (b) 处于 2 挡状态时

图 6-1-9 1-2 换挡阀结构和工作原理

4) 2-3 换挡阀

2-3 换挡阀的结构和工作原理如图 6-1-10 所示。

在 1、2 挡时，1 号电磁阀通电(ON)而泄油(图 6-1-10(a)和图 6-1-6 的 2-3 换挡阀)，2-3 换挡阀的顶部无主油压，弹簧弹力使柱塞停于顶部，只有阀口 6 有主油压经阀口 5 到 3-4 换挡阀底部阀口 7，确保 3-4 换挡阀柱塞停于顶部，离合器 C_0 接合。

当 1 号电磁阀断电(OFF)而不泄油(图 6-1-10(b))，主油压经阀口 1 加到柱塞顶部，柱塞下移到底部，阀口 6、7 相通，主油压由阀口 6 入，阀口 7 出，送往离合器 C_2，使变速器升入 3 挡。

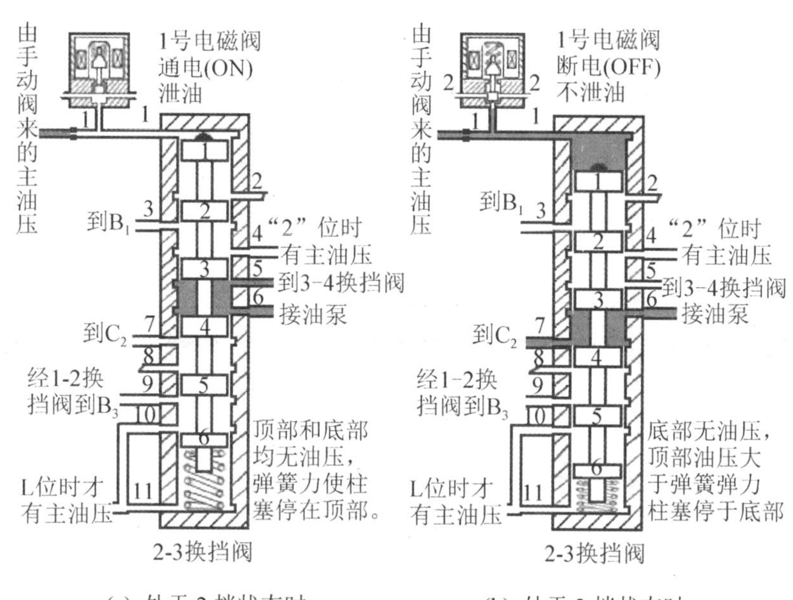

图 6-1-10　2-3 换挡阀结构和工作原理

5)　3-4 换挡阀

3-4 换挡阀的结构和工作原理如图 6-1-11 所示。

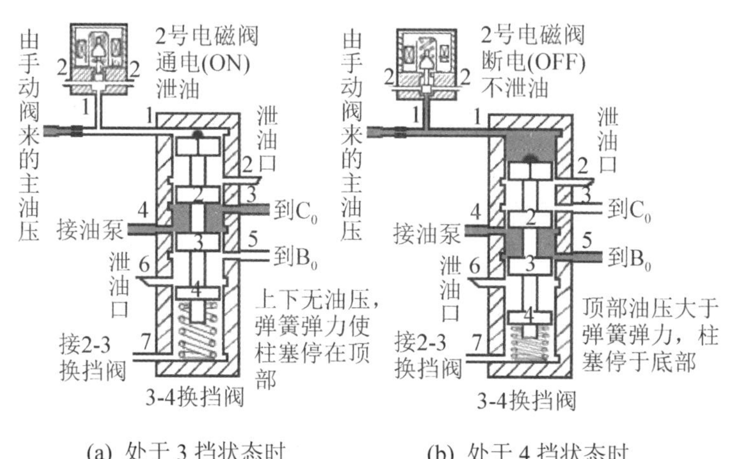

图 6-1-11　3-4 换挡阀结构和工作原理

在 3 挡时，2 号电磁阀通电(ON)而泄油，柱塞仍停于顶部(图 6-1-11(a))，阀口 4、3 相

通，离合器 C_0 接合，O/D 行星轮传动比处于 1∶1 状态。

当 2 号电磁阀断电(OFF)而不泄油(图 6-1-11(b))，阀口 1 加主油压，柱塞下移，阀口 4、3 阻断，阀口 4、5 相通，主油压经阀口 4 入，阀口 5 出，使 O/D 制动器 B_0 接合，O/D 行星轮传动比处于 0.7∶1 状态，使变速器升入 4 挡(超速挡)。

2. 平顺换挡部件

1) 蓄压器

在 A340E 油路中，前进挡离合器 C_1 只是在车辆停驶状态下由手动阀转换其工作状态，其油路中未装缓冲装置，其他的都装有缓冲装置，如图 6-1-12 所示。它有三种型号的蓄压器(B_2 蓄压器结构与 C_2 蓄压器相同)，结构略有不同，O/D 离合器 C_0 经常处于接合状态，只在 4 挡时分离，它的蓄压器结构比较简单，其他两种则加有背压，而背压又随换挡时刻的负荷而变化。

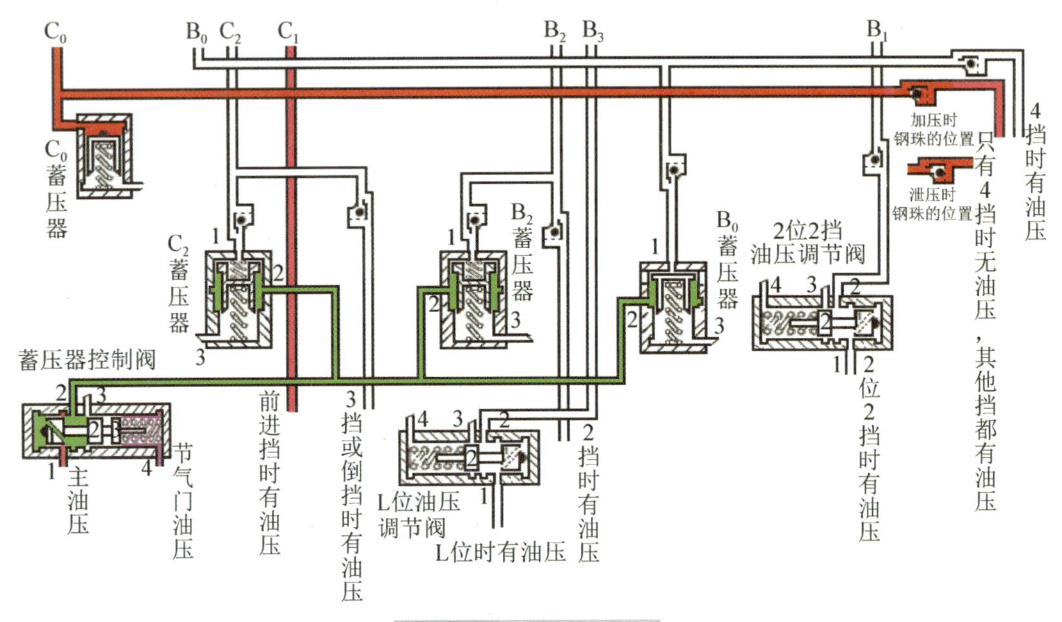

图 6-1-12　平顺换挡部件

(1) C_0 蓄压器。C_0 蓄压器的结构和工作原理如图 6-1-13 所示，只有一个Π字形活塞，空心中装有一个硬弹簧，活塞顶面无油压时，弹簧的预紧弹力将活塞推到顶部，如图 6-1-13(a)所示。活塞顶面进油口与离合器的进油口相连接，加油压时，当油压未达到设定数值时，活塞顶面的作用力小于活塞背面的弹簧弹力，活塞保持不动(图 6-1-13(b))，加在离合器 C_0 内的油压迅速上升，如图 6-1-13(e)所示的油压曲线直线部分。当离合器内的油压作用于活塞的力使回位弹簧开始形变时，活塞开始移动，同时油压也使蓄压器的活塞下移(图 6-1-13(c))，总容积逐渐扩大，离合器内的油压则缓慢上升，如图 6-1-13(e)所示的油压曲线弯曲部分，使离合器摩擦片缓缓接合，接合时的摩擦力矩已大于所传递的转矩，确保摩擦片不会打滑。之后，离合器内的油压则等于主油压，将摩擦片压得更紧。实现了摩擦片的移动先快后慢，缓缓接合，紧紧加压。

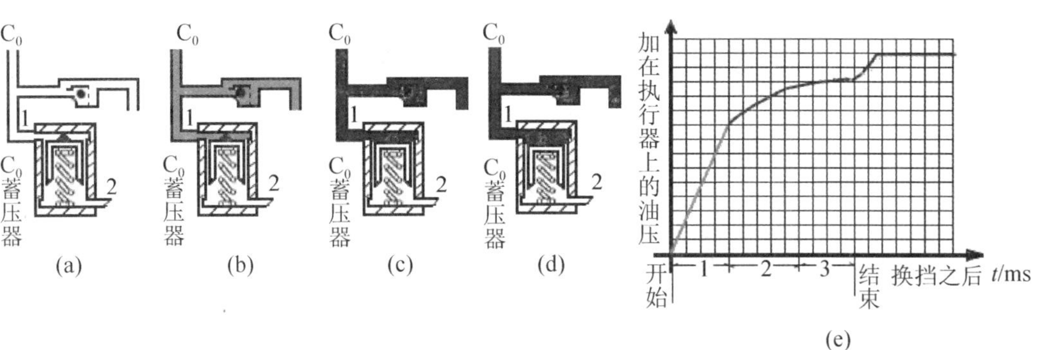

图 6-1-13　C_0蓄压器的结构和工作原理

泄油压时，由于主油压首先断开，并连通了相应的泄油口，离合器内的油液在回位弹簧的作用下经泄油口排出，此时蓄压器弹簧推动活塞上移，加快了泄压，确保离合器片迅速分离。

(2)　B_0蓄压器。B_0蓄压器的结构和工作原理如图 6-1-14 所示。除Π字形活塞空心中装有一个弹簧外，还在外侧引入油压，称为背压，此油压在设定数值之上随节气门开度的变化而变化，以实现不同转矩下都能平稳换挡。在 B_0不工作时(图 6-1-14(a))，弹簧和背压使活塞停于顶部。当换挡阀转换后，主油压给 B_0制动器加压，初始阶段，B_0活塞缸的油压迅速上升，直至活塞开始移动，在此阶段，蓄压器Π字形活塞顶部油压的作用力小于弹簧弹力和背压的作用力，Π字形活塞原位不动，如图 6-1-14(b)所示。B_0活塞缸油压作用力大于使回位弹簧形变的初始值，活塞开始移动，同时，蓄压器Π字形活塞顶部油压的作用力大于弹簧弹力和背压的作用力，Π字形活塞也开始移动(图 6-1-14(c))，活塞缸的油压上升变缓，活塞平稳移动，迅速消除活塞与钢片之间的间隙δ_1。之后，进入第三阶段，如图 6-1-14(d)所示，一是由于容器充压过渡过程的油压曲线为指数函数，油压已处于缓升阶段；二是由于蓄压器和离合器这两个活塞的移动，容积变大，油压上升迅速变缓。摩擦片之间的间隙δ_2迅速消除而不产生滑移，紧紧地结合成一体。活塞终止移动，油压迅速上升到主油压稳定值。

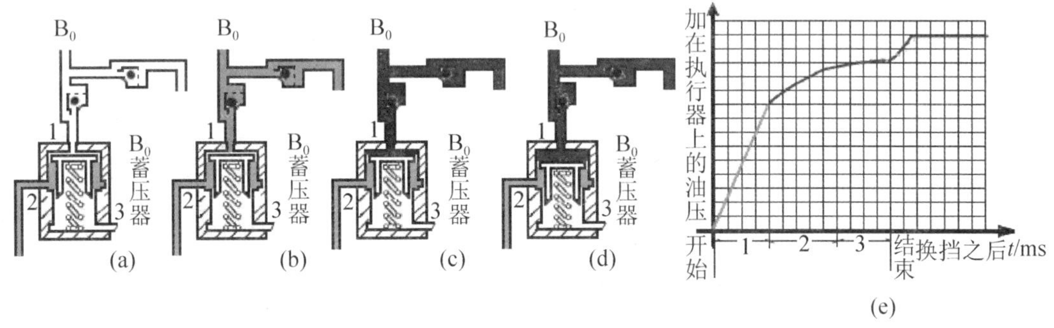

图 6-1-14　B_0蓄压器的结构和工作原理

(3)　C_2蓄压器。C_2蓄压器的结构和工作原理如图 6-1-15 所示。活塞是 H 形的，上、下各有一个弹簧，外侧由阀口 2 引入背压，C_2未加压时(图 6-1-15(a))，下弹簧的预紧力大于上弹簧，再加上外侧的背压，使活塞停于顶部。当换挡阀转换后，主油压给 C_2离合器加压，初始阶段，C_2活塞缸的油压迅速上升，直至活塞开始移动。在此阶段，蓄压器 H 形活塞顶

部油压的作用力小于弹簧弹力和背压的作用力，H 形活塞原位不动，如图 6-1-15(b)所示。C_2 活塞缸油压作用力大于使回位弹簧形变的初始值，活塞开始移动，同时，蓄压器 H 形活塞顶部油压的作用力大于弹簧弹力和背压的作用力，H 形活塞也开始移动(图 6-1-15(c))，活塞缸的油压上升变缓，活塞平稳移动，迅速消除活塞与钢片之间的间隙δ_1。之后，进入第三阶段，如图 6-1-15(d)所示，一是由于容器充压过渡过程的油压曲线为指数函数，油压已处于缓升阶段；二是由于蓄压器和离合器这两个活塞的移动，容积变大，油压上升迅速变缓。摩擦片之间的间隙δ_2 迅速消除而不产生滑移，紧紧地结合成一体。活塞终止移动，油压迅速上升到主油压稳定值。

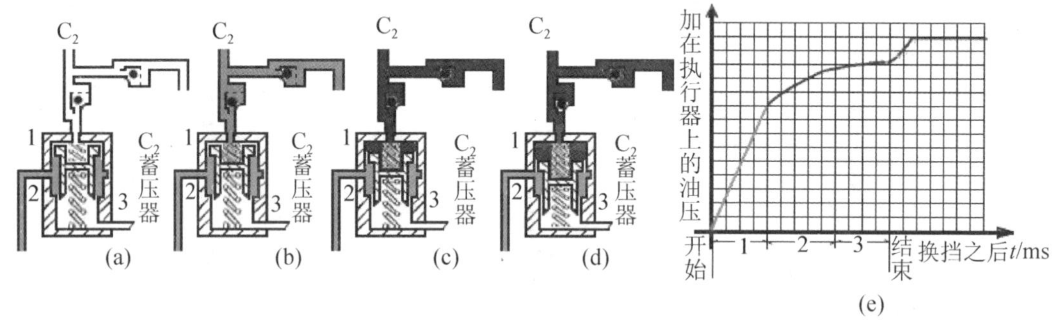

图 6-1-15　C_2 蓄压器结构和工作原理

(4) 蓄压器控制阀。蓄压器控制阀是在节气门开度为 0° 时将主油压调节成某个设定值，然后由节气门油压控制，使其输出油压在此设定值之上随节气门开度增加而增加，此油压即为蓄压器的背压。蓄压器控制阀的结构和工作原理如图 6-1-16 所示。

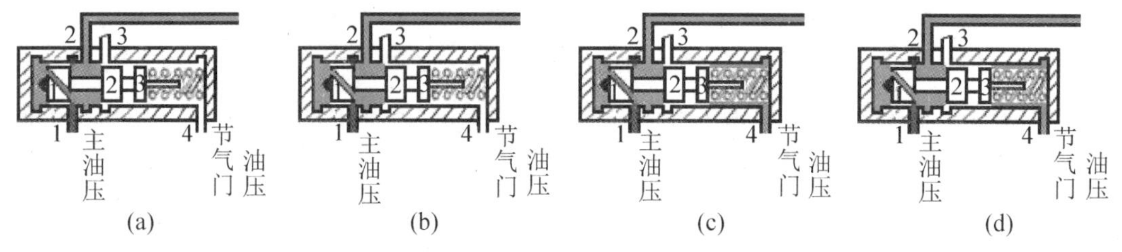

图 6-1-16　蓄压器控制阀结构和工作原理

在节气门开度为 0° 时，主油压由阀口 1 引入，阀口 2 输出，阀口 2 油路为封闭的，阀腔油压经阀塞 1 上的节流孔进入阀塞 1 左端，此空间即为自动调节过程的采样点，此油压作用于阀塞 1 顶部的力大于弹簧的预紧力后，柱塞逐渐右移(图 6-1-16 (a))，当阀塞 1 堵塞阀口 1 时，阻断主油压，正好阀塞 2 错开阀口 3 一个缝隙而泄油(图 6-1-16(b))，采样点的油压又下降，柱塞又左移，主油压又向阀腔注入油液，压力又上升，这样不停地反复移动，使输出油压保持在设定数值。

当节气门由 0° 增加到某一开度，相应的节气门油压由阀口 4 引入，作用于阀塞 3，使柱塞左移(图 6-1-16(c))，阀口 1 移开一个缝隙，引入主油压，阀腔油压上升一定数值，采样点油压上升，使柱塞又右移(图 6-1-16(d))，这样不停地反复移动，使输出油压保持在升高后的数值。增加的开度越大，升高的数值就越大，反复移动的频率就越高。这样，蓄压器的背压则受节气门开度控制，以确保在不同转矩下都能实现平顺换挡。

2)　2 位 2 挡油压调节阀

2 位 2 挡油压调节阀又称为 B_1 的油压调节阀，其结构和工作原理如图 6-1-17 所示，它串接在 B_1 的进油油路中。在 B_1 未加油压时(图 6-1-17(a))，柱塞被弹簧的预紧力推到右端。在升入 2 位 2 挡时(图 6-1-17(b))，1-2 换挡阀将主油压引到阀口 1，油液由阀口 1→阀腔→阀口 2→B_1 制动带执行器，这段油路是封闭的，有相应的容积，其油压按指数函数曲线迅速上升，如图 6-1-17(e)所示油压曲线的阶段 1。油压经阀塞 1 内的节流孔作用于阀塞的右侧，其作用力大于弹簧的预紧力时，柱塞开始左移，如图 6-1-17(c)所示，由于阀口 1 被阀塞 1 逐步阻塞，以及执行器活塞的下移，此段油路的容积扩大，使油压曲线进入图 6-1-17(e)所示的阶段 2。当阀塞 1 完全堵塞阀口 1 时(图 6-1-17(d))，阀塞 2 移开阀口 3 一个缝隙，阀腔泄压，柱塞又右移，关闭阀口 3，打开阀口 1)，柱塞不停地反复移动，油压保持在设定数值，如图 6-1-17(e)所示的阶段 3。此油压调节阀使 B_1 制动带平顺制动。

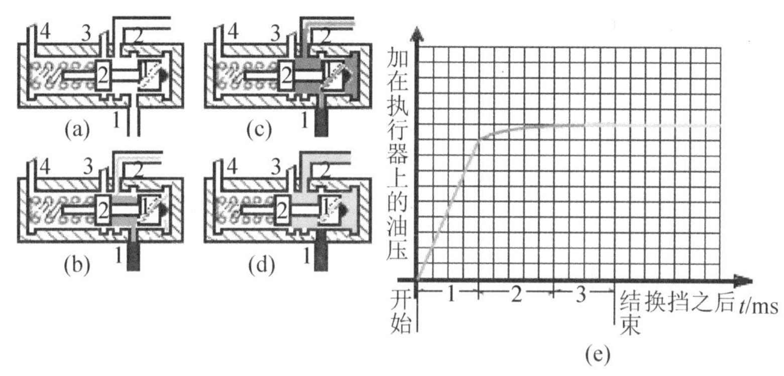

图 6-1-17　2 位 2 挡油压调节阀的结构和工作原理

L 位油压调节阀串接在 B_3 的进油油路中，L 位油压调节阀又称为 B_3 的油压调节阀，其结构和工作原理与 2 位 2 挡油压调节阀完全相同。

3)　缓冲阀(双向孔径不同的节流阀)

缓冲阀串接在执行器的油路中，加压时，油液只经一个油孔流入，如图 6-1-18(a)所示，节流的作用大。泄压时，油液经两个油孔流出，如图 6-1-18(b)所示，节流的作用小。

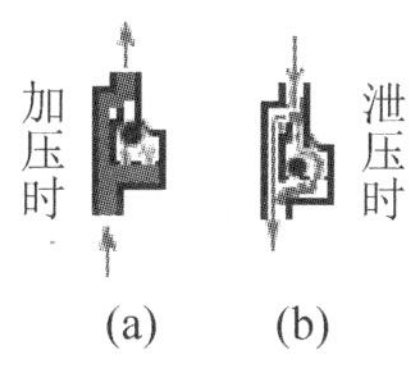

图 6-1-18　缓冲阀的结构和工作原理

(三)丰田 A340E 电子控制系统电路和工作原理

A340E 自动变速器与发动机共用一个 ECU，其原理电路如图 6-1-19 所示。

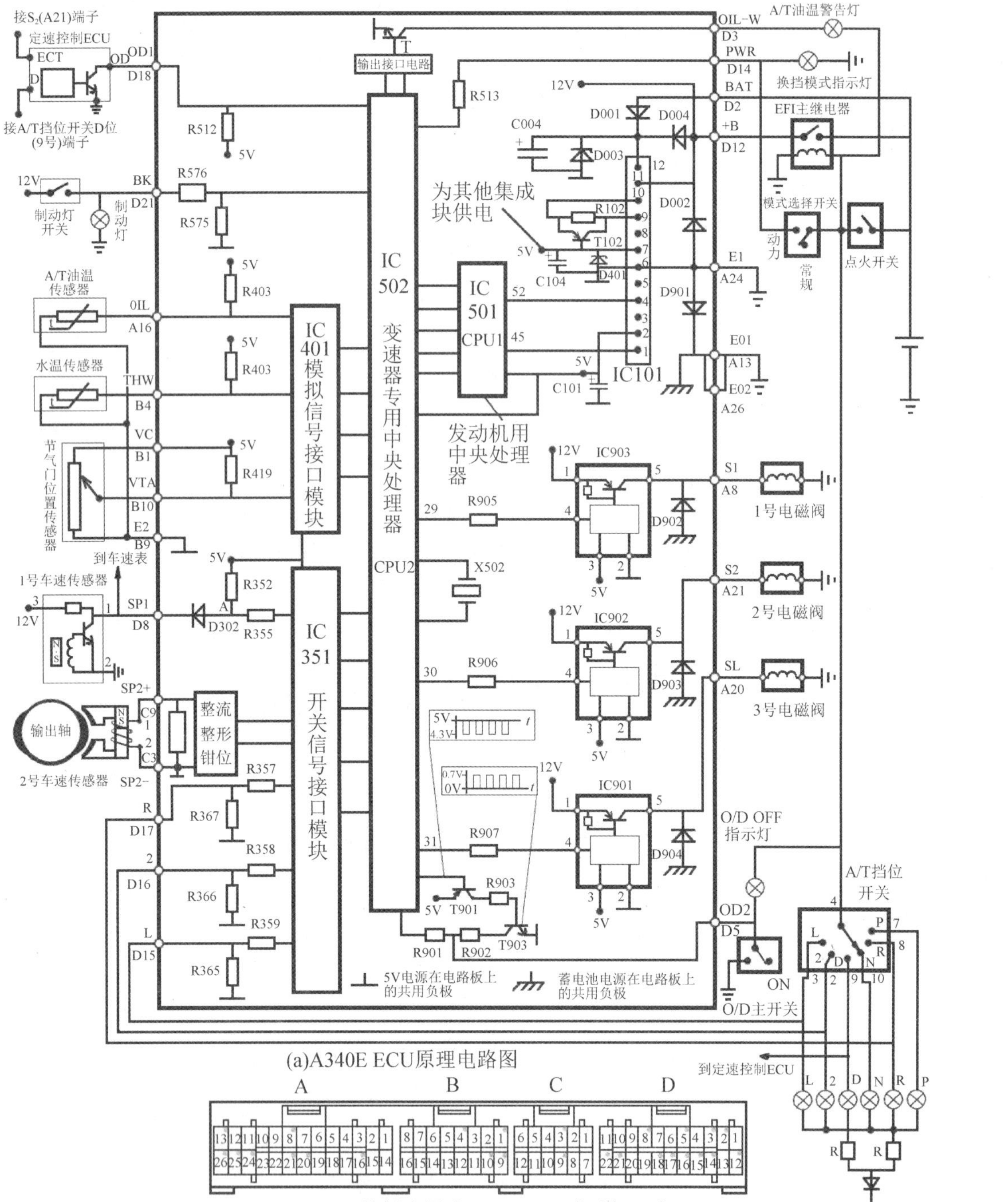

(a)A340E ECU原理电路图

(b)A340E ECU的插座图(与2RZ-FE2.7发动机配套)

图 6-1-19　A340E ECU 的原理电路

1. 输入信号电路

1)　车速信号电路

车速信号有两套独立的信号电路(参阅图 6-1-19(a)左侧相关电路)，一套是专为车速表提供车速信号，在安装自动变速器的车辆上作为备用，称为 1 号车速传感器；另一套是专为自动变速器提供车速信号，称为 2 号车速传感器。

1 号车速传感器是一个磁控的电子开关，其结构和工作原理示意图如图 6-1-20 所示。转子由导磁性物质制成，具有 4 个凸齿。定子的磁路由磁铁、轭铁和气隙构成，铁芯上绕有线圈；由电阻和开关管构成开关电路，线圈产生的电压加在开关管的基极和发射极之间。转子由变速器输出轴带动旋转时，使线圈内的磁通不停地变化，线圈两端产生交变电压，在此交变电压的作用下，开关管不停地导通、截止，集电极上就可以输出一个 12V 的脉冲电压信号，其频率就代表了车速。

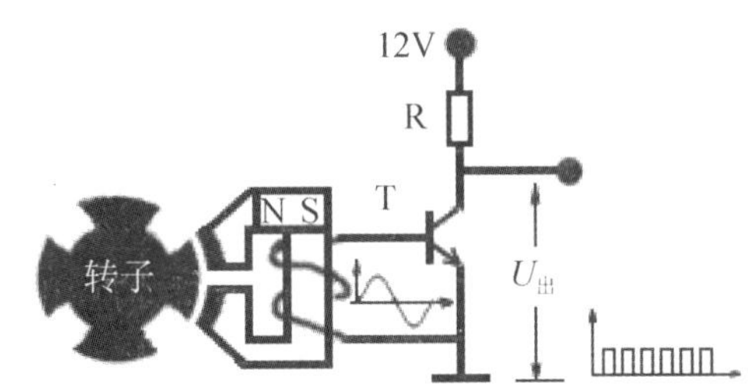

图 6-1-20 1 号车速传感器的结构和工作原理示意图

此传感器专为车速表提供车速信号，同时给 ECU 的 SP1 端子送去车速信号。ECU 内的电阻 R352 经二极管 D302、SP1 端子接在三极管的集电极上，车辆行驶时，电路中的 A 点就可以产生一个 5V 的脉冲信号电压(SP1 为 12V 时，D302 截止，A 点为 5V；SP1 为 0V 时，A 点为 0V)，其频率代表了车速，经 R355 送到接口模块 IC351，再到 CPU1 和 CPU2 参与综合运算。

当送往 CPU1 的车速信号达到 CPU1 内设置的最高限制车速时，ECU 使喷油量减小，车速立即降到限制车速以下，以确保安全。送往 CPU2 的车速信号作为备用，手动变速器的发动机 ECU 中就没有 CPU2。

注意： 1 号车速传感器的转子轴伸出壳体，安装时插入变速器壳体上的安装孔，安装孔内有一个短的软轴传动机构，它的齿轮与输出轴上的螺纹构成蜗杆传动机构，传动比为 1∶1。这样，转子的转速与输出轴的转速相同。

2 号车速传感器的结构和工作原理示意图如图 6-1-21 所示。在变速器输出轴上安装一个导磁环作为车速传感器的转子，转子有两个突起，在其旁边安装一个定子，定子的磁路由磁铁、轭铁和气隙构成，铁芯上绕有线圈。转子转动时，气隙发生变化，磁路的磁通随之变化，线圈则产生一个非正弦的交流电压，如图 6-1-21(c)所示。此交流电压经整流、整形后送往接口电路，实时提供数据，参与相应的运算。

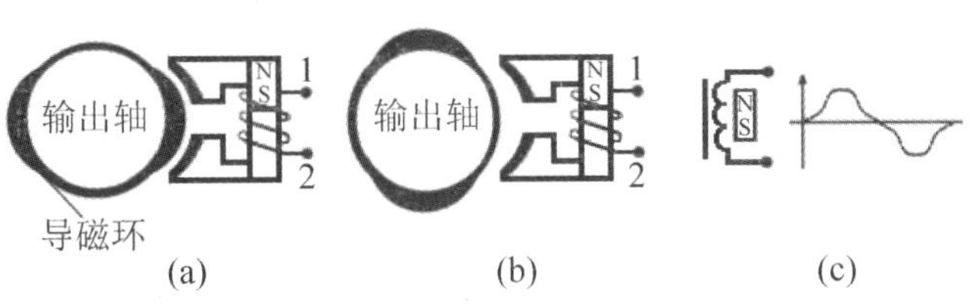

图 6-1-21 2 号车速传感器的结构和工作原理示意图

2) 节气门位置信号电路

节气门位置传感器是一个电位计，接在5V电源上(参阅图6-1-19(a)左侧相关电路)，活动电刷与节气门同步转动，从电刷输出的信号电压就代表了节气门的位置(开度)。信号电压经ECU的VTA端子直接送到模拟信号接口模块IC401，经IC401处理后变为数字信号送到CPU2(IC502)参与自动变速器的换挡运算。同时也送往CPU1(IC501)参与发动机喷油量的运算。

车速信号和节气门位置信号用于选择换挡时刻，因此，通常称为换挡时刻信号。

3) 变速杆位置信号电路

变速杆位置信号是由设置在A/T挡位开关上的一个单刀多掷开关产生的，此开关一方面直接控制变速杆位置指示灯，告知驾驶员当时变速杆的位置，同时形成数字编码，告知ECU(参阅图6-1-19(a)右侧相关电路)。

活动电刷接12V电源的正极，并与变速杆同步移动，单刀多掷开关的相关端子R、2、L与ECU内部的电阻构成一组编码电路，告知ECU当时的变速杆位置，因此也称为变速杆位置传感器。

参阅图6-1-19(a)左侧电路，当变速杆处于R位时， ECU的R端子电压是12V，2、L端子都是0V；当变速杆处于2位时，ECU的2端子电压是12V，R、L端子都是0V；当变速杆处于L位时，ECU的L端子电压是12V，R、2端子都是0V；当变速杆处于P、N、D位时，ECU的R、2、L端子都是0V，但P、N位时车速为0，不涉及换挡问题。所以0、0、0编码只代表变速杆在D位。对应关系见表6-1-1。

表6-1-1 挡位对应数字编码

变速杆位置	编码符号			含　义
	R	2	L	
R	1	0	0	告知ECU变速杆在R位
D	0	0	0	告知ECU变速杆在D位
2	0	1	0	告知ECU变速杆在2位
L	0	0	1	告知ECU变速杆在L位

此输入信号电路用于确定自动换挡的范围。

4) O/D OFF信号电路

O/D OFF信号电路由O/D主开关和O/D OFF指示灯组成(参阅图6-1-19(a)右侧相关电路)。接通点火开关，O/D OFF指示灯接12V电源正极，不按O/D主开关按钮，按钮处于OFF位，开关内的触点接通，O/D OFF指示灯亮，ECU的OD2端子搭铁，其电压为0V，经R901给CPU2(IC502)送一个低电平信号。CPU2接此信号后，参与换挡的程序中就没有实现4挡(O/D挡)的相关数据，变速器只能升到3挡，即闭锁在3挡。

按下O/D主开关按钮，按钮处于ON位，开关内的触点断开，O/D OFF指示灯不亮，ECU的OD2端子电压为12V，经R901给CPU2(IC502)送一个高电平信号。CPU2接此信号后，参与换挡的程序中就含有实现4挡(O/D挡)的相关数据，变速器就可以升到4挡。

在按下O/D主开关按钮的条件下，车辆行驶在4挡，此时，如果驾驶员使用定速装置，设定的车速大于当时车速 4km/h 以上时，定速控制 ECU 内的开关管导通，就使变速器 ECU OD1 端子变为低电平，变速器 ECU 立即使变速器降为 3 挡，增大转矩，驱动车辆增速，直到车速升到设定车速后，又使变速器升到 4 挡，以设定的车速匀速行驶。

同理，车辆行驶在 3 挡，此时，如果驾驶员使用定速装置，设定的车速大于当时车速 4km / h 以上时，定速控制 ECU 内的开关管导通，就使变速器 ECU OD1 端子变为低电平，变速器 ECU 立即使变速器降为 2 挡，增大转矩，驱动车辆增速，直到车速升到设定车速后，又使变速器升到 3 挡，以设定的车速匀速行驶。

5)　强制解除变矩器锁定的信号电路

变矩器的锁定是在 2 挡之后(通常是 3 挡或 4 挡)，由 ECU 根据车速和节气门位置信号的情况，调用相应的程序和数据参与运算，然后使 3 号电磁阀通电，油压控制变矩器锁定中继阀的柱塞向上移动，转换了油液的去向，使 TCC 接合，变矩器处于锁定状态。

如果变矩器处于锁定状态下实施制动，变矩器就必须先解除锁定，再实施制动，否则就会使发动机熄火停转。所以利用制动灯开关，在实施制动时，给 ECU 输入一个高电平，ECU 立即使 3 号电磁阀断电，TCC 分离，解除变矩器的锁定(参阅图 6-1-19(a)左侧相关电路)。

6)　发动机水温信号电路

如果水温低于 60℃，水温传感器给 ECU 提供的信号参与运算后，ECU 就不会使变矩器锁定，直至水温超过 60℃后，才有可能实现变矩器的锁定。

在按下 O/D 主开关按钮的条件下，如果水温低于 60℃，水温传感器给 ECU 提供的信号使参与换挡程序中就没有实现 4 挡(O/D 挡)的相关数据，变速器就不能升到 4 挡，一旦水温超过 60℃，变速器就又可以升到 4 挡(参阅图 6-1-19(a)左侧相关电路)。

7)　A/T 油温信号电路

A/T 油温传感器给 ECU 提供的信号，参与控制 TCC 的运算，使 TCC 提前接合，以降低油温，并为 A/T 油温警告灯提供控制信号(参阅图 6-1-19(a)右侧相关电路)。

8)　换挡模式信号电路

A340E 自动变速器有两种换挡模式(换挡模式信号电路参阅图 6-1-19(a)右侧相关电路)。

换挡模式选择开关放在“常规”位置，换挡模式指示灯未加电压，指示灯接地，给 CPU2(IC502)输入低电平，ECU 调用常规换挡模式的程序和数据参与运算，在相应的车速和节气门位置信号条件下实现换挡。

换挡模式选择开关放在“动力”位置，换挡模式指示灯加电压，指示灯亮，同时给 CPU2(IC502)输入高电平，ECU 则调用动力换挡模式的程序和数据参与运算，换挡点比常规换挡点稍晚一点，利用低挡输出转矩大的特点，来驱动车辆很快提速。

2. 输出信号电路

1)　电磁阀控制电路

电磁阀控制电路参阅图 6-1-19(a)右侧相关电路。3 个电磁阀的接口电路相同，它是一个专用的集成块，1 脚和 5 脚之间是 PNP 型的开关管，其基极与控制电路相接，3 脚和 2 脚接 5V 电源，4 脚为信号输入端，经电阻与 CPU2 相接。输入信号为高电平时，开关管饱和导通，电磁阀加 12V 电压而通电；输入信号为低电平时，开关管截止，电磁阀断电。5 脚上接一个续流二极管，当电磁阀线圈失电时产生的自感电动势经二极管形成通路，将自感电

动势短接，从而保护了集成块中的三极管。S1 端子接 1 号电磁阀，S2 端子接 2 号电磁阀，SL 端子接 3 号电磁阀。

2) 故障信号输出电路

O/D OFF 信号电路既是输入信号电路又是故障信号输出电路(参阅图 6-1-19(a)右下相关电路)，它为自动变速器电子控制电路提供故障警告和故障代码显示，其实施方法和工作原理如下。

(1) 按下 O/D 主开关按钮，按钮处于 ON 位，开关内的触点断开，O/D OFF 指示灯断路而不亮，当 ECU 监测系统检测到自动变速器电子控制电路出现故障时，CPU2 则给 T901 的基极输出一个低电平的脉冲信号，T901 则按此信号导通和截止，使 T903 基极获得一个高电平脉冲信号，T903 则按此信号导通和截止，O/D OFF 指示灯则按此脉冲闪烁，告知驾驶员电子控制电路出现故障。同时，以代码的形式将该故障存入存储器中。

(2) 接通点火开关(不起动发动机)，用跨接线连接诊断接口 TE_1 和 E_1 端子(OBD-Ⅱ车载诊断系统连接 CG 和 TC 端子，即 4 和 13 端子)，CPU2 则将存储的故障码经 T901、T903 控制 O/D OFF 指示灯按故障码闪烁。

3. 电子控制系统的工作原理

1) 变速杆放在 P 位

变速杆放在 P 位，带动 A/T 挡位开关处于 P 位， P 位指示灯亮，而 ECU 的 R、2、L 三个端子编码为 0、0、0(与 D 位时的编码相同)。ECU 使 1 号电磁阀通电(ON), 2 号电磁阀断电(OFF)。由于手动阀处于 P 位(参阅图 6-1-22)时，前离合器脱开，动力传递不到输出轴，车辆原地不动。

2) 变速杆放在 N 位

变速杆放在 N 位，带动 A/T 挡位开关处于 N 位， N 位指示灯亮，而 ECU 的 R、2、L 三个端子编码为 0、0、0(与 D 位时的编码相同)。ECU 使 1 号电磁阀通电(ON), 2 号电磁阀断电(OFF)。由于手动阀处于 N 位(参阅图 6-1-23)时，前离合器脱开，动力传递不到输出轴，车辆原地不动。

3) 变速杆放在 D 位，按下 O/D 主开关按钮(开关处于 ON 位)

(1) 实现 D 位 1 挡。变速杆放在 D 位，带动 A/T 挡位开关处于 D 位，D 位指示灯亮，而 ECU 的 R、2、L 三个端子编码为 0、0、0，告知 ECU 变速杆处于 D 位。ECU 则调用 D 位时的程序和数据，使 1 号电磁阀通电(ON), 2 号电磁阀断电(OFF)。同时变速杆还带动液压油路中的手动阀，使手动阀处于 D 位(参阅图 6-1-24)，此时，液压控制系统使前离合器接合，使自动变速器处于 1 挡，驱车起步向前行驶。

由于按下 O/D 主开关按钮，开关处于 ON 位，开关内的触点断开，O/D OFF 指示灯断路而不亮，ECU 的 OD2 端子电压为 12V，经 R901 给 CPU2 送一个高电平信号。CPU 接此信号后，参与换挡的程序中就含有实现 4 挡(O/D 挡)的相关数据，变速器可以升到 4 挡。

(2) 实现 D 位 2 挡。在 D 位 1 挡的状态下，车速不断增加，当车速与节气门位置信号达到相应数值时，ECU 将传感器输入的信号与相关程序和数据进行综合运算后，符合 1 挡升入 2 挡的条件，便使输出变为：1 号电磁阀仍通电(ON)，2 号电磁阀由断电(OFF)变为通电(ON)，液压控制系统使自动变速器由 1 挡升入 2 挡(参阅图 6-1-25)。

(3) 实现D位3挡。在D位2挡的状态下，车速再增加，当车速与节气门位置信号达到相应数值时，ECU将传感器输入的信号与相关程序和数据进行综合运算后，符合2挡升入3挡的条件，便使输出变为：1号电磁阀由通电(ON)变为断电(OFF)。2号电磁阀仍为通电(ON)。液压控制系统使自动变速器由2挡升入3挡(参阅图6-1-26)。

(4) 实现D位4挡。在D位3挡的状态下，车速再增加，当车速与节气门位置信号达到相应数值时，ECU将传感器输入的信号与相关程序和数据进行综合运算后，符合3挡升入4挡的条件，便使输出变为：1号电磁阀仍为断电(OFF)，2号电磁阀由通电(ON)变为断电(OFF)，液压控制系统使自动变速器由3挡升入4挡(参阅图6-1-27)。

4) 变速杆放在D位，不按下O/D主开关按钮(开关处于OFF位)

变速杆仍在D位，同理变速器由1挡逐步升入2、3挡，但由于未按下O/D主开关按钮，参与换挡的程序中就没有实现4挡(O/D挡)的相关数据，即使车速和节气门位置信号达到升入4挡的数值，变速器也不会升入4(O/D)挡，车辆只能在1、2、3挡之间自动变换。

5) 变速杆放在2位

变速杆放在2位，带动A/T挡位开关处于2位， 2位指示灯亮，而ECU的R、2、L三个端子编码为0、1、0，告知ECU变速杆处于2位。ECU则调用2位时的程序和数据，使1号电磁阀通电(ON), 2号电磁阀断电(OFF)。同时变速杆还带动液压油路中的手动阀，使手动阀处于2位(参阅图6-1-28)，此时，液压控制系统使前离合器接合，并使自动变速器处于1挡，驱车向前行驶。

在2位1挡的状态下，车速不断增加，当车速与节气门位置信号达到相应数值时，ECU将传感器输入的信号与相关程序和数据进行综合运算后，符合1挡升入2挡的条件，便使输出变为：1号电磁阀仍通电(ON)，2号电磁阀由断电(OFF)变为通电(ON)，液压控制系统使自动变速器由1挡升入2挡(参阅图6-1-29)。

由于2位时的程序中没有升入3挡的数据，即使车速和节气门位置信号达到升入3挡的数值，ECU也不能使自动变速器升入3挡，而闭锁在2挡。

6) 变速杆放在L位

变速杆放在L位，带动A/T挡位开关处于L位， L位指示灯亮，而ECU的R、2、L三个端子编码为0、0、1，告知ECU：变速杆处于L位。ECU则调用L位时的程序和数据，使1号电磁阀通电(ON), 2号电磁阀断电(OFF)。同时变速杆还带动液压油路中的手动阀，使手动阀处于L位(参阅图6-1-30)，此时，液压控制系统使前离合器接合，并使自动变速器处于1挡，驱车向前行驶。

由于L位时的程序中没有升入2挡的数据，即使车速和节气门位置信号达到升入2挡的数值，ECU也不能使自动变速器升入2挡，而闭锁在1挡。

7) 变速杆放在R位

变速杆放在R位，带动A/T挡位开关处于R位， R位指示灯亮，而ECU的R、2、L三个端子编码为1、0、0，告知ECU变速杆处于R位。由于手动阀处于R位(参阅图6-1-31)，此时，液压控制系统使前离合器C_1分离，后离合器C_2接合，动力传动机构的转向变反，驱动车辆后退，其转速比约为2.75∶1。

二、项目实施与工作页

(一)项目准备

项目实施前应准备好如下自动变速器总成、工具、耗材等。

(1) A340E 自动变速器、油泵、阀体总成。

(2) A340E 自动变速器工作台。

(3) A340E 自动变速器拆装专用工具、常用工具。

(4) A340E 自动变速器维修手册、油路图、电路图等技术资料。

(二)项目实施

分析 A340E 各挡位液压控制系统的工作状况。

变速杆在 P、R、N 位置，不需要实施换挡，两个换挡电磁阀的工作状态，对液压油路的控制功能无影响，即两个电磁阀出故障时，P、R、N 位的功能不变。

A340E 自动变速器换挡执行元件的工作状况见表 3-1-2。

1. P 位时液压控制系统的工作状况

变速杆放在 P 位，经传动杆使驻车锁钩与驻车棘齿结合，变速器的输出轴与车体结合成一体。

P 位时油路的工作状况如图 6-1-22 所示。油路中两个电磁阀都断电(OFF)(有的资料告知：1 号电磁阀通电(ON)、2 号电磁阀断电(OFF)。即便如此，也不会有影响，因为 1 号电磁阀所控制的油路中无油压)。

起动发动机后，手动阀在 P 位，阀口 3 与所有阀口都被柱塞堵塞，主油压无法经此阀送往各换挡阀。因 2 号电磁阀断电(OFF)而不泄油，1-2 换挡阀的阀口 1 有油压，使柱塞下移到底，但其他阀口无主油压。因 1 号电磁阀所控油路无油压，2-3 换挡阀的阀口 1 无油压，其柱塞停于顶部，主油压经阀口 6、5 到 3-4 换挡阀的底部。3-4 换挡阀的阀口 1 有油压，因底部已有主控油压，上、下相抵，靠弹簧将柱塞仍维持在顶部，通往 C_0 的油路不变。

其他部分的工作状况参阅图 6-1-23 N 位油路图。

2. N 位时液压控制系统的工作状况

N 位时油路的工作状况如图 6-1-23 所示。油路两个电磁阀都断电(OFF)(有的资料告知：1 号电磁阀通电(ON)，2 号电磁阀断电(OFF)。即便如此，也不会有影响，因为 1 号电磁阀所控制的油路中无油压)。

起动发动机后，变速杆仍放在 N 位，手动阀在 N 位，阀口 3 与所有阀口都被柱塞堵塞，主油压无法送往各换挡阀。3 个换挡阀的工作状态与图 6-1-22 中 P 位时的相同。

自动变速器壳体
2号制动器
3号制动器
2号单向离合器
O/D行星架
前行星轴架
后行星架
1号制动带
1号单向离合器
驻车锁钩
O/D恒星轮
O/D输入轴
O/D内齿齿轮
前内齿齿轮
恒星轮
后内齿齿轮
驻车棘齿
输出轴
P位时参与工作的是C_0、F_0。驻车锁钩与驻车棘齿结合。
O/D离合器C_0
O/D制动器B_0
倒挡和直接挡离合器C_2
B_1制动带执行器
前进挡离合器C_1
2挡制动器B_2
L位和倒挡制动器B_3
变矩器进油口
变矩器回油口
润滑油路
至外伸壳体
单向节流阀无压时钢珠可停于任意位置
加压时钢珠的位置
泄压时钢珠的位置
送往液力变矩器
C_0蓄压器
C_2蓄压器
B_2蓄压器
O/D制动器B_0蓄压器
2位2挡油压调节阀
说明：红色粗线为主控油压，给离合器和制动器加压。红色细线为给换挡阀加压。
纯绿青色为辅助油压，给液力变矩器供油。黄色为液力变矩器回油路。
柔洋红色为润滑油路油压，给变速器传动部分供油。空白为无压油路。
洋红为节气门信号油压。
变矩器锁定中继阀
3号电磁阀OFF（不通电时泄油）
蓄压器控制阀
手动阀（手动挡位变换阀）
PRND2L
反向阀
节气门信号油压阀
主油压调节阀
副油压调节阀
油泵
油池
凸轮
节气门拉索
泄压阀
限流孔
油滤
到润滑油路
1号电磁阀断电(OFF)不泄油
2号电磁阀断电(OFF)不泄油
泄油口
单向选择阀
L位油压调节阀
1-2换挡阀
2-3换挡阀
3-4换挡阀

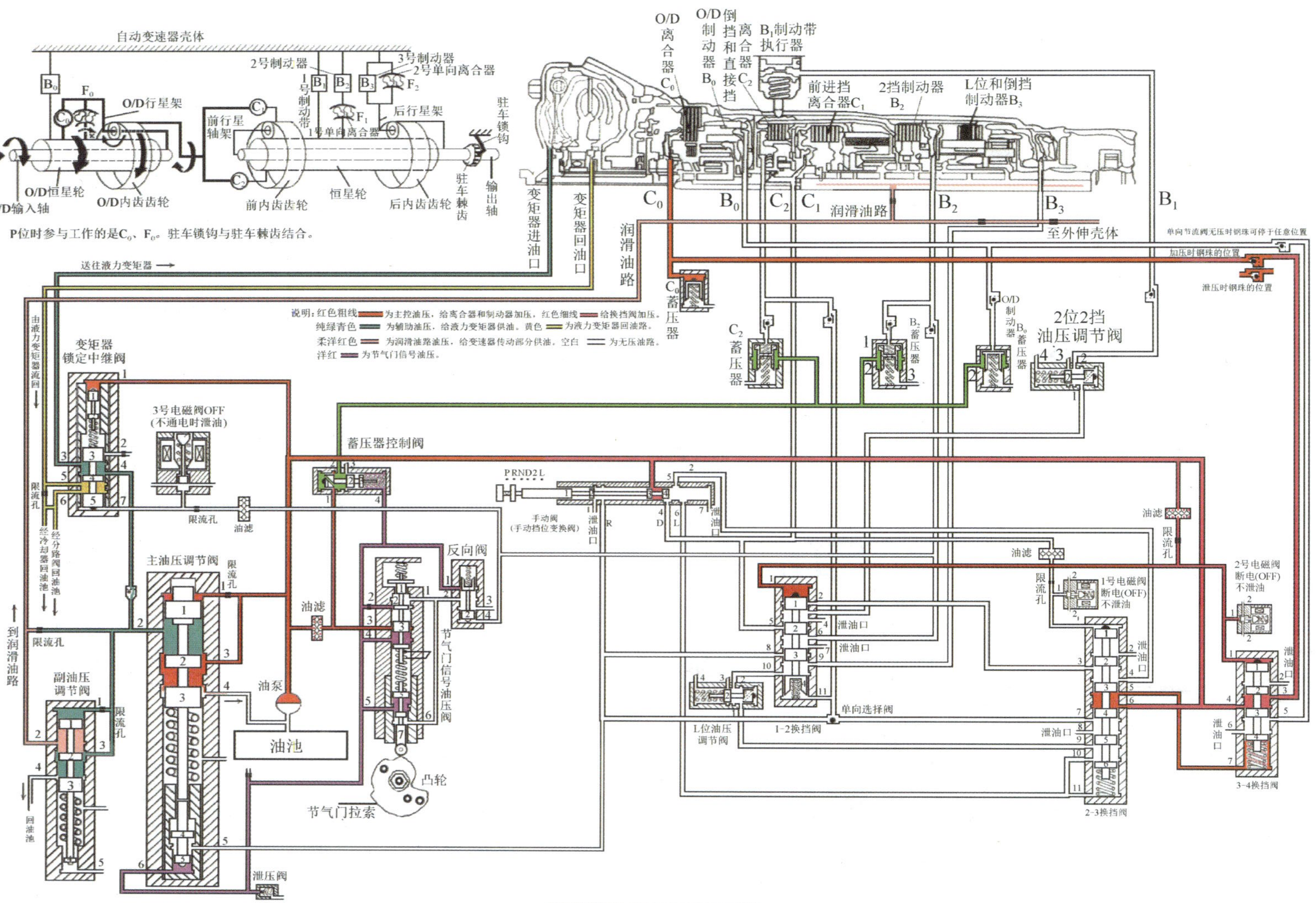

图 6-1-22　P 位油路图

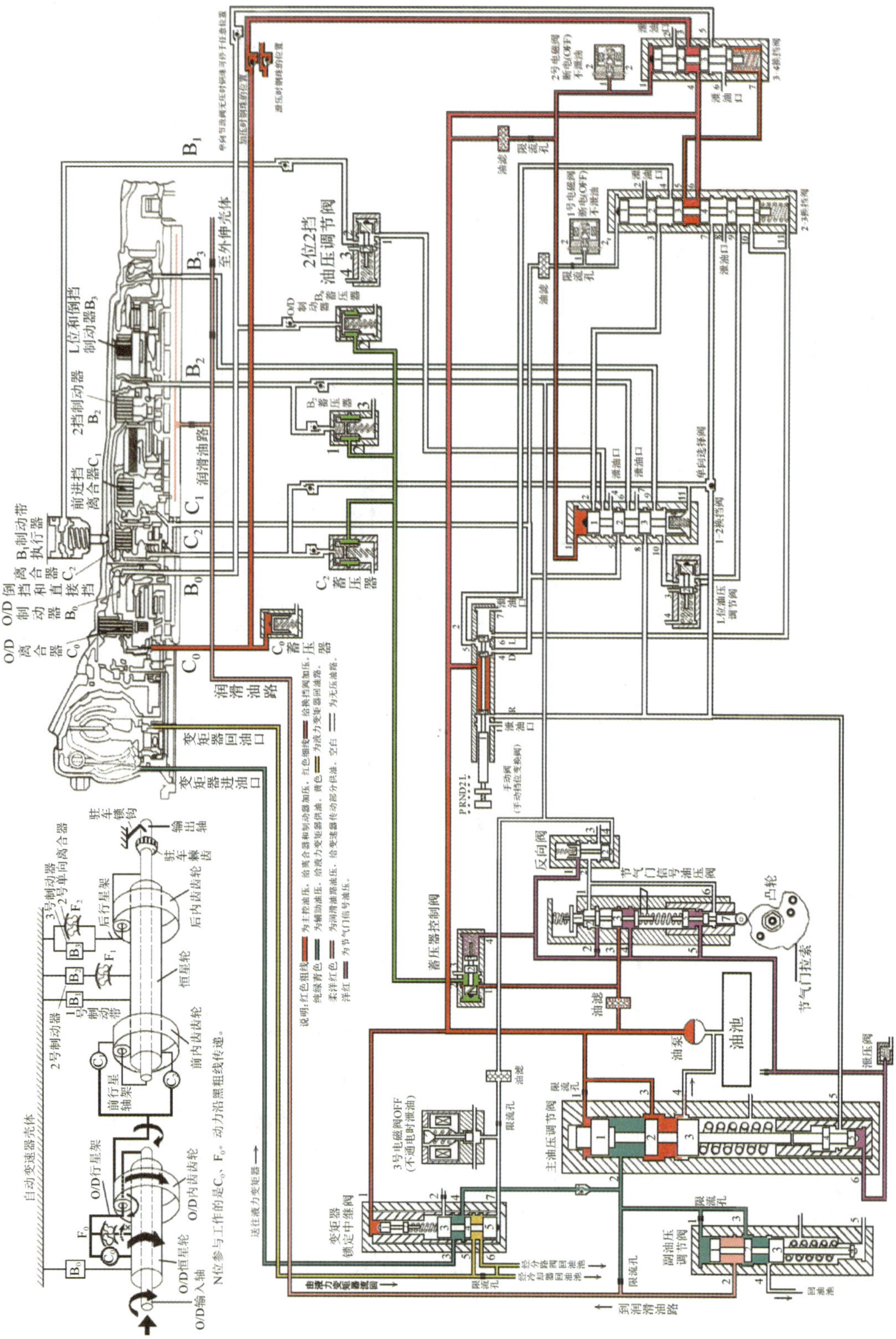

自动变速器壳体
B_0 F_0 O/D行星架 C_0
2号制动器 1号制动带 B_1 B_2 B_3 3号制动器 2号单向离合器 F_2 F_1
前行星轴架 C_1 C_2 后行星架 驻车锁钩
O/D恒星轮 O/D输入轴 O/D内齿齿轮 前内齿齿轮 恒星轮 后内齿齿轮 驻车棘齿 输出轴

N位参与工作的是C_0、F_0。动力沿黑粗线传递。

O/D离合器C_0 O/D制动器B_0 倒挡和直接挡离合器C_2 B_1制动带执行器 前进挡离合器C_1 2挡制动器B_2 L位和倒挡制动器B_3
C_0 B_0 C_2 C_1 润滑油路 B_2 B_3 B_1
变矩器进油口 变矩器回油口 润滑油路 至外伸壳体
单向节流阀无压时钢球可停于任意位置 加压时钢球的位置 泄压时钢球的位置
送往液力变矩器 →
C_0蓄压器 C_2蓄压器 B_2蓄压器 O/D制动器B_0蓄压器 2位2挡油压调节阀

说明：红色粗线▬为主控油压，给离合器和制动器加压。红色细线▬给换挡阀加压。
纯绿青色▬为辅助油压，给液力变矩器供油。黄色▬为液力变矩器回油路。
柔洋红色▬为润滑油路油压，给变速器传动部分供油。空白═为无压油路。
洋红▬为节气门信号油压。

由液力变矩器流回 变矩器锁定中继阀 3号电磁阀OFF（不通电时泄油） 蓄压器控制阀 PRND2L 手动阀（手动挡位变换阀） 泄油口
限流孔 油滤 经冷却器回油池 经分路阀回油池 主油压调节阀 反向阀 节气门信号油压阀 油泵 油池 凸轮 节气门拉索 泄压阀
到润滑油路 副油压调节阀 回油池
油滤 限流孔 1号电磁阀断电(OFF)不泄油 2号电磁阀断电(OFF)不泄油 泄油口 单向选择阀 L位油压调节阀 1-2换挡阀 2-3换挡阀 3-4换挡阀

图 6-1-23 N 位油路图

(1) 主油压调节阀将主油路的油压调节到额定值。

由于变矩器锁定中继阀阀口 1 有主油压，阀口 7 无油压，柱塞下移到底，从主油压调节阀阀口 2 流出的油液经阀口 4、阀口 3 不停地流向变矩器，再由变矩器回油口流回阀口 5、6，经冷却器和分路阀回油底。另一路是从主油压调节阀阀口 2 出，经副油压调节阀的阀口 3、2 不停地流向润滑油路。

主油压经 3-4 换挡阀的阀口 4、3 给 O/D 离合器 C_0 加压，C_0 接合，使 O/D 行星齿轮组件的转速比为 1∶1。此时，O/D 行星齿轮组件在变矩器带动下空转，而不传递动力。

(2) 副油压调节阀将主油压调节阀阀口 2 的油压保持在设定值。

(3) 节气门油压阀将主油压调节成节气门油压，并送往主、副油压调节阀底部，使主、副油压调节阀的油压在额定值的基础上随节气门开度而增加。

(4) 蓄压器控制阀将主油压调节成蓄压器的背压送到三个蓄压器的阀口 2。

3. D 位 1 挡时液压控制系统的工作状况

D 位 1 挡时油路的工作状况如图 6-1-24 所示。1 号电磁阀通电(ON)，2 号电磁阀断电(OFF)。

变速杆在 P 位或 N 位起动发动机后，油泵、主油压调节阀和副油压调节阀正常工作，油液不停地流向变矩器和润滑油路；主油压经蓄压器控制阀直接给 B_0 蓄压器、B_2 蓄压器、C_2 蓄压器的阀口 2 加压。主油压经 3-4 换挡阀的阀口 4、阀口 3 给 O/D 挡离合器 C_0 加压，C_0 接合，使 O/D 挡行星齿轮组件的转速比为 1∶1，O/D 挡行星齿轮组件在发动机带动下空转。

变速杆移到 D 位，ECU 将传感器输入的信号与相关的程序和数据进行运算后，使 1 号电磁阀通电(ON)，2 号电磁阀断电(OFF)。

变速杆移到 D 位，带动手动阀在 D 位，阀口 3 与阀口 4 相通，主油压由阀口 4(D)一路送往前离合器 C_1，C_1 接合。另一路到 1 号电磁阀，该电磁阀因通电(ON)而泄油，2-3 换挡阀的阀口 1 无油压，其柱塞停于顶部。第三路到 2 号电磁阀，该电磁阀因断电(OFF)而不泄油，此段油路的油压升到主油压，1-2 换挡阀的柱塞下移到底，3-4 换挡阀因底部已有主油压，上、下相抵，靠弹簧弹力使柱塞仍维持在顶部，通往 C_0 的油路不变。

踩下油门踏板，由于前离合器 C_1 的接合，带动辛普森式复合行星齿轮组件转动，2 号单向离合器 F_2 起作用(参阅图 6-1-24 左上角示意图)，使其转速比约为 2.5∶1，车辆起步缓行。因 O/D 挡行星齿轮组件的转速比为 1∶1，所以整个变速器的转速比为 2.5∶1。

4. D 位 2 挡时液压控制系统的工作状况

D 位 2 挡时油路的工作状况如图 6-1-25 所示。1 号电磁阀通电(ON)，2 号电磁阀通电(ON)。

在 D 位 1 挡的状态下，车速不断增加，当车速与节气门位置信号达到相应的数值时，ECU 将传感器输入的信号与相关的程序和数据进行运算后，符合 1 挡升入 2 挡的条件，便使输出变为 1 号电磁阀仍通电(ON)，2 号电磁阀由断电(OFF)变为通电(ON)。

因手动阀仍在 D 位，阀口 3 与阀口 4 相通，主油压由阀口 4(D)一路仍送往前离合器 C_1，使 C_1 继续接合。另一路到 1 号电磁阀，该电磁阀仍保持通电(ON)而泄油，2-3 换挡阀的阀口 1 无油压，其柱塞仍停于顶部。第三路到 2 号电磁阀，该电磁阀由断电(OFF)变为通电(ON)而泄油，此段油路油压消失，1-2 换挡阀的柱塞在弹簧弹力作用下上移到顶部，阀口 5、6 相通，主油压经此给 2 号制动器 B_2 和 B_2 蓄压器加压，B_2 缓缓接合。由于 2 号制动器 B_2 的制动，1 号单向离合器 F_1 起作用(参阅图 6-1-25 左上角示意图)，使辛普森式复合行星齿轮组件的转速比约为 1.5∶1。3-4 换挡阀的柱塞仍在顶部，通往 C_0 的油路不变，O/D 挡行星齿轮组件的转速比为 1∶1。整个变速器的转速比为 1.5∶1，升入 2 挡。

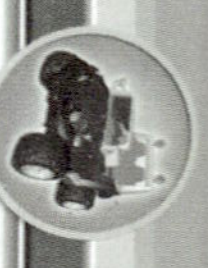

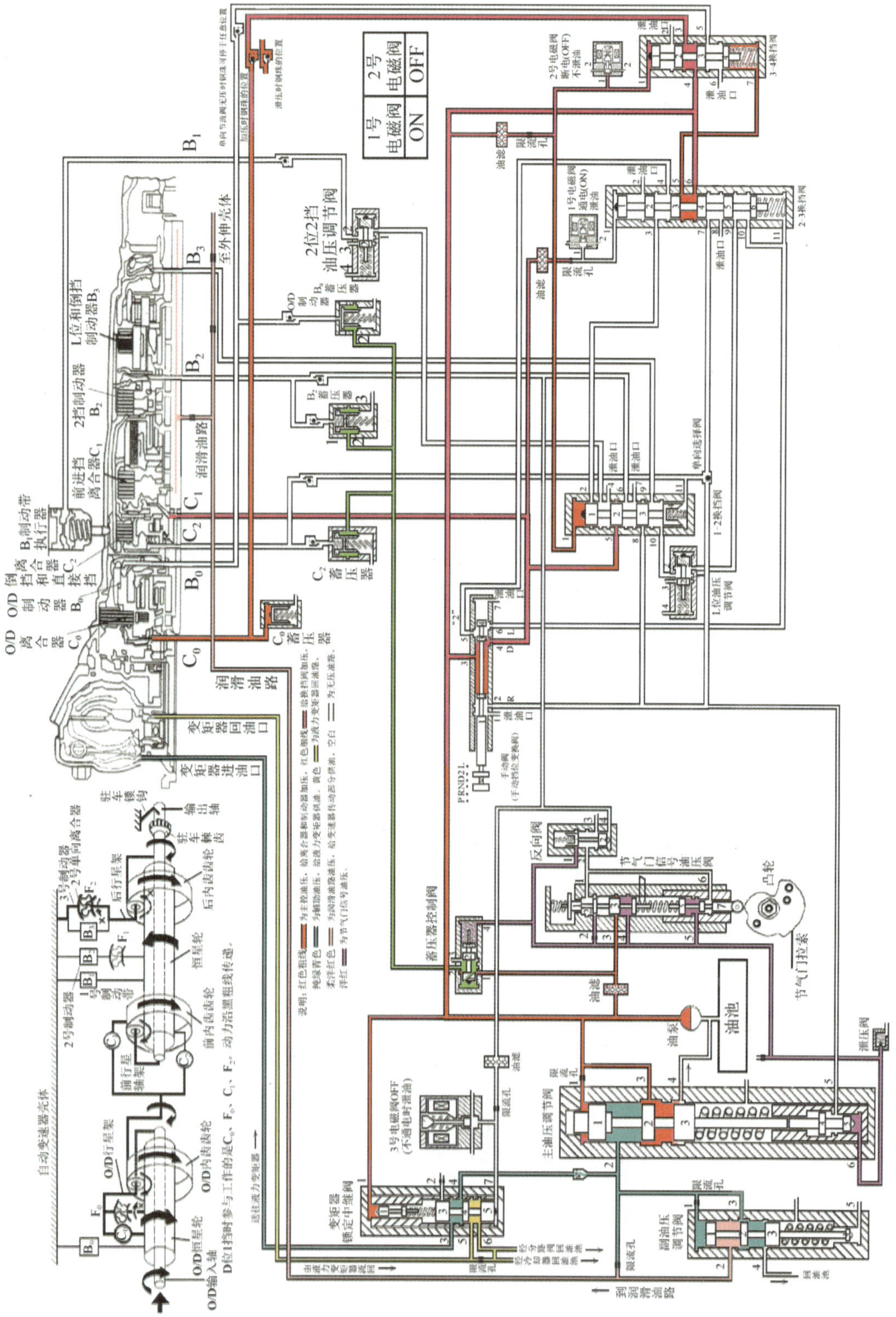

自动变速器壳体
B_0
F_0
C_0
O/D行星架
2号制动器
1号制动带
B_1
B_2
B_3
3号制动器
2号单向离合器
F_2
F_1
后行星架
前行星轴架
驻车锁钩
O/D恒星轮
O/D输入轴
O/D内齿齿轮
前内齿齿轮
恒星轮
后内齿齿轮
驻车棘齿
输出轴
D位1挡时参与工作的是C_0、F_0、C_1、F_2，动力沿黑粗线传递。
送往液力变矩器 →

O/D离合器C_0
O/D制动器B_0
倒挡和直接挡离合器C_2
B_1制动带执行器
前进挡离合器C_1
2挡制动器B_2
L位和倒挡制动器B_3
C_0
B_0
C_2
C_1
润滑油路
B_2
B_3
B_1
至外伸壳体
变矩器进油口
变矩器回油口
润滑油路
单向节流阀无压时钢珠可停于任意位置
加压时钢珠的位置
泄压时钢珠的位置
C_0蓄压器
C_2蓄压器
B_2蓄压器
O/D制动器B_0蓄压器
2位2挡油压调节阀

1号电磁阀	2号电磁阀
ON	OFF

说明：红色粗线为主控油压，给离合器和制动器加压，红色细线给换挡阀加压。
纯绿青色为辅助油压，给液力变矩器供油。黄色为液力变矩器回油路。
柔洋红色为润滑油路油压，给变速器传动部分供油。空白为无压油路。
洋红为节气门信号油压。

由液力变矩器流回
变矩器锁定中继阀
3号电磁阀OFF（不通电时泄油）
蓄压器控制阀
PRND2L
手动阀（手动挡位变换阀）
“2”
泄油口
限流孔
油滤
经冷却器回油池
经分路阀回油池
到润滑油路
副油压调节阀
回油池
主油压调节阀
油泵
油池
泄压阀
反向阀
节气门信号油压阀
凸轮
节气门拉索
L位油压调节阀
1-2换挡阀
单向选择阀
1号电磁阀通电(ON)泄油
2号电磁阀断电(OFF)不泄油
2-3换挡阀
3-4换挡阀

图 6-1-24　D 位 1 挡油路图

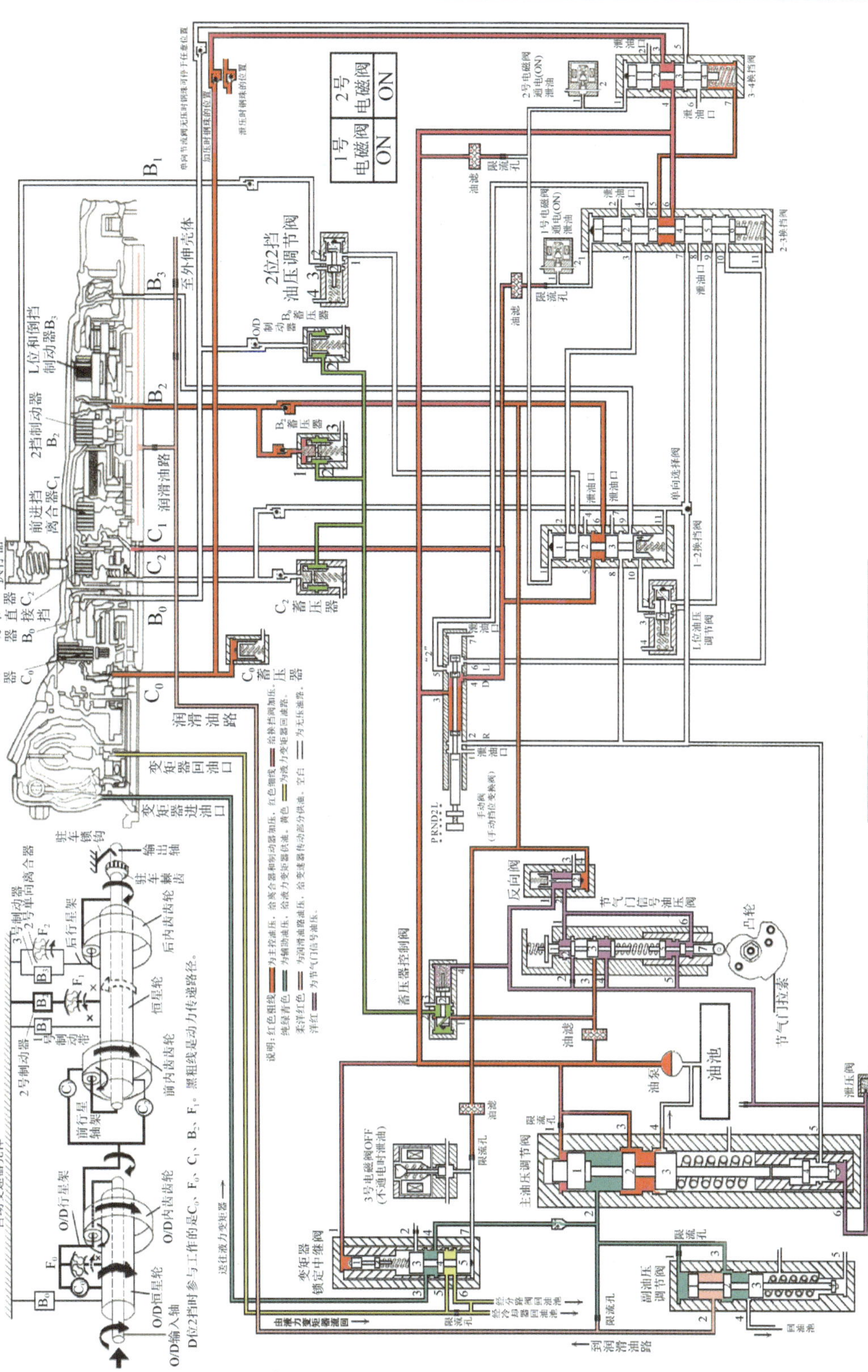

自动变速器壳体
B_0　F_0　O/D行星架　2号制动器　1号制动带　3号制动器　2号单向离合器　F_1　F_2　前行星轴架　后行星架　驻车锁钩
O/D输入轴　O/D恒星轮　O/D内齿齿轮　前内齿齿轮　恒星轮　后内齿齿轮　驻车棘齿　输出轴

D位2挡时参与工作的是C_0、F_0、C_1、B_2、F_1。黑粗线是动力传递路径。

O/D离合器C_0　O/D制动器B_0　倒挡和直接挡离合器C_2　B_1制动带执行器　前进挡离合器C_1　2挡制动器B_2　L位和倒挡制动器B_3
变矩器进油口　变矩器回油口　润滑油路　C_0　B_0　C_2　C_1　润滑油路　B_2　B_3　至外伸壳体　B_1
单向节流阀无压时钢珠可停于任意位置　加压时钢珠的位置　泄压时钢珠的位置
送往液力变矩器 →
由液力变矩器流回
C_0蓄压器　C_2蓄压器　B_2蓄压器　O/D制动器B_0蓄压器　2位2挡油压调节阀

1号电磁阀	2号电磁阀
ON	ON

说明：红色粗线——为主控油压，给离合器和制动器加压，红色细线——给换挡阀加压。
纯绿青色——为辅助油压，给液力变矩器供油。黄色——为液力变矩器回油路。
柔洋红色——为润滑油路油压，给变速器传动部分供油。空白——为无压油路。
洋红——为节气门信号油压。

变矩器锁定中继阀　3号电磁阀OFF（不通电时泄油）　蓄压器控制阀　PRND2L　"2"　手动阀（手动挡位变换阀）　泄油口
限流孔　油滤　经冷却器回油池　经分路阀回油池　到润滑油路
主油压调节阀　副油压调节阀　回油池　油泵　油池　反向阀　节气门信号油压阀　凸轮　节气门拉索　泄压阀
1号电磁阀通电(ON)泄油　2号电磁阀通电(ON)泄油　1-2换挡阀　2-3换挡阀　3-4换挡阀　单向选择阀　L位油压调节阀　泄油口

图 6-1-25　D位2挡油路图

5. D 位 3 挡时液压控制系统的工作状况

D 位 3 挡时油路的工作状况如图 6-1-26 所示。1 号电磁阀断电(OFF)、2 号电磁阀通电(ON)。

在 D 位 2 挡的状态下，车速再增加，当车速与节气门位置信号达到相应的数值时，ECU 将传感器输入的信号与相关的程序和数据进行运算后，符合 2 挡升入 3 挡的条件，便使 1 号电磁阀由通电(ON)变为断电(OFF)，2 号电磁阀仍为通电(ON)。

因手动阀仍在 D 位，阀口 3 与阀口 4 相通，主油压由阀口 4(D)一路仍送往前离合器 C_1，使 C_1 继续保持接合。另一路到 1 号电磁阀，该电磁阀由通电变为断电(OFF)而不泄油，2-3 换挡阀阀口 1 加油压，其柱塞下移到底部，阀口 6、7 相通，主油压经此和单项选择阀给后离合器 C_2 和 C_2 蓄压器加压，C_2 缓缓接合，同时给 1-2 换挡阀底部加压，确保其柱塞停于顶部。C_2 接合后，辛普森式复合行星齿轮组件由 C_1 和 C_2 同时输入动力，其恒星齿轮的转向使 1 号单向离合器 F_1 滑脱(参阅图 6-1-26 左上角示意图)，其转速比则变为 1∶1。第三路到 2 号电磁阀，该电磁阀仍保持通电(ON)而泄油，此段油路无油压， 3-4 换挡阀的柱塞仍在顶部，通往 C_0 的油路不变，O/D 行星齿轮组件的转速比仍为 1∶1。整个变速器的转速比为 1∶1，升入 3 挡。(1-2 换挡阀的柱塞仍在顶部，阀口 5、6 相通， 2 号制动器 B_2 仍制动，但 1 号单向离合器因滑脱而不起作用。)

6. D 位 4 挡时液压控制系统的工作状况

D 位 4 挡时油路的工作状况如图 6-1-27 所示。1 号电磁阀断电(OFF)、2 号电磁阀通电(OFF)。

在 D 位 3 挡的状态下，车速再增加，当车速与节气门位置信号达到相应的数值时，ECU 将传感器输入的信号与相关的程序和数据进行运算后，符合 3 挡升入 4 挡的条件，便使 1 号电磁阀仍为断电(OFF)，2 号电磁阀由通电(ON)变为断电(OFF)。

因手动阀仍在 D 位，阀口 3 与阀口 4 相通，主油压由阀口 4(D)一路仍送往前离合器 C_1，使 C_1 继续保持接合。另一路到 1 号电磁阀，该电磁阀仍保持断电(OFF)而不泄油，2-3 换挡阀阀口 1 加主油压，其柱塞仍在底部，阀口 6、7 相通，主油压经此和单项选择阀给后离合器 C_2 和 C_2 蓄压器加压，C_2 缓缓接合，辛普森式复合行星齿轮组的转速比仍为 1∶1。第三路到 2 号电磁阀，该电磁阀由通电变为断电(OFF)而不泄油，此段油路油压升到主油压， 3-4 换挡阀的柱塞被下移到底部，阀口 3 与阀口 4 断开，加给 O/D 离合器 C_0 的油压由阀口 2 泄压；阀口 4 与阀口 5 相通，主油压经此给 O/D 制动器 B_0 加压，B_0 制动，使 O/D 挡行星齿轮组件的转速比约为 0.7∶1。整个变速器的转速比约为 0.7∶1，升入 4 挡。1-2 换挡阀的柱塞上、下油压的作用相抵，柱塞仍在顶部，阀口 6、5 相通，2 号制动器 B_2 仍制动，但 1 号单向离合器脱开而不起作用。

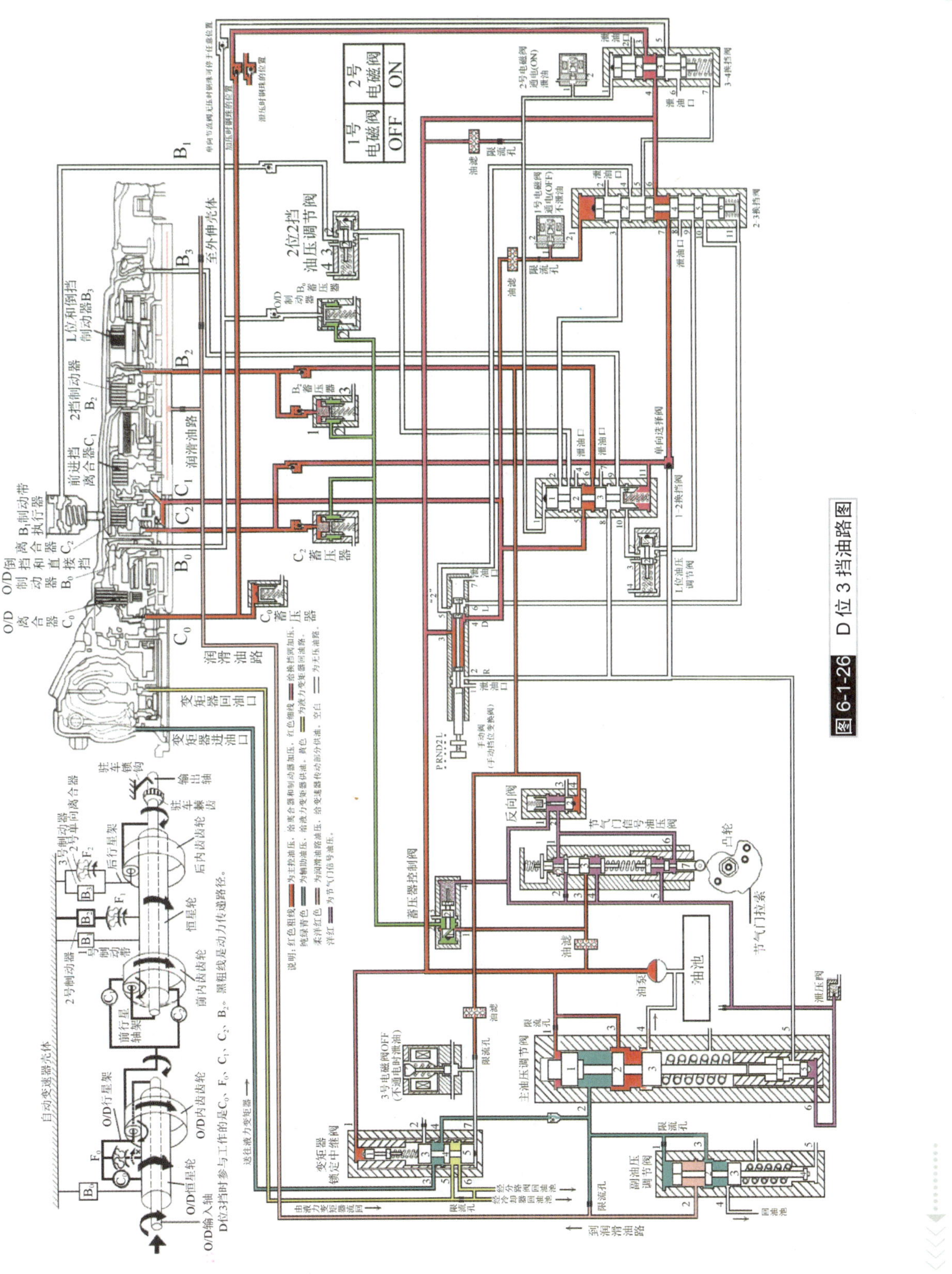

图 6-1-26 D位3挡油路图

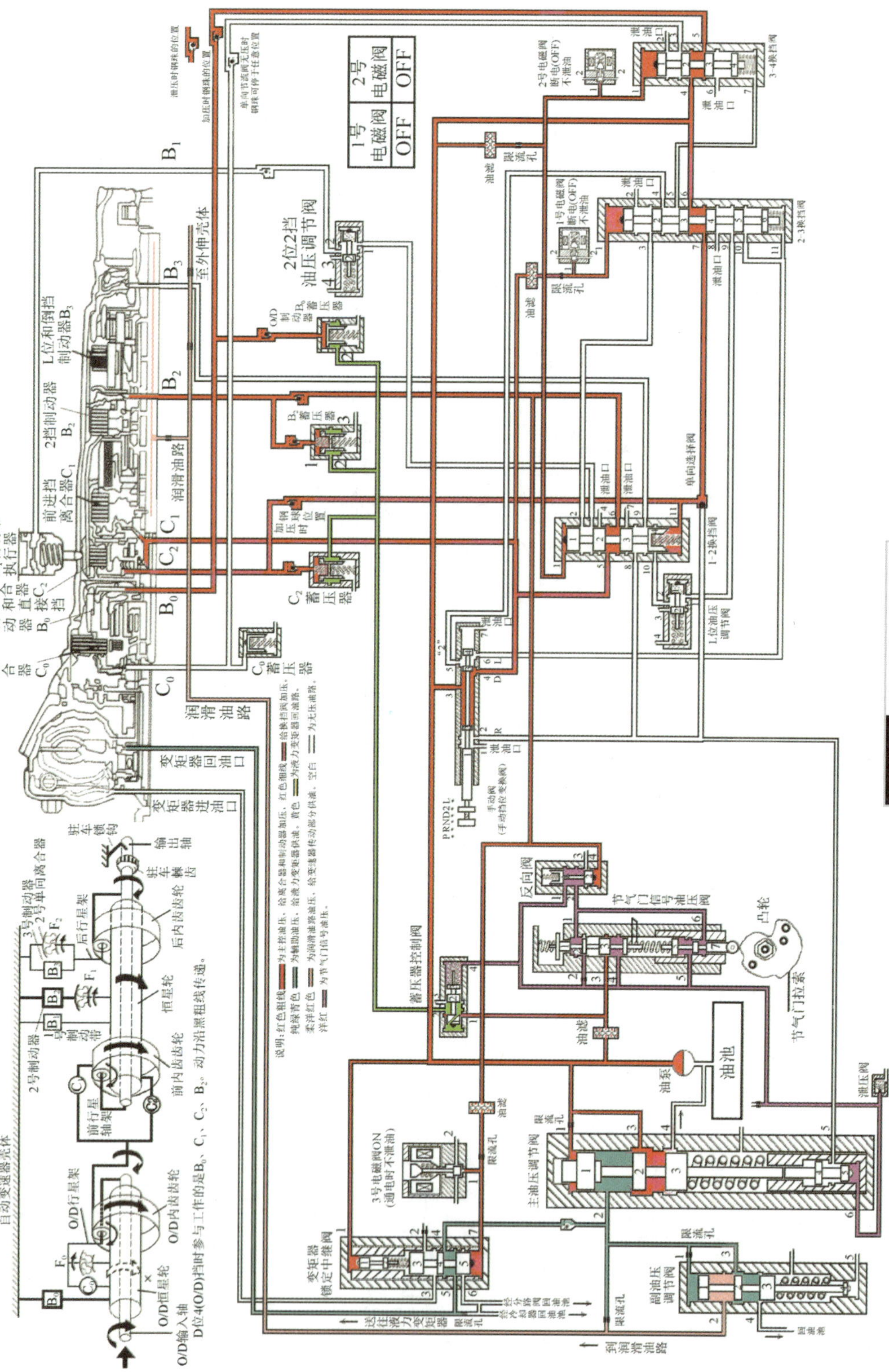

图 6-1-27 D位 4 挡油路图

上述 3 挡升 4 挡的情况在 O/D 主开关处于 ON 的位置(按下主开关的按钮)，O/D OFF(不用超速挡)指示灯不亮的条件下才可实现。这是因为 O/D 主开关在 ON 的位置，输入给 ECU 的是高电平，此时参与运算的程序是可以出现 1 号电磁阀断电(OFF)，2 号电磁阀断电(OFF)的 4 挡状态。如果使 O/D 主开关处于 OFF 位置(不按下主开关的按钮)，O/D OFF 指示灯亮，变速器就不能升入 4 挡，只能升到 3 挡。这是因为 O/D 主开关在 OFF 的位置，输入给 ECU 的是低电平，此时参与运算的程序是不可以出现 1 号电磁阀断电(OFF)，2 号电磁阀断电(OFF)的 4 挡状态，这样，变速器就不能升入 4 挡。

车辆在变矩器锁定状态下行驶，如果实施制动，制动灯开关被接通，给 ECU 输入一个高电平信号，ECU 立即使 3 号电磁阀断电，TCC 分离。车辆在变矩器锁定而变速比为 3 挡状态下行驶，如果由于车速增加或节气门开度减小而升挡时，在升挡的过渡过程中，ECU 先使 3 号电磁阀断电，TCC 分离；升挡后，ECU 再使 3 号电磁阀通电，TCC 又接合。如果由于车速减小或节气门开度增加而降挡时，在降挡的过渡过程中，ECU 也先使 3 号电磁阀断电，TCC 脱开；降挡后，ECU 使 3 号电磁阀通电，TCC 又接合，即变速器在换挡的过渡过程中，ECU 都会使 TCC 短暂地处于分离状态。

7. 2 位 1 挡时液压控制系统的工作状况

2 位 1 挡时油路的工作状况如图 6-1-28 所示。1 号电磁阀通电(ON)、2 号电磁阀断电(OFF)。

变速杆放在 2 位，ECU 将传感器输入的信号与相关的程序和数据进行运算后，使输出为 1 号电磁阀通电(ON)，2 号电磁阀断电(OFF)。

因手动阀在 2 位，阀口 3 与阀口 4、5 相通，由阀口 5(“2”)引出的油压到 2-3 换挡阀的阀口 4、3 再到 1-2 换挡阀的阀口 2 待用；由阀口 4(D)引出的油压去向与 D 位 1 挡时相同，同理使变速器的转速比为 2.5∶1。

2 位 1 挡与 D 位 1 挡的油路的差别只在手动阀部分。

8. 2 位 2 挡时液压控制系统的工作状况

2 位 2 挡时油路的工作状况如图 6-1-29 所示。1 号电磁阀通电(ON)、2 号电磁阀通电(ON)。

在 2 位 1 挡的状态下，车速不断增加，当车速与节气门位置信号达到相应的数值时，ECU 将传感器输入的信号与相关的程序和数据进行运算后，符合 1 挡升入 2 挡的条件，便使 1 号电磁阀仍通电(ON)，2 号电磁阀由断电(OFF)变为通电(ON)。

因手动阀仍在 2 位，阀口 3 与阀口 4、5 相通，主油压由阀口 4(D)一路仍送往前离合器 C_1，使 C_1 继续接合。另一路到 1 号电磁阀，该电磁阀仍保持通电(ON)而泄油，2-3 换挡阀的阀口 1 无油压，其柱塞仍停于顶部。第三路到 2 号电磁阀，该电磁阀由断电变为通电(ON)而泄油，此段油路油压消失，1-2 换挡阀的柱塞在弹簧弹力作用下上移到顶部，阀口 5、6 相通，主控油压经此给 2 号制动器 B_2 和 B_2 蓄压器加压，B_2 缓缓制动；同时，阀口 2、3 相通，阀口 2 待用的主控油压经此到 2 位滑行油压调节阀，送往 1 号制动器 B_1，使 B_1 制动。1 号制动器 B_1 的制动(参阅图 6-1-29 左上角示意图)，使辛普森式复合行星齿轮组件的转速比约为 1.5∶1，并且可以双向传递动力，即加大节气门开度时，发动机经此驱动车轮；关闭节气门开度时，车轮反拖发动机，起到制动作用。3-4 换挡阀的柱塞仍在顶部，通往 C_0 的油路不变，O/D 挡行星齿轮组件的转速比为 1∶1。整个变速器的转速比为 1.5∶1，升入 2 挡。

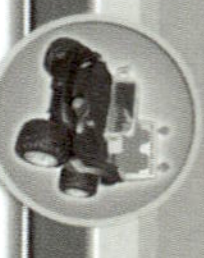

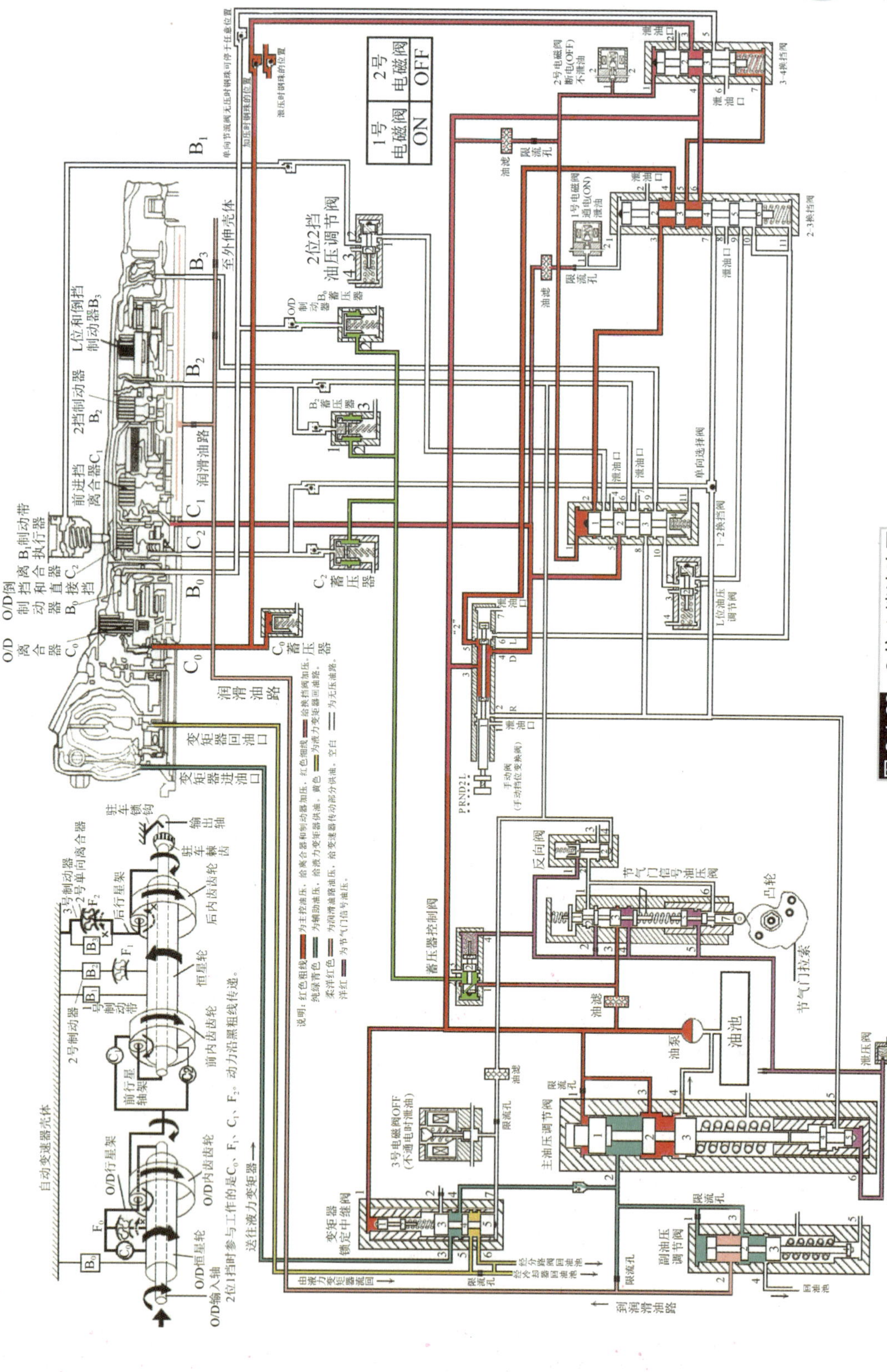

自动变速器壳体

B₀ F₀ O/D行星架 2号制动器 1号制动带 B₁ B₂ B₃ 3号制动器 2号单向离合器 F₂ F₁ 前行星轴架 后行星架 驻车锁钩

O/D输入轴 O/D恒星轮 O/D内齿齿轮 前内齿齿轮 恒星轮 后内齿齿轮 驻车棘齿 输出轴

2位1挡时参与工作的是C_0、F_1、C_1、F_2。动力沿黑粗线传递。

送往液力变矩器→

O/D离合器C_0　O/D倒挡制动器B_0　离合器直接挡C_2　B_1制动带执行器　前进挡离合器C_1　2挡制动器B_2　L位和倒挡制动器B_3

C_0　B_0　C_2　C_1　润滑油路　B_2　B_3　B_1　至外伸壳体

变矩器进油口　变矩器回油口　润滑油路

单向节流阀无压时钢珠可停于任意位置　加压时钢珠的位置　泄压时钢珠的位置

说明：红色粗线 为主控油压，给离合器和制动器加压，红色细线 给换挡阀加压。
纯绿青色 为辅助油压，给液力变矩器供油。黄色 为液力变矩器回油路。
柔洋红色 为润滑油路油压，给变速器传动部分供油。空白 为无压油路。
洋红 为节气门信号油压。

C_0蓄压器　C_2蓄压器　B_2蓄压器　O/D制动器B_0蓄压器　2位2挡油压调节阀

1号电磁阀	2号电磁阀
ON	OFF

由液力变矩器流回　变矩器锁定中继阀　3号电磁阀OFF（不通电时泄油）　蓄压器控制阀　限流孔　油滤　经冷却器回油池　经分路阀回油池

PRND2L　手动阀（手动挡位变换阀）　泄油口　反向阀

主油压调节阀　油泵　油池　节气门信号油压阀　凸轮　节气门拉索　泄压阀　副油压调节阀　到润滑油路　回油池

1号电磁阀通电(ON)泄油　2号电磁阀断电(OFF)不泄油　单向选择阀　L位油压调节阀　1-2换挡阀　2-3换挡阀　3-4换挡阀

图 6-1-28　2位1挡油路图

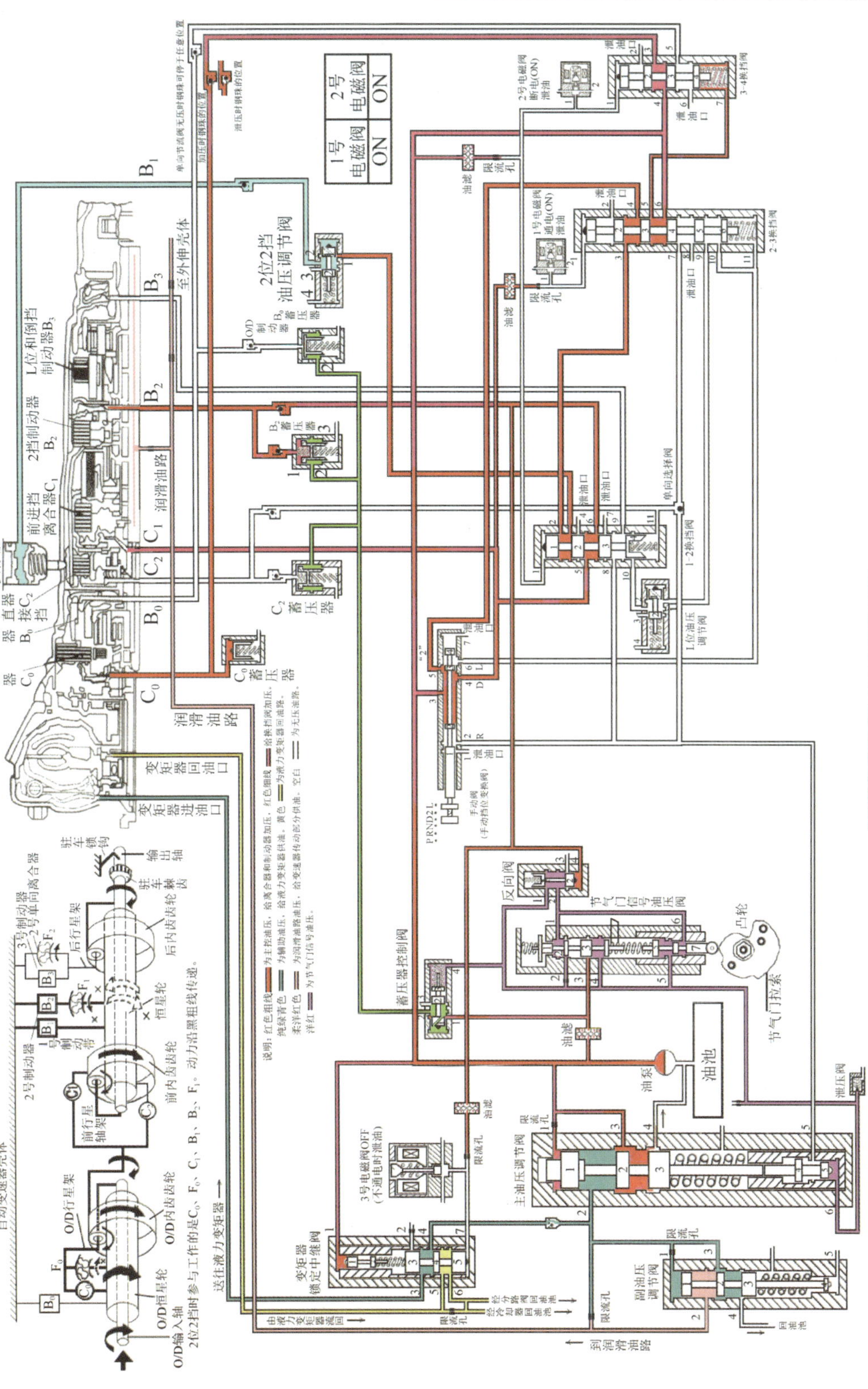

图 6-1-29　2位2挡油路图

变速杆放在 2 位，由变速杆位置编码电路 R、2、L 三个端子，输入给 ECU 的编码是 0(R)、1(2)、0(L)，ECU 则启用一个特定的程序参与综合运算，此程序确保在车速递增过程中，再高的车速，其输出只能由 1 挡状态(1 号电磁阀通电(ON)，2 号电磁阀断电(OFF))，变为 1 号电磁阀通电(ON)，2 号电磁阀通电(ON)的 2 挡状态，而不会出现其他状态。这就实现了闭锁在 2 挡的要求。此程序还确保在 D 位 4 挡时，变速杆由 D 位移到 2 位，车速递减过程中，ECU 的输出由 1 号电磁阀断电(OFF)，2 号电磁阀断电(OFF)的 4 挡状态先变为 3 挡状态(1 号电磁阀断电(OFF)，2 号电磁阀通电(ON)，然后再变为 2 挡状态(1 号电磁阀通电(ON)，2 号电磁阀通电(ON)，从而实现了平顺换挡。

9. L 位(1 位)时液压控制系统的工作状况

L 位时油路的工作状况如图 6-1-30 所示。1 号电磁阀通电(ON)，2 号电磁阀断电(OFF)。

变速杆放在 L 位，ECU 将传感器输入的信号与相关的程序和数据进行运算后，使输出为 1 号电磁阀通电(ON)，2 号电磁阀断电(OFF)。

手动阀在 L 位，阀口 3 与阀口 4、5、6 相通，由阀口 4(D)引出的主油压去向与 D 位 1 挡时相同，同理使变速器的转速比为 2.5∶1。由阀口 6(L)引出的主油压经 L 位滑行油压调节阀调节后送往 3 号制动器 B_3，B_3 接合。B_3 制动后，前行星架被固定，使辛普森式复合行星齿轮组件的转速比为 2.5∶1，并具有双向传递动力的作用，使 L 位(1 挡)时可以实现发动机制动。

变速杆放在 L 位，由变速杆位置编码电路 R、2、L 三个端子，输入给 ECU 的编码是 0(R)、0(2)、1(L)，ECU 则启用特定的程序参与综合运算，此程序确保在车速递增过程中，再高的车速，其输出只能是 1 挡状态(1 号电磁阀通电(ON)、2 号电磁阀断电(OFF))，而不会出现其他状态。这就实现了闭锁在 1 挡的要求。

10. R 位时液压控制系统的工作状况

R 位时油路的工作状况如图 6-1-31 所示。油路中两个电磁阀都断电(OFF)(有的资料中为：1 号电磁阀通电(ON)，2 号电磁阀断电(OFF)。即便如此，也不会有影响，因为 1 号电磁阀所控制的油路中无油压)。

因 2 号电磁阀断电(OFF)而不泄油，1-2 换挡阀的阀口 1 有油压，其底部阀口 11 也有油压，使柱塞仍停于顶部。因 1 号电磁阀所控油路无油压，2-3 换挡阀的阀口 1 无油压，其柱塞停于顶部，主油压经阀口 6、5 到 3-4 换挡阀的底部。3-4 换挡阀的阀口 1 有油压，因底部已有主控油压，上、下相抵，靠弹簧将柱塞仍维持在顶部，通往 C_0 的油路不变。

变速杆由 N 位移到 R 位，带动手动阀移到 R 位(参阅图 6-1-31)，手动阀的阀口 3 与阀口 2 相通，由阀口 2 引出的油液同时送往以下三路

(1) 经 1-2 换挡阀的阀口 8、9 到 3 号制动器 B_3，B_3 接合，前行星架被固定(参阅图 6-1-31 左上角示意图)。

(2) 经单向选择阀到 1-2 换挡阀的阀口 11(确保 1-2 换挡阀的柱塞处于顶部)、后离合器 C_2、C_2 的蓄压器，C_2 接合。动力由 C_2 传入到辛普森式复合行星齿轮组的恒星轮，由于前行星架被固定，动力由前内齿齿轮和输出轴输出，转向变反，带动车轮倒退，其转速比约为 2.75∶1。

(3) 进入主油压调节阀的阀口 5，经阀塞 4 给柱塞一个向上的作用力，阀口 4 的泄油量减小，主油压则随之增加，以满足倒车状态下传递转矩的需求。

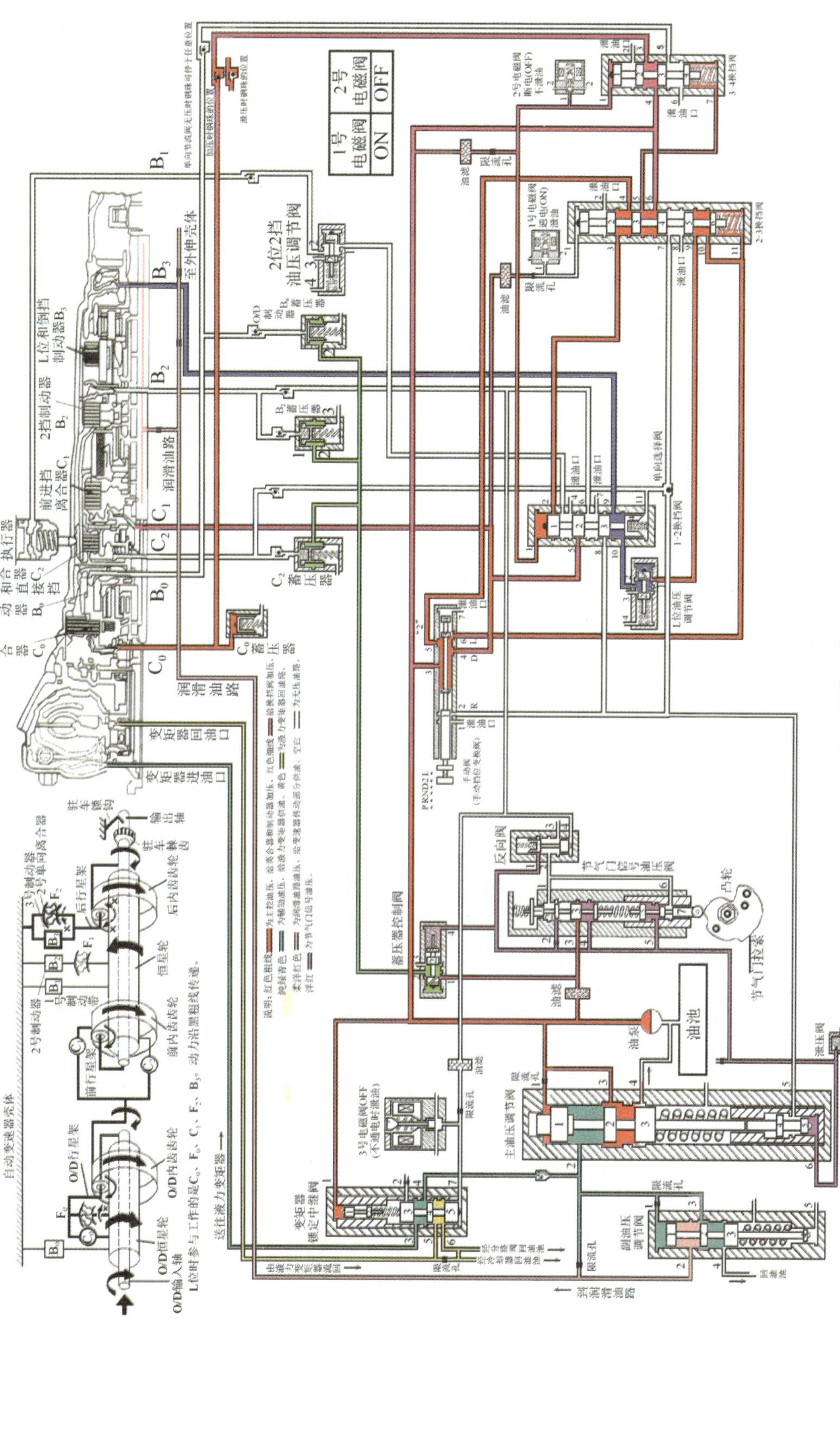

图 6-1-30　L 位油路图

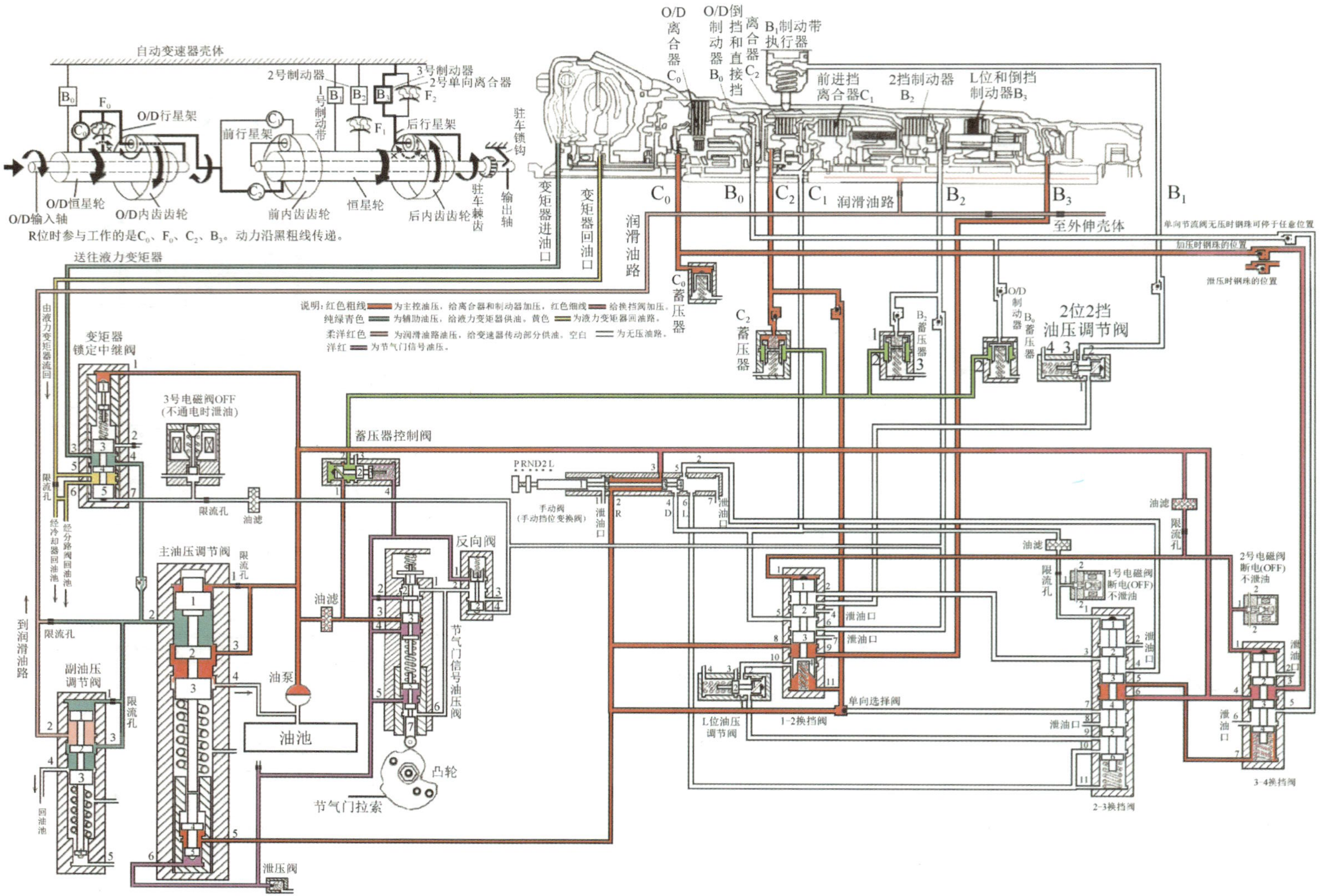

自动变速器壳体

B0 F0 O/D行星架 O/D恒星轮 O/D内齿齿轮 O/D输入轴

2号制动器 1号制动带 3号制动器 2号单向离合器 F_2 F_1 前行星架 后行星架 前内齿齿轮 恒星轮 后内齿齿轮 驻车锁钩 驻车棘齿 输出轴

R位时参与工作的是C_0、F_0、C_2、B_3。动力沿黑粗线传递。

O/D离合器C_0　O/D倒制动器B_0　挡和直接挡离合器C_2　B_1制动带执行器　前进挡离合器C_1　2挡制动器B_2　L位和倒挡制动器B_3

C_0　B_0　C_2　C_1　润滑油路　B_2　B_3　B_1　至外伸壳体

变矩器进油口　变矩器回油口　润滑油路　送往液力变矩器

单向节流阀无压时钢珠可停于任意位置　加压时钢珠的位置　泄压时钢珠的位置

说明：红色粗线 为主控油压，给离合器和制动器加压。红色细线 给换挡阀加压。
纯绿青色 为辅助油压，给液力变矩器供油。黄色 为液力变矩器回油路。
柔洋红色 为润滑油路油压，给变速器传动部分供油。空白 为无压油路。
洋红 为节气门信号油压。

C_0蓄压器　C_2蓄压器　B_2蓄压器　O/D制动器B_0蓄压器　2位2挡油压调节阀

变矩器锁定中继阀　3号电磁阀OFF（不通电时泄油）　蓄压器控制阀　限流孔　油滤　PRND2L　手动阀（手动挡位变换阀）　泄油口

由液力变矩器流回　经冷却器回油池　经分路阀回油池

主油压调节阀　油泵　油池　反向阀　节气门信号油压阀　凸轮　节气门拉索　泄压阀　副油压调节阀　到润滑油路　回油池

1-2换挡阀　L位油压调节阀　单向选择阀　1号电磁阀断电(OFF)不泄油　2-3换挡阀　2号电磁阀断电(OFF)不泄油　3-4换挡阀

图 6-1-31　R位油路图

(三)项目工作页

A340E 自动变速器油路分析工作页

姓名：________　班级：________　学号：__________　指导教师：________　日期：______

(1) 工作内容与目标。

工作内容：运用相关知识，分析 A340E 自动变速器各挡位油路。

工作目标：正确分析 A340E 自动变速器各挡位油路。

(2) 工作准备。

① 工作组。

序　号	姓　名	学　号	职　责	备　注
				组长

② 工具、设备、器材准备。

序　号	工具、设备、器材、耗材名称	型号、规格	套(件)数	备　注

(3) 工作过程与结果分析。

变速杆位置	挡　位	1号 电磁阀	2号 电磁阀	参与工作执行元件	液压油路
D位	1挡				
	2挡				
	3挡				
	4挡				
2位	1挡				
	2挡				
L位	1挡				
R位					

(4) 进行工位“5S”，自检、互检，工作结束。

(5) 项目测评。

测评者	评　语	成　绩
自我评价		
小组评价		
教师评价		
总成绩		

模块二　通用 4T65E 电液控制系统

一、学习材料

(一)通用 4T65E 液压控制系统的阀体

通用 4T65E 阀体的结构如图 6-2-1～图 6-2-3 所示。

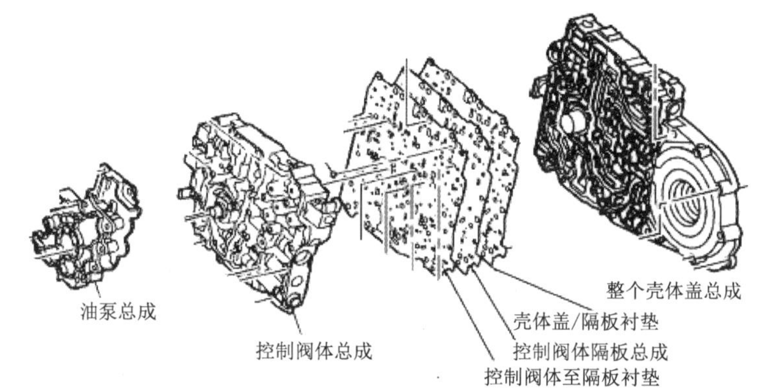

图 6-2-1　4T65E 自动变速器阀体总成

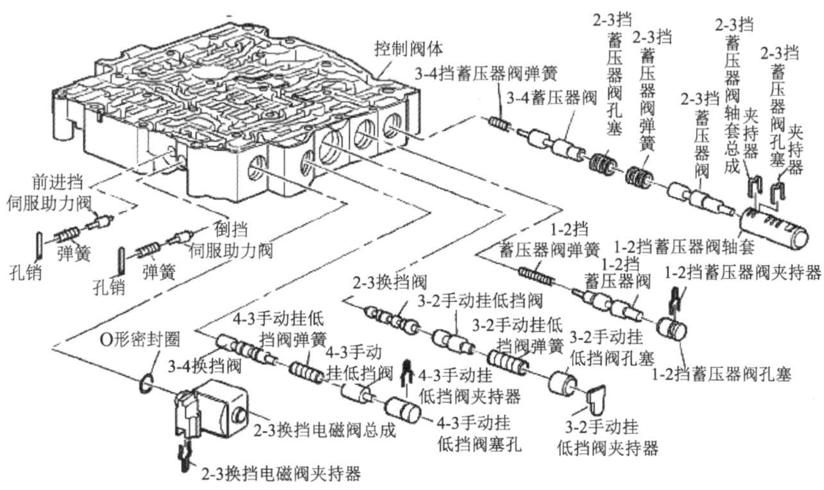

图 6-2-2　4T65E 自动变速器阀体分解图一

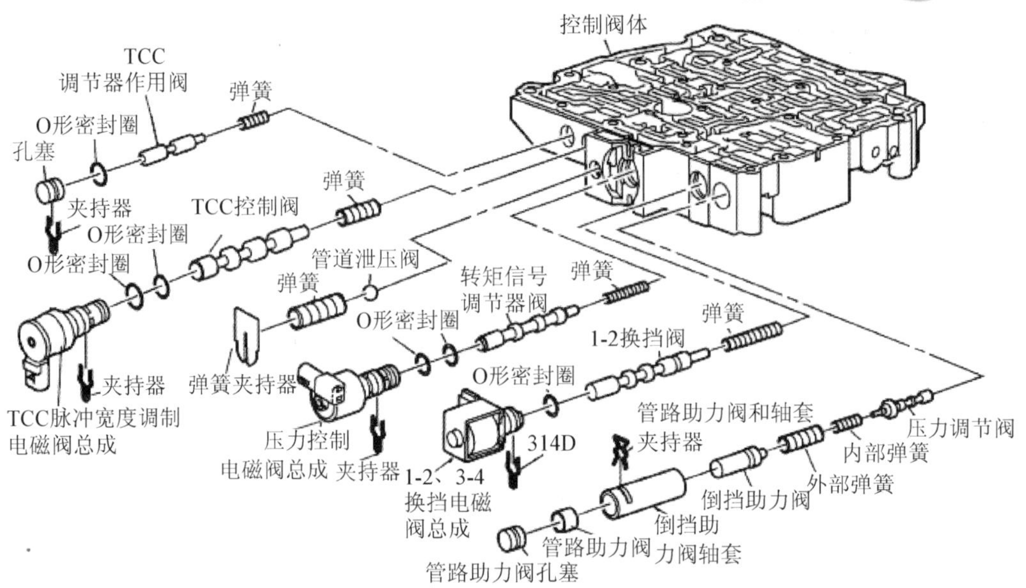

图 6-2-3　4T65E 自动变速器阀体分解图二

1. 阀体的拆卸

(1) 拆卸壳体侧盖，拆卸机油泵。

(2) 拆卸控制阀阀体螺栓 374～381 和 384，如图 6-2-4 所示。

(3) 拆卸阀体 300 同时将隔板 370 留在变速驱动桥上，如图 6-2-5 所示。

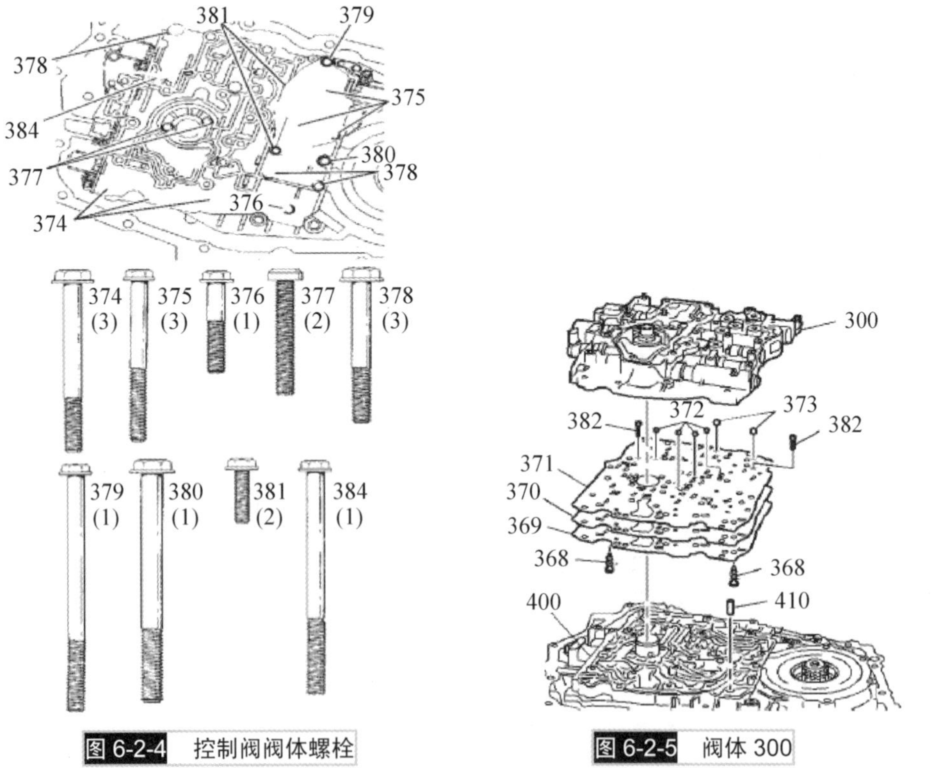

图 6-2-4　控制阀阀体螺栓

图 6-2-5　阀体 300

(4) 从阀体上拆卸单向球阀 372 和 373，如图 6-2-6 所示。

(5) 拆卸隔板 370 和衬垫，如图 6-2-7 所示。

(6) 从壳体盖上拆卸单向球阀 372，如图 6-2-8 所示。

(7) 检查分离板 370 上的每个单向阀阀座是否喷射硬化处理过度。在每个阀座上放置一个单向球阀 372，用手电筒进行检查，看看是否有可见光通过阀和阀座之间，如图 6-2-9 所示。

(8) 检查从变速驱动桥上拆卸的所有部件。

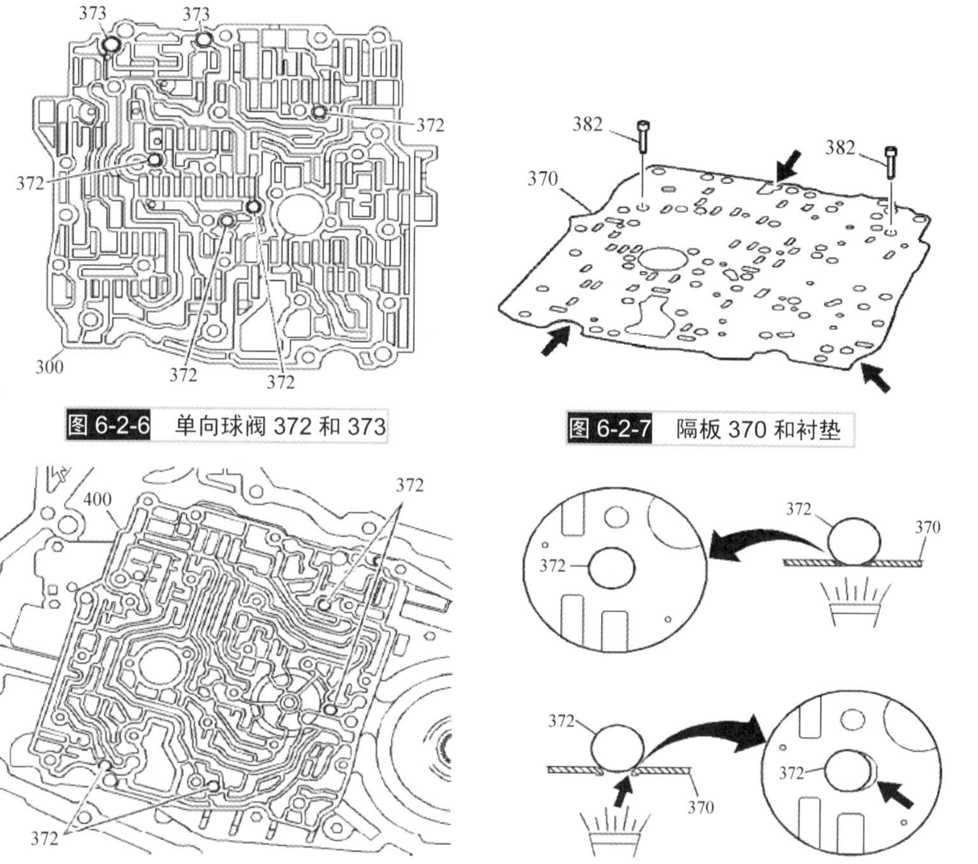

图 6-2-6　单向球阀 372 和 373

图 6-2-7　隔板 370 和衬垫

图 6-2-8　单向球阀 372

图 6-2-9　检查分离板 370 上的每个单向阀阀座

2. 阀体的安装

(1) 将单向球阀 372 安装到壳体盖中，使用 J36850 润滑剂将单向球阀保持在合适的位置上，如图 6-2-8 所示。

(2) 安装衬垫和隔板 370，如图 6-2-7 所示。

(3) 将单向球阀 372 和 373 安装到阀体上，使用 J36850 润滑剂将单向球阀保持在合适的位置上，如图 6-2-6 所示。

重要注意事项：不要在阀体或机油泵上使用锤击工具。

(4) 安装衬垫 371 和阀体 300，如图 6-2-5 所示。

(5) 安装阀体螺栓 374～381 和 384，如图 6-2-4 所示。

(6) 安装机油泵，安装壳体侧盖。

(二)通用 4T65E 油路中各部件基本结构和工作原理

4T65E 液压油路(P 位)如图 6-2-10 所示，它表述了液压系统的基本结构和工作原理。

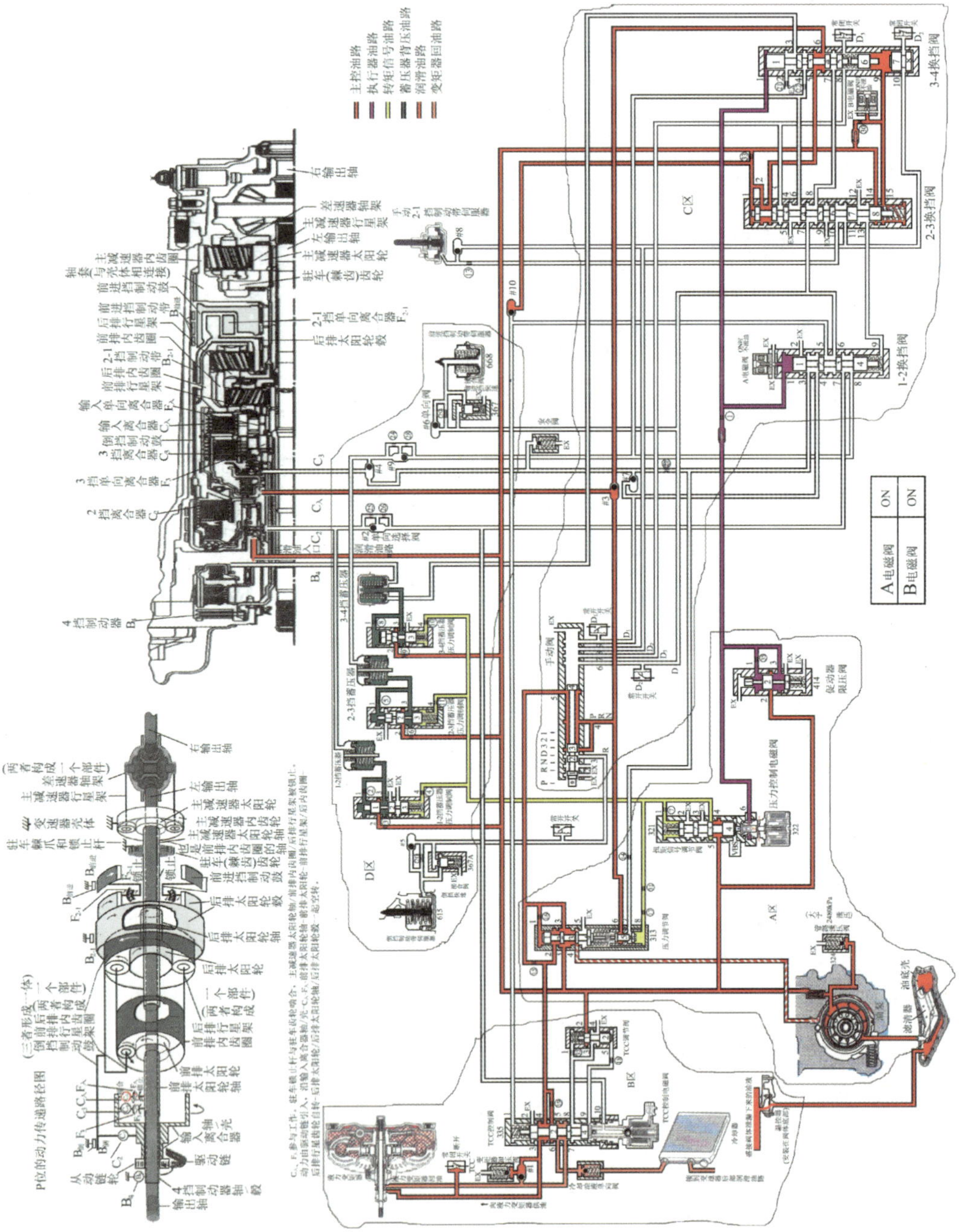

图 6-2-10 4T65E 液压油路的组成(P 位)

A 区为液压源部分，B 区为液力变矩器油路，C 区为换挡控制部分，D 区为平顺换挡部分。A 区和 B 区前面已讲述，以下分别讲述 C 区和 D 区部分。

1. 换挡控制部件

换挡控制部件的局部油路如图 6-2-11 所示。

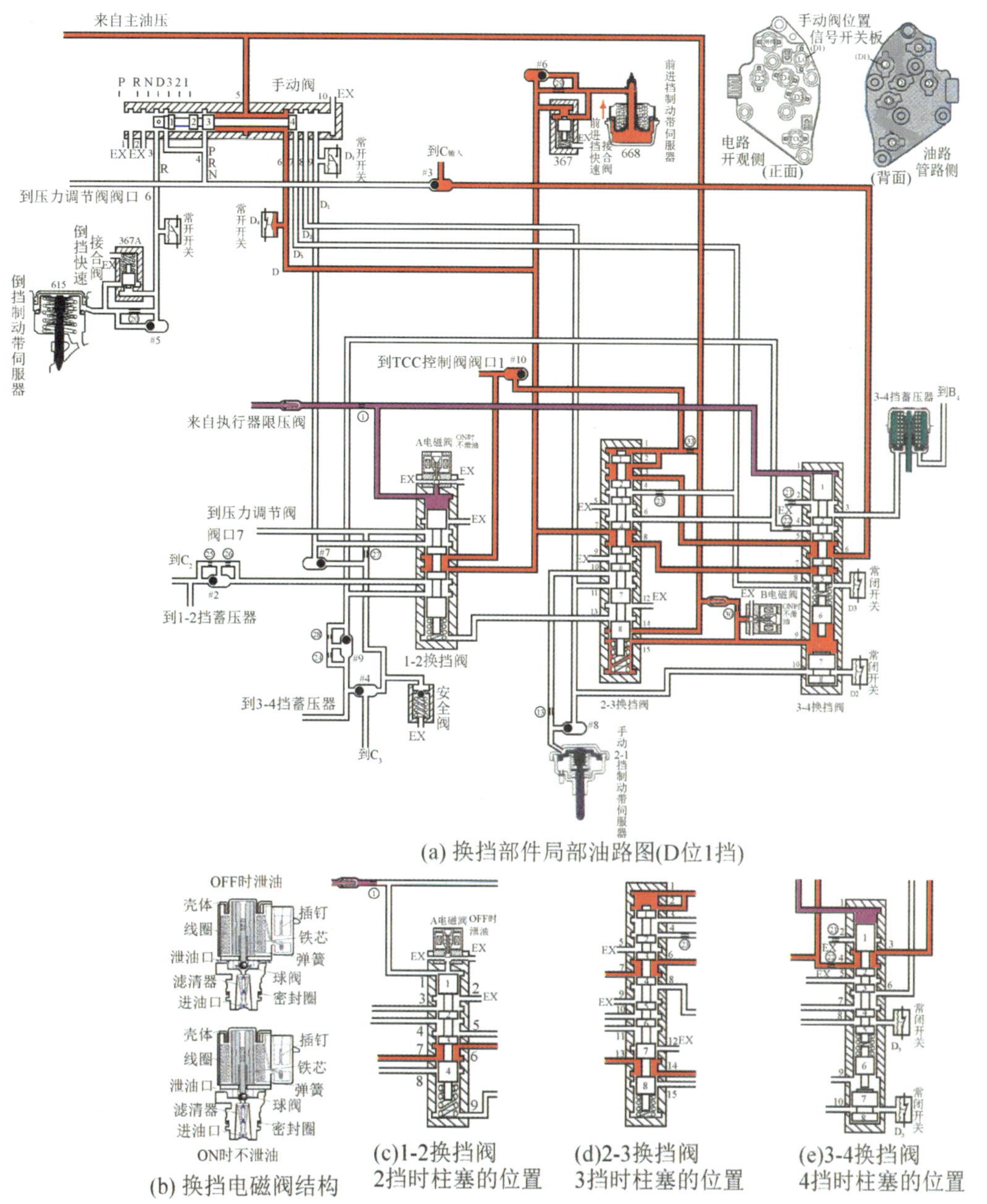

图 6-2-11　换挡控制部件的局部油路图

换挡控制部件由手动阀、A 电磁阀(1-2/3-4 换挡电磁阀)及 1-2 换挡阀、B 电磁阀(2-3 换挡电磁阀)及 2-3 换挡阀和 3-4 换挡阀构成。

1) 手动阀

手动阀的结构如图 6-2-12 所示，其柱塞由变速杆带动，柱塞的位置对应着变速杆的位置，不同的位置改变了局部主油路的去向。阀口 1、10 为泄油口，阀口 5 为主油压引入口。手动阀在 P、R、N 位时，阀口 4 都有主油压引出。在 R 位时，阀口 2 有主油压引出。在 D 位时，阀口 6 有主油压引出。在 3(D_3)位时，阀口 6、7 都有主油压引出。在 2 位时，阀口 6、7、8 都有主油压引出。在 1 位时，阀口 6、7、8、9 都有主油压引出。

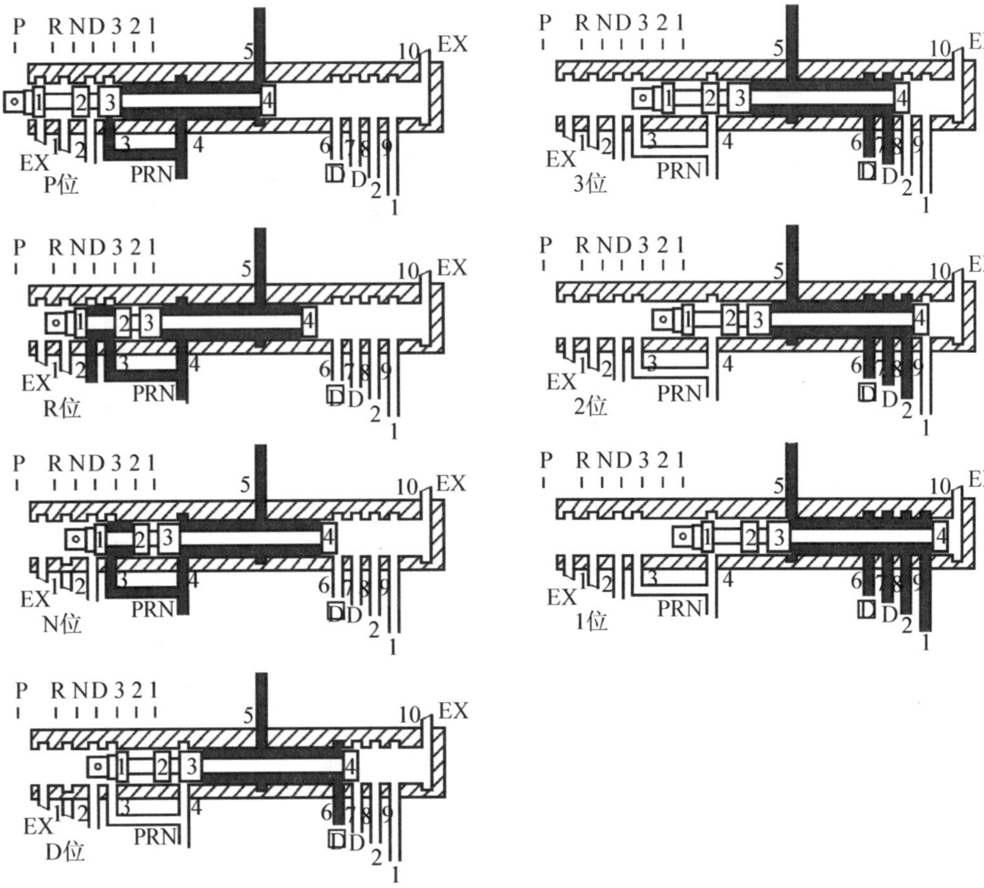

图 6-2-12 手动阀的结构

2) 换挡电磁阀

换挡电磁阀的结构示意图，如图 6-2-11(b)所示。两个电磁阀都是常开式的，线圈不通电(OFF)时，铁芯受弹簧弹力上移，球阀不受力，信号油压经进油口推开球阀而从泄油口泄掉，作用于换挡阀柱塞上的力为 0；线圈通电(ON)时，铁芯受电磁吸力下移，紧紧压着球阀，作用于球阀上的力远大于信号油压的作用力，泄油口不泄油，信号油压则作用于换挡阀的柱塞上。A 电磁阀接在 1-2 换挡阀/3-4 换挡阀顶部的信号油路，此电磁阀称为 1-2 挡/3-4 挡电磁阀；B 电磁阀接在 2-3 换挡阀/3-4 换挡阀底部的信号油路，此电磁阀称为 2-3 挡电磁阀。

3) 1-2 换挡阀

1-2 换挡阀的结构如图 6-2-11(a)的中部所示。

电磁阀 A 通电(ON)而不泄油，顶部有信号油压，将柱塞推到底部，阀口 5、6 相通，主油压由阀口 6 入，阀口 5 出，送到输入离合器 $C_{输入}$，使变速器实现 1 挡。

电磁阀 A 断电(OFF)而泄油，顶部油压消失(参阅图 6-2-11(c))，底部弹簧使柱塞上移到顶部，阀口 6、7 相通，主油压由阀口 6 入，阀口 7 出，送到 2 当离合器 C_2，使变速器升入 2 挡。

4)　2-3 换挡阀

2-3 换挡阀的结构如图 6-2-11(a)所示。

在 1、2 挡时(参阅图 6-2-11(a)中的 2-3 换挡阀)，电磁阀 B 通电(ON)而不泄油，2-3 换挡阀的底部有主油压，顶部也有主油压，两者相抵，弹簧弹力使柱塞停于顶部，阀口 2、3 相通，为送往输入离合器 $C_{输入}$的油压提供通道。

电磁阀 B 断电(OFF)而泄油(参阅图 6-2-11(d))，底部油压泄掉，顶部仍有主油压，其作用力大于弹簧弹力，柱塞下移到底部，阀口 6、7 相通，主油压由阀口 7 入，阀口 6 出，送往 3 挡离合器 C_3，使变速器升入 3 挡。

5)　3-4 换挡阀

3-4 换挡阀的结构如图 6-2-11(a)所示。

在 1、2、3 挡时，柱塞都停于顶部(参阅图 6-2-11(a)中的 3-4 换挡阀)[①]，阀口 5、6 相通，1、2 挡时，为送往输入离合器 $C_{输入}$的油压提供通道；3 挡时，因 2-3 换挡阀的柱塞下移，切断了主油压，开通了泄油口，输入离合器 $C_{输入}$的油压经阀口 6、5 而排泄。

进入 4 挡前，处于 3 挡时，电磁阀 B 断电而泄油，3-4 换挡阀的底部无油压，顶部也无油压，弹簧弹力使柱塞仍停于顶部(参阅图 6-2-11(a)中的 3-4 换挡阀)。

进入 4 挡时(参阅图 6-2-11(e))，电磁阀 B 仍断电，电磁阀 A 通电(ON)而不泄油，阀口 1 加主油压，柱塞下移，阀口 3、4 相通，主油压经阀口 4 入，阀口 3 出，给 4 挡离合器 C_4 加压，使变速器升入 4 挡。

2. 平顺换挡部件

平顺换挡部件由可变阻尼阀(可变缓冲阀)、前进挡快速接合阀、倒挡快速接合阀和蓄压器。

1)　可变阻尼阀

可变阻尼阀由单向选择阀、小孔径节流孔和大孔径节流孔组成，图 6-2-11(a)中串接在 2 挡离合器 C_2 油路的#2 单向选择阀、25 号节流孔(小孔径)和 26 号节流孔(大孔径)。加压时，单向选择阀使油压经小孔径的 25 号节流孔加压，离合器柔和接合；泄压时，单向选择阀使油压经大孔径的 26 号节流孔泄压，离合器较快地分离。

2)　前进挡快速接合阀

前进挡快速接合阀如图 6-2-11(a)所示(串接在前进挡制动带伺服器油路中)，它与 29 号

---

① 在 1 挡时，电磁阀 B 通电(ON)而不泄油，3-4 换挡阀的底部有主油压，顶部也有主油压，两者相抵，弹簧弹力使柱塞停于顶部；在 2 挡时，电磁阀 B 仍通电，不泄油，3-4 换挡阀的底部有主油压，顶部无油压，弹簧弹力共同使柱塞停与顶部；在 3 挡时，电磁阀 B 断电而泄油，3-4 换挡阀的底部无油压，顶部也无油压，弹簧弹力使柱塞仍停于顶部。

节流孔、#6 单向阀并联相接。加压时，单向阀关闭，一路经节流孔，一路经快速接合阀，油压加在阀塞的顶部，阀塞迅速下移，打开出油口，伺服器快速动作，将制动带拉紧。泄压时，单向阀打开，伺服器迅速泄压。

倒挡快速接合阀与前进挡快速接合阀完全相同。

3) 蓄压器和蓄压器压力调制阀

(1) 蓄压器在油路中的连接如图 6-2-13 所示，其结构如图中右下角。1-2 挡蓄压器和 2-3 挡蓄压器的结构相同，蓄压器内腔被膜片分隔成两个密闭空间，上侧为缓冲室，装有一个小弹簧，阀口 2 与离合器进油口相并联，离合器接合时引入主油压；下侧装有一个大弹簧，阀口 1 与蓄压器压力调制阀相接，引入的油压称为背压，此油压在设定数值之上随节气门开度的增加而增加。发动机不转动时，背压为 0，大弹簧被压缩，缓冲室容积最大，如图中所示。怠速时，节气门开度为 0°，具有一个设定的背压，此背压已将小弹簧压到极限，膜片停止移动，缓冲室为最小。之后，背压加在膜片上的作用力随节气门开度的增加而增加。

3-4 挡蓄压器的结构略有不同，如图右下角所示。蓄压器内腔被膜片分隔成两个密闭空间，下侧为缓冲室，离合器接合时，主油压由阀口 3，经阀口 2 到离合器进油口。上侧装有两个弹簧，均匀支撑膜片，使膜片不会变形。阀口 1 与蓄压器压力调制阀相接，引入背压，加在膜片的作用力除弹簧外还与背压有关，而背压在设定数值之上随节气门开度的增加而增加。

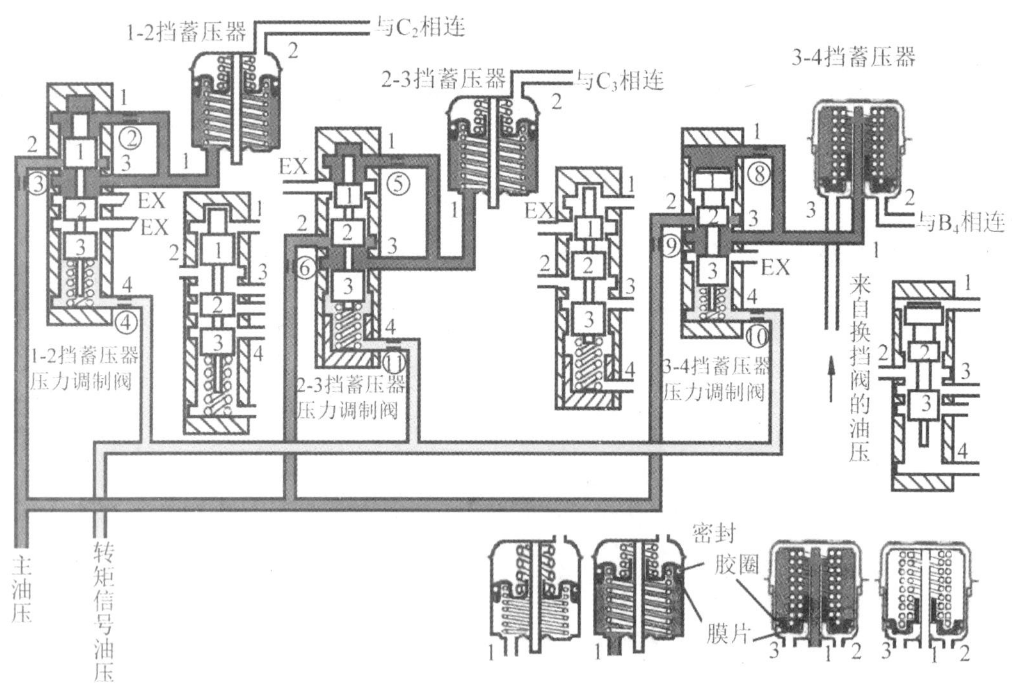

图 6-2-13 蓄压器局部油路图

(2) 蓄压器压力调制阀的结构如图 6-2-13 所示，三个蓄压器压力调制阀的结构略有不同，而工作原理是相同的。现以 1-2 挡蓄压器压力调制阀为例讲述其工作原理如下(参阅图

6-2-13)。

发动机不转动时，在弹簧弹力的作用下柱塞被推到顶部，阀口 2、3 相通。发动机起动过程中，主油压由阀口 2 入，阀口 3 出，送往阀口 1 和蓄压器的背压区，此段油路是封闭的，油压逐渐上升，柱塞随之下移，阀口 2 随之减小。当阀塞 1 将阀口 2 堵塞时，截断主油压，而阀塞 2 上沿与泄油口形成一定缝隙开始泄油，阀口 3 后的油压下降，柱塞又上移，阀口 2 又进油，阀口 3 后的油压又上升，柱塞则不停地上下移动，使阀口 3 后的油压(背压)保持一个设定数值。改变弹簧的预紧力就可以改变此数值，弹力大数值就高。

发动机怠速时，背压则保持在一个设定数值，怠速后，节气门开度增加，阀口 4 有了转矩信号油压，作用在柱塞底部的作用力增加，此作用力与弹簧弹力方向相同，相当于弹簧弹力增加，使阀口 3 输出的背压在设定数值之上随着节气门开度的增加而增加。

(3)　蓄压器的工作过程如下(以 1-2 挡蓄压器为例，参阅图 6-2-14)。

离合器 C_2 未加压时，背压一侧的作用力具有足够大设定值，除将上弹簧压缩到底之外，尚有相应的余量，此时缓冲室容积最小。离合器 C_2 刚加压时，离合器活塞缸的油压迅速上升到相应数值，如曲线图中的直线部分。之后的油压足以使离合器活塞和蓄压器膜片开始移动，活塞缸和缓冲室的容积随之增大，油压上升变缓，如油压曲线的弯曲部分。蓄压器的结构设计，足以满足平顺换挡的要求。

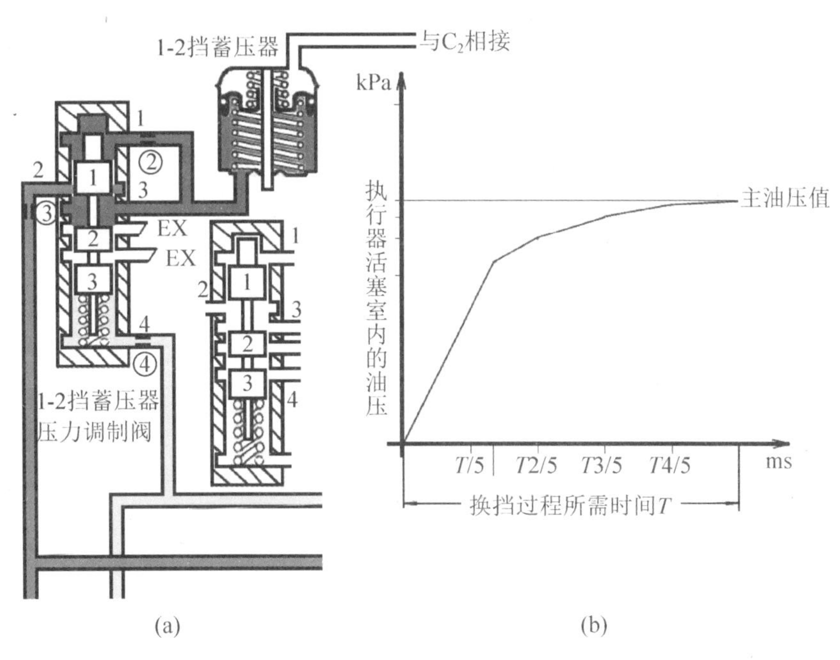

图 6-2-14　蓄压器的工作过程

(三)通用 4T65E 电子控制系统电路和工作原理

4T65E 电子控制系统以动力系统(动力系统指前驱动的发动机与变速器总成)控制模块(PCM)为核心，由各种传感器形成的输入信号电路和几个执行器构成的输出电路组成。PCM 管理着发动机和自动变速器两部分，PCM 与自动变速器工作有关的电路组成如图 6-2-15 所示。

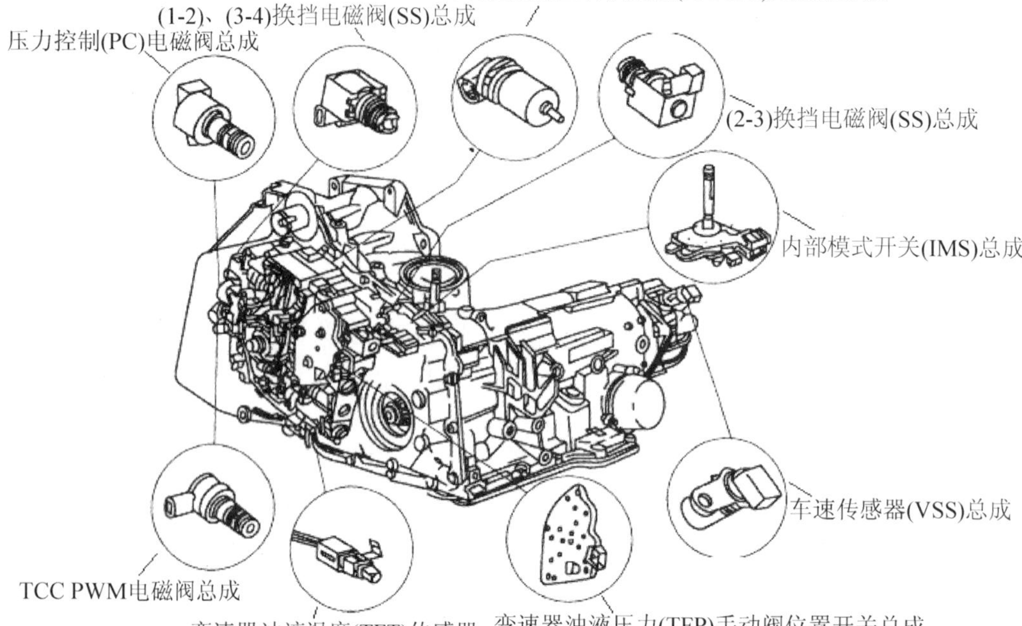

图 6-2-15　PCM 与自动变速器工作有关的电路组成

电子控制系统的原理电路如图 6-2-16 所示。

PCM 习惯上也被称为微电脑，中央处理器(CPU)和各种存储器存储着相关的程序和数据，输入接口电路把输入信号变换成相应的数码，送往 CPU；输出接口电路按 CPU 的运算结果对外电路的执行器实施控制。

PCM 通过两个 80 针的电路插接器①与外电路相连接，1 号插接器 C1 为蓝色，2 号插接器 C2 为透明无色。图中的 20/C1 标示为 C1 插接器的 20 号端子，即分子为端子编号，分母为插接器编号。

稳压电源内有稳压滤波电路，它将输入的 14～12V 直流电压变换成稳定的 5V 电压，给各种集成电路供电；并对输入电压滤波，以减小外电路的干扰，供接口电路使用。为了确保 PCM 的操作系统总是处于待命状态，设置了一条常供电电路，直接接在蓄电池的正负极；其他的供电电路由点火开关控制。点火开关的原理电路如图 6-2-16 右上角所示，它是一个 5 刀 4 掷的多路开关，本文中的电路只涉及其中的 3 条，其他 2 条与本文无关，故未画出。

① 电路插接器包含插座与插头，汽车电路中通常是把安装在用电器件上的称为插座，安装在电线线束上的称为插头，插座上的是插针，插头上的是插孔。当两者脱开时，插头一侧有供电的电源，但它是凹进的插孔，可以防止与导电物体相接，就不会造成短路；插座一侧则无电源，即使有导电物体与插针相接，也不会出现问题。

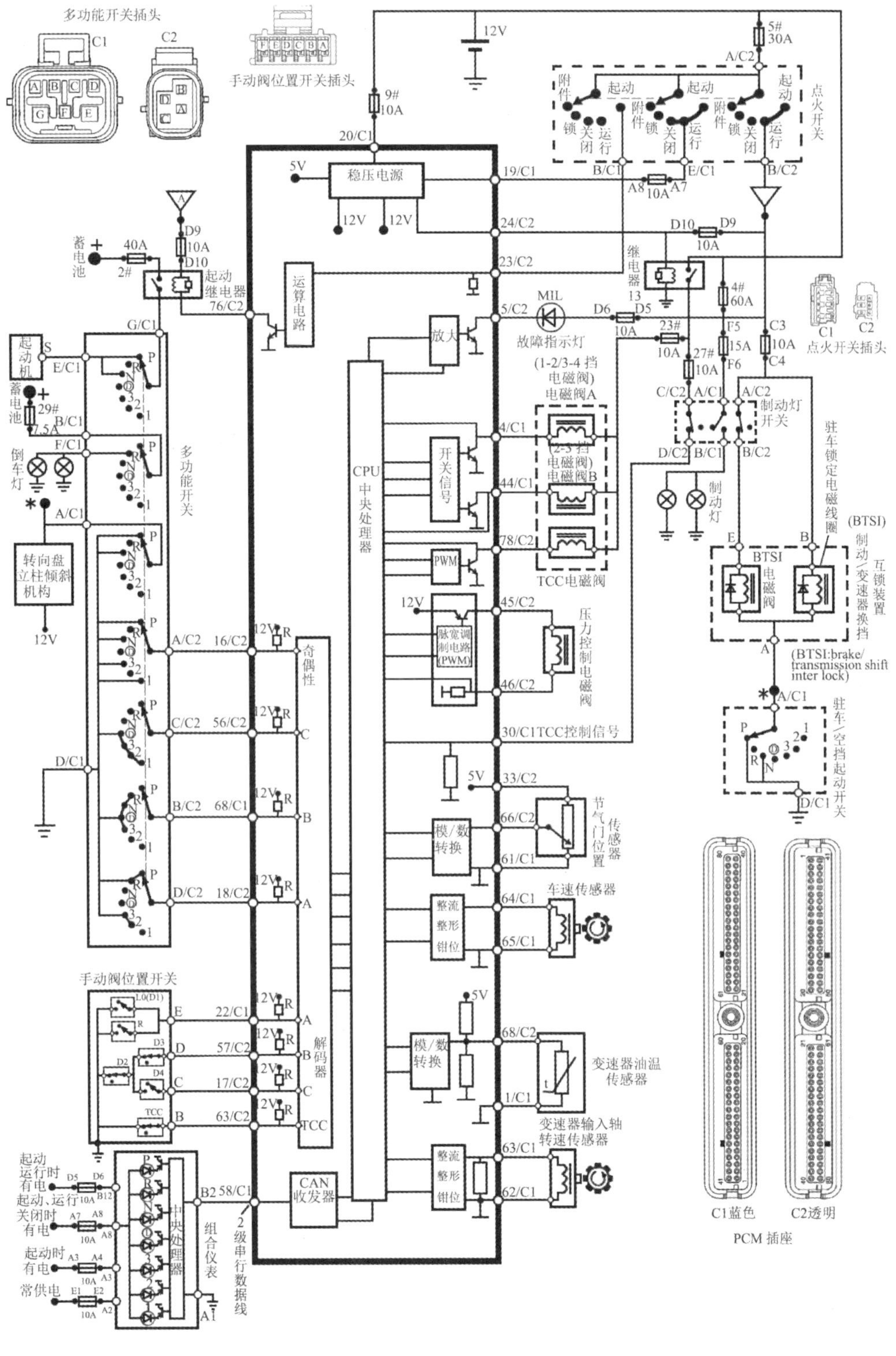

图 6-2-16　4T64E 自动变速器电子控制系统原理电路图

1. 输入信号电路

1) 节气门位置信号电路

节气门位置(throttle position，TP)传感器是一个线性电位器，接在5V的电源上，活动电刷由节气门轴带动，其输出电压则随节气门的开度而变化，此电压代表了节气门位置，称为节气门位置信号电压。节气门关闭(怠速)时，信号电压为0～0.7V；节气门全开时，信号电压为4V以上。此信号电压为模拟量，经模/数转换电路转换成数字量供CPU调用。PCM利用此信号参与换挡时刻的运算，并用以调节主油路油压。

踩下节气门踏板(加速踏板)的快慢(速率)，决定着信号电压的变化率(信号电压曲线的斜率)，急速踩下节气门踏板，产生较大的电压变化率，此信号则作为强制降挡信号参与运算，使变速器强制降挡。

例如，车辆在3挡或4挡条件下行驶，驾驶员想要超车，将节气门踏板迅速踩到底，PCM立即将换挡电磁阀变为降低一挡的状态，变速器降低一挡，车辆迅速加速。超车后，立即减小节气门开度，PCM使变速器又自动升高一挡。

2) 车速信号电路

车速传感器(vehicle speed sensor，VSS)是电磁感应式传感器，其定子安装在变速器的壳体上，转子是安装在差速器壳体上的铁磁质齿圈，差速器壳体转动时，传感器定子线圈中的磁通不停地变化，线圈两端产生交流电压信号，此交流电压经输入接口电路整流、整形、钳位后，其频率转换成代表车速的数字信号，PCM利用此信号参与换挡时刻的运算。

此传感器又是输出轴转速(output shaft speed，OSS)传感器，其输出信号的频率可以转换成代表变速器输出轴转速的数字信号。

3) 输入轴转速信号电路

输入轴转速(input shaft speed，ISS)传感器也是电磁感应式传感器，其转子齿圈与驱动齿轮同轴，定子线圈安装在转子齿圈旁边，转子齿圈转动时，定子线圈产生交流电压信号，此交流电压信号的频率与变速器输入轴的转速成正比。此交流电压经输入接口电路整流、整形、钳位后，其频率转换成代表输入轴转速的数字信号。

PCM利用此信号与输出轴转速信号做比较，可以实时提供变速器传动机构的传动比，判断传动机构的工作状态；与发动机转速信号做比较，可以实时提供变矩器的传动比，在TCC接合时，PCM控制TCC电磁阀的电流，以调节TCC的接合状态。

4) 变速器油液温度信号电路

变速器油液温度(transmission fluid temperature，TFT)传感器是一个负温度系数的热敏电阻，安装在阀板上，感受油液的温度，与PCM的68/C2、1/C1端子相接，传感器上的电压降经模/数转换电路转换成数字量，供CPU选用。当油温达到130℃时，换挡模式选用热模式，在热模式下，变矩器锁止离合器在3挡和4挡时总是处于接合状态，并将换挡时刻适量提前，以降低变速器的油温；当油温低于120℃时，热模式解除。

5) 变速杆位置信号电路

变速器位置信号由多功能开关产生，多功能开关(参阅图6-2-16的左上角)是一个7刀7掷的多路开关，7个活动电刷由变速杆带动，做同步转动。其中4个开关与PCM内部的12V电源和电阻构成一组编码电路，编码按A位、B位、C位、P位排序，不同的变速杆位置，产生不同的二进制的数码，这部分电路称为变速杆位置信号电路。

(1) 当变速杆在 P 位置：数码 A 位连接的开关搭铁，A 位电压为 0V，其二进制代码为 0。数码 B 位连接的开关断路，B 位电压为 12V，其二进制代码为 1。数码 C 位连接的开关断路，C 位电压为 12V，其二进制代码为 1。数码 P 位连接的开关搭铁，P 位电压为 0V，其二进制代码为 0。编码为 0110。

(2) 当变速杆在 R 位置：数码 A 位连接的开关搭铁，A 位电压为 0V，其二进制代码为 0。数码 B 位连接的开关搭铁，B 位电压为 0V，其二进制代码为 0。数码 C 位连接的开关断路，C 位电压为 12V，其二进制代码为 1。数码 P 位连接的开关断路，P 位电压为 12V，其二进制代码为 1。编码为 0011。

(3) 当变速杆在 N 位置：数码 A 位连接的开关断路，A 位电压为 12V，其二进制代码为 1。数码 B 位连接的开关搭铁，B 位电压为 0V，其二进制代码为 0。数码 C 位连接的开关断路，C 位电压为 12V，其二进制代码为 1。数码 P 位连接的开关搭铁，P 位电压为 0V，其二进制代码为 0。编码为 1010。

(4) 当变速杆在 D 位置：数码 A 位连接的开关断路，A 位电压为 12V，其二进制代码为 1。数码 B 位连接的开关搭铁，B 位电压为 0V，其二进制代码为 0。数码 C 位连接的开关搭铁，C 位电压为 0V，其二进制代码为 0。数码 P 位连接的开关断路，P 位电压为 12V，其二进制代码为 1。编码为 1001。

(5) 当变速杆在 3 位置：数码 A 位连接的开关搭铁，A 位电压为 0V，其二进制代码为 0。数码 B 位连接的开关搭铁，B 位电压为 0V，其二进制代码为 0。数码 C 位连接的开关搭铁，C 位电压为 0V，其二进制代码为 0。数码 P 位连接的开关搭铁，P 位电压为 0V，其二进制代码为 0。编码为 0000。

(6) 当变速杆在 2 位置：数码 A 位连接的开关搭铁，A 位电压为 0V，其二进制代码为 0。数码 B 位连接的开关断路，B 位电压为 12V，其二进制代码为 1。数码 C 位连接的开关搭铁，C 位电压为 0V，其二进制代码为 0。数码 P 位连接的开关断路，P 位电压为 12V，其二进制代码为 1。编码为 0101。

(7) 当变速杆在 1 位置：数码 A 位连接的开关断路，A 位电压为 12V，其二进制代码为 1。数码 B 位连接的开关断路，B 位电压为 12V，其二进制代码为 1。数码 C 位连接的开关搭铁，C 位电压为 0V，其二进制代码为 0。数码 P 位连接的开关搭铁，P 位电压为 0V，其二进制代码为 0。编码为 1100。

将上述情况归纳列表，其编码数值见表 6-2-1。

表 6-2-1　变速杆位置信号

变速杆位置	编　码			
	A 位	B 位	C 位	P 位
P	0	1	1	0
R	0	0	1	1
N	1	0	1	0
D	1	0	0	1

续表

变速杆位置	编　码			
	A　位	B　位	C　位	P　位
3	0	0	0	0
2	0	1	0	1
1	1	1	0	0
	非上述组合均为无效			

此编码的末位(P 位)为奇偶位，用于校验，所以又称为校验位。

此编码经解码电路解码后，一路由 2 级串行数据线送往组合仪表的 ECU，使相应的变速杆位置指示灯点亮。所以把这几个开关称为变速杆位置信号开关。另一路告知 CPU 变速杆当前所处的位置，CPU 依据此信号，再与节气门位置信号、车速信号进行综合运算后，去控制换挡电磁阀。由于此代码(变速杆位置)的不同，可以出现不同的工作模式，所以又把这几个开关称为内部模式开关(interior mode switch，IMS)。

(1) 变速杆在 P、R、N 位时，换挡电磁阀只能是 A 电磁阀(1-2/3-4 挡电磁阀)通电(ON)、B 电磁阀(2-3 挡电磁阀)通电(ON)这样一种工作状态。

(2) 变速杆在 D 位时，换挡电磁阀可以出现 4 种组合的工作状态，实现 1～4 挡之间自动变换。

(3) 变速杆在 3 位时，换挡电磁阀只可以出现 3 种组合的工作状态，实现 1～3 挡之间自动变换；而不会出现 A 电磁阀通电(ON)、B 电磁阀断电(OFF)这种工作状态。

(4) 变速杆在 2 位时，换挡电磁阀只可以出现 2 种组合的工作状态，实现 1～2 挡之间自动变换；而不会出现 A 电磁阀断电(OFF)、B 电磁阀断电(OFF)和 A 电磁阀通电(ON)、B 电磁阀断电(OFF)这两种工作状态。

(5) 变速杆在 1 位时，换挡电磁阀只能是 A 电磁阀通电(ON)、B 电磁阀(2～3 挡电磁阀)通电(ON)这样一种工作状态。变速器只工作在 1 挡。

另外三个开关不给 PCM 提供信号，与变速器的换挡控制无关，在此一并介绍。

其中一个开关是控制起动机工作的，称为驻车/空挡(P/N)起动开关(参阅图 6-2-16 左上角)。当变速杆置于 P 或 N 位置时，点火开关置于起动位置，点火开关的 B/C1 端子输出 12V 电压到 PCM 的 23/C2 端子，作为信号电压给逻辑运算电路，使三极管饱和导通，起动继电器线圈通电，常开触点被吸合，电流从蓄电池正极经此开关到起动机的 S 端子，起动机转动，将发动机起动。发动机起动后，点火开关置于运行位置，点火开关的 B/C1 端子断电，PCM 的 23/C2 端子无信号电压，起动继电器断电，起动机停转。

另一个是控制倒车灯工作的，称为倒车灯开关。变速杆置于 R 位置，电刷与 R 触点相接，倒车灯点亮。

第三个是控制制动/变速器换挡互锁装置(brake/ transmission shift inter lock，BTSI)的，称为制动/变速器换挡互锁装置开关。变速杆置于 P 或 N 位置时，制动/变速器换挡互锁装置的电路经此开关的 P/N 触点搭铁，制动/变速器换挡互锁装置才能正常工作，制动/变速器换挡互锁装置起防盗作用。安装有转向盘立柱倾斜机构的，其电路也经此开关的 P/N 触点搭铁后才能正常工作。

这 7 个开关组成一个部件，又称为多功能开关。

6)　手动阀位置信号电路

手动阀是由变速杆带动，手动阀的位置与变速杆的位置是一一对应的，本不应该再去检测手动阀的位置，但手动阀控制着相关的油路，而油路一旦出现阻塞或手动阀柱塞的位置失调，即使电子控制系统是正常的，变速器也不能实现正常换挡。为了检测手动阀的位置及其所控制的油路是否正常，在相关油路中设置了由油压控制的电路开关，再将这些开关与 PCM 内的 12V 电源和电阻构成编码电路，不同的代码代表着手动阀的位置及其所控制的油路是否正常，PCM 就可以检测到手动阀所控油路的工作状况。这些开关称之为变速器油液压力(transmission fluid pressure，TFP)开关，安装在阀体上，其构成的编码电路在图 6-2-16 的左下角，编码按 A 位、B 位、C 位排序，不同的手动阀的位置，产生不同的二进制的数码(TCC 释放开关独立反映 TCC 的工作状态)。

(1)　当手动阀在 P 位置(参阅图 6-2-17)：D_1(LO)、D_2、D_3、D_4 和 R 等开关所在油路都无油压。D_1 为常开、R 为常开，A 位信号电压为 12V，其二进制数码为 1；D_2 常闭、D_3 常闭，B 位信号电压为 0V，其二进制数码为 0；D_2 为常闭、D_4 为常开，C 位信号电压为 12V，其二进制数码为 1。TCC 开关所在油路加压，常闭开关被压断，TCC 位信号电压为 12V，其二进制数码为 1，代表 TCC 处于释放状态(未锁止)。

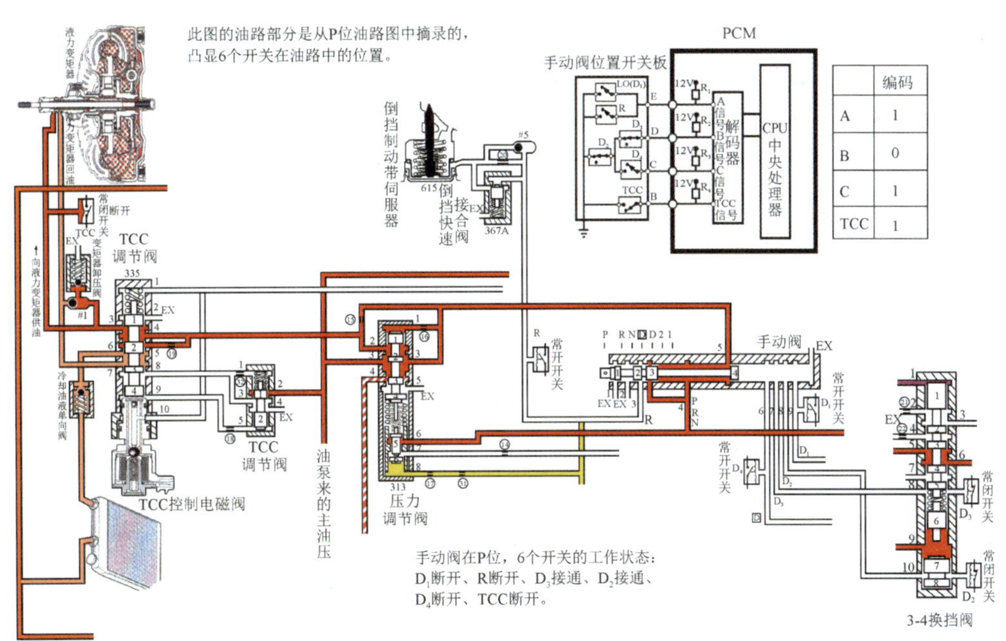

图 6-2-17　手动阀在 P 位时 TFP 开关的工作状态和编码

(2)　当手动阀在 R 位置(参阅图 6-2-18)：R 开关所在油路加压，D_1(LO)、D_2、D_3 和 D_4 等开关所在油路都无油压。D_1 为常开、R 开关受压而接通，A 位信号电压为 0V，其二进制数码为 0；D_2 为常闭、D_3 为常闭，B 位信号电压为 0V，其二进制数码为 0；D_2 为常闭、D_4 为常开，C 位信号电压为 12V，其二进制数码为 1。编码为 0 0 1。TCC 开关所在油路加压，常闭开关被压断，TCC 位信号电压为 12V，其二进制数码为 1，代表 TCC 处于释放状态(未锁止)。

(3) 当手动阀在 N 位置(参阅图 6-2-19)：D_1(LO)、D_2、D_3、D_4 和 R 等开关所在油路都无油压。D_1 为常开、R 为常开，A 位信号电压为 12V，其二进制数码为 1；D_2 为常闭、D_3 为常闭，B 位信号电压为 0V，其二进制数码为 0；D_2 常闭、D_4 常开，C 位信号电压为 12V，其二进制数码为 1。编码为 1 0 1。TCC 开关所在油路加压，常闭开关被压断，TCC 位信号电压为 12V，其二进制数码为 1，代表 TCC 处于释放状态(未锁止)。编码为 1 0 1 1。

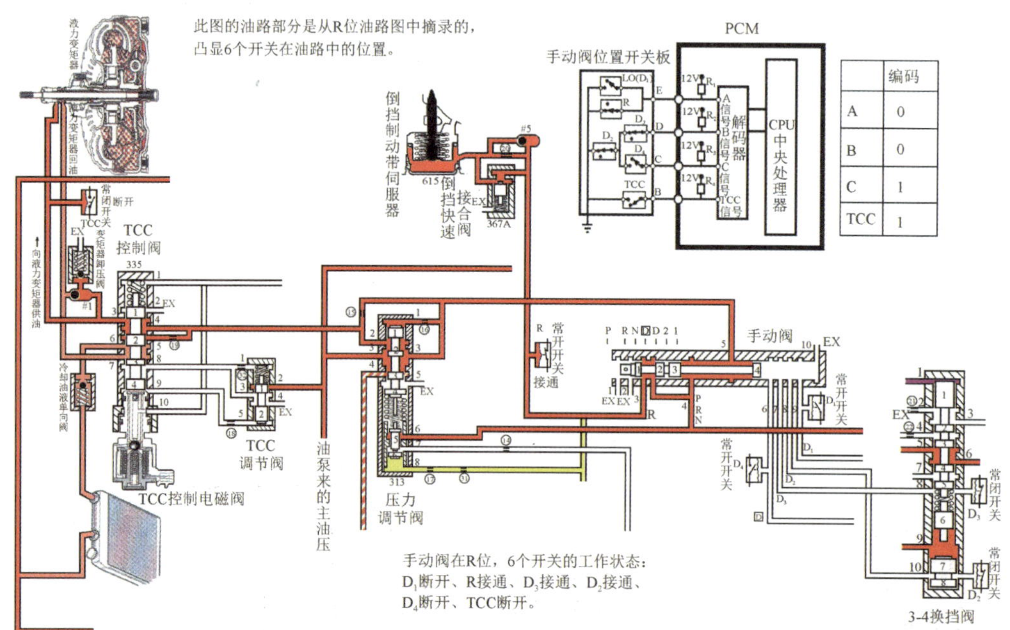

图 6-2-18 手动阀在 R 位时 TFP 开关的工作状态和编码

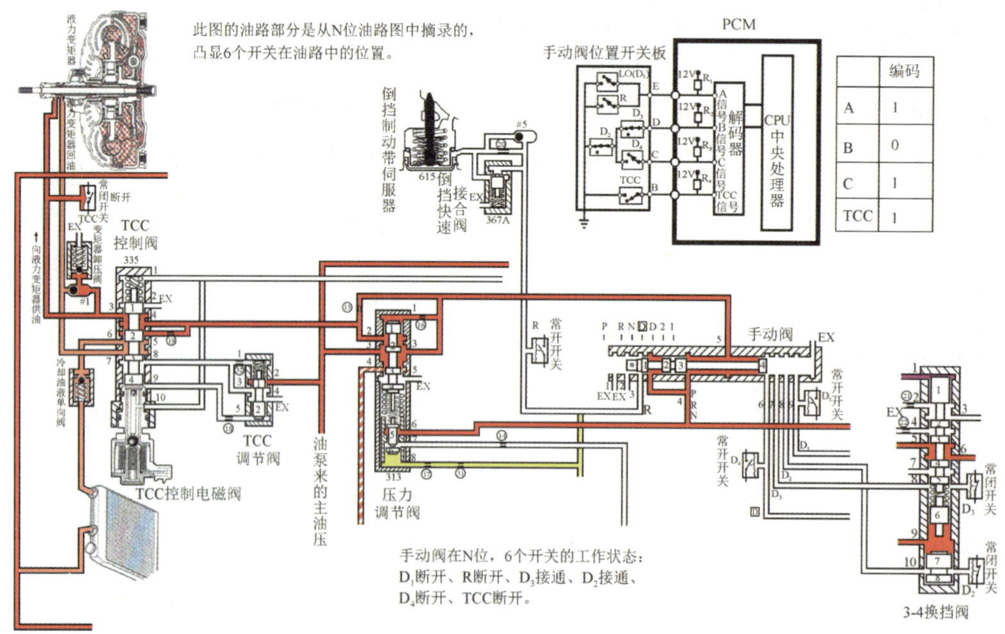

图 6-2-19 手动阀在 N 位时 TFP 开关的工作状态和编码

(4) 当手动阀在 D 位(4 挡、TCC 锁止)(参阅图 6-2-20)：D_4 开关所在油路加压，D_1(LO)、D_2、D_3 和 R 等开关所在油路都无油压。D_1 为常开、R 为常开，A 位信号电压为 12V，其二进制数码为 1；D_2 为常闭、D3 为常闭，B 位信号电压为 0V，其二进制数码为 0；D_2 为常闭、D_4 为接通，C 位信号电压为 0V，其二进制数码为 0。编码为 1 0 0。TCC 开关所在油路无油压，常闭开关接通，TCC 位信号电压为 0V，其二进制数码为 0，代表 TCC 处于接合状态。

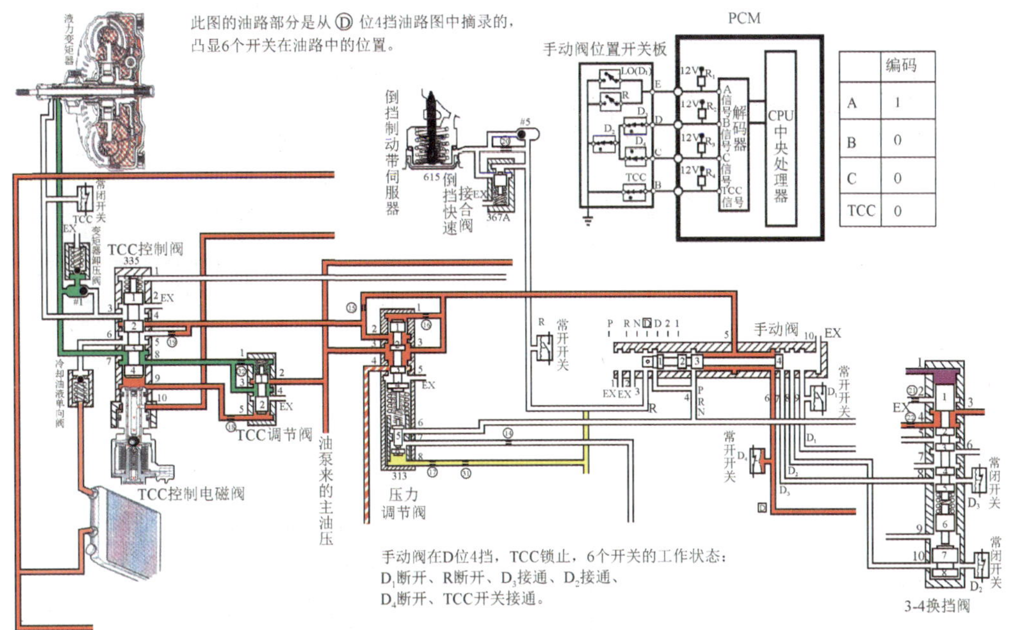

图 6-2-20　手动阀在 D 位(4 挡、TCC 锁止)时 TFP 开关的工作状态和编码

(5) 当手动阀在 3 位置(参阅图 6-2-21)：D_4 和 D_3 开关所在油路加压，D_1(LO)、D_2 和 R 等开关所在油路都无油压。D_1 为常开、R 为常开，A 位信号电压为 12V，其二进制数码为 1；D_2 为常闭、D_3 为断开，B 位信号电压为 12V，其二进制数码为 1；D_2 为常闭、D_4 为接通，C 位信号电压为 0V，其二进制数码为 0。编码为 1 1 0。TCC 开关所在油路有油压，常闭开关断开，TCC 位信号电压为 12V，其二进制数码为 1，代表 TCC 处于释放状态(未锁止)。

(6) 当手动阀在 2 位置(参阅图 6-2-22)：D_4 、D_3 和 D_2 开关所在油路加压，D_1(LO)和 R 开关所在油路都无油压。D_1 为常开、R 为常开，A 位信号电压为 12V，其二进制数码为 1；D_2 为断开、D_3 为断开，B 位信号电压为 12V，其二进制数码为 1；D_2 为断开、D_4 为接通，C 位信号电压为 12V，其二进制数码为 1。编码为 1 1 1。TCC 开关所在油路有油压，常闭开关断开，TCC 位信号电压为 12V，其二进制数码为 1，代表 TCC 处于释放状态(未锁止)。

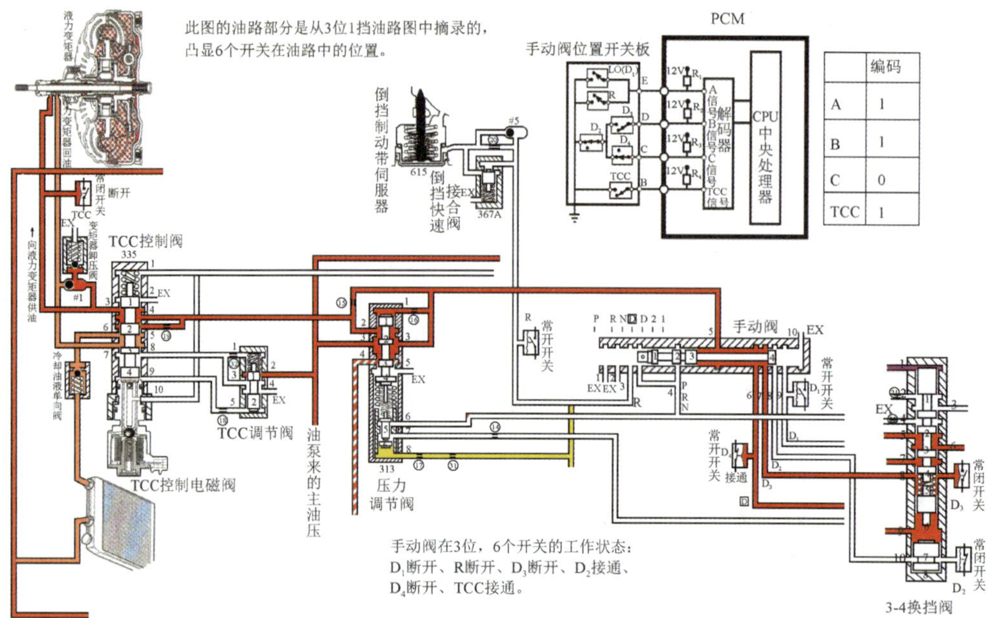

	编码
A	1
B	1
C	0
TCC	1

图 6-2-21　手动阀在 3 位时 TFP 开关的工作状态和编码

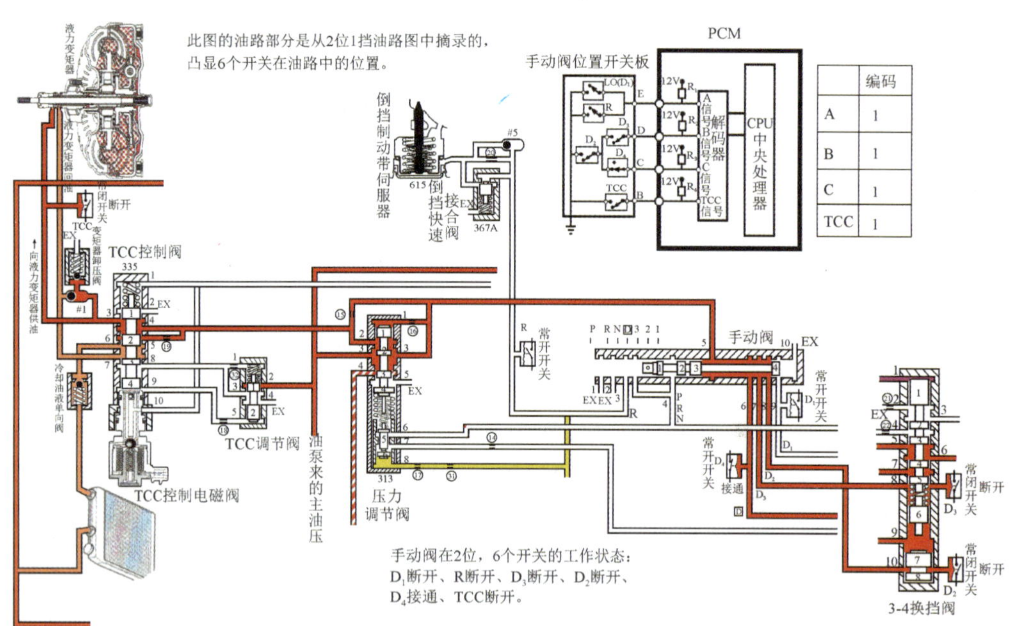

	编码
A	1
B	1
C	1
TCC	1

图 6-2-22　手动阀在 2 位时 TFP 开关的工作状态和编码

(7)　当手动阀在 1 位置(参阅图 6-2-23)：D_4、D_3、D_2和 D_1开关所在油路加压，R 开关所在油路无油压。D_1加压而接通、R 为常开，A 位信号电压为 0V，其二进制数码为 0；D_2为断开、D_3为断开，B 位信号电压为 12V，其二进制数码为 1；D_2为断开、D_4为接通，C 位信号电压为 12V，其二进制数码为 1。编码为 0 1 1。TCC 开关所在油路有油压，常闭开关断开，TCC 位信号电压为 12V，其二进制数码为 1，代表 TCC 处于释放状态(未锁止)。

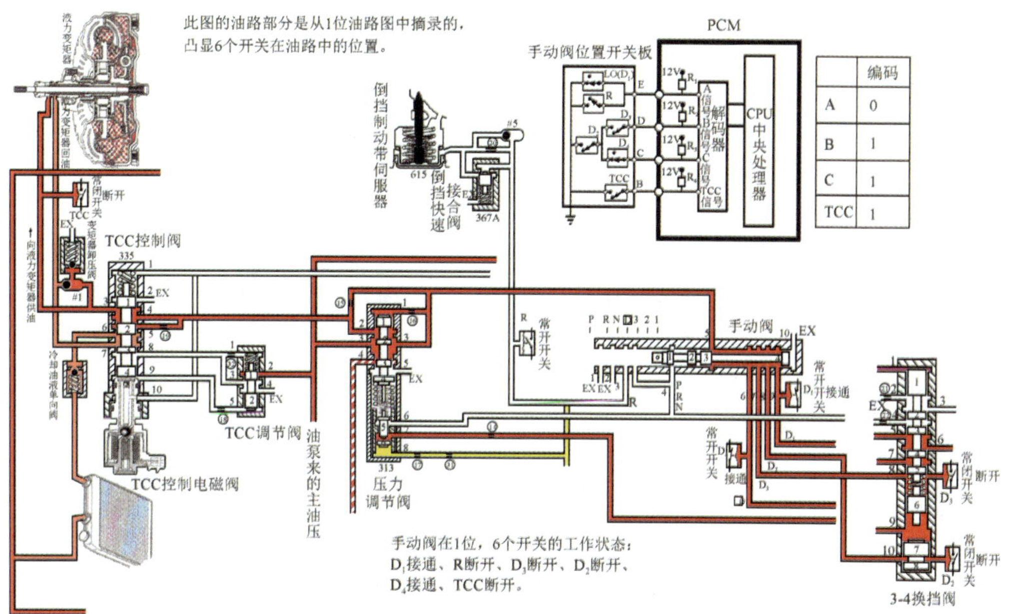

图 6-2-23　手动阀在 1 位时 TFP 开关的工作状态和编码

将上述情况归纳，其编码数值见表 6-2-2。

表 6-2-2　TFP 开关信号

手动阀位置	编　码			TCC 工作状态	
	A　位	B　位	C　位	状　态	代　码
P/N	1	0	1	未锁止	1
R	0	0	1	未锁止	1
D	1	0	0	锁止	0
3	1	1	0	未锁止	1
2	1	1	1	未锁止	1
1	0	1	1	未锁止	1
	非上述组合均为无效				

7)　制动灯开关

制动灯开关是 TCC 控制信号开关。车辆行驶在 2 挡、3 挡或 4 挡的情况下，PCM 在适当时机使 TCC 锁止，变矩器直接接合。如果在此条件下实施制动，必造成发动机熄火而停转，所以利用特制的制动灯开关，给 PCM 输入一个信号，此信号电路参阅图 6-2-16 的右侧中部。未踩下制动踏板，PCM 30/C1 端子经制动灯开关中的一个常闭触点，接 12V 电压，输入到 CPU 为高电平，CPU 就可以适时使 TCC 锁止。在 TCC 锁止的情况下，踩下制动踏板，制动灯开关的常闭触点断开，30/C1 端子的电压为 0V，输入到 CPU 为低电平，CPU 立即使 TCC 脱开。反之，踩下制动踏板，制动灯开关的常闭触点断开，30/C1 端子的电压为 0V，输入到 CPU 为低电平，TCC 就不可能接合。

2. 输出信号电路

输出控制电路包括 PCM 内部的输出接口电路和外部的受控设备。

1) 换挡电磁阀控制电路

换挡电磁阀的结构(见图 6-2-11)在换挡控制部件已介绍。

换挡电磁阀的控制电路见图 6-2-16 中部右侧。

电磁阀线圈一端受点火开关控制，与电源正极相接；A 电磁阀另一端与 PCM 4/C1 端子相接，B 电磁阀另一端与 PCM 44/C1 端子相接，端子内接晶体管的集电极，晶体管的基极电流由 CPU 控制。基极加高电平时，晶体管饱和导通，电磁阀通电，铁芯紧紧压住球阀，信号油压不能泄出；基极加低电平时，晶体管截止，电磁阀断电，铁芯回位，球阀不受力，信号油压推开球阀而泄出。

2) TCC 电磁阀的控制电路

TCC 电磁阀的结构见项目五相关内容，控制电路见图 6-2-16 中部右侧。

电磁阀线圈一端受点火开关控制，与电源正极相接；另一端与 PCM 78/C2 端子内的晶体管集电极相接，晶体管的基极电流由 CPU 控制的脉宽调制器产生(电流的频率为 32Hz)。当 TCC 不需要锁止时，PCM 不给 TCC 电磁阀通电(占空比为 0)。当 TCC 需要锁止时，PCM 给 TCC 电磁阀输出一个占空比为 22%的初始电流，然后电流的占空比按一定增长率上升，直到电流的占空比达 90%之后，CPU 根据发动机转速和变速器输入转速的转速比，自动调节电流的占空比，使 TCC 缓缓接合，并保持微微的滑移。变矩器的传动比近似于 1。

当踩下制动踏板时，PCM 30/C1 端子的电压由 12V 变为 0V，输入到 CPU 的电平由高电平变为低电平，其输出的占空比立即变为 0，TCC 迅速脱开。在 TCC 接合的情况下换挡时，PCM 都要先关断 TCC 电磁阀(占空比变为 0)，然后再实施换挡。

3) 压力控制电磁阀的控制电路

压力控制电磁阀的结构(见图 5-2-5)在项目五中已介绍。其控制电路如图 6-2-16 中部右侧。

压力控制电磁阀的线圈，一端经 PCM 的 45/C2 端子，内接 PNP 型开关三极管的集电极，三极管发射极接 12V 电压，基极接脉宽调制器的输出；另一端经 PCM 的 46/C2 端子，内接一个电阻(阻值很小)，电阻一端接地，另一端的接线将电阻上的压降反馈到 CPU，用于实时监测压力控制电磁阀的工作状态。此脉宽调制器产生的是一个频率为 292.5Hz、振幅不变而脉宽可调的电压，脉冲宽度由 CPU 根据节气门位置信号综合运算后予以控制。节气门开度为 0° 时，脉冲宽度最大(占空比最大)，线圈的平均电流最大，电磁阀泄油口最大，电磁阀的输出油压为 0；节气门开度增加，脉冲宽度减小(占空比减小)，线圈的平均电流减小，电磁阀泄油口减小，电磁阀的输出油压增加；节气门全开时，脉冲宽度为 0(占空比为 0)，线圈无电流，电磁阀泄油口关闭，电磁阀的输出油压最大。经此电磁阀的控制，将输入的稳定油压，转换成一个随节气门开度变化的油压。此油压作为压力控制信号(VBS)，去控制转矩信号调节阀。转矩信号调节阀产生的信号油压，再引到压力调节阀，用于调节主油路油压(主油压)，使主油压随节气门开度增加而增加。

3. 电子控制系统的工作原理

变速杆在 P、R、N 位置时，PCM 获得这些编码后，只能输出 A 电磁阀通电(ON)、B 电磁阀通电(ON)这样一种状态。这两个电磁阀都处于通电状态，并不影响输入离合器的工作。即使 PCM 出故障，A 电磁阀和 B 电磁阀都不通电，也不会影响变速器动力传动部分的工作状态，即变速杆在 P、R、N 三个位置时，变速器的工作状态与电子控制系统无关。在 P、R、N 位置，设置成 A 电磁阀通电(ON)、B 电磁阀通电(ON)这种状态，是为了与 1 挡时的 A 电磁阀通电(ON)、B 电磁阀通电(ON)取得一致，可以避免变速杆从 P 或 R 或 N 位置移到任何一个前进挡时产生时间差。

1)　变速杆在 D 位置

(1)　变速杆在 D 位置，向 PCM 输入的编码是 1 0 0 1，告知 PCM 变速杆在 D 位置。手动阀位置信号的编码是 1 0 0，与存储的数据是一致的，油路无故障。CPU 则调用 D 位时的程序和数据，使 A 电磁阀通电(ON)、B 电磁阀通电(ON)。此时，液压控制系统的相关油路使输入离合器接合，自动变速器则处于 1 挡，驱车向前行驶。

(2)　在 D 位 1 挡的状态下，车速不断增加，当车速与节气门位置的信号达到相应数值时，PCM 将传感器输入的信号与相关程序和数据进行综合运算后，符合 1 挡升入 2 挡的条件，便使输出变为 A 电磁阀断电(OFF)，B 电磁阀通电(ON)。液压控制系统使自动变速器由 1 挡升入 2 挡。

(3)　在 D 位 2 挡的状态下，车速再增加，当车速与节气门位置信号达到相应数值时，PCM 将传感器输入的信号与相关程序和数据进行综合运算后，符合 2 挡升入 3 挡的条件，便使输出变为 A 电磁阀断电(OFF)，B 电磁阀断电(OFF)。液压控制系统使自动变速器由 2 挡升入 3 挡。

(4)　在 D 位 3 挡的状态下，车速再增加，当车速与节气门位置信号达到相应数值时，PCM 将传感器输入的信号与相关程序和数据进行综合运算后，符合 3 挡升入 4 挡的条件，便使输出变为 A 电磁阀通电(ON)，B 电磁阀断电(OFF)。液压控制系统使自动变速器由 3 挡升入 4 挡。

(5)　在 2 挡或 3 挡或 4 挡的条件下，节气门位置信号和车速达到设定值，车辆匀速行驶时间达到设定值，PCM 使 TCC 接合，变矩器传动比为 1。

2)　变速杆在 3 位置

变速杆在 3 位置，PCM 输入的编码是 0 0 0 0，告知 PCM 变速杆在 3 位置。手动阀位置信号的编码是 1 1 0，与存储的数据是一致的，油路无故障。CPU 则调用 3 位时的程序和数据，由于 3 位时的程序中不允许实现 3 挡升 4 挡，PCM 只能控制自动变速器在 1～3 挡之间自动变换。

3)　变速杆在 2 位置

变速杆在 2 位置，PCM 输入的编码是 0 1 0 1，告知 PCM 变速杆在 2 位置。手动阀位置信号的编码是 1 1 1，与存储的数据是一致的，油路无故障。CPU 则调用 2 位时的程序和数据，由于 2 位时的程序中不允许实现 2 挡升 3 挡、3 挡升 4 挡，PCM 只能控制自动变速器在 1～2 挡之间自动变换。

4) 变速杆在1位置

变速杆在1位置，PCM输入的编码是1 1 0 0，告知PCM变速杆在1位置。手动阀位置信号的编码是0 1 1，与存储的数据是一致的，油路无故障。CPU则调用1位时的程序和数据，由于1位时的程序中不允许实现1挡升2挡……，PCM只能控制自动变速器在1挡运行。此时，液压控制系统的相关油路使输入离合器接合，自动变速器则处于1挡，驱车向前行驶。

5) PCM具有变速器适配功能

变速器适配系统可以实现低挡升高档适配和各档的稳定状态适配。

(1) 低挡升高档(1挡升2挡、2挡升3挡……)适配。电—液控制式自动变速器由低挡升到高档的过程是：PCM给换挡电磁阀通电，电磁阀工作，改变液压系统的油路，将主油压引到相应的离合器，离合器片接合后，低挡升到高档。完成此过程所需的时间称为换挡时间，4T65E自动变速器设定的换挡时间为0.25～0.65s，称为标定换挡时间。换挡时间与换挡阀的弹簧弹性、离合器片的厚度和间隙、主油压的压力等因素有关。

变速器在使用过程中，PCM实时检测着此换挡时间，如果换挡时间大于标定换挡时间，PCM将此情况记忆下来，在下一次相同情况的升挡过程中，PCM使压力控制电磁阀的电流减小(电流的占空比减小)，促使转矩信号油压增加、主油压增加，使换挡时间恢复为标定换挡时间。如果换挡时间小于标定换挡时间，在下一次相同情况的升挡过程中，PCM使压力控制电磁阀的电流增加，促使转矩信号油压减小、主油压减小，使换挡时间恢复为标定换挡时间。此过程称为换挡时间自动适配过程，此结果就称为变速器低挡升高挡适配。

(2) 稳定状态适配。PCM实时检测着变速器输入轴和输出轴的转速比，当升挡后，此转速比小于相应的设定数值，则说明离合器片产生了滑动，并测得其滑动量，PCM则依据此滑动量，减小压力控制电磁阀的电流，以增加主油压，消除离合器片的滑移，实现设定的转速比。此过程称为转速比自动适配过程，此结果就称为变速器稳定状态适配。

(3) 变速器适配压力(transmission adaptive pressure，TAP)。自动适配过程中，主油压的构成，是以节气门位置信号所调节的油压为基数，再增加(或减小)相应数值的油压，此增加(或减小)的部分油压，称为变速器适配压力。变速器适配压力可以用故障诊断仪检测出来，用以诊断离合器的工作状况。

二、项目实施与工作页

(一)项目准备

项目实施前应准备好如下自动变速器总成、工具、耗材等。

(1) 4T65E自动变速器、油泵、阀体总成。

(2) 4T65E自动变速器拆装专用工具、常用工具。

(3) 4T65E自动变速器维修手册、油路图、电路图等技术资料。

(二)项目实施

分析4T65E各挡位液压控制系统的工作状况。

4T65E自动变速器换挡执行元件的工作状况见表3-3-1。

1. P 位时液压控制系统的工作状况

变速杆放在 P 位，经传动杆使驻车棘爪与驻车齿轮啮合，变速器输出轴与车体结合成一体，前车轮不能转动。起动发动机后，发动机处于怠速工作状态，P 位时油路的工作状况如图 6-2-24 所示。

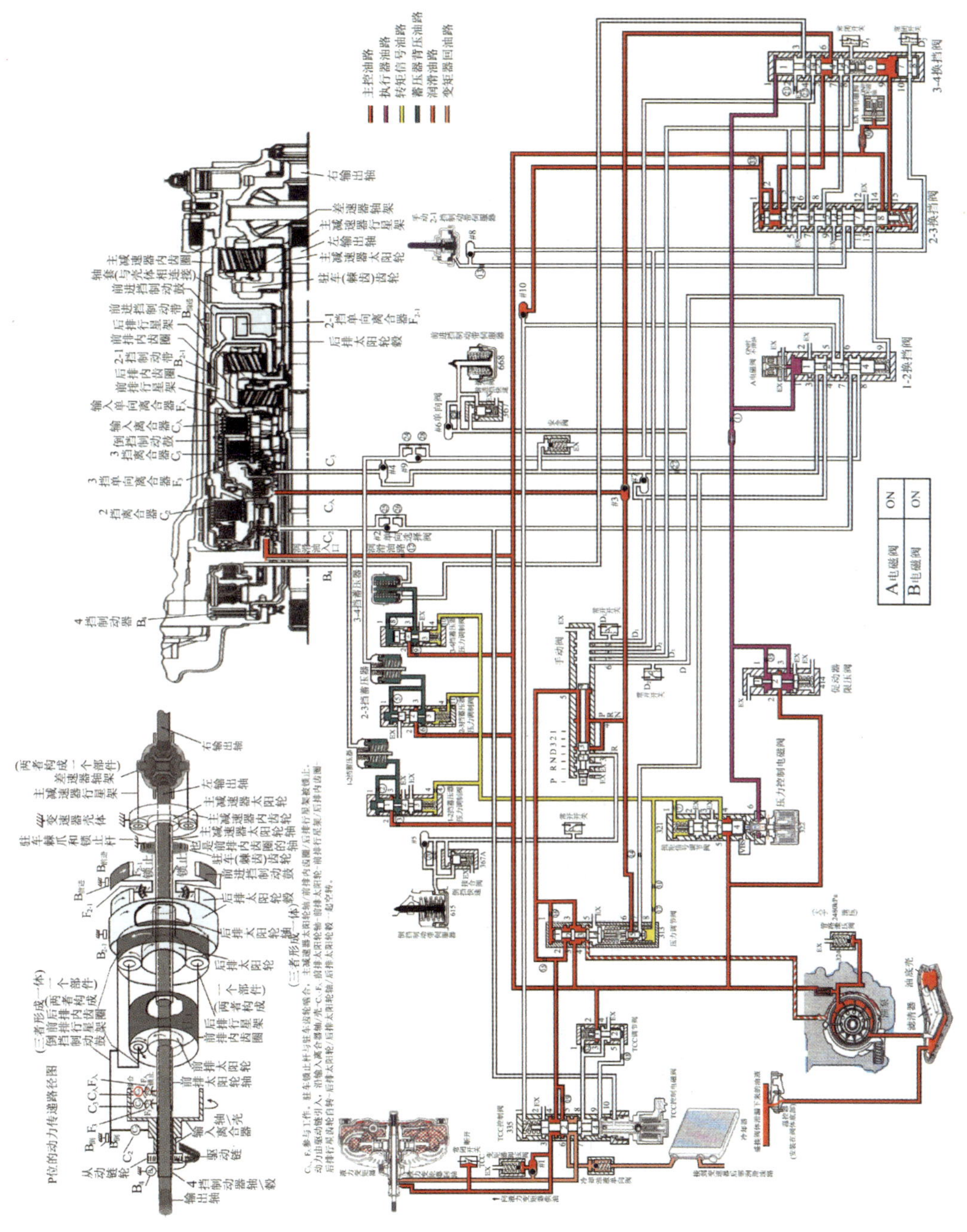

图 6-2-24　P 位时的油路图

变速器油泵工作，压力调节阀使主油压达到额定值。

(1) 主油压经 TCC 控制阀阀口 4、3 给液力变矩器供油；主油压经 12 号限流孔给润滑油路供油。只有这两条油路的油液是不停流动的。

(2) 促动器限压阀输出一个稳定的油压，给压力控制电磁阀和换挡电磁阀 A 供压。节气门开度为 0°，压力控制电磁阀的电流最大(占空比最大)，电磁阀的泄油口最大，压力控制信号(VBS)油压为 0，转矩信号调节阀输出的油压为 0。

(3) 三个蓄压器压力调制阀输出设定的油压作为该蓄压器的背压。

(4) 手动阀在 P 位，主油压由手动阀的阀口 5 入，阀口 4 出，一路到压力调节阀的阀口 6；一路经#3 单向选择阀到输入离合器 $C_{输入}$，由于 33 号限流孔的存在，#3 单向选择阀为此路开放，将另一侧堵塞。

(5) 电磁阀 A 通电(ON)，电磁阀 B 通电(ON)，使 1-2 换挡阀的柱塞停于底部，2-3 换挡阀的柱塞停于顶部，3-4 换挡阀的柱塞停于顶部，三个换挡阀所控制的油路只接通了通往输入离合器 $C_{输入}$的油路，但此路的主油压却被#3 单向选择阀堵塞。这种情况说明：变速杆在 P 位时，与换挡电磁阀的工作状态无关。

2. R 位时液压控制系统的工作状况

变速杆放在 R 位，发动机处于怠速工作状态，R 位时油路的工作状况如图 6-2-25 所示。

手动阀在 R 位，主油压由手动阀的阀口 5 入，阀口 3 出，经倒挡快速接合阀，到倒挡制动带伺服器，倒挡制动带 $B_{倒}$制动，变速器实现倒挡工作状态。

其他油路部分的工作状况与 P 位时相同。

3. N 位时液压控制系统的工作状况

变速杆放在 N 位，发动机处于怠速工作状态，N 位时油路的工作状况如图 6-2-26 所示。

手动阀在 N 位，主油压由手动阀的阀口 5 入，阀口 4 出，它的工作状况与 P 位时相同。驻车棘齿与驻车棘爪脱开。

4. D 位时液压控制系统的工作状况

(1) D 位 1 挡时液压控制系统的工作状况。

D 位 1 挡时，油路的工作状况如图 6-2-27 所示。

手动阀在 D 位，主油压由手动阀的阀口 5 入，阀口 6 出，经前进挡快速接合阀，给前进挡制动带伺服器加压，前进挡制动带 $B_{前进}$制动。

电磁阀 A 通电(ON)，电磁阀 B 通电(ON)。由于电磁阀 A 通电而不泄油，1-2 换挡阀的阀口 1 加压，柱塞顶部受力而下移到底部；3-4 换挡阀的阀口 1 加压，但由于阀口 9 也加压及弹簧的弹力，使柱塞停于顶部，阀口 5、6 相通，为通往输入离合器 $C_{输入}$提供通道。由于电磁阀 B 通电而不泄油，2-3 换挡阀的阀口 15 加压，与弹簧弹力共同作用，使柱塞停于顶部；同时给 3-4 换挡阀的阀口 9 加压。

此时，输入离合器 $C_{入}$、输入单向离合器 $F_{入}$、前进挡制动带 $B_{前进}$和 2-1 挡单向离合器 F_{2-1} 参与工作，变速器则处于 1 挡工作状态。同时，给 TCC 控制阀阀口 1 加压，确保 TCC 控制阀在 1 挡条件下不会出现离合器接合的工作状态。

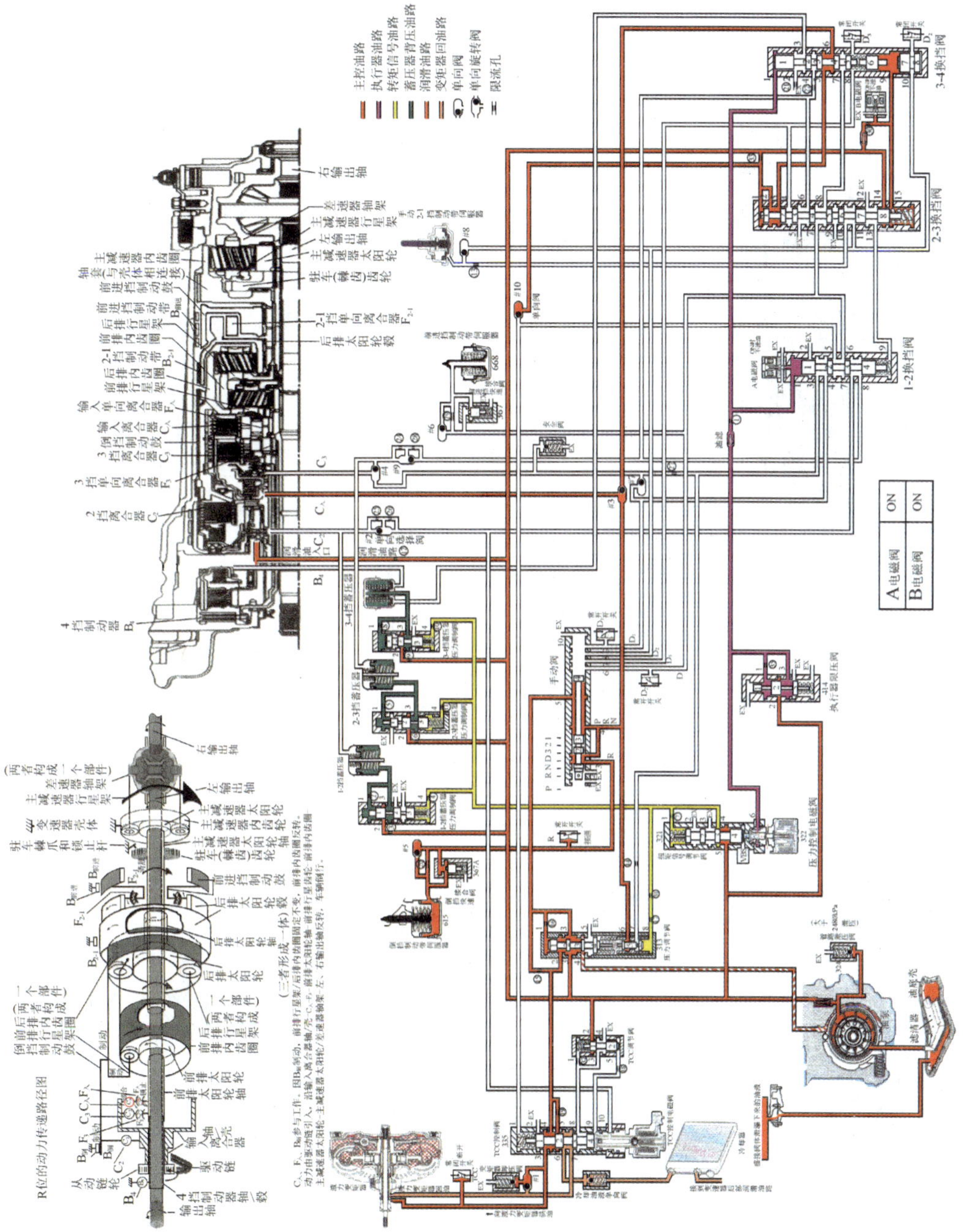

图 6-2-25　R 位时的油路图

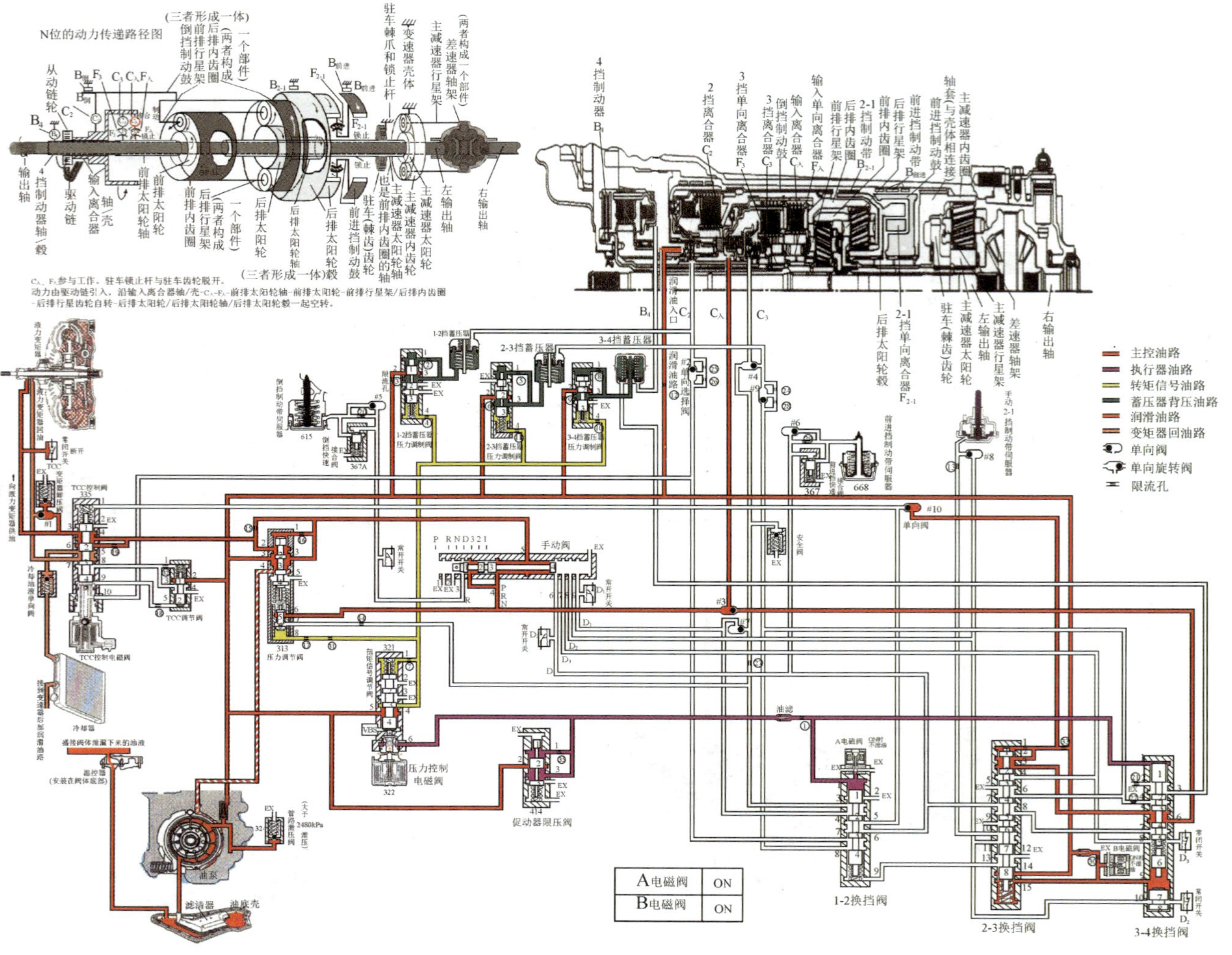

图 6-2-26　N位时的油路图

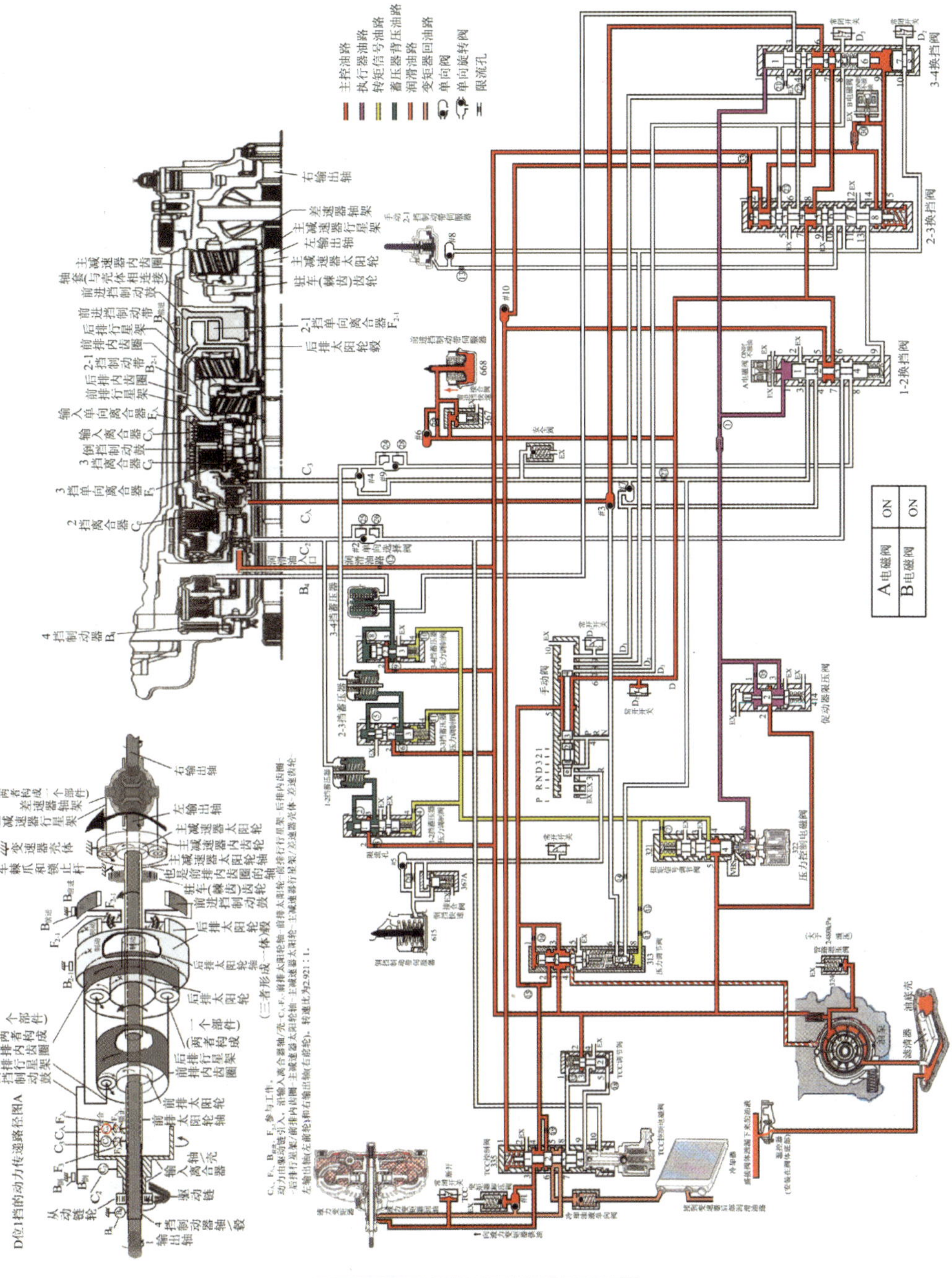

图 6-2-27　D 位 1 挡时的油路图

(2) D 位 2 挡时液压控制系统的工作状况。

D 位 2 挡时，油路的工作状况如图 6-2-28 所示。

手动阀在 D 位，主油压由手动阀的阀口 5 入，阀口 6 出，经前进挡快速接合阀，给前进挡制动带伺服器加压，前进挡制动带 $B_{前进}$制动。

电磁阀 A 断电(OFF)，电磁阀 B 通电(ON)。由于电磁阀 A 断电而泄油，使 1-2 换挡阀的柱塞由底部上移到顶部，阀口 6、7 相通，主油压经阀口 6、7 给 2 挡离合器 C_2 加压，C_2

接合；同时，给 TCC 控制阀阀口 10 供压，为 TCC 控制电磁阀提供油压。3-4 换挡阀的阀口 1 虽然失压，但阀口 9 仍保持加压，柱塞仍停于顶部，通往输入离合器 $C_{输入}$的油路未变。由于电磁阀 B 仍保持通电，2-3 换挡阀的柱塞仍停于顶部，油路状况不变。

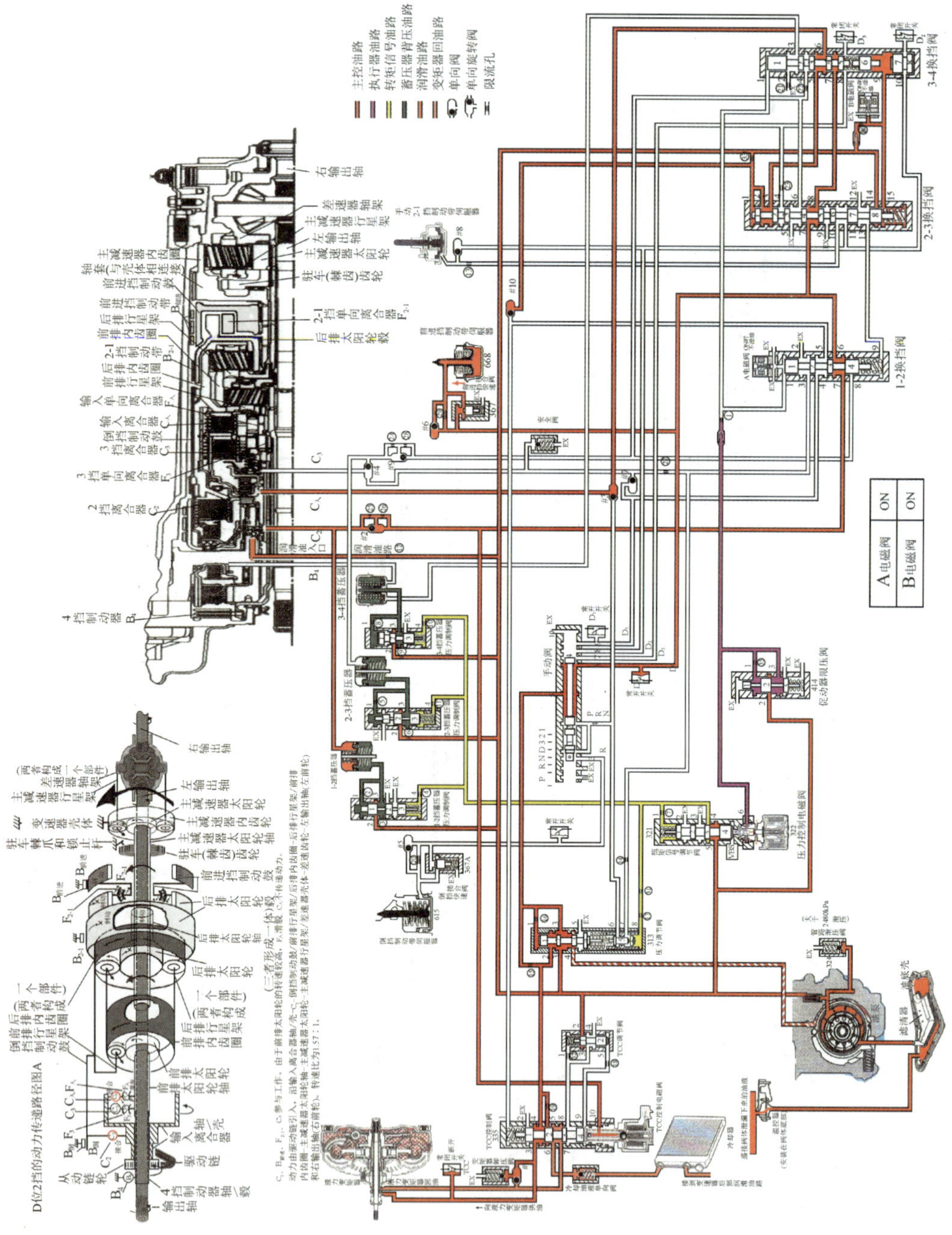

图 6-2-28　D 位 2 挡时的油路图

此时，2 挡离合器 C_2、前进挡制动带 $B_{前进}$、2-1 挡单向离合器 $F_{2\text{-}1}$和输入离合器 $C_{入}$参与工作，由于输入单向离合器 $F_{入}$滑脱，$C_{入}$不起作用，变速器处于 2 挡工作状态。同时，阻断了通往 TCC 控制阀阀口 1 的油路，顶部无油压，TCC 控制阀在 2 挡以后(即 2、3、4 挡)，都可能实现离合器接合的工作状态(这取决于电子控制系统)。

(3) D 位 3 挡时液压控制系统的工作状况。

D 位 3 挡时，油路的工作状况如图 6-2-29 所示。

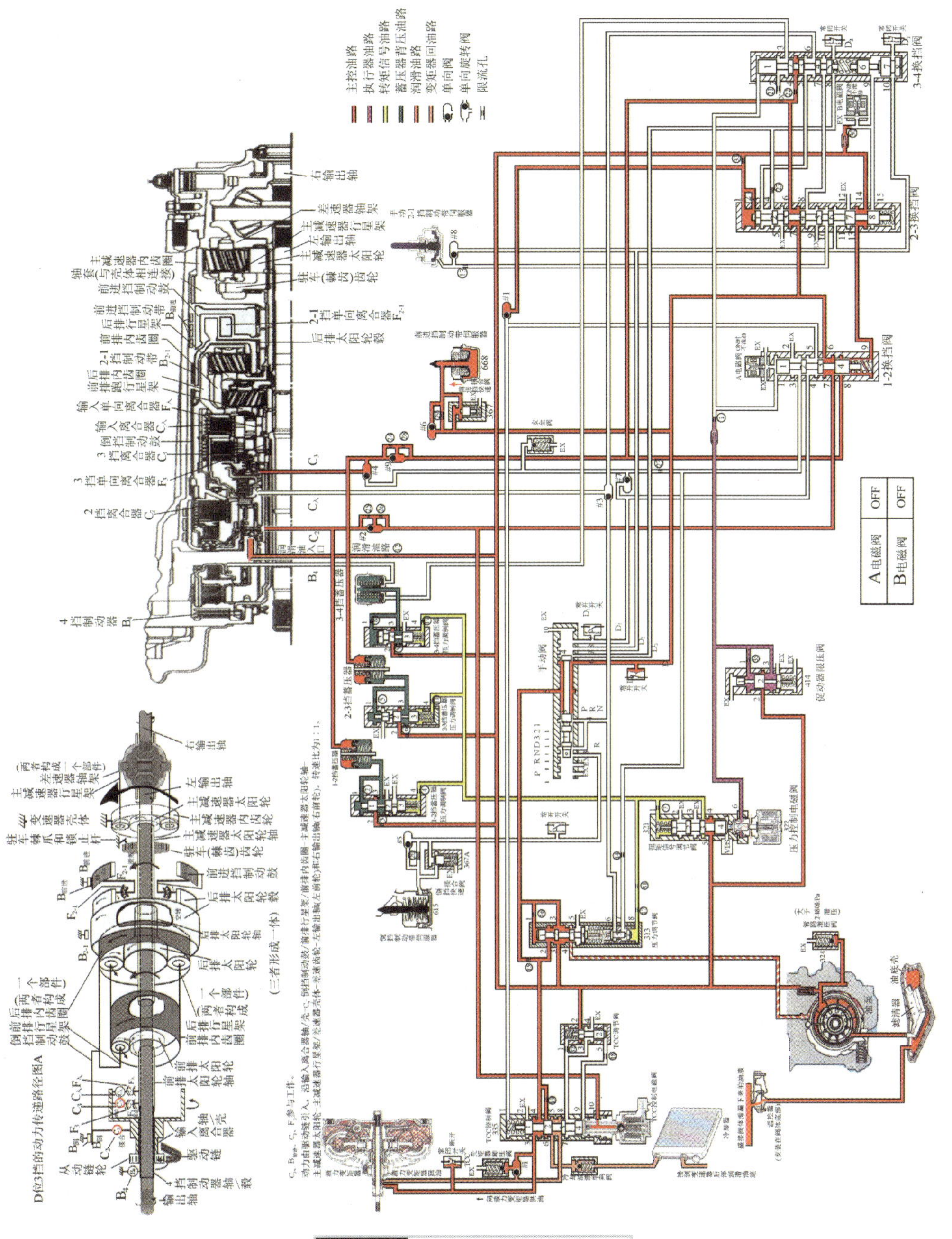

图 6-2-29　D 位 3 挡时的油路图

手动阀在 D 位，主油压由手动阀的阀口 5 入，阀口 6 出，经前进挡快速接合阀，给前进挡制动带伺服器加压，前进挡制动带 $B_{前进}$制动。

电磁阀 A 断电(OFF)，电磁阀 B 断电(OFF)。由于电磁阀 A 仍保持断电，1-2 换挡阀的柱塞仍在顶部，主油压经阀口 6、7 给 2 挡离合器 C_2 加压，C_2 接合；同时，给 TCC 控制阀阀口 10 供压，为 TCC 控制电磁阀提供油压。3-4 换挡阀的阀口 1 虽然失压，但阀口 9 也失压，靠弹簧弹力，柱塞仍停于顶部，通往输入离合器 $C_{入}$的油路未变。由于电磁阀 B 变为断电，2-3 换挡阀底部无油压，顶部油压使柱塞下移到底部。2-3 换挡阀的阀口 6、7 相通，主油压经此给 3 挡离合器 C_3 加压，C_3 接合；阀口 13、14 相通，主油压经此给 1-2 换挡阀底部加压，以确保 1-2 换挡阀的柱塞停于顶部。

此时，2 挡离合器 C_2、前进挡制动带 $B_{前进}$、3 挡离合器 C_3 和 3 挡单向离合器 F_3 参与工作，变速器处于 3 挡工作状态。

(4) D 位 4 挡时液压控制系统的工作状况。

D 位 4 挡时油路的工作状况如图 6-2-30 所示。

手动阀在 D 位，主油压由手动阀的阀口 5 入，阀口 6 出，经前进挡快速接合阀，给前进挡制动带伺服器加压，前进挡制动带 $B_{前进}$制动。

电磁阀 A 通电(ON)，电磁阀 B 断电(OFF)。由于电磁阀 A 由断电变为通电，1-2 换挡阀的阀口 1 加压，但由于阀口 9 已有油压，柱塞仍停在顶部，主油压经阀口 6、7 给 2 挡离合器 C_2 加压，C_2 接合；同时，给 TCC 控制阀阀口 10 供压，为 TCC 控制电磁阀提供油压。3-4 换挡阀的阀口 1 加压，作用于柱塞顶部的力克服弹簧弹力，使柱塞下移到底部，断开了通往输入离合器 $C_{输入}$的油路，接通了通往 4 挡离合器 C_4 的油路，C_4 接合而制动。由于电磁阀 B 仍为断电，2-3 换挡阀底部无油压，柱塞仍停于底部，2-3 换挡阀的阀口 6、7 相通，主油压经此给 3 挡离合器 C_3 加压，C_3 接合；阀口 13、14 相通，主油压经此给 1-2 换挡阀底部加压，以确保 1-2 换挡阀的柱塞停于顶部。

此时，2 挡离合器 C_2、前进挡制动带 $B_{前进}$、4 挡离合器 C_4 和 3 挡离合器 C_3 参与工作。由于 3 挡单向离合器 F_3 滑脱，C_3 不起作用，变速器处于 4 挡工作状态。

TCC 的工作常态是非锁止状态，只有车辆运行在 2 挡或 3 挡或 4 挡的状态下(本文设定在 4 挡)，满足 PCM 设定的条件(节气门位置大于 50%)时，PCM 给 TCC 控制电磁阀通电，以实现 TCC 的接合。其过程如下。

PCM 给 TCC 电磁阀线圈输出一个控制电流，其初始值的占空比为 22%，然后电流逐渐增加，达到设定数值之后，则在一定范围内变化。电磁阀的阀芯则首先迅速打开相应的开度，油压由阀口 10 输入，作用于 TCC 控制阀的柱塞底面，克服弹簧弹力(弹簧为软弹簧)，使柱塞立即上移到顶部。此时，阀口 7、8 相通，为锁止油压提供通道；阀口 2、3 相通，给离合器压盘的一侧提供了泄压通道。由电磁阀调制的油压经阀口 9 到 TCC 调节阀的阀口 5，使 TCC 调节阀输出的油压逐渐增加，此油液经阀口 7、8 到变矩器的回油口给离合器压盘加压，离合器逐渐接合。PCM 实时测得发动机转速和变速器输入转速的转速比，根据此转速比，不停地改变 TCC 电磁阀的电流(改变脉冲电流的占空比)，使离合器产生滑移，变矩器的变速比近似于 1。

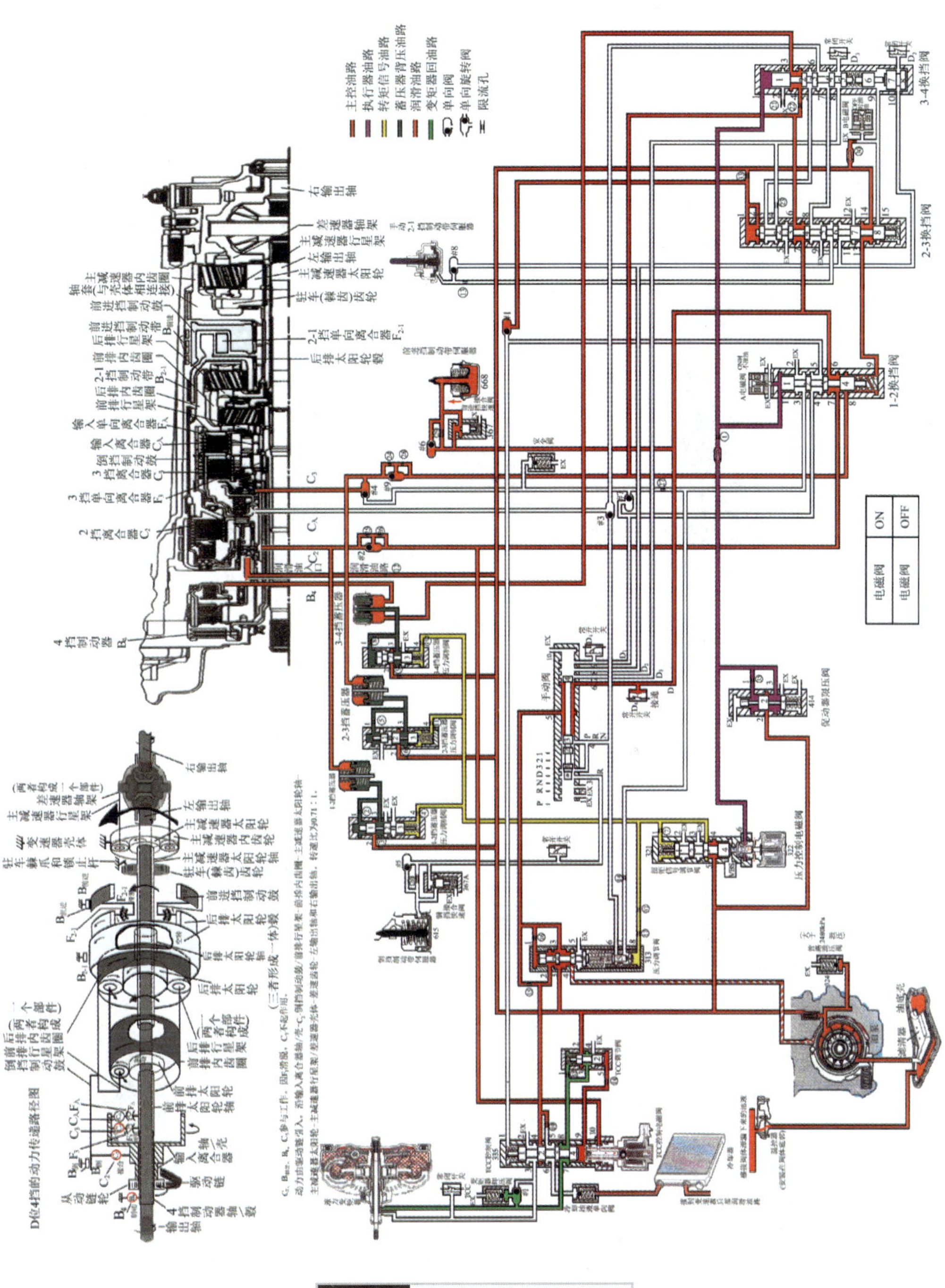

图 6-2-30　D 位 4 挡时的油路图

5. 3 位时液压控制系统的工作状况

(1) 3 位 1 挡时液压控制系统的工作状况。3 位 1 挡时，油路的工作状况如图 6-2-31 所示。它与 D 位 1 挡时的油路相比，手动阀移到 3 位，增加了一条由阀口 7 引出的油路，此条油路只将手动阀位置开关 D_3(常闭型)压成断开状态，形成的编码告知 PCM 手动阀位置处于 3 位。其他油路部分的工作状况与 D 位 1 挡时相同。

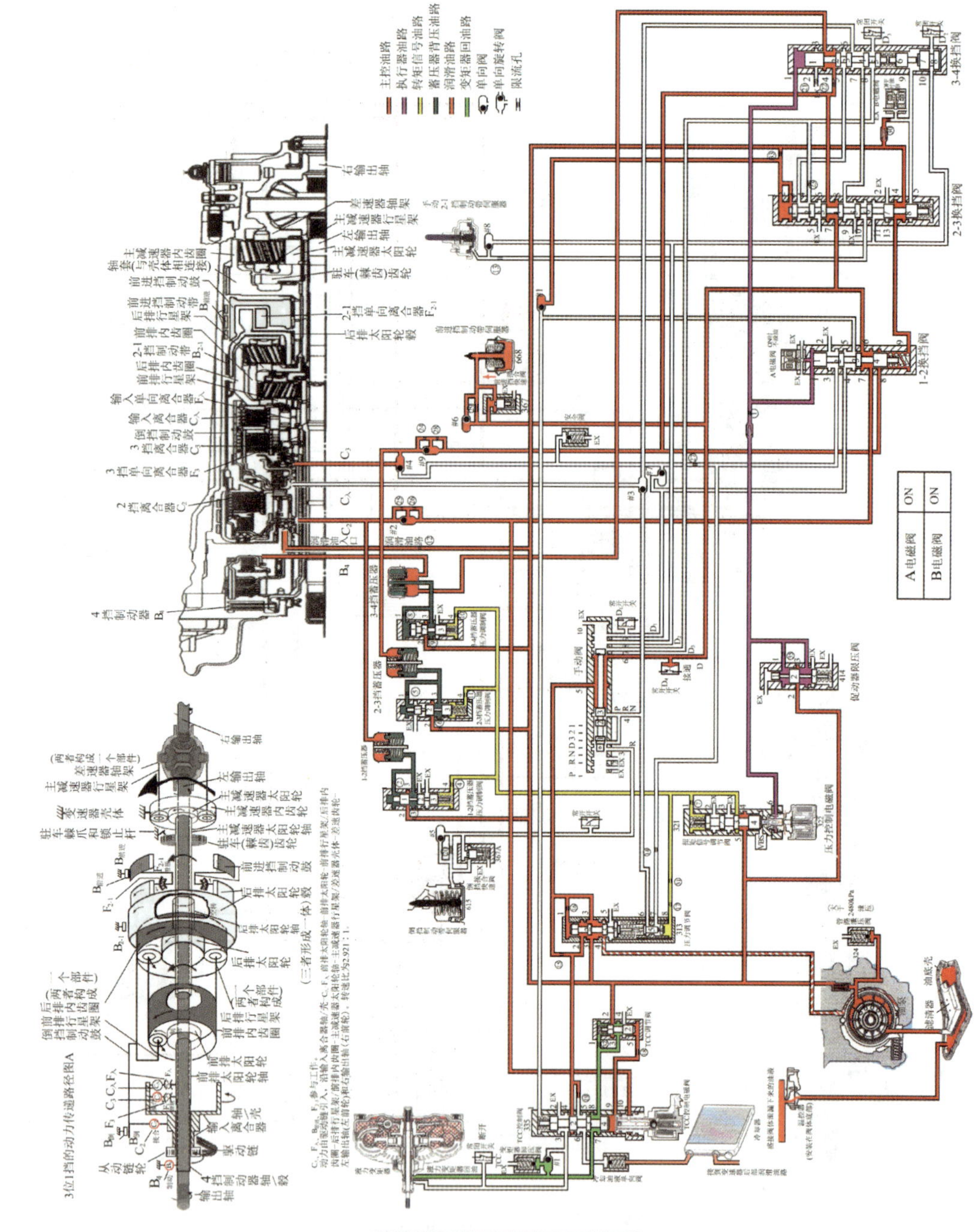

图 6-2-31　3 位 1 挡油路图

(2) 3 位 2 挡时液压控制系统的工作状况。3 位 2 挡时，油路的工作状况如图 6-2-32 所示。它与 D 位 2 挡时的油路相比，也只是手动阀移到 3 位，增加了一条由阀口 7 引出的油路，此条油路只将手动阀位置开关 D_3(常闭型)压成断开状态，形成的编码告知 PCM 手动阀位置处于 3 位。其他油路部分的工作状况与 D 位 2 挡时相同。

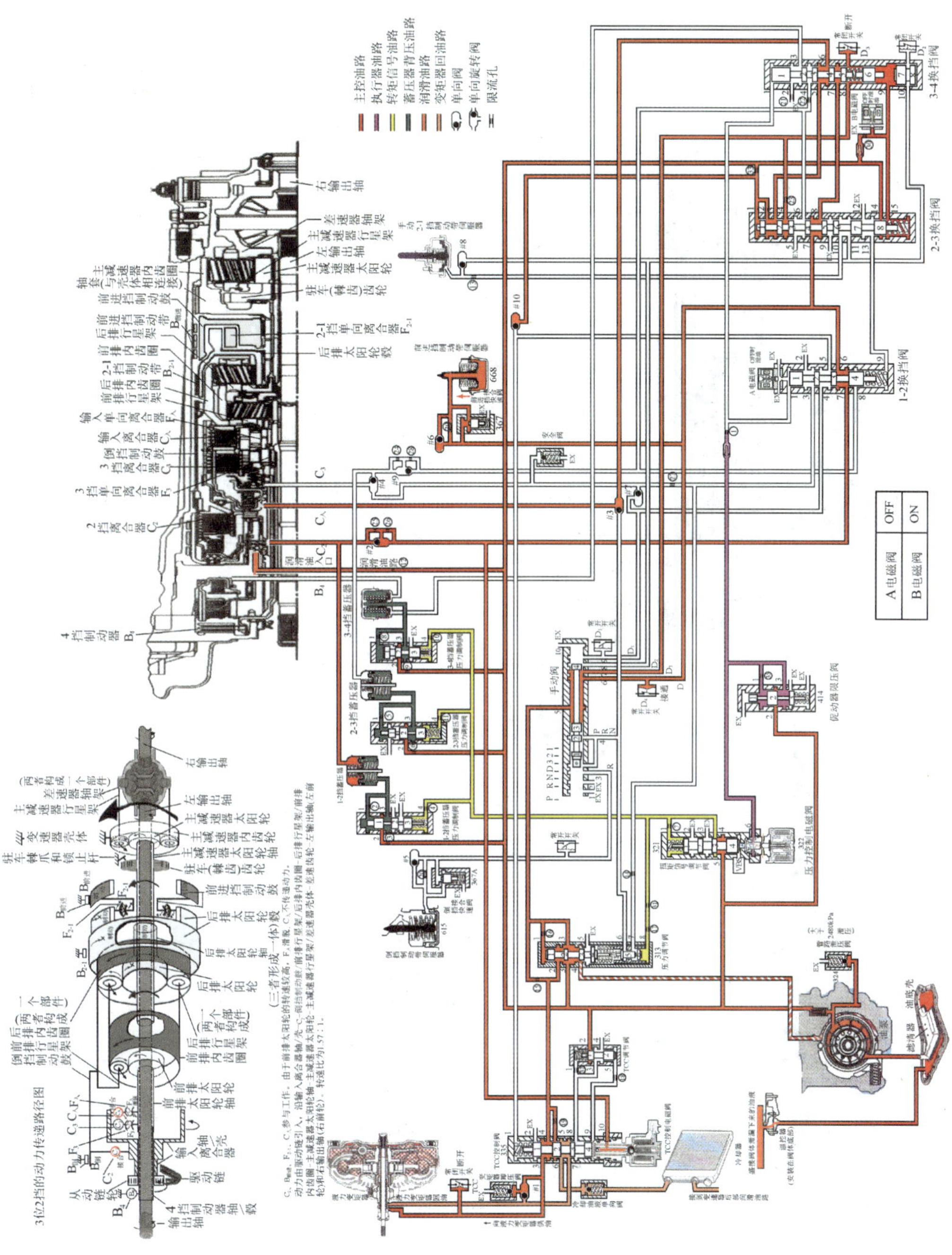

图 6-2-32　3 位 2 挡油路图

(3) 3 位 3 挡时液压控制系统的工作状况。

3 位 3 挡时，油路的工作状况如图 6-2-33 所示。它与 D 位 3 挡时的油路相比，手动阀移到 3 位，增加了一条由阀口 7 引出的油路，还给输入离合器 $C_入$加压，$C_入$接合。其他油路部分的工作状况与 D 位 3 挡时相同。

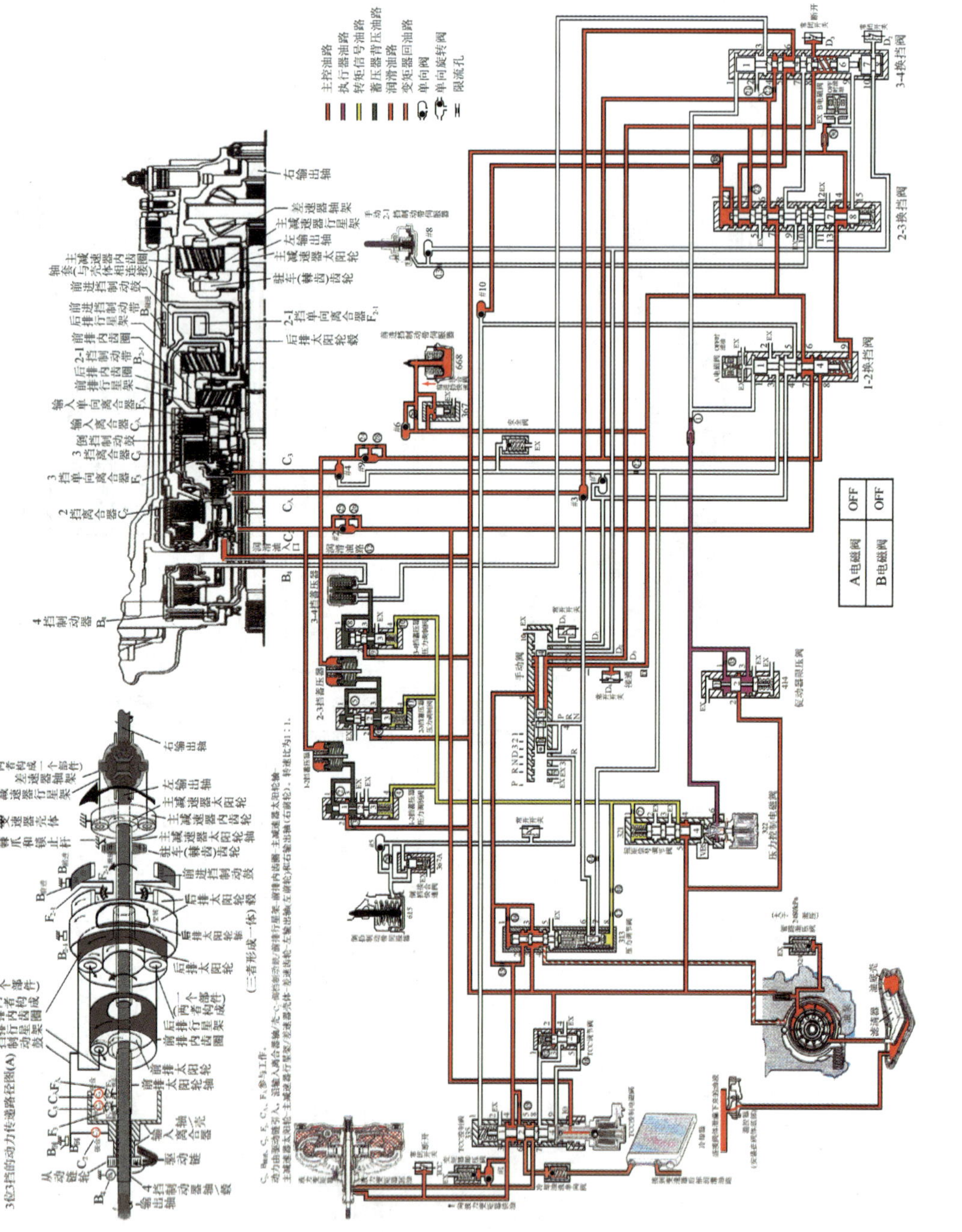

图 6-2-33　3 位 3 挡油路图

6. 2 位时液压控制系统的工作状况

(1)　2 位 1 挡时液压控制系统的工作状况。2 位 1 挡时，油路的工作状况如图 6-2-34 所示。它与 D 位 1 挡时的油路相比，手动阀移到 2 位，增加了由阀口 7、阀口 8 引出的两条油路。阀口 7 引出的油路将手动阀位置开关 D_3(常闭型)压成断开状态；阀口 8 引出的油路将手动阀位置开关 D_2(常闭型)压成断开状态，形成的编码告知 PCM 手动阀位置处于 2 位。

阀口 8 引出的油路同时给手动 2-1 挡制动带伺服器加压，2-1 挡制动带 B_{2-1} 制动。其他油路部分的工作状况与 D 位 1 挡时相同。

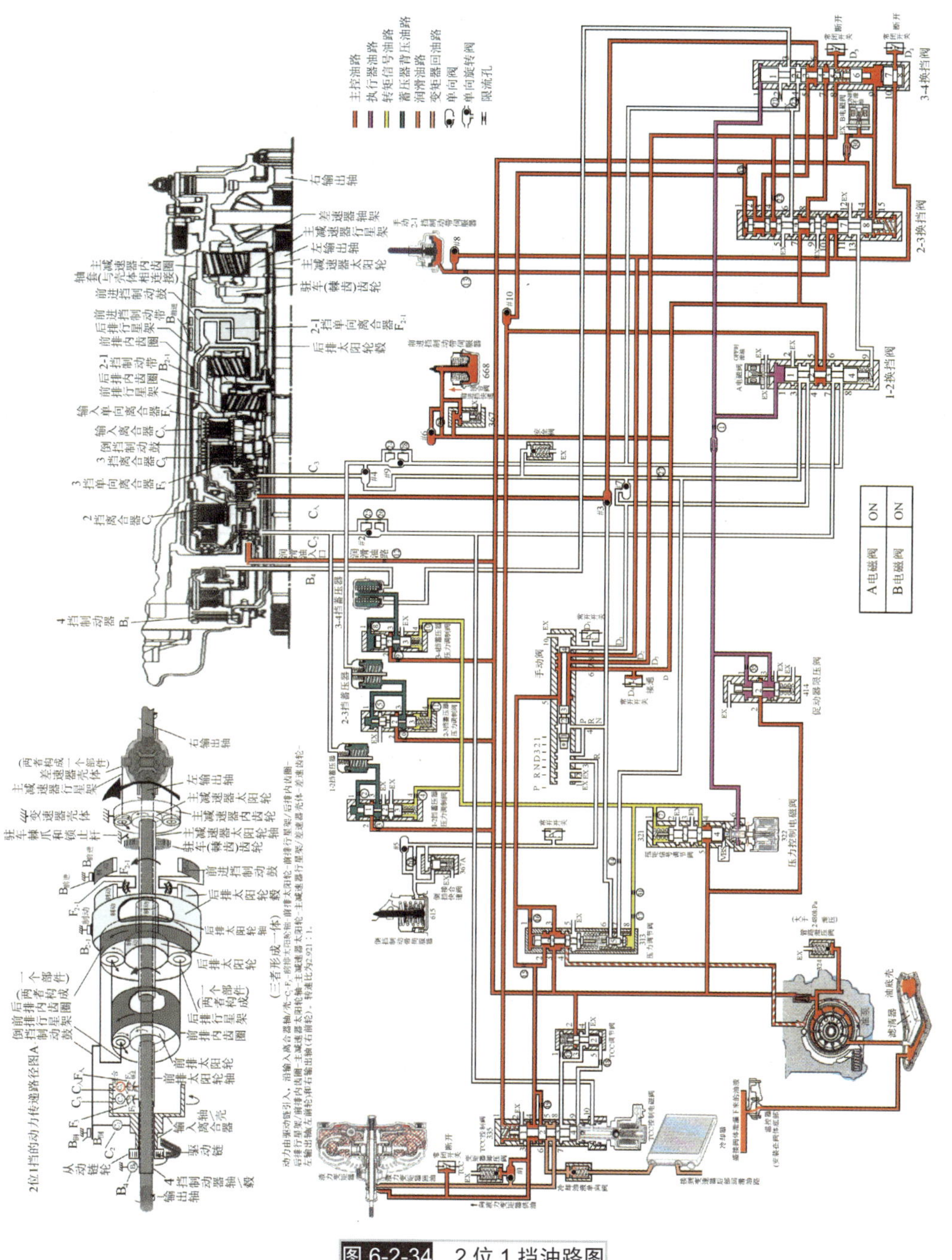

图 6-2-34　2 位 1 挡油路图

(2)　2 位 2 挡时液压控制系统的工作状况。2 位 2 挡时，油路的工作状况如图 6-2-35 所示。它与 D 位 2 挡时的油路相比，也是手动阀移到 2 位，增加了由阀口 7、阀口 8 引出的两条油路。阀口 7 引出的油路将手动阀位置开关 D_3(常闭型)压成断开状态；阀口 8 引出的油路将手动阀位置开关 D_2(常闭型)压成断开状态，形成的编码告知 PCM 手动阀位置处于 2

位。阀口 8 引出的油路同时给手动 2-1 挡制动带伺服器加压，2-1 挡制动带 $B_{2\text{-}1}$ 制动。其他油路部分的工作状况与 D 位 2 挡时相同。

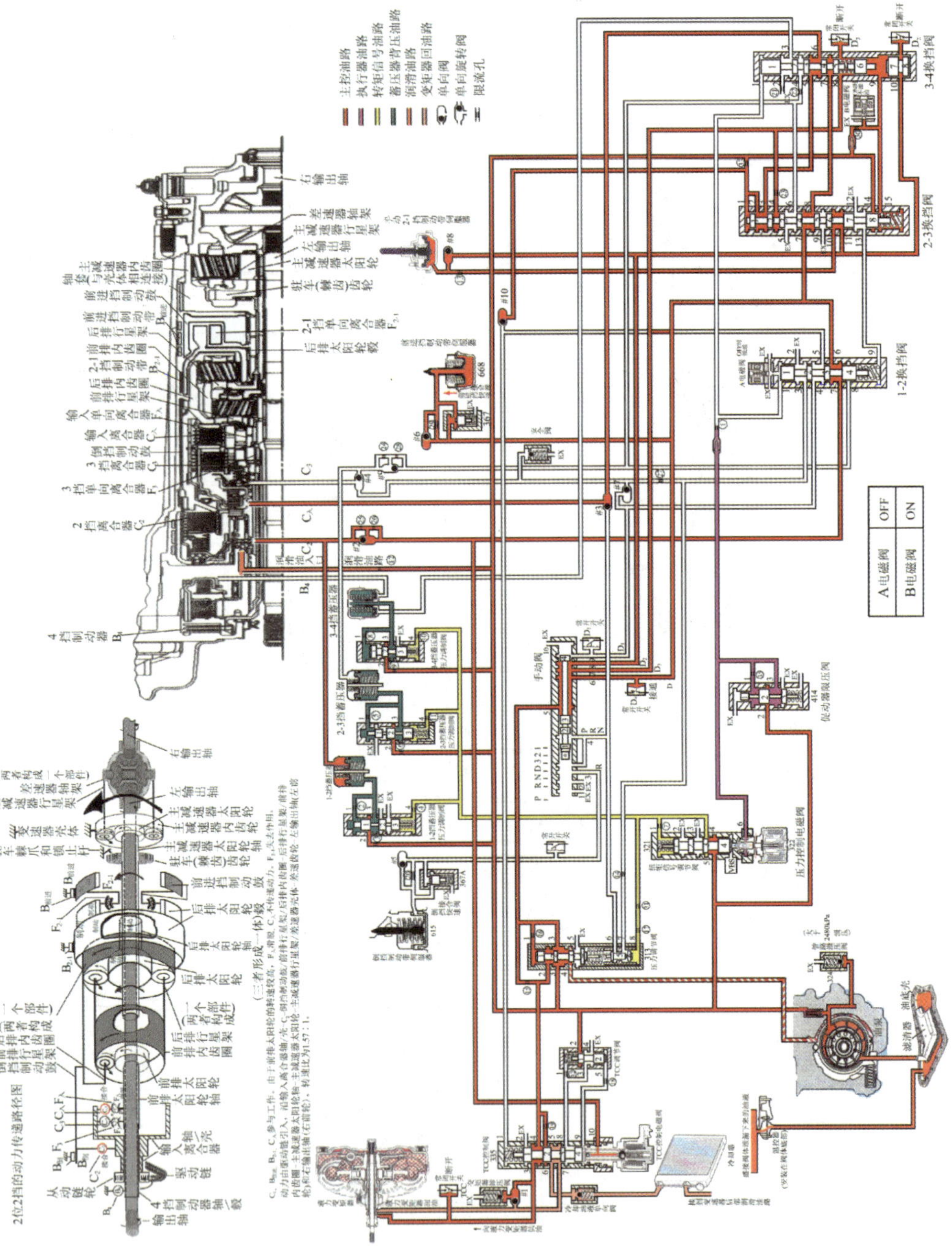

图 6-2-35　2 位 2 挡油路图

7. 1 位时液压控制系统的工作状况

1 位时，油路的工作状况如图 6-2-36 所示。它与 D 位 1 挡时的油路相比，手动阀移到 1 位，增加了由阀口 7、阀口 8、阀口 9 引出的三条油路。阀口 7 引出的油路将手动阀位置开

关 D_3(常闭型)压成断开状态；阀口 8 引出的油路将手动阀位置开关 D_2(常闭型)压成断开状态；阀口 9 引出的油路将手动阀位置开关 D_1(常开型)压成接通状态，形成的编码告知 PCM 手动阀位置处于 1 位。阀口 8 引出的油路同时给手动 2-1 挡制动带伺服器加压，2-1 挡制动带 $B_{2\text{-}1}$ 制动。阀口 9 引出的油路同时给 C_3 和压力调节阀加压，以实现发动机制动和主油压升高。其他油路部分的工作状况与 D 位 1 挡时相同。

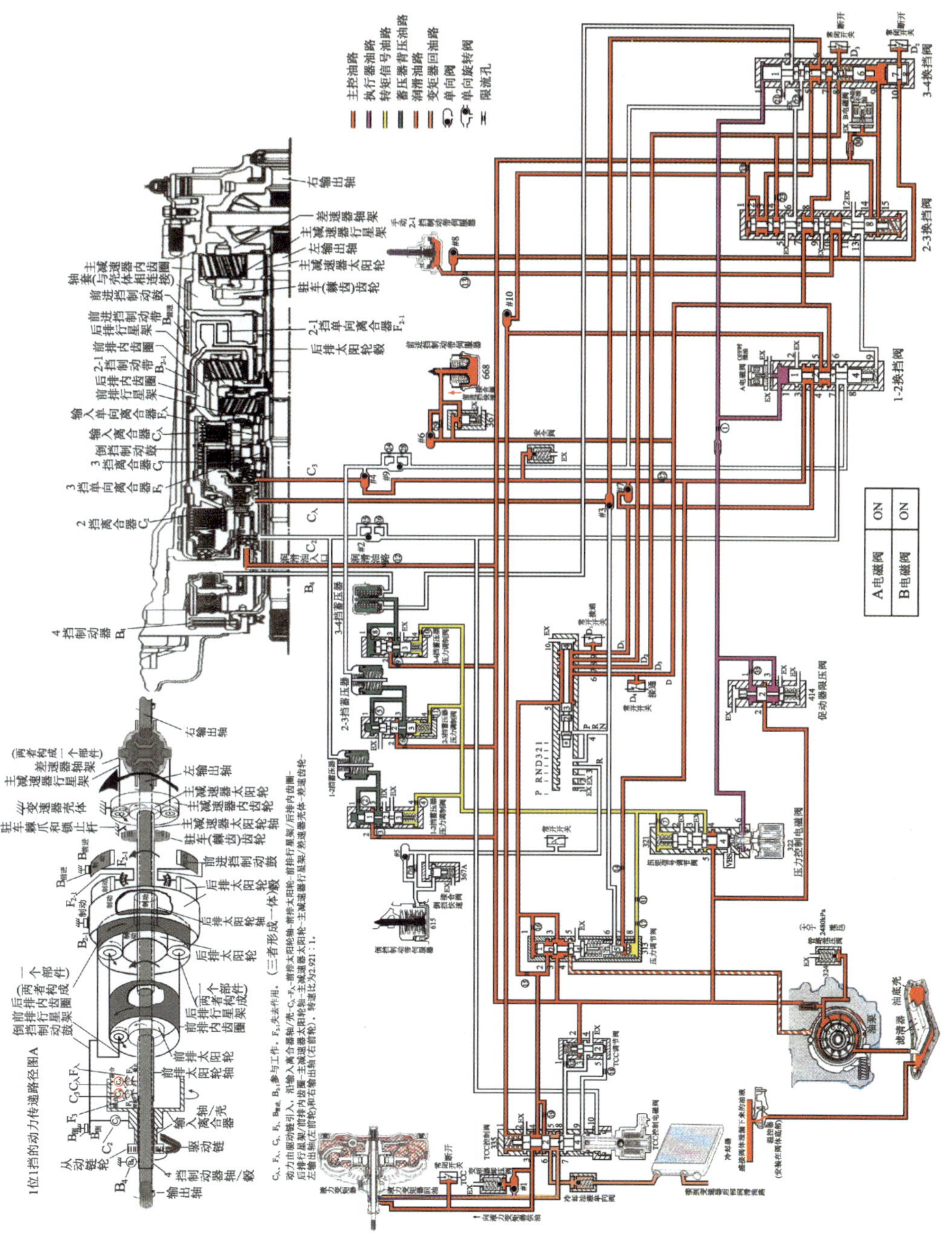

图 6-2-36　1 位时的油路图

(三)项目工作页

4T65E 自动变速器油路分析工作页

姓名：________ 班级：________ 学号：__________ 指导教师：________ 日期：________

(1) 工作内容与目标。

工作内容：运用相关知识，分析 4T65E 自动变速器各挡位油路。

工作目标：正确分析 4T65E 自动变速器各挡位油路。

(2) 工作准备。

① 工作组。

序 号	姓 名	学 号	职 责	备 注
				组长

② 工具、设备、器材准备。

序 号	工具、设备、器材、耗材名称	型号、规格	套(件)数	备 注

(3) 工作过程与结果分析。

变速杆位置	挡　位	电磁阀 A	电磁阀 B	参与工作执行元件	液压系统油路
P 位					
N 位					
D 位	1 挡				
	2 挡				
	3 挡				
	4 挡				
3 位	1 挡				
	2 挡				
	3 挡				
2 位	1 挡				
	2 挡				
1 位					
R 位					

(4) 进行工位“5S”，自检、互检，工作结束。

(5) 项目测评。

测评者	评　语	成　绩
自我评价		
小组评价		
教师评价		
总成绩		

模块三　大众 01M 电液控制系统

一、学习材料

(一)大众 01M 液压控制系统的阀体

大众 01M 自动变速器阀体的结构如图 6-3-1～图 6-3-4 所示。

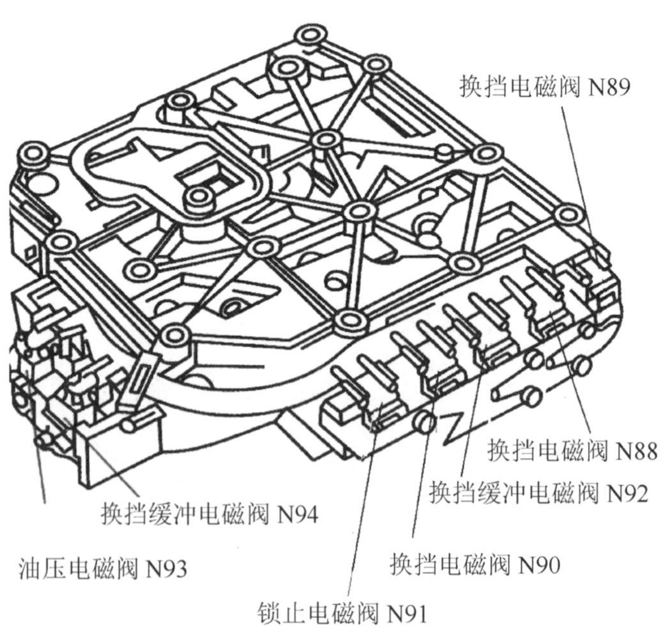

图 6-3-1　01M 自动变速器阀体外形图

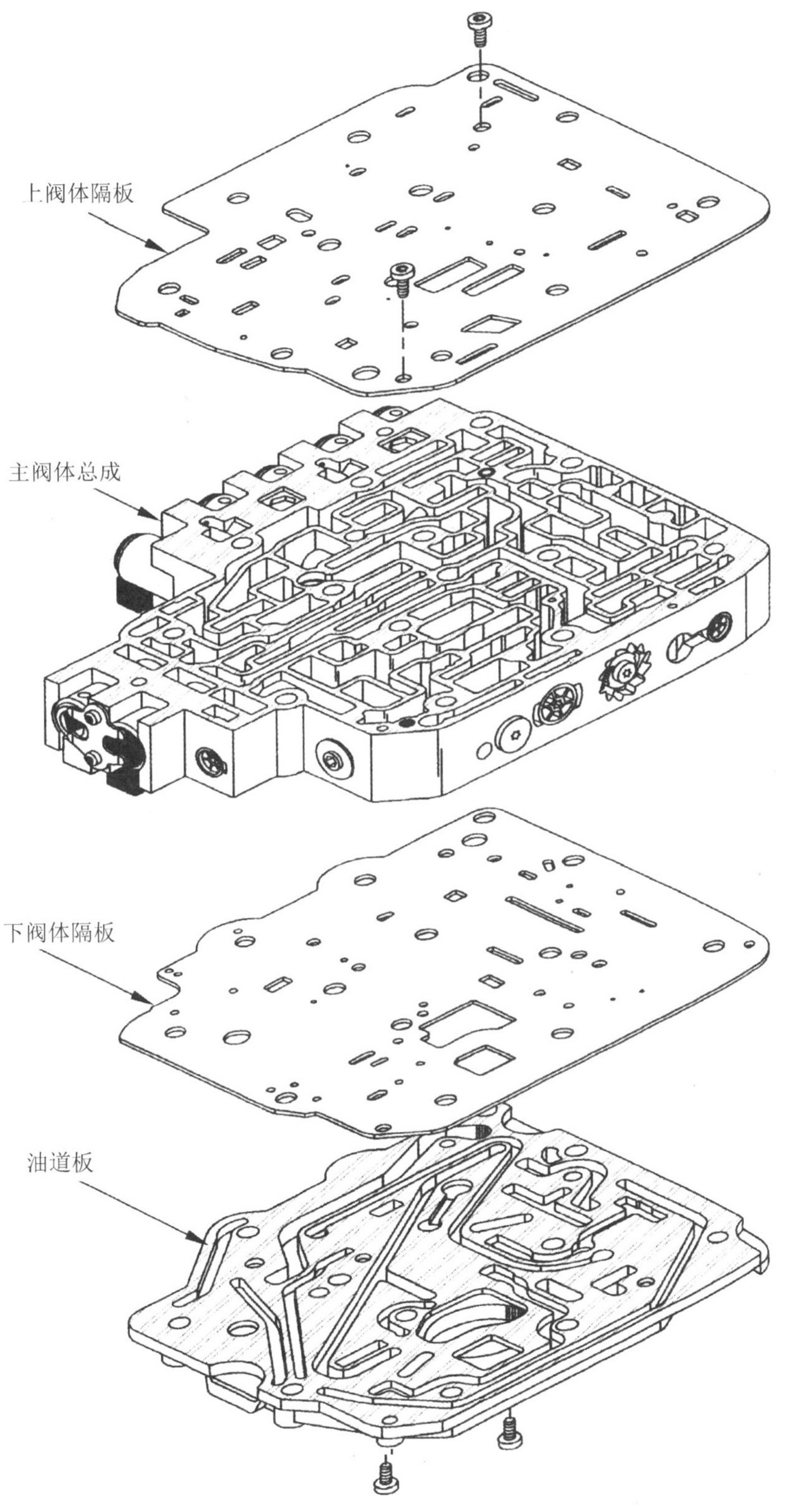

图 6-3-2　01M 自动变速器阀体总成分解图

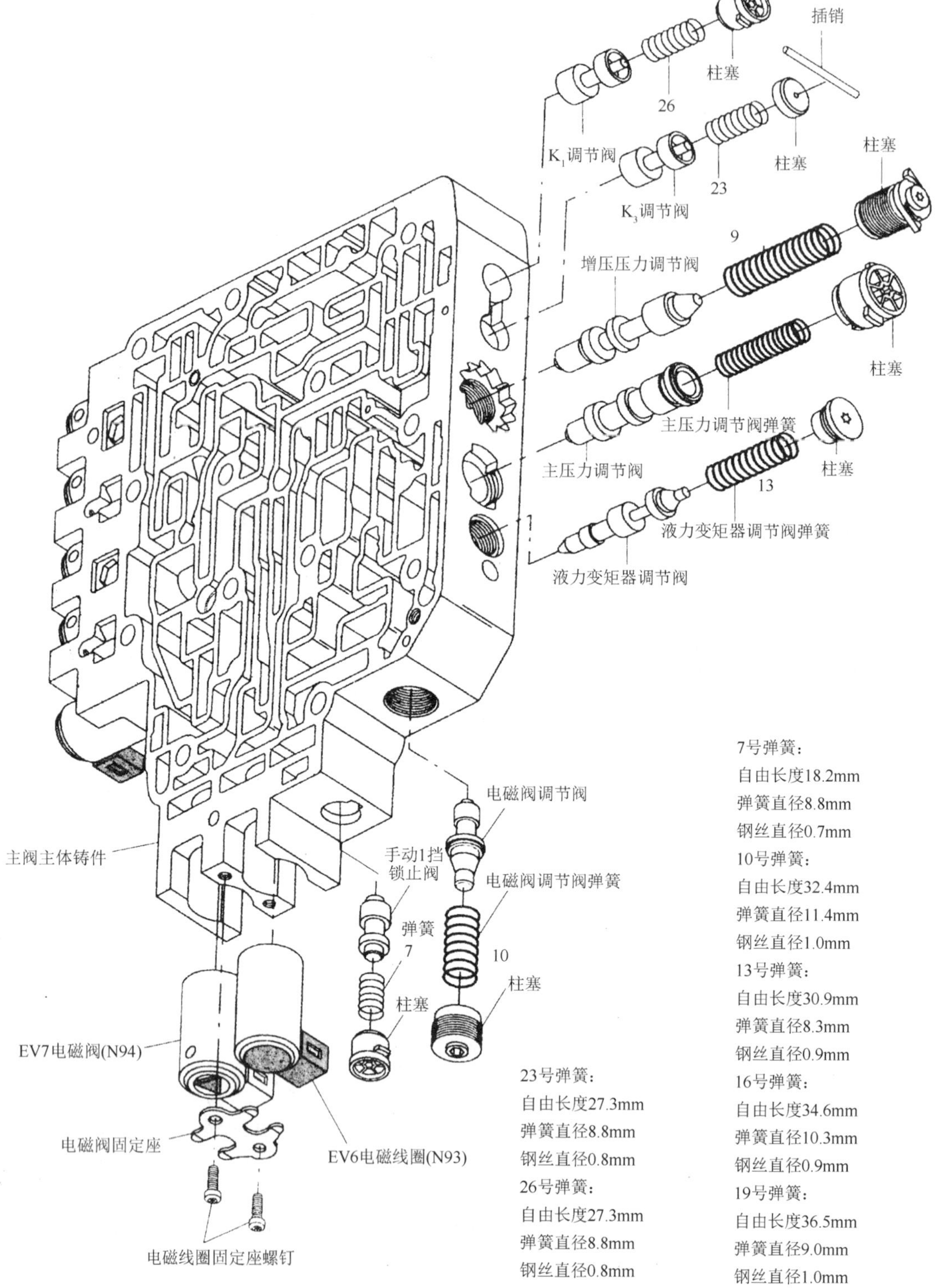

插销
柱塞
26
K_1调节阀
柱塞
23
K_3调节阀
柱塞
9
增压压力调节阀
柱塞
主压力调节阀弹簧
主压力调节阀
柱塞
13
液力变矩器调节阀弹簧
液力变矩器调节阀
电磁阀调节阀
主阀主体铸件
手动1挡
锁止阀
电磁阀调节阀弹簧
弹簧
7
10
柱塞
柱塞
EV7电磁阀(N94)
电磁阀固定座
EV6电磁线圈(N93)
电磁线圈固定座螺钉

23号弹簧:
自由长度27.3mm
弹簧直径8.8mm
钢丝直径0.8mm
26号弹簧:
自由长度27.3mm
弹簧直径8.8mm
钢丝直径0.8mm

7号弹簧:
自由长度18.2mm
弹簧直径8.8mm
钢丝直径0.7mm
10号弹簧:
自由长度32.4mm
弹簧直径11.4mm
钢丝直径1.0mm
13号弹簧:
自由长度30.9mm
弹簧直径8.3mm
钢丝直径0.9mm
16号弹簧:
自由长度34.6mm
弹簧直径10.3mm
钢丝直径0.9mm
19号弹簧:
自由长度36.5mm
弹簧直径9.0mm
钢丝直径1.0mm

图 6-3-3 01M 自动变速器主控制阀体分解图(1)

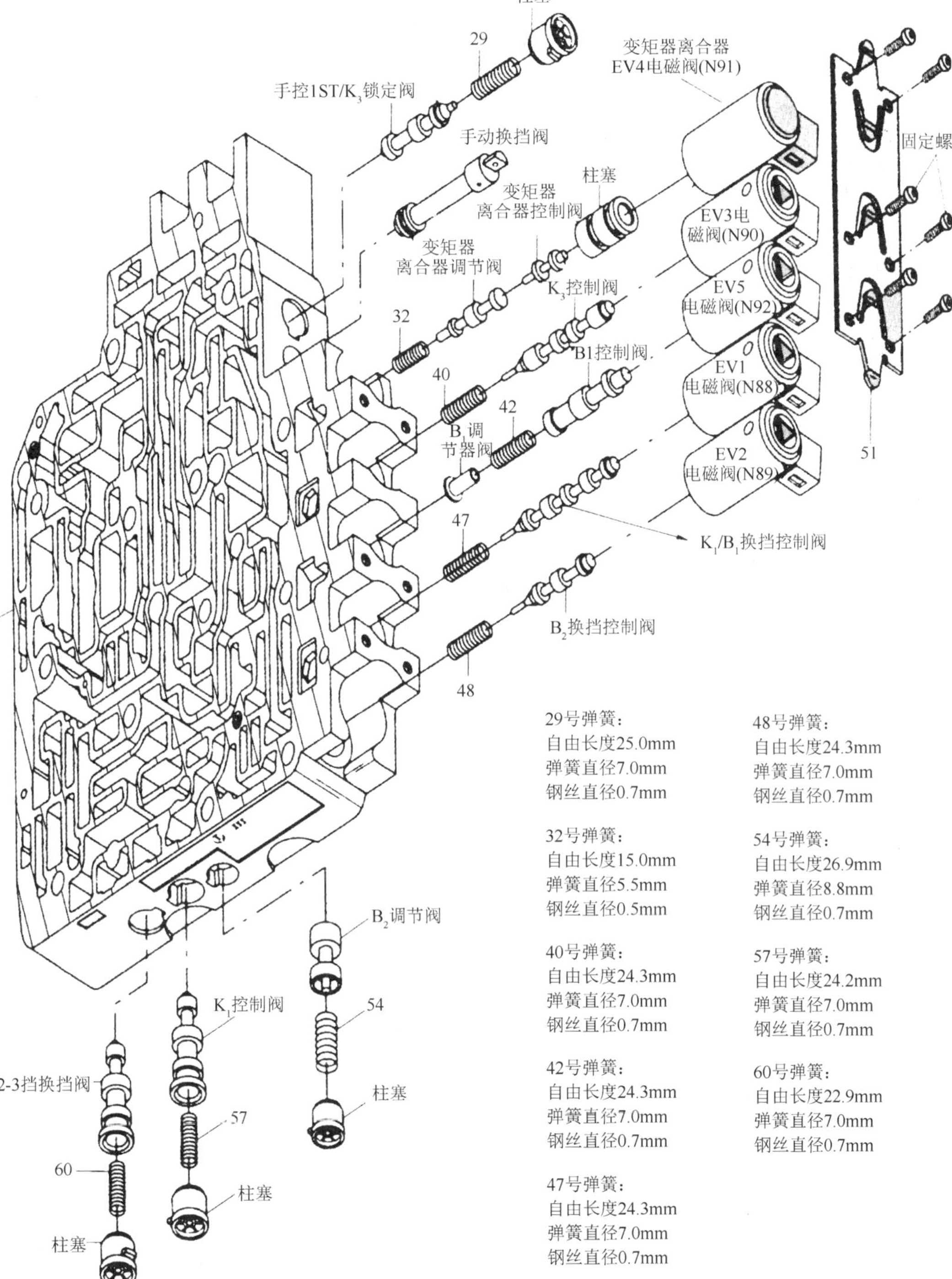

图6-3-4　01M自动变速器主控制阀体分解图(2)

1. 阀体的拆卸

阀体中有杂质或损坏时，应更换。分解阀体时不要使用有绒毛的布。阀体的位置分解如图 6-3-5 所示。

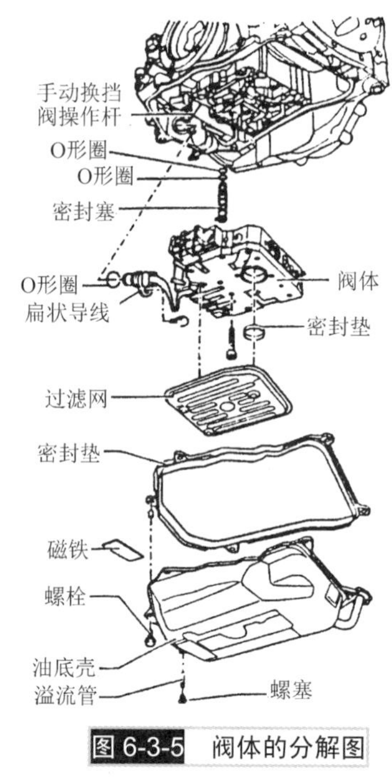

图 6-3-5　阀体的分解图

(1) 排放 ATF 。将容器放在变速器油底壳下面，拆下密封塞和溢流管，排放 ATF，将溢流管拧到底，如图 6-3-6 所示。

(2) 更换螺塞密封圈。用切割钳剪开密封圈，如图 6-3-7 中箭头所示，每次均须更换密封圈。更换结束后，在螺塞上装入新的密封圈并且用手拧紧，以便加注 ATF。

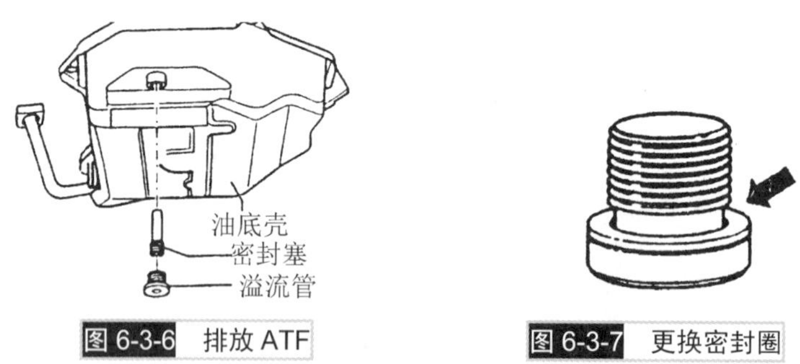

图 6-3-6　排放 ATF　　图 6-3-7　更换密封圈

(3) 拆卸扁状导线。将 3373 放在电磁阀插头的下面并且插到底，按图 6-3-8 中箭头所示方向拔出插头，拆下螺栓 1。

(4) 拆卸阀体/脱钩操作杆。拆下阀体时，手动换挡阀仍然保留在阀体中，拔手动换挡阀，直至它与操作杆脱钩，固定手动换挡阀，使它不脱落，如图 6-3-9 所示。

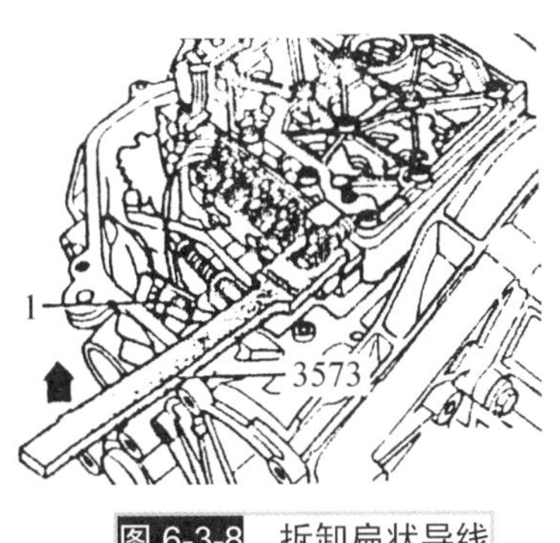

图 6-3-8 拆卸扁状导线

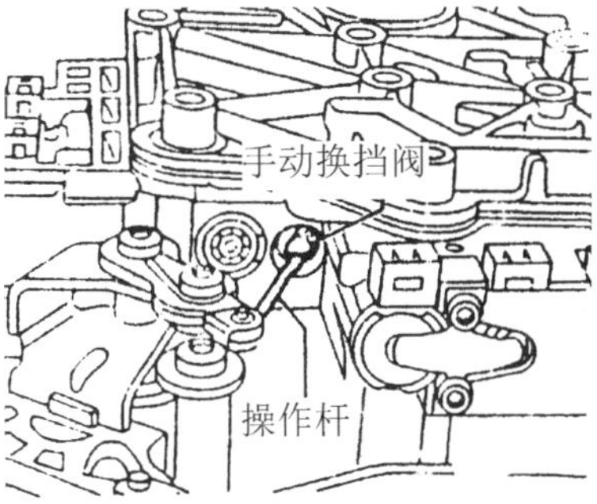

图 6-3-9 拆卸阀体/脱钩操作杆

2. 阀体的安装

(1) 安装密封塞。拆卸和安装自由轮之前，从壳体中拔出密封塞，否则密封塞和 O 形圈会损坏。在密封塞上安装新的密封圈，将密封塞装入变速器壳体的孔中，凸缘必须插入油槽内，如图 6-3-10 所示。

(2) 阀体的识别代号被订制在金属铭牌上，如图 6-3-11 所示。

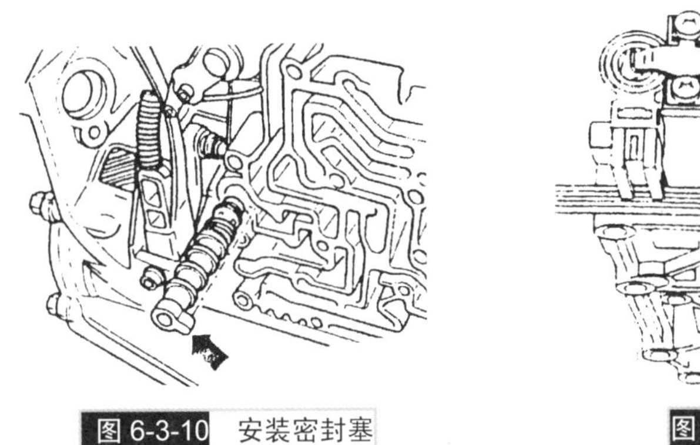

图 6-3-10 安装密封塞

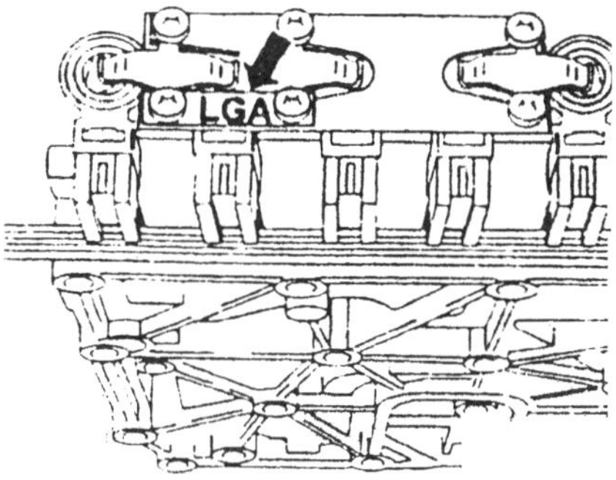

图 6-3-11 阀体的识别代号

(3) 将操作杆钩入手动换挡阀。旋转手动换挡阀，使凸肩对准操作杆，将带手动换挡阀的操作杆装入阀体，如图 6-3-12 所示。

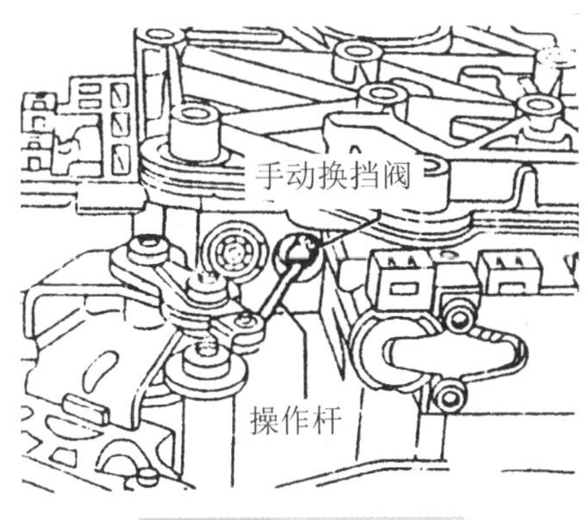

图 6-3-12 安装操作杆

(4) 调整手动换挡阀的操作杆。将变速杆放在“P”位置，将手动换挡阀的操作杆推入

阀体的底部，然后拧紧螺栓至 4N・m，如图 6-3-13 所示。

(5) 安装阀体。先用手拧紧阀体的螺栓，然后交叉地从外侧至内侧将螺栓拧紧至 5N・m。按照图 6-3-14 整理扁状导线，整理时不要弯折或扭转导线。将导线的薄膜插头插入变速器壳体内并且拧紧螺栓 1。

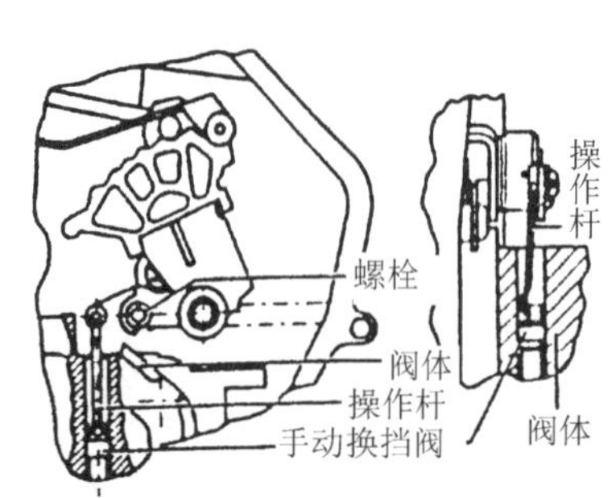

图 6-3-13 调整手动换挡阀的操作杆

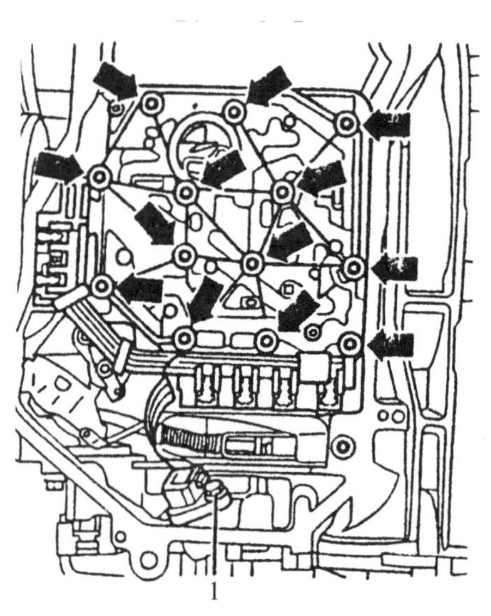

图 6-3-14 安装阀体

(6) 安装 ATF 滤清器。将油密封圈压到 ATF 滤清器的吸入颈圈上，将 ATF 滤清器按入阀体约 3mm(不要按到底)，当安装油底壳时，ATF 滤清器会被推到正确的安装位置，如图 6-3-15 所示。

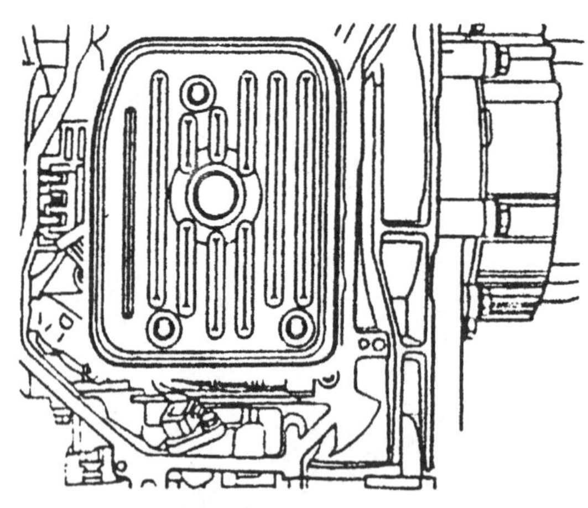

图 6-3-15 安装 ATF 滤清器

(二)大众 01M 油路中各部件基本结构和工作原理

01M 自动变速器液压油路(P 位)如图 6-3-16 所示，它表述了液压系统的基本结构和工作原理。

电磁阀 \ 挡位	换挡电磁阀			换挡品质控制阀		TCC电磁阀N91	压力控制电磁阀N93	换挡执行元件					
	N88	N89	N90	换接过程控制阀N92 T：换挡过程所需时间/ms	K_1压力保持阀N94	泄油口随电流增加而减小	泄油口随电流减少而增大	K_1	K_2	K_3	B_1	B_2	F
P位	ON	OFF	ON	OFF	OFF	电流为0(占空比为0)，泄油口最大	节气门开度为0°，电流最大(1.1A)，泄油口关闭						
R位	OFF	OFF	ON	进入R位，延时一段时间后接电，B1接合后断电	OFF	电流为0(占空比为0)，泄油口最大	节气门开度为0°，电流最大(1.1A)，泄油口关闭		●		●		
N位	ON	OFF	ON	OFF	OFF	电流为0(占空比为0)，泄油口最大	节气门开度为0°，电流最大(1.1A)，泄油口关闭						

看此项（P位）

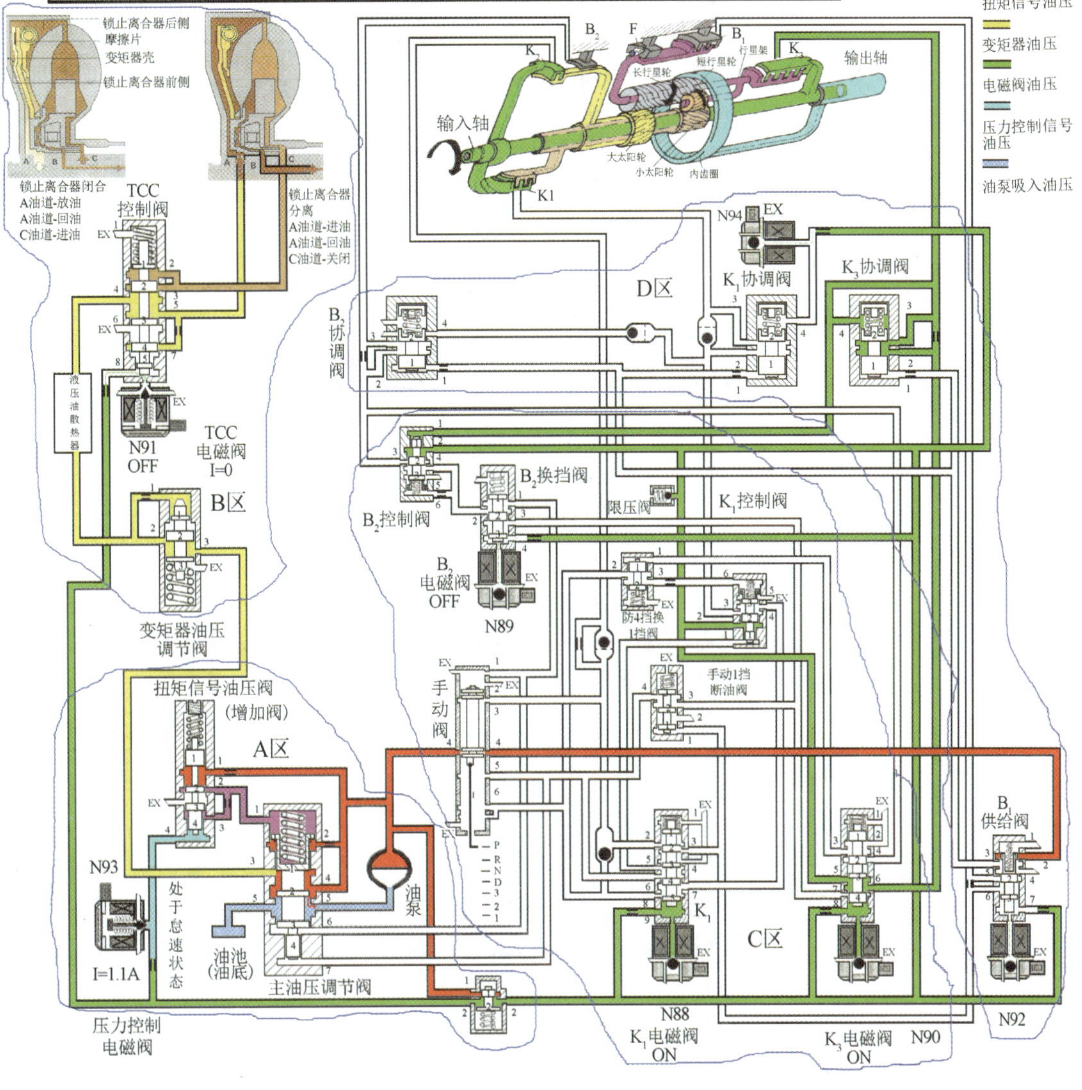

图 6-3-16　01M 液压油路的组成(P 位)

A 区为液压源部分，B 区为液力变矩器油路，C 区为换挡控制部分，D 区为平顺换挡部分。A 区和 B 区前面已讲述，以下分析 C 区和 D 区部分。

1. 换挡控制部件

换挡控制部分的局部油路如图 6-3-17 所示。

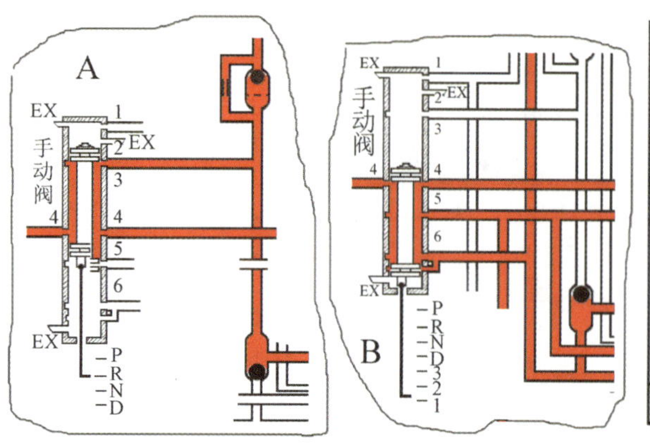

挡位 \ 电磁阀	换挡电磁阀 N88	N89	N90	换挡执行元件 K_1	K_2	K_3	B_1	B_2	F
P位	ON	OFF	ON						
R位	OFF	OFF	ON		●		●		
N位	ON	OFF	ON						
D位 1	OFF	OFF	ON	●					●
D位 2	OFF	ON	ON	●				●	
D位 3	OFF	OFF	OFF	●		●			
D位 4	ON	ON	OFF			●		●	
1位	OFF	OFF	ON	●			●		

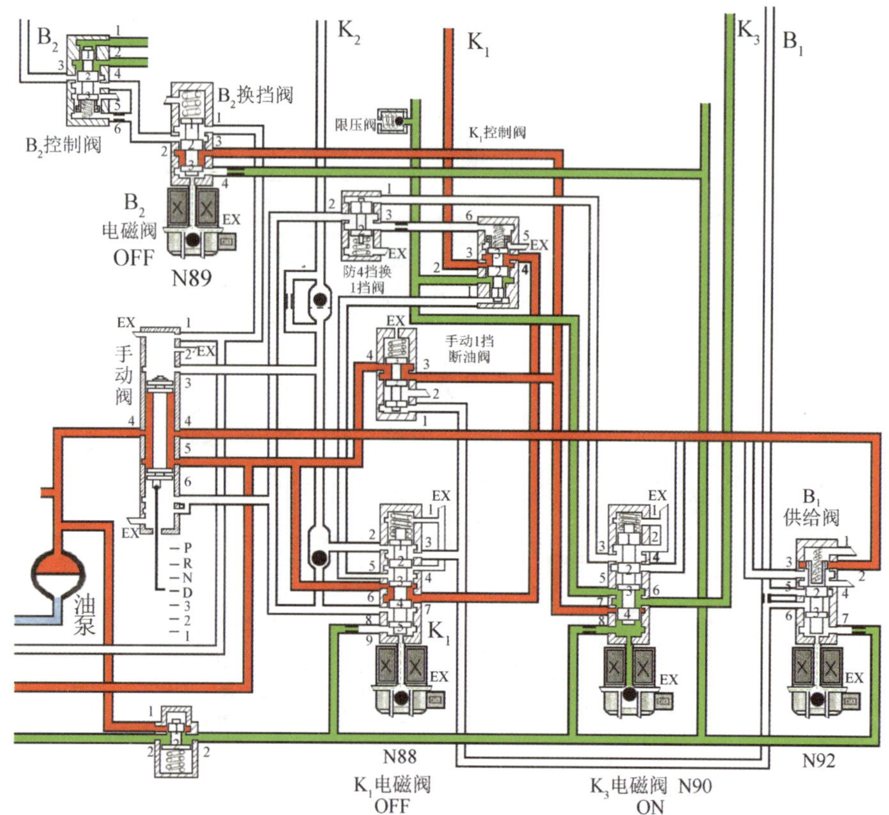

图 6-3-17 换挡控制部分的局部油路图

换挡控制部件有手动阀、K_1 电磁阀 N88 及 K_1 转换阀、B_2 电磁阀 N89 及 B_2 转换阀、K_3 电磁阀 N90 及 K_3 转换阀。手动阀控制主油压的分配，电磁阀控制转换阀的变换。三个电磁阀都是常开式的，即线圈断电时，其泄油口是打开的，转换阀的柱塞位于底部，主油压经此阀给执行器加压；线圈通电时，其泄油口是关闭的，转换阀的柱塞位于顶部，主油压被此阀截断，执行器无油压。

K_2 和 B_1 加压或泄压由手动阀转换就可以实现。

在 R 位时(参阅图 6-3-17 中的 A)，由手动阀的阀口 3 给 K_2 和 B_1 加压。将图 6-3-17 中 A 部分放置在大图的手动阀部位，就可以看出主油压给 K_2 和 B_1 加压路径。

手动阀在 P、N 位时，各换挡阀都没有主油压进入，所有的离合器和制动器都不会结合，参阅 P、N 位时的油路图。

在 1 位时(参阅图 6-3-17 中的 B)，由手动阀的阀口 3 给 B_1 加压。将图中 B 部分放置在大图的手动阀部位，就可以看出主油压给 B_1 加压路径。

参阅各挡状态下的油路图，它显示了换挡部件的工作状态。

2. 平顺换挡部件

平顺换挡部件由 K_1 协调阀、K_3 协调阀、B_2 协调阀和 B_1 供给阀以及平顺换挡电磁阀 N92 组成，如图 6-3-18 所示。

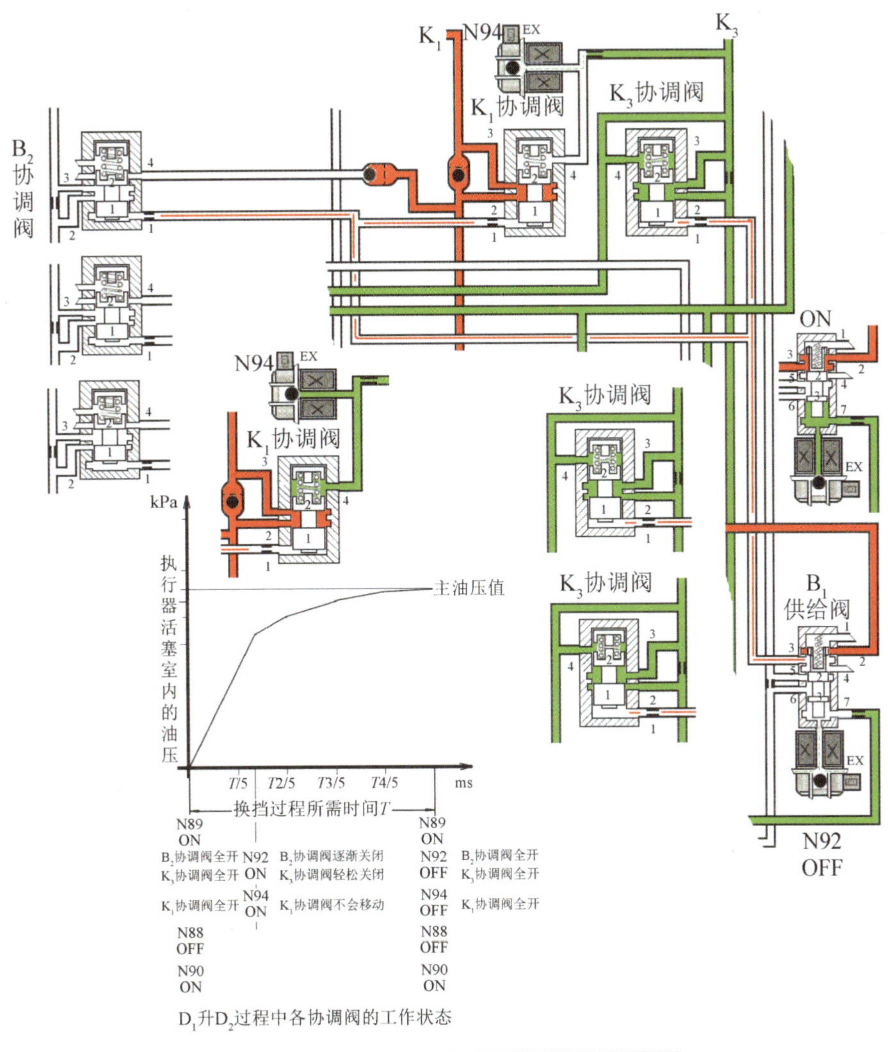

图 6-3-18　平顺换挡部件的组成和工作过程

平顺换挡部件工作过程如下。

由 D_1 升到 D_2 时，换挡电磁阀 N88 保持 OFF、N90 保持 ON 不变，而 N89 由 OFF 变为 ON，在其变为 ON 之后片刻，N92 通电(ON)，主油压经 B_1 供给阀的阀口 3 给三个协调阀的

阀口 1 加压，三个协调阀产生不同的动作，如图 6-3-18 中所示：B_2 协调阀由全开逐渐关闭；K_1 协调阀由于 N94 通电，阀口 4 加压，阀塞保持不动；K_3 协调阀由全开缓缓关闭。在换挡过程结束时，N92 断电(OFF)，B_2 协调阀又全开；N94 断电，K_3 协调阀仍全开；K_3 协调阀又全开。

由 D_2 升到 D_3 时的工作过程，参阅图 6-3-19 自行分析。

由 D_3 升到 D_4 时的工作过程，参阅图 6-3-20 自行分析。

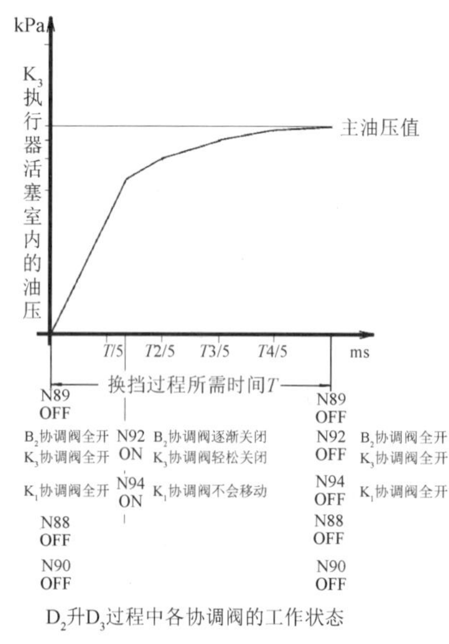

D_2升D_3过程中各协调阀的工作状态

图 6-3-19　由 D_2 升到 D_3 时的工作过程

D_3升D_4过程中各协调阀的工作状态

图 6-3-20　由 D_3 升到 D_4 时的工作过程

3. 安全保护部件

安全保护部件有 K_1 控制阀、B_2 控制阀、防由 D 位 4 挡换手动 1 挡阀(简称防 4 挡换 1 挡阀)以及手动 1 挡断油阀(又称高档供油阀)。

K_1 控制阀(即 K_1 油路切断阀)的结构参阅图 6-3-17，在 1、2、3 挡时，阀口 2 加有电磁阀油压，由于其压力小，不足于克服弹簧弹力，柱塞不会移动。当换入 4 挡后，阀口 1 引入主油压，将柱塞移动，阀口 4 与阀口 3 被切断，以防电路出故障而殃及油路。

B_2 控制阀(即 B_2 油路切断阀)的结构参阅图 6-3-17，在 1 挡时，阀口 2 和阀口 1 都引入电磁阀油压，足以克服弹簧弹力，将柱塞移动，阀口 4 与阀口 3 被切断。在 3 挡时，阀口 1 引入主油压，将柱塞移动，阀口 4 与阀口 3 被切断，以防电路出故障而殃及油路。

防 4 挡换 1 挡阀的结构参阅图 6-3-17，在 D 位 4 挡行驶中，变速杆由 D 位移动到 1 位，可以防止突然由 4 挡变为 1 挡。

手动 1 挡断油阀(又称高挡供油阀)的结构参阅图 6-3-17，在手动 1 挡时，可以防止电路故障殃及油路而升挡。

(三)大众 01M 电子控制系统电路和工作原理

01M 电子控制系统以电子控制单元 ECU 为核心，由各种传感器形成的输入信号电路和几个执行器构成的输出电路组成。

电子控制系统的原理电路如图 6-3-21 所示。

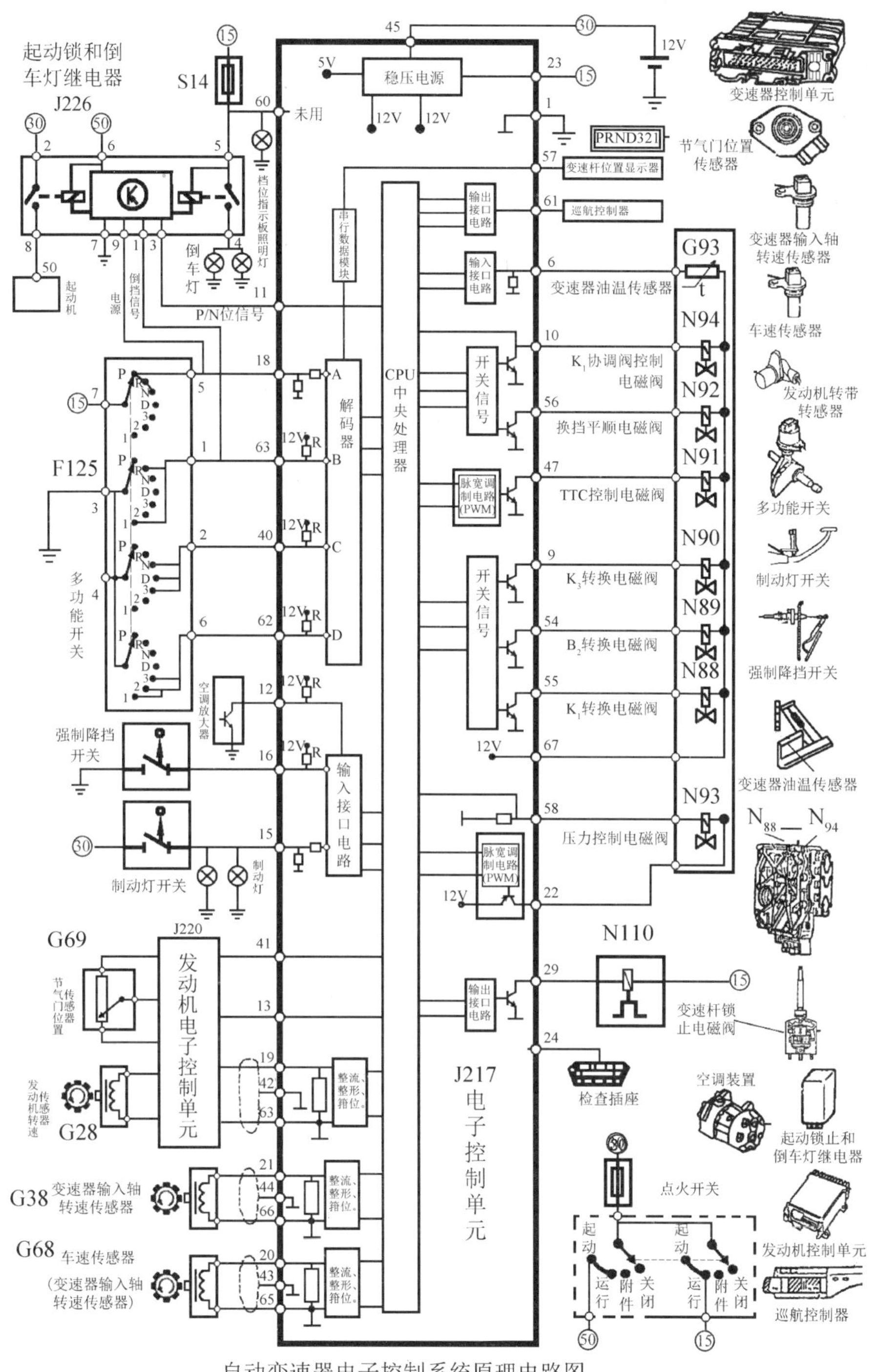

图 6-3-21 电子控制系统原理电路图

电子控制单元(ECU)习惯上也称其为电脑，CPU 和各种存储器存储着相关的程序和数

据，输入接口电路把输入信号变换成相应的数码，送往 CPU；输出接口电路把 CPU 的运算结果对外电路的执行器实施控制。

ECU 用一个 68 针的电路插头与外电路相连接，由于车型不同，出厂年代不同，使用的端子编号略有不同。

稳压电源内有稳压滤波电路，它将输入的 14～12V 直流电压变换成稳定的 5V 电压，给各种集成电路供电；稳定的 12V 供接口电路和输出电路使用。为了确保 ECU 的操作系统总是处于待命状态，设置了一条常供电电路，直接接在蓄电池的正负极；其他的供电电路由点火开关控制。点火开关的原理电路如图 6-3-21 中右下角所示。

1. 输入信号电路

1) 节气门位置信号电路

节气门位置(throttle position，TP)传感器是一个线性电位器，与发动机电子控制单元 J220 连接，两端电压为 5V，活动电刷由节气门轴带动，其输出电压则随节气门的开度而变化，此电压代表了节气门位置，称为节气门位置信号电压。此信号电压既供发动机电子控制单元使用，又送到变速器电子控制单元的 41 号、13 号端子。ECU 利用此信号参与换挡时刻的运算。

2) 发动机转速信号电路

发动机转速传感器是电磁感应式传感器，其定子安装在发动机的壳体上，转子是安装发动机输出轴上的铁磁质齿圈，发动机转动时，传感器定子线圈中的磁通不停地变化，线圈两端产生交流电压信号，此交流电压既供发动机电子控制单元使用，又送到变速器电子控制单元的 19 号、33 号端子，42 号端子为屏蔽线的接地线，经输入接口电路整流、整形、钳位后，其频率转换成代表发动机转速的数字信号。

3) 车速信号电路

车速传感器(vehicle speed sensor，VSS)也是电磁感应式传感器，其定子安装在变速器的壳体上，转子是安装变速器输出轴上的铁磁质齿圈，变速器输出轴转动时，传感器定子线圈中的磁通不停地变化，线圈两端产生交流电压信号，此交流电压送到变速器电子控制单元的 20 号、65 号端子，43 号端子为屏蔽线的接地线，经输入接口电路整流、整形、钳位后，其频率转换成代表车速的数字信号。ECU 利用此信号参与换挡时刻的运算。

此传感器又是输出轴转速(output shaft speed，OSS)传感器，其输出信号的频率可以转换成代表变速器输出轴转速的数字信号。

4) 输入轴转速信号电路

输入轴转速(input shaft speed，ISS)传感器也是电磁感应式传感器，其转子齿圈与驱动齿轮同轴，定子线圈安装在转子齿圈旁边，转子齿圈转动时，定子线圈产生交流信号电压，此交流信号电压的频率与变速器输入轴的转速成正比。此交流电压送到变速器电子控制单元的 21 号、66 号端子，44 号端子为屏蔽线的接地线，经输入接口电路整流、整形、钳位后，其频率转换成代表输入轴转速的数字信号。

变速器 ECU 利用此信号与输出轴转速信号作比较，可以实时提供变速器传动机构的传动比，判断传动机构的工作状态。与发动机转速信号作比较，可以实时提供变矩器的传动比。

5)　变速器油液温度信号电路

变速器油液温度(transmission fluid temperature，TFT)传感器 G93 是一个负温度系数的热敏电阻，安装在阀板上，感受油液的温度，与 ECU 的 67 号、6 号端子相接，6 号端子的电压随传感器的阻值变化，此电压经输入接口电路将模拟量转换成数字量，供 CPU 选用。此信号参与换挡，可以影响换挡点的早或晚。

6)　变速杆位置信号电路

变速杆位置信号由多功能开关产生，多功能开关(参阅图 6-3-21 的左侧中部)是一个 4 刀 7 掷的多路开关，四个活动电刷(4 刀)由变速杆带动，做同步转动，在七个位置停放。

第一个开关活动电刷的一端接 7 号端子，外接点火开关 15 号，为 12V 的正极，P、R、N 固定触点相连接后接 5 号端子，一路到起动锁和倒车灯继电器 J226 的 9 号端子，为其内部的电子电路供电；另一路到 ECU 的 18 号端子，作为编码信号。

第二、三、四开关的活动电刷一端相互连接后与 3 号端子相接，3 号端子接 12V 电源的负极，这三个开关的另一个端子 1、2、6 分别经 ECU 的 63 号、40 号、62 号端子，与 12V 电源和相应电阻构成一组编码电路，编码按 A 位、B 位、C 位、D 位排序，不同的变速杆位置，产生不同的 2 进位制的数码，这部分电路称为变速杆位置信号电路。

(1)　当变速杆在 P 位。ECU 的 18 号端子为 12V，A 位电压为 12V，其二进制数码为 1。63 号端子因为多功能开关 1 号端子内部为断路，B 位电压为 12V，其二进制数码为 1。40 号端子因为多功能开关 2 号端子内部为断路，C 位电压为 12V，其二进制数码为 1。62 号端子因为多功能开关 6 号端子内部为断路，D 位电压为 12V，其二进制数码为 1。构成的编码为 1111。

(2)　当变速杆在 R 位。ECU 的 18 号端子为 12V，A 位电压为 12V，其二进制数码为 1。63 号端子因为多功能开关 1 号端子内部与 3 号端子相通而搭铁，B 位电压为 0V，其二进制数码为 0。40 号端子因为多功能开关 2 号端子内部为断路，C 位电压为 12V，其二进制数码为 1。62 号端子因为多功能开关 6 号端子内部为断路，D 位电压为 12V，其二进制数码为 1。构成的编码为 1011。

(3)　当变速杆在 N 位。ECU 的 18 号端子为 12V，A 位电压为 12V，其二进制数码为 1。63 号端子因为多功能开关 1 号端子内部为断路，B 位电压为 12V，其二进制数码为 1。40 号端子因为多功能开关 2 号端子内部为断路，C 位电压为 12V，其二进制数码为 1。62 号端子因为多功能开关 6 号端子内部为断路，D 位电压为 12V，其二进制数码为 1。构成的编码为 1111。

(4)　当变速杆在 D 位。ECU 的 18 号端子，因为多功能开关 5 号端子内部为断路，18 号端子电压为 0V，A 位电压为 0V，其二进制数码为 0。63 号端子因为多功能开关 1 号端子内部为断路，B 位电压为 12V，其二进制数码为 1。40 号端子因为多功能开关 2 号端子内部与 3 号端子相通而搭铁，C 位电压为 0V，其二进制数码为 0。62 号端子因为多功能开关 6 号端子内部为断路，D 位电压为 12V，其二进制数码为 1。构成的编码为 0101。

(5)　当变速杆在 3 位。ECU 的 18 号端子，因为多功能开关 5 号端子内部为断路，18 号端子电压为 0V，A 位电压为 0V，其二进制数码为 0。63 号端子因为多功能开关 1 号端子内部与 3 号端子相通而搭铁，C 位电压为 0V，其二进制数码为 0。40 号端子因为多功能开关 2 号端子内部为断路，C 位电压为 12V，其二进制数码为 1。62 号端子因为多功能开关 6

号端子内部为断路，D 位电压为 12V，其二进制数码为 1。构成的编码为 0011。

(6) 当变速杆在 2 位。ECU 的 18 号端子，因为多功能开关 5 号端子内部为断路，18 号端子电压为 0V，A 位电压为 0V，其二进制数码为 0。63 号端子因为多功能开关 1 号端子内部为断路，B 位电压为 12V，其二进制数码为 1。40 号端子因为多功能开关 2 号端子内部与 3 号端子相通而搭铁，C 位电压为 0V，其二进制数码为 0。62 号端子因为多功能开关 6 号端子内部与 3 号端子相通而搭铁,D 位电压为 0V,其二进制数码为 0。构成的编码为 0100。

(7) 当变速杆在 1 位。ECU 的 18 号端子，因为多功能开关 5 号端子内部为断路，18 号端子电压为 0V，A 位电压为 0V，其二进制数码为 0。63 号端子因为多功能开关 1 号端子内部为断路，B 位电压为 12V，其二进制数码为 1。40 号端子因为多功能开关 2 号端子内部为断路，C 位电压为 12V，其二进制数码为 1。62 号端子因为多功能开关 6 号端子与 3 号端子相通而搭铁，D 位电压为 0V，其二进制数码为 0。内部构成的编码为 0110。

将上述情况归纳列表，其编码数值见表 6-3-1。

表 6-3-1　多功能开关信号

变速杆位置	编　码			
	A　位	B　位	C　位	D　位
P	1	1	1	1
R	1	0	1	1
N	1	1	1	1
D	0	1	0	1
3	0	0	1	1
2	0	1	0	0
1	0	1	1	0
	非上述组合均为无效			

此编码经解码电路解码后，一路由串行数据模块，送往变速杆位置显示器，使相应的变速杆位置指示灯点亮。所以把多功能开关，又叫做变速杆位置信号开关。

另一路告知 CPU 变速杆当前所处的位置，CPU 依据此信号，再与节气门位置信号、车速信号相关的程序和数据进行综合运算来适时变速。

变速杆在 P、R、N 位时，多功能开关的 5 号端子都给起动锁和倒车灯继电器 J226 的电子电路供电，它才有可能工作。变速杆置于 P、N 位，编码电路告知 CPU，其经 11 号端子给 J226 一个信号电压，起动继电器回路中的开关晶体管导通，此时，点火开关置于起动位置，继电器触点吸合，起动机工作。变速杆置于 R 位，多功能开关 1 号端子使 J226 的 1 号端子变为低电平，倒车灯继电器触点吸合，倒车灯亮。其他位置 J226 是不可能工作的。

① 变速杆在 P、N 位时，换挡电磁阀只能是 N88(ON)，N89 (OFF)，N90(ON)。

② 变速杆在 R 位时，换挡电磁阀只能是 N88(OFF)，N89 (OFF)，N90(ON)。

③ 变速杆在 D 位时，换挡电磁阀可以出现以下四种组合的工作状态。

1 挡时，N88(OFF)，N89 (OFF)，N90(ON)；

2 挡时，N88(OFF)，N89(ON)，N90(ON)；

3 挡时，N88(OFF)，N89(OFF)，N90(OFF)；

4 挡时，N88(ON)，N89(ON)，N90(OFF)。

实现 1～4 挡之间自动变换。

④ 变速杆在 3 位时，换挡电磁阀只可以出现三种组合的工作状态。

1 挡时，N88(OFF)，N89 (OFF)，N90(ON)；

2 挡时，N88(OFF)，N89(ON)，N90(ON)；

3 挡时，N88(OFF)，N89(OFF)，N90(OFF)。

实现 1～3 挡之间自动变换。

⑤ 变速杆在 2 位时，换挡电磁阀只可以出现两种组合的工作状态。

1 挡时，N88(OFF)，N89 (OFF)，N90(ON)；

2 挡时，N88(OFF)，N89(ON)，N90(ON)。

实现 1～2 挡之间自动变换。

⑥ 变速杆在 1 位时，换挡电磁阀只可以出现一种组合的工作状态。

1 挡时，N88(OFF)，N89 (OFF)，N90(ON)。

实现保持 1 挡不变。

7) 强制降挡信号电路

由加速踏板控制的一个常开型电路开关，连接在 ECU 的 16 号端子，将加速踏板踩到底时开关接通，16 号端子变为低电平，ECU 立即改变三个换挡电磁阀的工作状态，使变速比降一挡。

8) TCC 解锁和变速杆解锁信号电路

借用制动灯控制电路中的开关产生一个输入信号，使变矩器离合器处于锁止(接合)状态时立即解锁，因为在变矩器离合器处于锁止状态下实施制动，阻转矩增大，会引起发动机熄火。制动灯电路连接在 ECU 的 15 号端子，不实施制动时，15 号端子为低电平，实施制动时，变为高电平，ECU 立即使 TTC 电磁阀 N91 断电，变矩器离合器解锁(脱开)。

驻车时，变速杆置于 P 位，为了防止发动机起动后变换变速杆位置时车辆发生移动，将变速杆锁止在 P 位，在变速杆换位时，需要踩下制动踏板防止车辆移动，利用此信号，ECU 使变速杆锁止电磁阀 N110 通电，使变速杆解锁。

9) 使用空调的信号电路

使用空调时，分散了发动机的输出转矩，相同的发动机输出转矩，变速器的输入转矩将减少，此时的变速器应降挡，或推迟升挡。此电路是利用空调放大器中的开关晶体管连接在 ECU 的 12 号端子，当使用空调时，晶体管导通，12 号端子由高电平变为低电平。此信号参与换挡运算，使换挡点推迟。

ECU 实现了模糊逻辑控制，实质上就是在数据库中存储了大量的程序和换挡数据，并提高了 CPU 的性能，可以随机而实时地提取相应的换挡点，保证变速器平顺换挡。

2. 输出信号电路

输出控制电路包括 ECU 内部的输出接口电路和外部的受控设备。

1) 换挡电磁阀及其控制电路

换挡电磁阀的结构如图 6-3-22 所示。线圈不通电(OFF)时，球阀不受力，信号油压经进

油口推开球阀而从泄油口泄掉，该段油路的油压则变为 0，换挡阀柱塞上的压力为 0。线圈通电(ON)时，球阀受电磁吸力而上移，紧紧堵塞进油口，作用于球阀上的电磁力远大于信号油压的作用力，信号油压则作用于换挡阀的柱塞上。

电磁阀 N88～N90、N92、N94 的线圈一端接 ECU 的 67 号端子(见图 6-3-22 右侧)，另一端分别接 ECU 的 55 号、54 号、9 号、56 号、10 号端子，各端子内部与开关三极管的集电极相接，其基极由 CPU 控制。

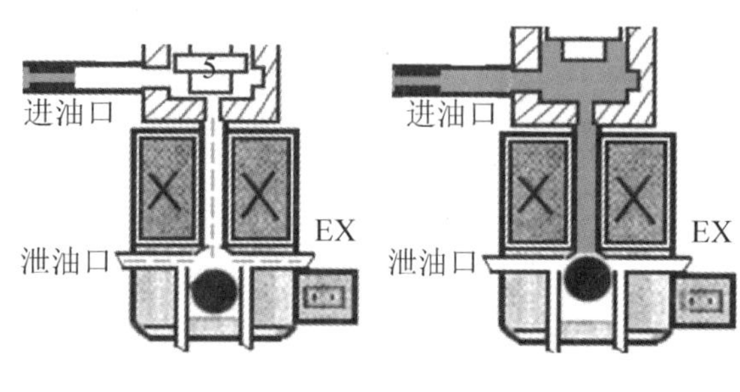

(a) 断电(OFF)状态　　(b) 通电(ON)状态

图 6-3-22　换挡电磁阀的结构

2)　压力控制电磁阀及其控制电路

压力控制电磁阀的结构如图 6-3-23 所示。

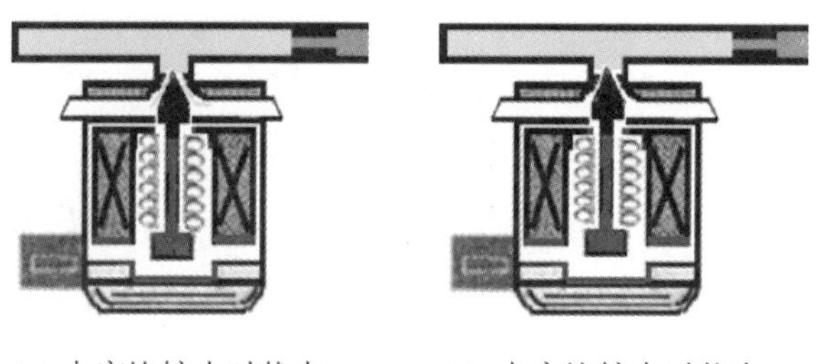

(a) 占空比较小时状态　　(b) 占空比较大时状态

图 6-3-23　压力控制电磁阀的结构

压力控制电磁阀 N93 的线圈，一端接 ECU 的 58 号端子，内接 PNP 型开关三极管的集电极，三极管发射极接 12V 电压，基极接脉宽调制器的输出。另一端接 22 号端子，内接一个电阻(阻值很小)，电阻一端接地，另一端的接线将电阻上的压降反馈到 CPU，用于实时监测压力控制电磁阀的工作状态。此脉宽调制器产生的是一个频率恒定、振幅不变而脉宽可调的电压，脉冲宽度由 CPU 根据节气门位置信号综合运算后予以控制。节气门开度为 0°时，脉冲宽度最大(占空比最大)，线圈的平均电流最大，电磁阀泄油口最小，油腔油压最大。节气门开度增加，脉冲宽度减小(占空比减小)，线圈的平均电流减小，电磁阀泄油口变大，油腔油压减小。节气门全开时，脉冲宽度接近于 0(占空比接近于 0)，线圈电流最小，电磁阀泄油口接近于全开，油腔油压最小。

经此电磁阀的控制，油腔油压则随节气门开度而变化，此油压作为压力控制信号去控制转矩信号油压阀，转矩信号油压阀产生的信号油压，再引到主油压调节阀，用于调节主油压，使主油压随节气门开度增加而增加，即当节气门开度增大时，使主油压升高，以保证在传递大转矩时，离合器、制动器不会打滑。

这样的设计，当电磁阀电路发生故障时，电磁阀线圈无电流，电磁阀的泄油口泄油，输出口(设定空间)的油压最低，转矩信号油压阀输出的油压高，油压调节阀调节出来的主油压高，可以保证变速器仍能传递大转矩。

3) TCC 电磁阀及其控制电路

TCC 电磁阀 N91 也是特殊设计制造的，其结构与压力控制电磁阀相同，只是机械数据不同而已。电磁阀一端接 ECU 的 67 号端子，其内接 12V 电源；另一端接 47 号端子，其内接一个 NPN 型的三极管，三极管基极接脉宽调制器 PWM，由 CPU 控制。当变矩器离合器不需要锁止时，CPU 不给 TCC 电磁阀通电(占空比为 0)。当变矩器离合器需要锁止时，CPU 给 TCC 电磁阀输出一个占空比为 22%的初始电流，然后电流的占空比按一定增长率上升，直到电流的占空比达 100%。

在变矩器离合器锁止时，踩下制动踏板，CPU 的 15 号端子的电压由低电平变为高电平，PWM 输出的占空比立即变为 0，TCC 迅速脱开。

3. 电子控制系统的工作原理

变速杆在 P、N 位置时，手动阀将主油压与各换挡阀切断，在 R 位时，只用手动阀就可以实现倒挡。因而 P、R、N 位与电磁阀的工作状态无关。

1) 变速杆在 D 位

(1) 变速杆在 D 位，CPU 输入的编码是 01 0 1，告知 CPU：变速杆在 D 位置。CPU 则调用 D 位时的程序和数据，使输出为 N88OFF、N89OFF、N90ON。此时，液压控制系统的相关油路使 K_1 离合器接合，自动变速器则处于 1 挡，驱车向前行驶。

(2) 在 D 位 1 挡的状态下，车速不断增加，当车速与节气门位置的信号达到相应数值时，CPU 将传感器输入的信号与相关程序和数据进行综合运算后，符合 1 挡升入 2 挡的条件，便使输出为 N88OFF、N89ON、N90ON。液压控制系统使 K_1 离合器接合，B_2 制动，自动变速器由 1 挡升入 2 挡。

(3) 在 D 位 2 挡的状态下，车速再增加，当车速与节气门位置的信号达到相应数值时，CPU 将传感器输入的信号与相关程序和数据进行综合运算后，符合 2 挡升入 3 挡的条件，便使输出变为 N88OFF、N89OFF、N90OFF。液压控制系统使 K_1 离合器接合，K_3 离合器接合，自动变速器由 2 挡升入 3 挡。

(4) 在 D 位 3 挡的状态下，车速再增加，当车速与节气门位置的信号达到相应数值时，CPU 将传感器输入的信号与相关程序和数据进行综合运算后，符合 3 挡升入 4 挡的条件，便使输出变为 N88ON、N89ON、N90OFF。液压控制系统使 K_3 离合器接合，B_2 制动，自动变速器由 3 挡升入 4 挡。

(5) 在 2 挡或 3 挡或 4 挡的条件下，节气门位置和车速达到设定值，车辆匀速行驶时间达到设定值，CPU 使 TCC 接合，变矩器传动比为 1。

2) 变速杆在 3 位

变速杆在 3 位，CPU 输入的编码是 0 0 1 1。CPU 则调用 3 位时的程序和数据，使输出为 N88OFF、N89OFF、N90ON。此时，液压控制系统的相关油路使 K_1 离合器接合，自动变速器则处于 1 挡，驱车向前行驶。

同理，在相应的车速信号和节气门位置信号下，CPU 改变换挡电磁阀的工作状态，实

现升挡或降挡。由于 3 位时的程序中不允许实现 3 挡升 4 挡，CPU 只能控制自动变速器在 1～3 挡之间自动变换。

3)　变速杆在 2 位

变速杆在 2 位，CPU 输入的编码是 0 1 0 0。CPU 则调用 2 位时的程序和数据，使输出为 N88OFF、N89OFF、N90ON。此时，液压控制系统的相关油路使 K_1 离合器接合，自动变速器则处于 1 挡，驱车向前行驶。

同理，在相应的车速信号和节气门位置信号下，CPU 改变换挡电磁阀的工作状态，实现升挡或降挡。由于 2 位时的程序中不允许实现 2 挡升 3 挡，CPU 只能控制自动变速器在 1 至 2 挡之间自动变换。

4)　变速杆在 1 位

变速杆在 1 位，CPU 输入的编码是 0 1 1 0。CPU 则调用 1 位时的程序和数据，使输出为 N88OFF、N89OFF、N90ON。同时变速杆还带动液压油路中的手动阀，使手动阀处于 1 位，此时，液压控制系统的相关油路使 K_1 离合器接合，B_1 制动(参阅 1 位时的油路图)，自动变速器则处于 1 挡，驱车向前行驶，并具有发动机制动的功能。

由于 1 位时的程序中不允许实现 1 挡升 2 挡，CPU 只能控制自动变速器在 1 挡运行。

5)　变速杆在 P、N 位

多功能开关的 5 号端子都给起动锁和倒车灯继电器 J226 的电子电路供电，它才有可能工作。CPU 输入的编码是 1 1 1 1，变速杆在 P、N 位置。CPU 则经 11 号端子给 J226 一个信号电压，起动继电器回路中的开关晶体管导通，此时，将点火开关置于起动位置，继电器触点吸合，起动机工作。

6)　变速杆置在 R 位

多功能开关的 5 号端子也给起动锁和倒车灯继电器 J226 的电子电路供电，它才有可能工作。多功能开关 1 号端子使 J226 的 1 号端子变为低电平，倒车灯继电器触点吸合，倒车灯亮。其他位置 J226 是不可能工作的。CPU 输入的编码是 1 0 1 1，变速杆在 R 位。

二、项目实施与工作页

(一)项目准备

项目实施前应准备好如下自动变速器总成、工具、耗材等。

(1)　01M 自动变速器、油泵、阀体总成。

(2)　01M 自动变速器工作台。

(3)　01M 自动变速器拆装专用工具、常用工具。

(4)　01M 自动变速器维修手册、油路图、电路图等技术资料。

(二)项目实施

分析 01M 各挡位液压控制系统的工作状况

01M 自动变速器换挡执行元件的工作状况见表 3-4-1。

1. P 位时液压控制系统的工作状况

变速杆放在 P 位，经传动杆使驻车锁钩与驻车棘齿结合，变速器的输出轴与车体结合成一体。

P 位时油路的工作状况如图 6-3-24 所示。

电磁阀 / 挡位	换挡电磁阀			换挡品质控制阀		TCC电磁阀N91	压力控制电磁阀N93	换挡执行元件					
	N88	N89	N90	换挡过程控制阀N92 T: 换挡过程所需时间/ms	K_1压力保持阀N94	泄油口随电流增加而减小	泄油口随电流减少而增大	K_1	K_2	K_3	B_1	B_2	F
P位	ON	OFF	ON	OFF	OFF	电流为0(占空比为0)，泄油口最大	节气门开度为0°，电流最大(1.1A)，泄油口关闭						
R位	OFF	OFF	ON	进入R位，延时一段时间后接电，B_1接合后断电	OFF	电流为0(占空比为0)，泄油口最大	节气门开度为0°，电流最大(1.1A)，泄油口关闭		●		●		
N位	ON	OFF	ON	OFF	OFF	电流为0(占空比为0)，泄油口最大	节气门开度为0°，电流最大(1.1A)，泄油口关闭						

看此项

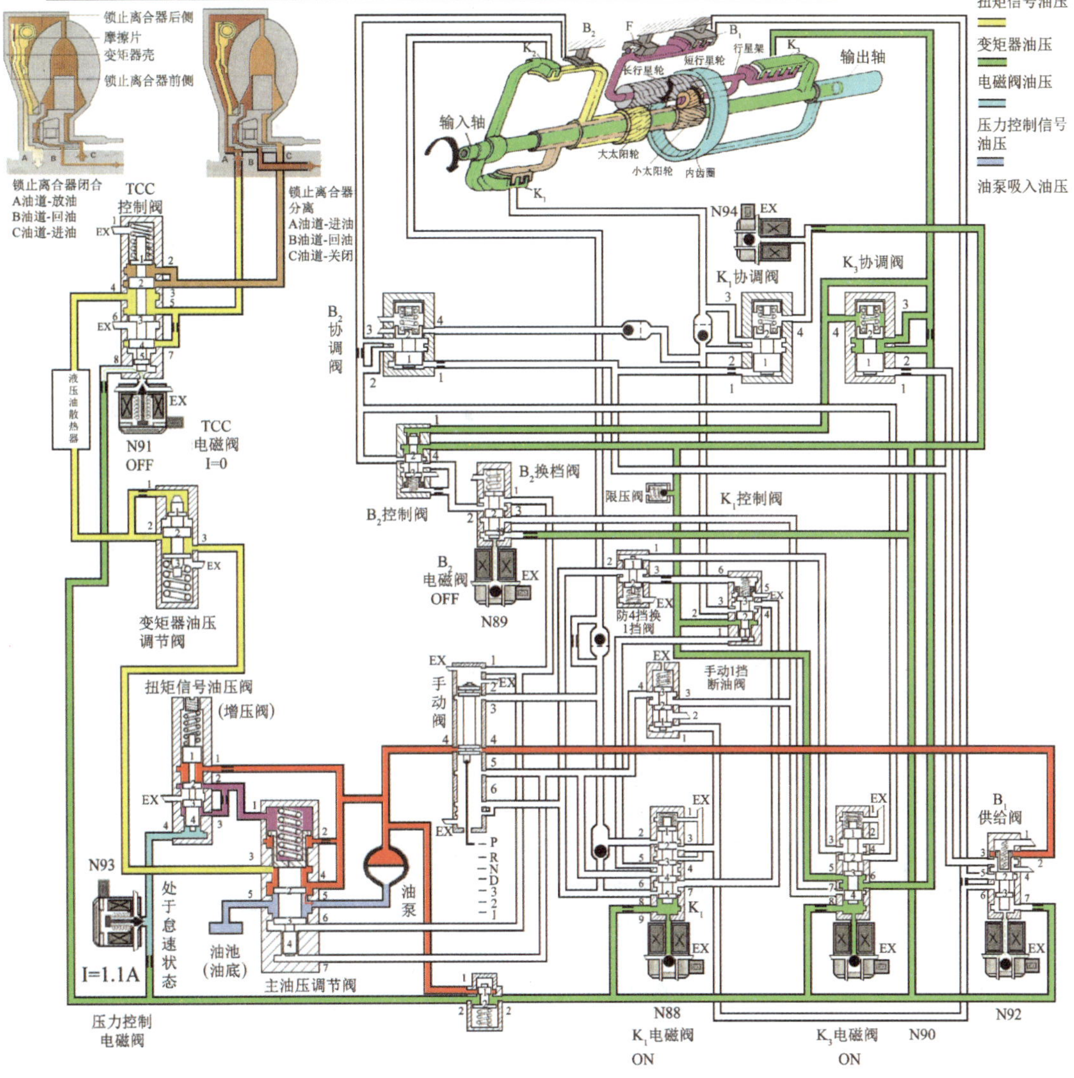

图 6-3-24　P 位时的油路图

2. R 位时液压控制系统的工作状况

R 位时油路的工作状况如图 6-3-25 所示。

电磁阀 / 挡位	换挡电磁阀			换挡品质控制阀		TCC电磁阀N91	压力控制电磁阀N93	换挡执行元件					
	N88	N89	N90	换挡过程控制阀N92 T：换挡过程所需时间/ms	K_1压力保持阀N94	泄油口随电流增加而减小	泄油口随电流减少而增大	K_1	K_2	K_3	B_1	B_2	F
P位	ON	OFF	ON	OFF	OFF	电流为0(占空比为0)，泄油口最大	节气门开度为0°，电流最大(1.1A)，泄油口关闭						
R位	OFF	OFF	ON	进入R位，延时一段时间后接电，B_1接合后断电	OFF	电流为0(占空比为0)，泄油口最大	节气门开度为0°，电流最大(1.1A)，泄油口关闭		●		●		
N位	ON	OFF	ON	OFF	OFF	电流为0(占空比为0)，泄油口最大	节气门开度为0°，电流最大(1.1A)，泄油口关闭						

看此项

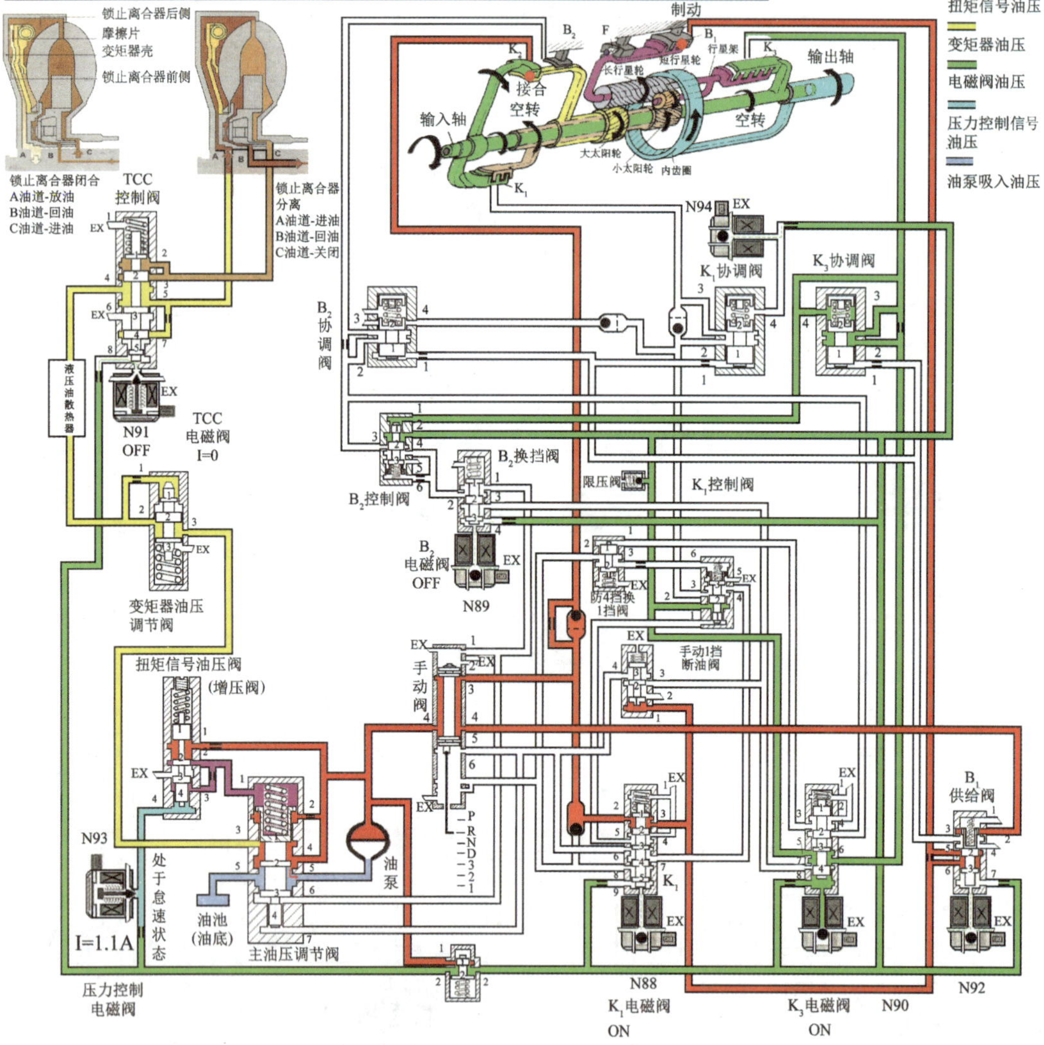

图 6-3-25　R 位时的油路图

3. N 位时液压控制系统的工作状况

N 位时油路的工作状况如图 6-3-26 所示。

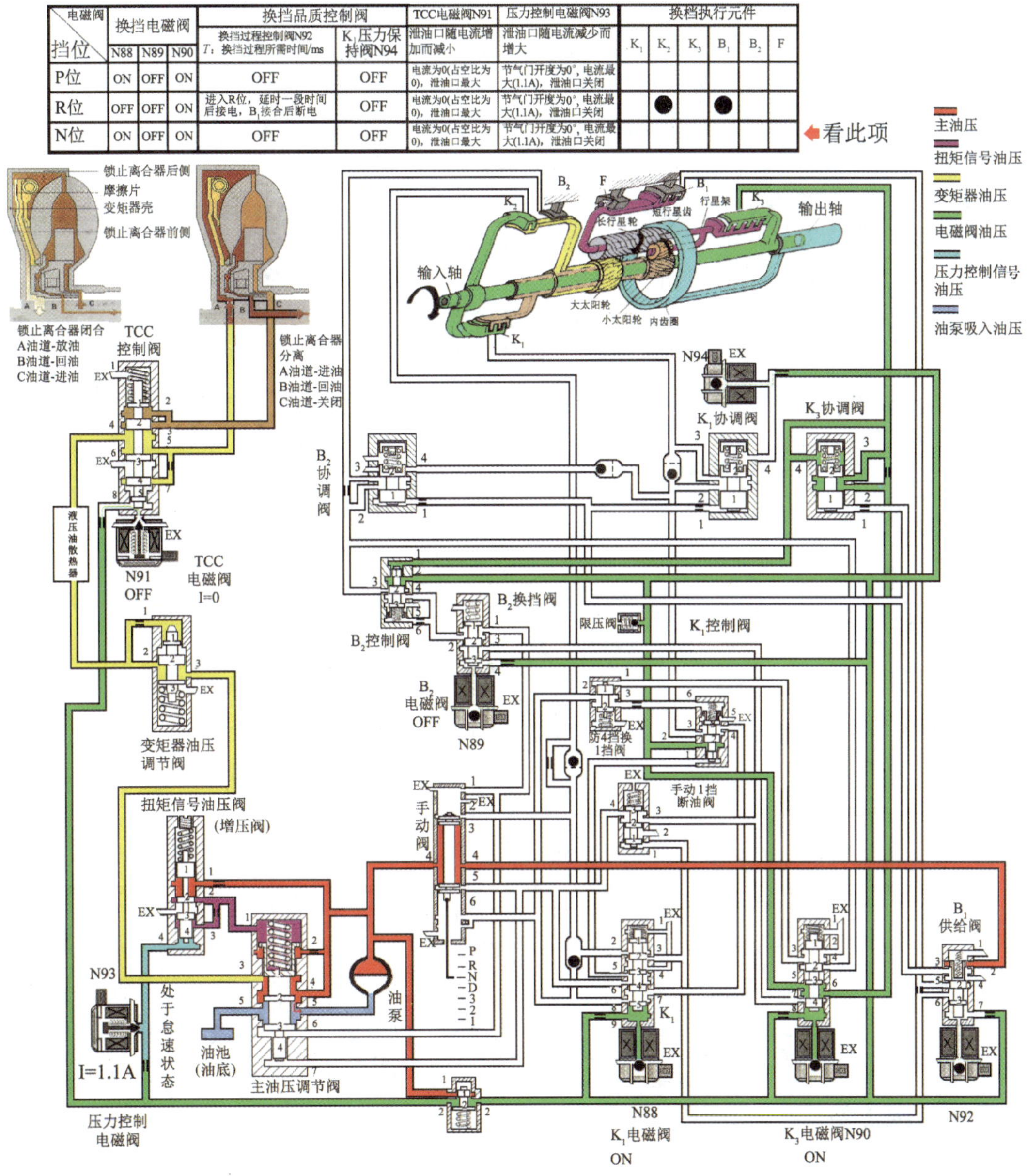

电磁阀 / 挡位	换挡电磁阀			换挡品质控制阀		TCC电磁阀N91	压力控制电磁阀N93	换档执行元件					
	N88	N89	N90	换挡过程控制阀N92 T：换挡过程所需时间/ms	K_1压力保持阀N94	泄油口随电流增加而减小	泄油口随电流减少而增大	K_1	K_2	K_3	B_1	B_2	F
P位	ON	OFF	ON	OFF	OFF	电流为0(占空比为0)，泄油口最大	节气门开度为0°，电流最大(1.1A)，泄油口关闭						
R位	OFF	OFF	ON	进入R位，延时一段时间后接电，B_1接合后断电	OFF	电流为0(占空比为0)，泄油口最大	节气门开度为0°，电流最大(1.1A)，泄油口关闭		●		●		
N位	ON	OFF	ON	OFF	OFF	电流为0(占空比为0)，泄油口最大	节气门开度为0°，电流最大(1.1A)，泄油口关闭						

图 6-3-26　N 位时的油路图

4. D 位 1 挡时液压控制系统的工作状况

D 位时 1 挡油路的工作状况如图 6-3-27 所示。

挡位 \ 电磁阀		换挡电磁阀			换挡品质控制阀		TCC电磁阀N91	压力控制电磁阀N93	换档执行元件					
		N88	N89	N90	换挡过程控制阀N92 T：换挡过程所需时间/ms	K1压力保持阀N94	泄油口随电流增加而减小	泄油口随电流减少而增大	K_1	K_2	K_3	B_1	B_2	F
D位	1	OFF	OFF	ON	进入D位，延时一段时间后接电，K_1接合后断电	OFF	电流为0，泄油口最大	随节气门开度增加，电流逐渐减小，泄油口逐渐开大，作用于增压阀底部的油压随之减小	●					●
	2	OFF	ON	ON	N89接电，延时一段时间后接电，B_2接合后断电	与N92同步工作，使K_1协调阀在换挡过程中保持原位不动	需要锁止变矩器离合器时，电流增加，泄油口减小，阀底部油压增加。其过程以ms计。脱开时电流立即为0		●				●	
	3	OFF	OFF	OFF	N89、N90断电，延时一段时间后接电。K_1接合后断电				●		●			
	4	ON	ON	OFF	N89、N89接电，延时一段时间后断电。B_2接合后断电						●		●	

看此项

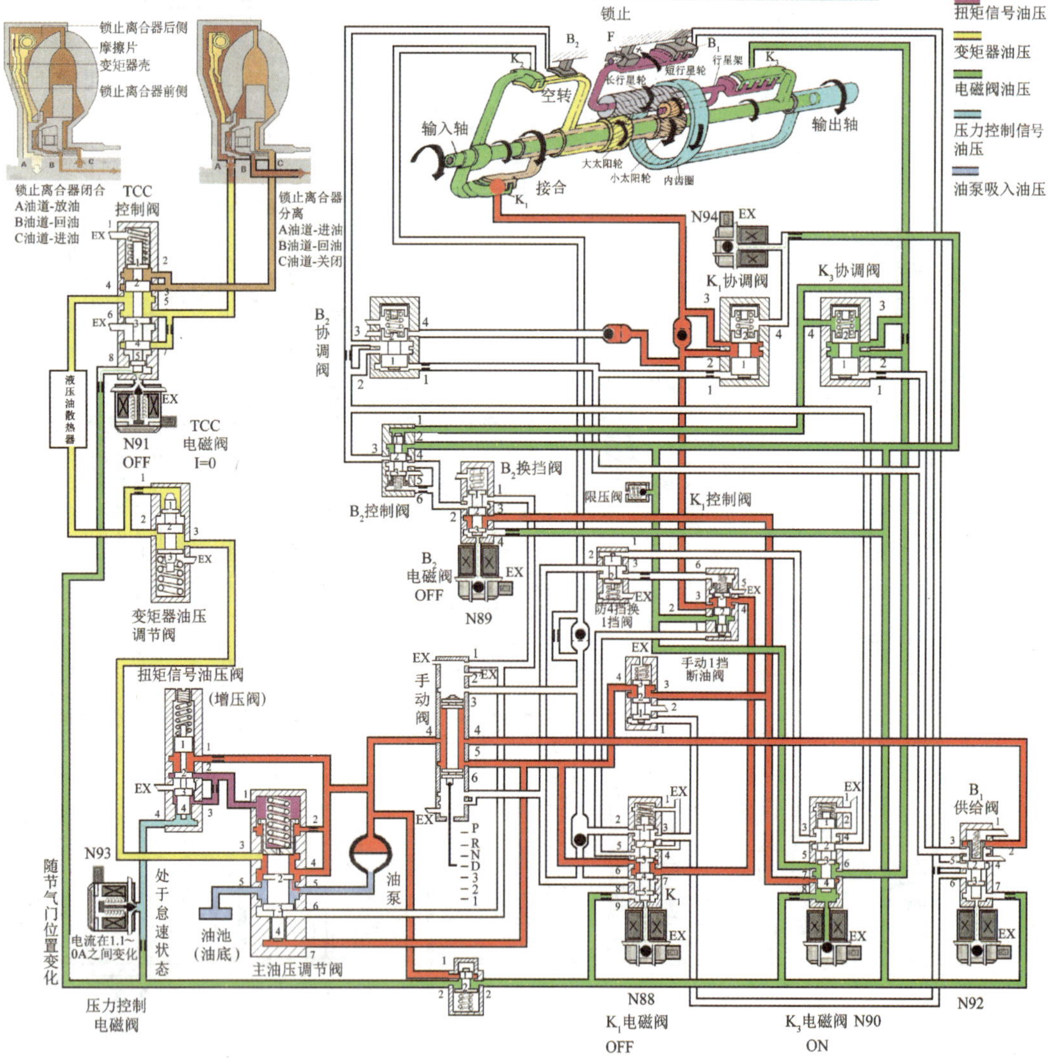

图 6-3-27　D 位 1 挡时的油路图

5. D 位 2 挡时液压控制系统的工作状况

D 位时 2 挡油路的工作状况如图 6-3-28 所示。

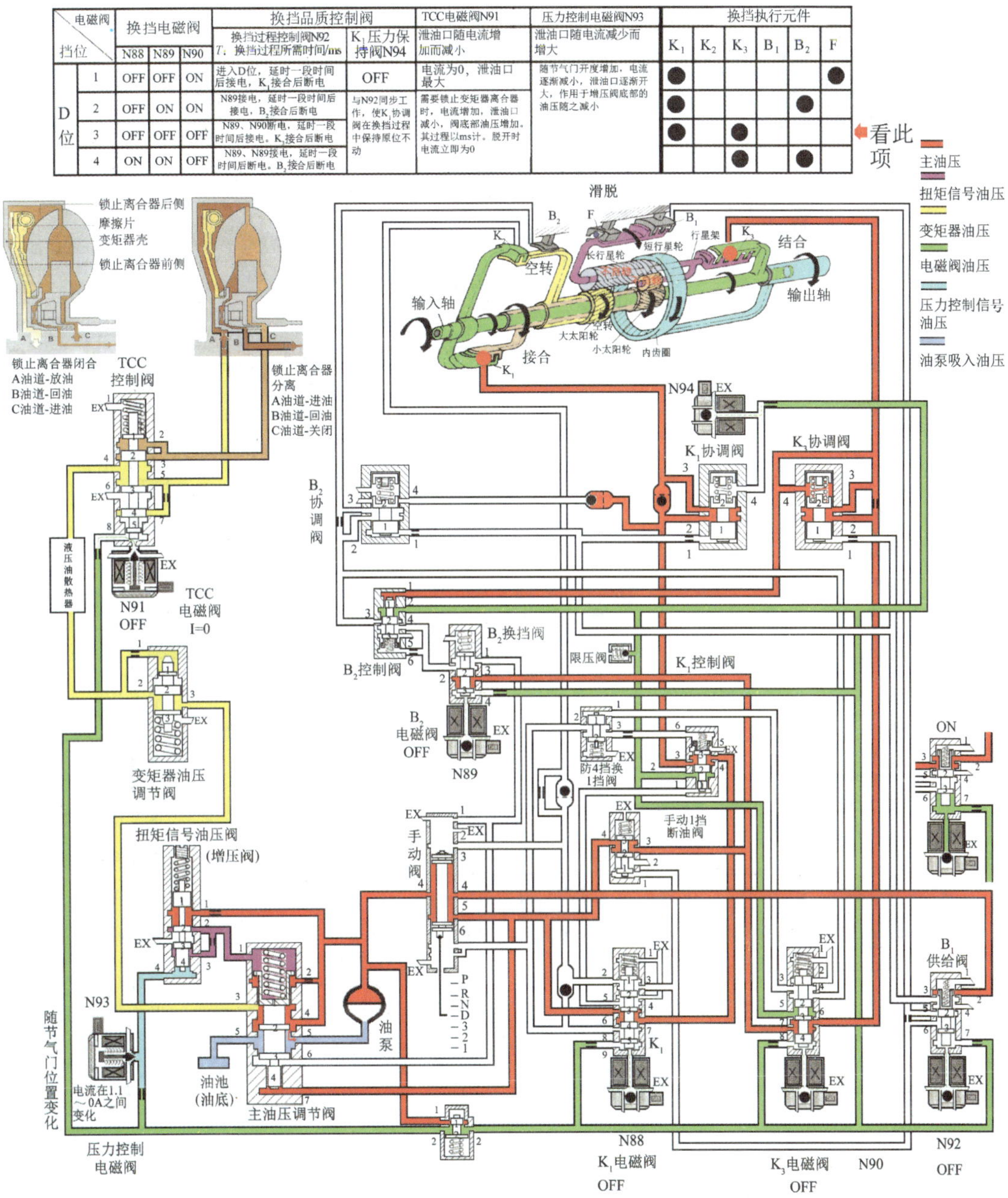

挡位 \ 电磁阀		换挡电磁阀 N88	换挡电磁阀 N89	换挡电磁阀 N90	换挡品质控制阀：换挡过程控制阀N92 T：换挡过程所需时间/ms	换挡品质控制阀：K_1压力保持阀N94	TCC电磁阀N91 泄油口随电流增加而减小	压力控制电磁阀N93 泄油口随电流减少而增大	换挡执行元件 K_1	K_2	K_3	B_1	B_2	F
D位	1	OFF	OFF	ON	进入D位，延时一段时间后接电，K_1接合后断电	OFF	电流为0，泄油口最大	随节气门开度增加，电流逐渐减小，泄油口逐渐开大，作用于增压阀底部的油压随之减小	●					●
	2	OFF	ON	ON	N89接电，延时一段时间后接电，B_2接合后断电	与N92同步工作，使K_1协调阀在换挡过程中保持原位不动	需要锁止变矩器离合器时，电流增加，泄油口减小，阀底部油压增加。其过程以ms计。脱开时电流立即为0		●				●	
	3	OFF	OFF	OFF	N89、N90断电，延时一段时间后接电。K_3接合后断电				●		●			
	4	ON	ON	OFF	N89、N89接电，延时一段时间后断电。B_2接合后断电						●		●	

图 6-3-28 D 位 2 挡时的油路图

6. D 位 3 挡时液压控制系统的工作状况

D 位时 3 挡油路的工作状况如图 6-3-29 所示。

挡位＼电磁阀		换挡电磁阀 N88	换挡电磁阀 N89	换挡电磁阀 N90	换挡品质控制阀：换挡过程控制阀N92 T：换挡过程所需时间/ms	换挡品质控制阀：K_1压力保持阀N94	TCC电磁阀N91 泄油口随电流增加而减小	压力控制电磁阀N93 泄油口随电流减少而增大	换挡执行元件 K_1	K_2	K_3	B_1	B_2	F	
D位	1	OFF	OFF	ON	进入D位，延时一段时间后接电，K_1接合后断电	OFF	电流为0，泄油口最大	随节气门开度增加，电流逐渐减小，泄油口逐渐开大，作用于增压阀底部的油压随之减小	●					●	
	2	OFF	ON	ON	N89接电，延时一段时间后接电，B_2接合后断电	与N92同步工作，使K_1协调阀在换挡过程中保持原位不动	需要锁止变矩器离合器时，电流增加，泄油口减小，阀底部油压增加。其过程以ms计。脱开时电流立即为0		●				●		
	3	OFF	OFF	OFF	N89、N90断电，延时一段时间后接电。K_3接合后断电				●		●				←看此项
	4	ON	ON	OFF	N89、N89接电，延时一段时间后断电。B_2接合后断电						●		●		

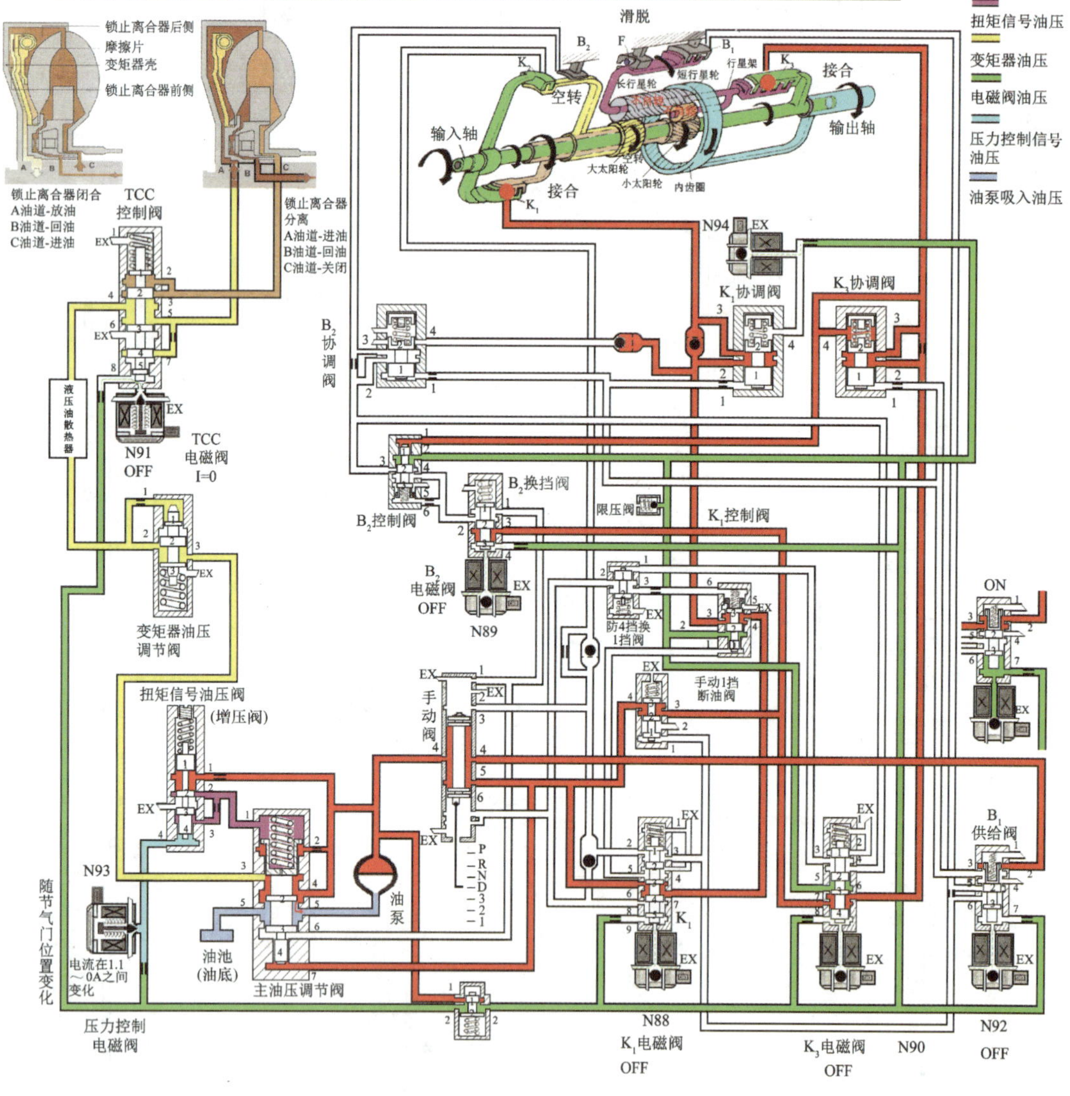

图 6-3-29　D 位 3 挡时的油路图

7. D 位 4 挡时液压控制系统的工作状况

D 位时 4 挡油路的工作状况如图 6-3-30 所示。

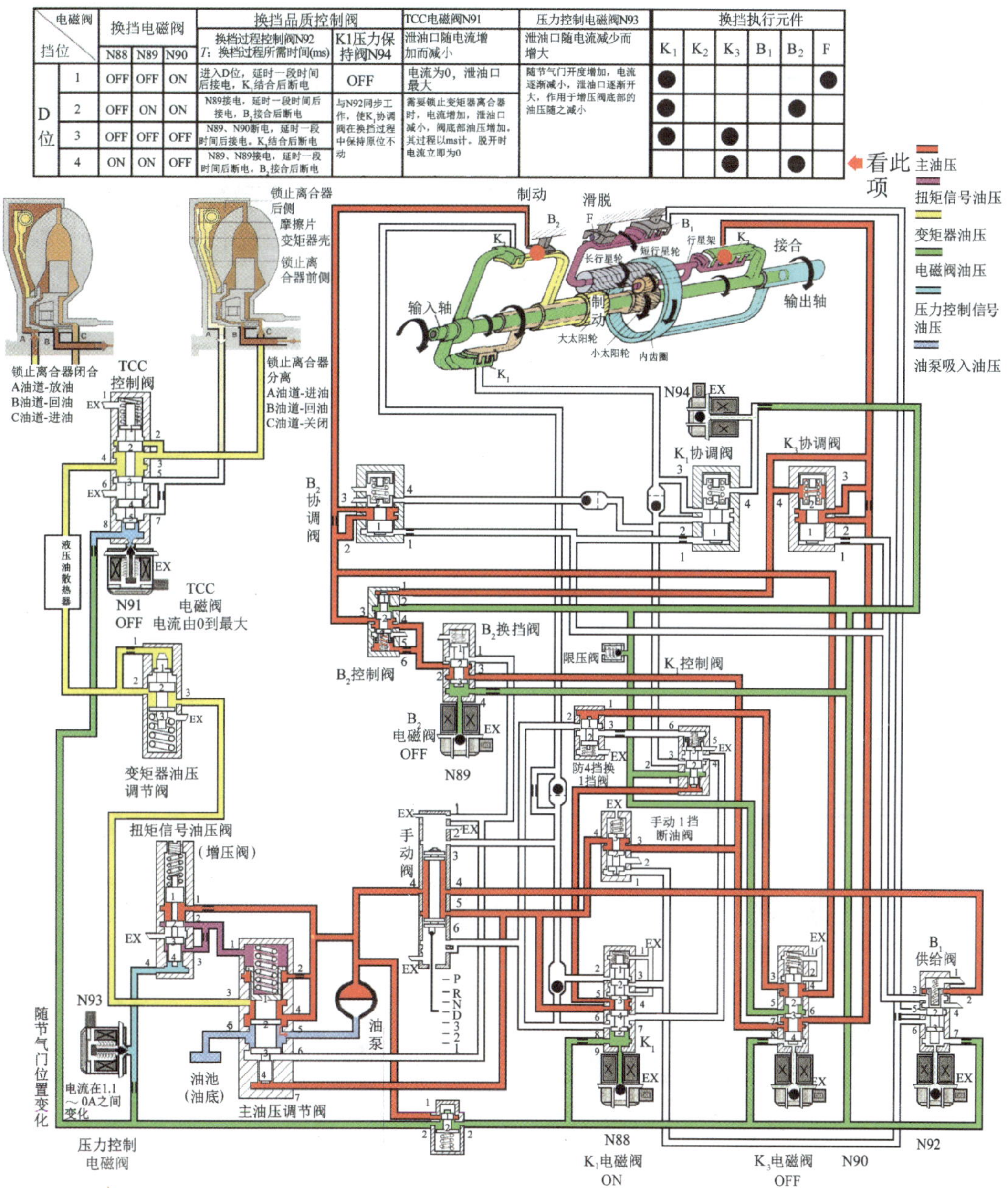

挡位＼电磁阀		换挡电磁阀 N88	换挡电磁阀 N89	换挡电磁阀 N90	换挡品质控制阀：换档过程控制阀N92　T：换档过程所需时间(ms)	换挡品质控制阀：K1压力保持阀N94	TCC电磁阀N91：泄油口随电流增加而减小	压力控制电磁阀N93：泄油口随电流减少而增大	K_1	K_2	K_3	B_1	B_2	F
D位	1	OFF	OFF	ON	进入D位，延时一段时间后接电，K_1结合后断电	OFF	电流为0，泄油口最大	随节气门开度增加，电流逐渐减小，泄油口逐渐开大，作用于增压阀底部的油压随之减小	●					●
	2	OFF	ON	ON	N89接电，延时一段时间后接电，B_2接合后断电	与N92同步工作，使K_1协调阀在换挡过程中保持原位不动	需要锁止变矩器离合器时，电流增加，泄油口减小，阀底部油压增加。其过程以ms计。脱开时电流立即为0		●				●	
	3	OFF	OFF	OFF	N89、N90断电，延时一段时间后接电。K_1结合后断电				●		●			
	4	ON	ON	OFF	N89、N89接电，延时一段时间后断电。B_2接合后断电						●		●	

图 6-3-30　D 位 4 挡(TCC 锁止)时的油路图

8. 1 位时液压控制系统的工作状况

1 位时油路的工作状况如图 6-3-31 所示。

电磁阀 / 挡位	换挡电磁阀			换挡品质控制阀		TCC电磁阀N91	压力控制电磁阀N93	换挡执行元件					
	N88	N89	N90	换挡过程控制阀N92 T：换挡过程所需时间/ms	K_1压力保持阀N94	泄油口随电流增加而减小	泄油口随电流减少而增大	K_1	K_2	K_3	B_1	B_2	F
1位	OFF	OFF	ON	进入D位，延时一段时间后接电，K_1结合后断电	OFF	电流为0，泄油口最大	随节气门开度增加，电流逐渐减小，泄油口逐渐开大，作用于增压阀底部的油压随之减小	●			●		

看此项

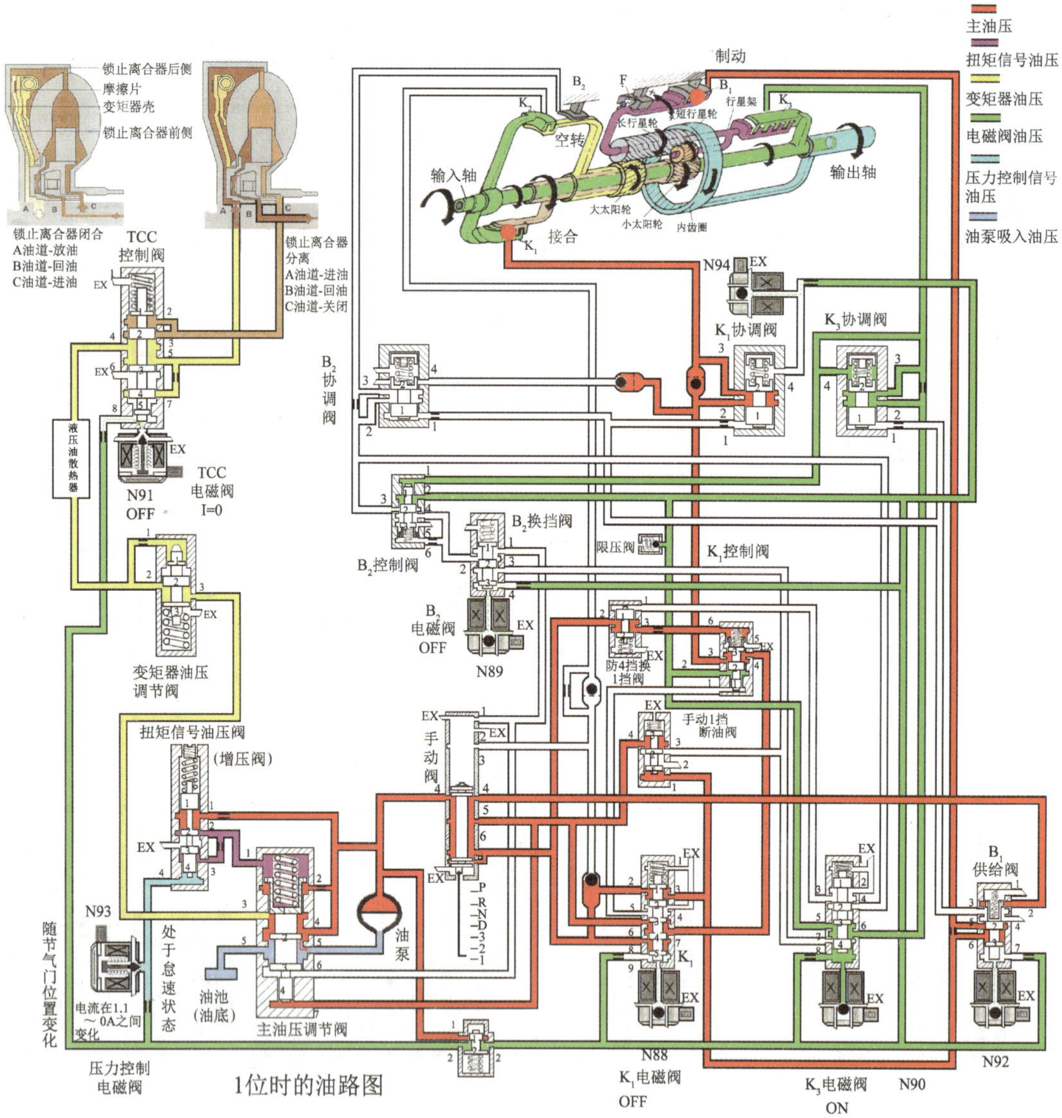

图 6-3-31　1 位时的油路图

(三)项目工作页

01M 自动变速器油路分析工作页

姓名：________　班级：________　学号：________　指导教师：________　日期：________

(1)　工作内容与目标。

工作内容：运用相关知识，分析 01M 自动变速器各挡位油路。

工作目标：正确分析 01M 自动变速器各挡位油路。

(2)　工作准备。

①　工作组。

序　号	姓　名	学　号	职　责	备　注
				组长

②　工具、设备、器材准备。

序　号	工具、设备、器材、耗材名称	型号、规格	套(件)数	备　注

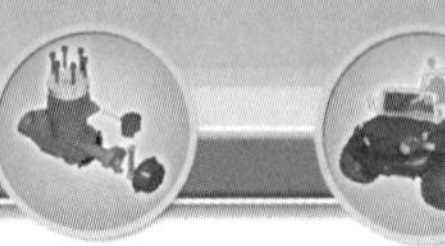

(3) 工作过程与结果分析。

变速杆位置	挡　位	换挡电磁阀 N88	换挡电磁阀 N89	换挡电磁阀 N90	参与工作执行元件	液压系统油路
D 位	1 挡					
	2 挡					
	3 挡					
	4 挡					
1 位	1 挡					
R 位						
P 位						
N 位						

(4) 进行工位“5S”，自检、互检，工作结束。

(5) 项目测评。

测评者	评　语	成绩
自我评价		
小组评价		
教师评价		
总成绩		

模块四　自动变速器的检验

一、学习材料

自动变速器的结构和工作原理复杂，液力变矩器、换挡执行元件、阀体、电控系统或其他任何部件出现故障，都会影响自动变速器的正常工作。因此当其出现故障时，不能盲目进行拆卸，应先进行基本检查、道路试验，然后进行相关试验，以确定自动变速器的故障原因及部位。自动变速器在修理完毕后，必须进行全面的性能检验，以保证自动变速器的各项性能指标达到标准要求。

自动变速器的基本检查内容如下。

1. 油液质量检查

在对自动变速器进行检测或故障诊断前，应首先进行液面高度和油液质量的检查。自动变速器应采用车辆随车手册上推荐使用的变速器油，并按规定的使用周期(行驶里程)更换，不可用齿轮油或润滑油代替液压油。如果使用不当，容易出现油液变质，从而影响自动变速器的工作性能，甚至造成自动变速器严重损坏。因此，必须加强对油液品质的检查。

正常的自动变速器油液清澈、略带红色或橙黄色，且无异味，检查时，先嗅一嗅油尺上的油液有无特殊气味，用手指捻一捻油液，查看是否有金属屑，将油尺上的液压油滴在干净的白纸上，检查液压油的颜色及气味，如液压油呈棕色或有焦味，说明油液已变质，如图 6-4-1 所示，变质原因详见表 6-4-1。若油液变质，表明执行元件打滑而导致摩擦材料烧蚀，应立即更换液压油。

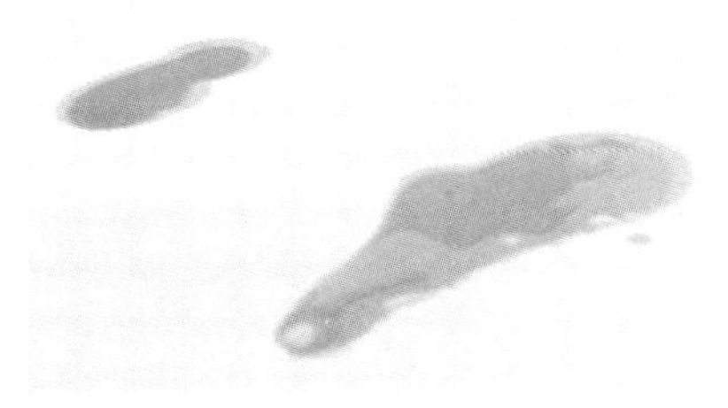

(a) 油液的颜色对比

(b) 油液中有水分

图 6-4-1　自动变速器油液质量检查

表 6-4-1　油质与故障原因

油液状态	变质原因
颜色发白、浑浊	水分已进入油中
油液变为深褐色或棕色	没有及时更换油液； 长期高负荷运转，或某些部件打滑、损坏引起变速器过热
油液中有金属屑	离合器片、制动器片或单向离合器磨损严重
油尺上黏附胶质油膏	变速器油温长期过高
油液有烧焦气味	油温过高、油面过低； 油冷却器或管路堵塞

2. 油面高度检查

自动变速器油液除了起到润滑、冷却和清洗的作用以外，更主要的是通过油液的流动来传递转矩。当液面过低时，各执行元件打滑导致加速性能不良，并且各工作元件润滑不良。当液面过高时，变速器溢油，控制油孔阻碍，排油不畅从而影响执行元件不能迅速分离。自动变速器油液液面高度的检查是自动变速器最基本的检查项目之一。

1)　油尺检查法

将汽车停放在水平路面上(保证油面高度稳定)，拉紧驻车制动，并让发动机怠速运转(至少 1min)，以确保在正常的油液工作温度进行检查。

踩住制动踏板，将变速杆拨至倒挡(R 位)、前进挡(D 位)、前进低挡(S、L 或 2、1 位)等位置，并在每个挡位上停留数秒，使液力变矩器和所有换挡执行元件中都充满液压油。最后将变速杆再次拨至 P 位。

从加油管内拔出油尺(拔出之前应将护罩及手柄上的杂质擦干净)，擦净后插入加油管内再次拔出，检查油尺上的油面高度。

如图 6-4-2 所示，如果自动变速器处于冷态(即冷车刚刚起动，自动变速器油的温度较低，为室温或低于 25℃)，液面高度应在油尺刻线的下限附近；如果自动变速器处于热态(如低速行驶 5min 以上，自动变速器油温度已达 70～80℃)，液面高度应在油尺刻线的上限附近。

低温时液压油的黏度大，工作时有较多的液压油附着在行星轮等零件上，因此油面较低；高温时液压油黏度小，流动性好，因此油面较高。

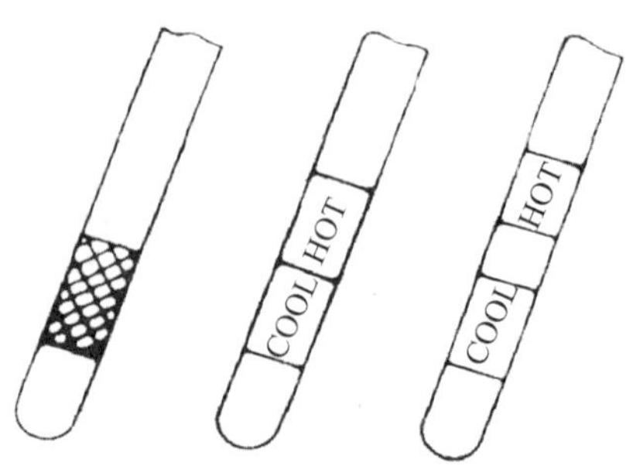

图 6-4-2　自动变速器油面高度的检查

2)　溢油孔检查法

一些车辆的自动变速器没有油尺，其油位的检查是利用自动变速器油底壳上高台阶处的一个螺孔进行检查，也做加油孔用，如图 6-4-3 所示。检查油面高度时，使车身水平放置，起动发动机运转至温度正常，变速杆置入 P、R、N、D、S、L 等位置并稍停片刻，之后置入 P 或 N 位，旋开油面检查螺塞，有少量油液溢出即为油面正常。

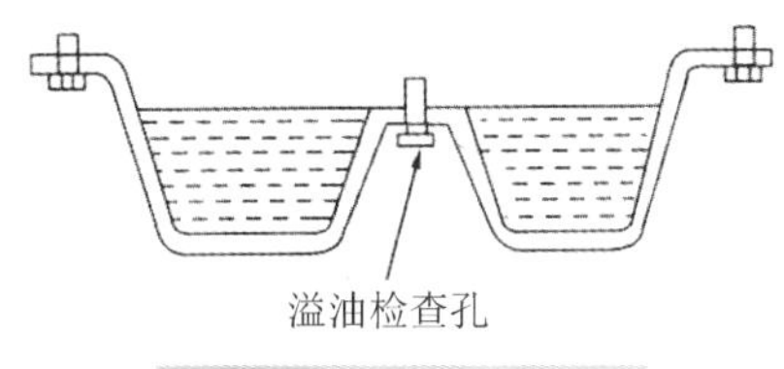

图 6-4-3　油面检查螺塞

3. 液压控制系统漏油检查

液压控制系统的各连接部位上设有油封和密封垫，是常发生漏油的地方，液压系统漏油会引起油路压力下降，从而导致自动变速器换挡打滑和延迟。因此对易发生漏油的部位应逐一进行检查，检查时先将自动变速器外壳擦干净，起动发动机热机后，挂入 D 挡运转一段时间，检查自动变速器外壳的泄漏情况，图 6-4-4 为自动变速器易发生漏油部位。

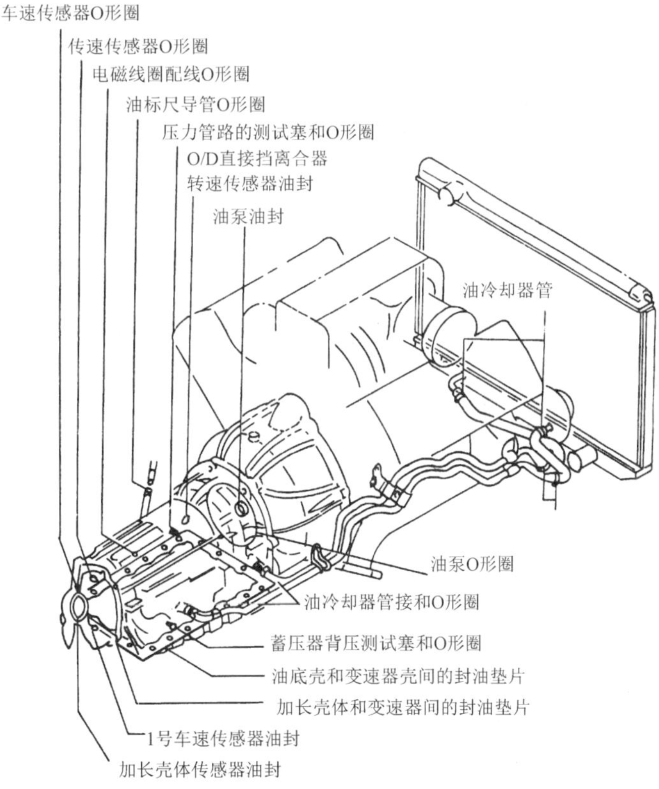

图 6-4-4　自动变速器常见漏油位置

4. 挡位开关的检查与调整

变速杆及空挡起动开关调整不当，会使变速杆的位置与自动变速器阀体中手动阀的实际位置不符，易造成乱挡或不能挂入驻车挡或前进低挡，并造成变速杆位置与仪表盘上挡位指示灯的显示不符，甚至造成在空挡或驻车挡时无法起动发动机。因此必须对变速杆和空挡起动开关进行检查、调整。

将变速杆拨至各个挡位，检查挡位指示灯与变速杆位置是否一致，P、N 位时发动机是否能正常起动，R 位时倒挡指示灯是否亮起。若有异常，应进行调整，方法如下。

(1) 松开挡位开关的固定螺钉，将变速杆放到 N 位，如图 6-4-5 所示。

图 6-4-5 变速杆位于 N 位

(2) 手动阀摇臂轴上的槽口应与外壳上的空挡基准线对齐，如图 6-4-6(a)所示。有些自动变速器的挡位开关上设有一个定位孔，如图 6-4-6(b)所示。

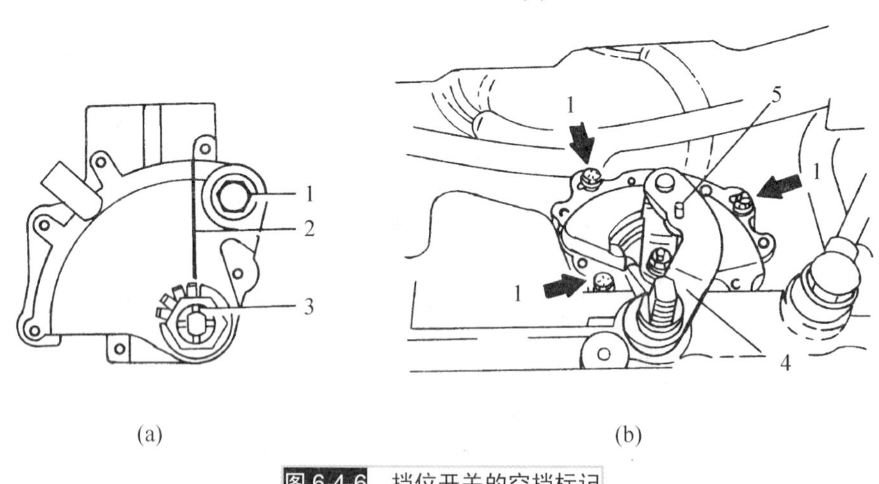

图 6-4-6 挡位开关的空挡标记

1—固定螺钉；2—空挡基准线；3—凹槽；4—摇臂；5—调整用定位销

(3) 挡位开关的位置调好后进行固定，如图 6-4-7 所示。

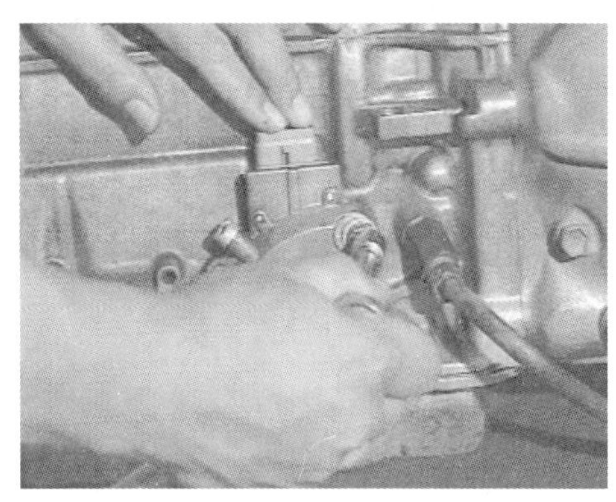

图 6-4-7　挡位开关的调整、紧固

5. 发动机怠速检查、调整

发动机怠速不正常，特别是怠速过高，也会使自动变速器工作不正常，出现换挡冲击等现象。因此当自动变速器工作不良时也应检查发动机怠速，通常电子控制自动变速器的发动机怠速为 800r/min 左右，怠速过高或过低均应调整。

6. 节气门拉索的检查和调整

对于一些车辆，自动变速器的主油路压力通过拉索由节气门开度调节。节气门拉索调整不当，会导致主油路压力异常，造成油路油压过低或过高，使换挡执行元件打滑或产生换挡冲击。一般节气门拉索的松、紧是由于发动机和自动变速器相对位置的移动所造成的，在自动变速器和发动机修理后，装复自动变速器节气门拉索时应按规定的要求进行检查与调整。

当完全放松加速踏板时，节气门就处于全闭状态；当加速踏板踩到底时，节气门应全开，节气门拉索的索芯不应松弛，索套端和索芯限位杆之间的距离应在 0～1mm 之间，如图 6-4-8 所示。

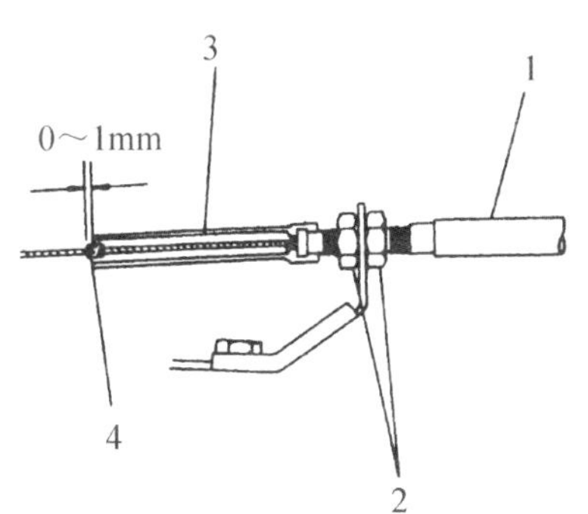

图 6-4-8　节气门拉索的调整

1—外拉索；2—调节及锁紧螺母；3—防尘罩套；4—拉索标记

如节气门不能全开，应进行如下调整。

(1) 将加速踏板踩到底，拧松调整螺母。

(2) 拧动调整螺母，调整节气门拉索，使防尘橡皮罩末端与拉索块之间的距离为0～1mm。

(3) 拧紧调整螺母，并重新检查调整情况。

二、项目实施与工作页

(一)项目准备

项目实施前应准备好如下自动变速器车辆、工具、耗材等。

(1) 典型自动变速器车辆。

(2) 典型自动变速器检验专用工具、常用工具及电控系统诊断仪。

(3) 典型自动变速器维修手册、油路图、电路图等技术资料。

(二)项目实施

1. 液压检验

1) 检验目的

自动变速器能够正常工作的先决条件是液压控制系统的油压正常。油压过高，会使自动变速器出现严重的换挡冲击，甚至损坏换挡控制系统；油压过低，会造成换挡执行元件打滑，加剧摩擦片的磨损，甚至使换挡执行元件烧毁。

对于因油压过低而造成换挡执行元件烧毁的自动变速器，如果仅更换烧毁的摩擦片而没有找出故障的真正原因进行修复，更换后的摩擦片经过一段时间的使用后往往会再次烧毁。因此，在分解、修理自动变速器之前和自动变速器修复之后，都要对自动变速器进行油压试验，以保证自动变速器的修理质量。

油压试验是在自动变速器运转时对液压控制系统中各主要管路的油压进行测量，为分析自动变速器的故障提供判断依据，以便有针对性地进行检修。

2) 检验方法

首先进行如下准备。

(1) 发动机运转，自动变速器均达到正常工作温度。

(2) 准备一个量程为2MPa的压力表。

找出自动变速器各油路测压孔的位置。在自动变速器外壳上有几个用方头螺母堵住的用于测量不同油路油压的测压孔，可参照自动变速器维修手册上标有自动变速器油路测压孔的位置。

常见车型自动变速器测压孔位置如图6-4-9所示。

如果没有维修手册做参考，可用举升机将汽车升起，在发动运转时分别将各测压孔螺塞松开少许，观察各测压孔在变速杆位于不同挡位时是否有压力油流出，以判断该测压孔是与哪一个油路相通，从而找出各油路测压孔的位置。

测试主油路油压时，应分别测出前进挡和倒挡的主油路油压。具体的检测方法如下。

(1) 拆下变速器壳体上主油路测压孔或前进挡油路测压孔螺塞，接上油压表。

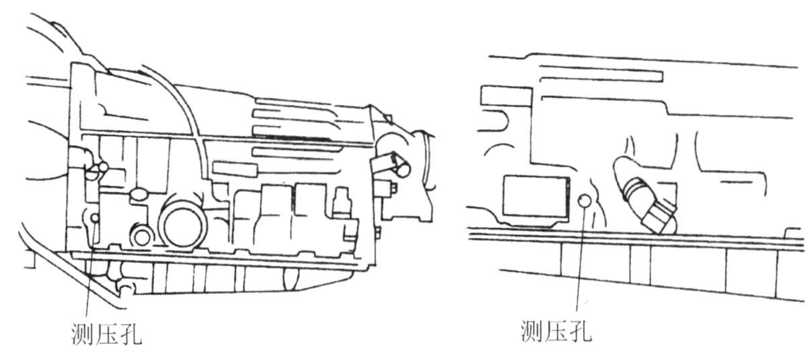

(a) 主油路测压孔　　(b) 蓄压器测压孔

图 6-4-9 变速器测压孔

(2) 用举升机将汽车升起，车轮离开地面，拉紧驻车制动，起动发动机，制动踏板踩到底。

(3) 将变速杆放在 D 位，察看油压表，读取发动机怠速运转时前进挡主油路油压(D 位怠速主油压)。

(4) 踩下制动踏板，同时将加速踏板完全踩下，察看油压表，读取失速工况下的前进挡主油路油压(D 位失速主油压)。

(5) 将变速杆拨至 N 位或 P 位，使发动机怠速运转 1min 以上，使自动变速器油温降低到正常。

(6) 将变速杆拨至各个前进低挡(S、L 或 2、1)位置，重复以上五个步骤，读出各个前进低挡在怠速工况和失速工况下的主油路油压。

(7) 在R位，用同样的方法测出怠速工况和失速转速时的主油路油压(R位失速主油压)。

3) 检验结果分析

将测得的主油路油压与标准值进行比较，不同车型自动变速器的主油路油压都不完全相同。若主油路油压不正常，说明油泵或相应的控制系统有故障，表 6-4-2 中列出了主油路油压不正常的可能原因。

表 6-4-2 主油路油压不正常的原因

工况	测试结果	故障原因
怠速	所有挡位的主油路油压均太低	油泵故障；主油路调压阀卡死；主油路泄漏；主油路调压阀弹簧过软；节气门阀卡滞；节气门拉索或节气门位置传感器调整不当
	前进挡和前进低挡的主油路油压均太低	前进离合器活塞漏油；前进挡油路泄漏
	前进挡的主油路油压正常； 前进低挡的主油路油压太低	1 挡强制制动器或 2 挡强制制动器活塞漏油；前进低挡油路泄漏

续表

工况	测试结果	故障原因
怠速	前进挡主油路油压正常； 倒挡主油路油压太低	倒挡及高档离合器活塞漏油；倒挡油路泄漏
	所有挡位的主油路油压均太高	节气门拉索或节气门位置传感器调整不当；主油路调压阀卡死；节气门阀卡滞；液压电磁阀损坏或电路故障
失速	稍低于标准油压	节气门拉索或节气门位置传感器调整不当；液压电磁阀损坏或电路故障；主油路调压阀卡死或弹簧太软
	明显低于标准油压	油泵故障；主油路泄漏

2. 时滞检验

1) 检验目的

在发动机怠速运转条件下，变速手柄由空挡拨至前进挡或倒挡时，从变速手柄挂入所选的挡位到感觉车身振动，要经过一段短暂时间，这段滞后的时间称为自动变速器换挡的迟滞时间。

时滞检验就是根据换挡迟滞时间的长短来判断主油路油压、换挡执行元件及其控制油路的工作是否正常。

2) 检验方法

自动变速器时滞检验的具体步骤如下。

(1) 将汽车停放在水平地面上，拉紧驻车制动。发动机运转，使变速器达到正常温度(50～80℃)，检查发动机怠速正常。踩下制动踏板。

(2) 将自动变速器变速杆从 N 位拨至 D 位，用秒表测量迟滞时间，连续进行三次，每次间隔发动机怠速运转一分钟，取三次测试的平均值。

按上述方法，将变速杆由 N 位拨至 R 位，测量 N-R 迟滞时间。

3) 检验结果分析

大多数自动变速器 N-D 迟滞时间小于 1.0～1.2s，N-R 迟滞时间小于 1.2～1.5s。

若 N-D 迟滞时间过长，可能的原因，主油路油压过低；前进挡离合器油封不良、前进挡离合器油路泄漏、前进挡离合器摩擦片磨损等。同理，若 N-R 迟滞时间过长，说明倒挡主油路油压过低、倒挡离合器油封不良、R 挡离合器油路泄漏、R 挡离合器摩擦片磨损等。

3. 失速检验

1) 检验目的

失速检验测试的是发动机处于失速工况下所能达到的最高转速，即失速转速，可以诊断发动机的整体性能和自动变速器的综合性能：发动机的输出功率、变矩器内导轮单向离合器性能以及自动变速器中有关换挡执行元件的工作性能是否正常等。

失速工况指的是制动变矩器内的涡轮，即变速杆位于前进挡或倒挡，踩住制动踏板，发动机在节气门处于全开运转时，发动机所处的工况。

2)　检验方法

在进行失速检验之前，应做好以下准备工作。

(1)　发动机运转至自动变速器达到正常工作温度。检查汽车的行车制动和驻车制动，确认其性能良好。

(2)　用举升机将汽车升起，车轮离开地面，拉紧驻车制动，起动发动机，将制动踏板踩到底。

将变速杆放在 D 位，将加速踏板踩到底，迅速读取发动机达到的最高转速。读取发动机转速后，立即松开加速踏板。

变速杆拨入 P 位或 N 位，让发动机怠速运转 1～3min，以防止液压油因温度过高。

再将变速杆拨入其他挡位(R、S、L 或 2、1)，进行同样的试验。

注意： 失速工况下，发动机的动力全部消耗在液力变矩器内液压油的内部摩擦损失上，会使液压油的温度急剧上升。因此在失速检验中，从加速踏板踩下到松开，整个过程不得超过 5s；试验次数不多于三次；一个挡位的试验完成之后，不要立即进行下一个挡位的试验，要等油温下降之后再进行。试验结束后不要立即熄火，应让发动机怠速运转几分钟，以便使液压油温度降至正常值。

3)　检验结果分析

不同车型的自动变速器都有失速转速标准。大部分自动变速器的失速转速标准为 2300r/min 左右。不同挡位失速转速不正常的原因详见表 6-4-3。

表 6-4-3　失速转速不正常的原因

变速杆位置	失速转速	故障原因
所有位置	过高	主油路油压过低； 前进挡和倒挡的换挡执行元件打滑； 低挡及倒挡制动器打滑
	过低	发动机动力不足； 变矩器导轮的单向离合器打滑
仅 D 位	过高	前进挡油路油压过低； 前进离合器打滑
仅 R 位	过高	倒挡油路油压过低； 倒挡及高挡离合器打滑

4. 自动变速器故障信息检验

电控自动变速器具有故障自诊断系统，ECU 的自诊断电路能够不断地监测变速器控制系统的工作情况，并能检测出控制系统中大部分故障，将故障以代码的形式记录在 ECU 中。有些汽车还设计了故障指示灯，一旦系统出现故障，在 ECU 中将存储一个相应的故障码，同时故障指示灯闪烁，以提醒驾驶员注意。利用诊断仪从 ECU 的诊断接口可将故障码读出，为自动变速器控制系统的检修和故障排除提供参考。通过故障码的分析，可以初步判断故

障原因，再通过电路、元件的检测最终确定故障点。

要特别注意故障与故障现象及故障码间的关系。有故障码存在，在大多数情况下是确有故障，也会有不同程度的故障症状。例如，作为重要传感器的车速信号出现故障，会产生比较明显的故障现象，但油温传感器故障码故障所带来的影响往往单凭驾驶感觉不一定能发现。在某些情况下有故障码存在不一定有故障，这主要是因为外界各种干扰源的干扰，检测人员的误操作，相关故障的影响，虚假的故障码等。当有故障症状出现时，一定有故障，但不一定有故障码，因为故障码是由 ECU 的自诊断系统定义的，凡不受 ECU 检测的故障点，均无法定义故障码。例如，未被控制系统监测的机械性故障或参数数值漂移但又未超出设定条件的，自诊断系统就无法识别，但自动变速器会表现出工作不良的故障症状。另外，设计人员只能按照设计要求，根据传感器、执行器可能出现的问题以及实验过程中出现的各种故障对故障进行设定，不可能包含实际运行中可能出现的所有故障。所以，有故障码不一定有故障；没有故障码不一定没有故障。

数据流是指 ECU 通过诊断接口的数据通信线，以串行方式输出的一些内部实时数据。数据流一般包括实时的传感器信号、执行器信号，如车速信号、节气门开度信号、多功能开关信号、油温信号、换挡电磁阀信号等。利用专用诊断仪读取这些数据流不仅可以对 ECU 的运行参数进行分析，还可以观察 ECU 的动态控制过程。数据流分析法是从 ECU 内部分析计算机控制过程的故障诊断方法。

以大众 01M/01N 自动变速器故障诊断为例，其他车型可参考维修手册。

1) 进行故障自诊断的条件

(1) 变速杆放在 P 位并且拉上驻车制动器。

(2) 汽车供电电压正常。

(3) 熔丝完好。

(4) 变速器接地连接点接触良好。

2) 连接故障诊断仪和选择功能

(1) 找到诊断接口。

(2) 关闭点火开关，连接好故障诊断仪。屏幕显示：

V.A.G-SELF-DIAGNOSIS	HELP
1-Rapid data transfer	
2-Flash code output	
V.A.G 自诊断	帮助
1-快速数据传输	
2-闪烁代码输出	

(3) 接通点火开关，按数字键 1。屏幕显示：

Rapid data transfer	HELP
Enter address word ××	
快速数据传输	帮助
输入地址码 ××	

(4) 输入数字键 0 和 2，屏幕显示：

Rapid data transfer	Q
02 Gearbox electronics	
快速数据传输	Q
02 变速器电子系统	

(5) 按 Q 键确认，屏幕显示：

01N 927 733BA AG4 Gearbox 01N	2754
Coding 00000	wsc00000
01N 927 733BA AG4 变速器 01N	2754
编码 00000	wsc00000

其中，01N 927 733 表示配件号；AG4 Gearbox 01N 表示 4 挡自动变速器 01N；2754 表示 EPROM(程序版本)；编码 00000 目前不需要；wsc00000 表示最近一次编码故障阅读仪 V.A.G1551 的经销商代号。

屏幕显示：

Rapid data transfer	HELP
Select function ××	
快速数据传输	帮助
选择功能 ××	

按 HELP 键，则可列出所有可执行功能的列表，见表 6-4-4。

表 6-4-4 可选择功能表

代 码	功 能
01	查询控制单元版本
02	查询故障码
04	进行基本设定
05	清除故障码
06	结束输出
08	读测量数据块

3) 查询故障码

(1) 连接故障诊断仪，输入地址码 02-变速器电子系统。屏幕显示：

Rapid data transfer	HELP
Select function ××	
快速数据传输	帮助
选择功能 ××	

(2) 输入数字键 0 和 2，查询故障码。屏幕显示：

Rapid data transfer Q 02-Interrogate fault memory
快速数据传输 Q 02-查询故障存储

(3) 输入 Q 键确认。屏幕上显示出存储的故障数量或“No faults recognized!”没有识别到故障，屏幕显示：

× Faults recognized!
× 个故障被识别！

(4) 按→键依次显示所有故障码直至结束。

01M/01N 电控自动变速器故障码见表 6-4-5。

表 6-4-5 自动变速器故障码表

故障码	故障原因	故障排除
No fault Recognized! (没有识别到故障)	如果进行了修理之后，显示出“No fault recognized”(没有识别到故障)，自诊断结束	
00258 电磁阀 1-N88 开路、对地短路	开路或对地短路； 电磁阀 1-N88 有故障	根据电路图检查导线和连接(先检查连接触点是否被腐蚀或有水渗入，如有必要，应当更换。如果显示电磁阀有故障，应当仔细检查变速器上阀体扁状导线和导线之间的 10 插脚插头)； 读测量数据块，显示组编号 004； 执行电气检测
00260 电磁阀 2-N89 开路、对地短路	开路或对地短路； 电磁阀 2-N89 有故障	根据电路图检查导线和连接； 读测量数据块，显示组编号 004； 执行电气检测
00262 电磁阀 3-N90 开路、对地短路	开路或对地短路； 电磁阀 3-N90 有故障	根据电路图检查导线和连接 读测量数据块，显示组编号 004； 执行电气检测
00264 电磁阀 4-N91 开路、对地短路	开路或对地短路； 电磁阀 4-N91 有故障	根据电路图检查导线和连接 读测量数据块，显示组编号 004； 执行电气检测
00266 电磁阀 5-N92 开路、对地短路	开路或对地短路； 电磁阀 5-N92 有故障	根据电路图检查导线和连接； 读测量数据块，显示组编号 004； 执行电气检测
00268 电磁阀 6-N93 开路、对地短路	开路或对地短路； 电磁阀 6-N93 有故障	根据电路图检查导线和连接； 读测量数据块，显示组编号 004； 执行电气检测

续表

故障码	故障原因	故障排除
00270 电磁阀 7-N93 开路、对地短路	开路或对地短路； 电磁阀 7-N94 有故障	根据电路图检查导线和连接； 读测量数据块，显示组编号 004； 执行电气检测
00281 车速传感器 G68 无信号	导线开路； 车速传感器 G68 有故障	根据电路图检查导线和连接； 读测量数据块，显示组编号 002； 执行电气检测； 更换车速传感器 G68
00293 多功能开关 F125 不明确的开关状态	开路或对地短路； 多功能开关 F125 有故障	根据电路图检查导线和连接； 读测量数据块，显示组编号 001； 执行电气检测； 更换多功能开关 F125
00297 变速器转速传感器 G38 无信号	导线开路； 变速器转速传感器 G38 有故障	根据电路图检查导线和连接； 执行电气检测； 更换变速器转速传感器 G38
00300 变速器油温度传感器 G93 故障类型不能识别	导线开路； 变速器油温度传感器 G93 有故障	根据电路图检查导线和连接； 读测量数据块，显示组编号 005； 执行电气检测
00518 节气门电位计 G69 信号超出允许的范围	导线开路； 发动机控制单元或节气门电位计 G69(在节气门总成内)有故障； 来自节气门电位计 G69 的信号通过发动机控制单元直接送入变速器控制单元并且只能在读测量数据块中进行检查； 如果自诊断显示节气门电位计有故障，也应当执行发动机控制单元的自诊断	如果不显示出故障码 00638，应当先排除本故障； 根据电路图检查导线和连接； 读测量数据块，显示组编号 001 和 003； 检查发动机控制单元； 更换节气门电位计 G69 或发动机控制单元； 对系统进行基本设定
00529 转速信号出错	导线开路	根据电路图检查导线和连接； 读测量数据块，显示组编号 003； 检查发动机控制单元； 执行电气检测
00532 供电电压	电瓶有故障； 供给液压阀的电压太低	测试电瓶电压； 读测量数据块，显示组编号 002； 检测至发动机控制单元 J217 的电压； 执行电气检测

续表

故 障 码	故障原因	故障排除
00545 发动机/变速器电气连接开路、对地短路	开路或对地短路； 发动机/变速器控制单元未连接； 发动机和变速器控制单元之间的影响点火正时点火的信号未被传送或传送不正常	根据电路图检查导线和连接； 读测量数据块，显示组编号 005； 检查发动机控制单元； 对系统进行基本设定
00596 液压阀之间的导线短路	阀体扁状导线和导线束之间的 10 插脚插头	根据电路图检查导线和连接； 执行电气检测； 更换扁并状导线
00638 发动机/变速器电气连接 2 无信号	开路或对地短路； 发动机/变速器控制单元未连接； 节气门信号未被传送至变速器控制单元	根据电路图检查导线和连接； 读测量数据块，显示组编号 005； 检查发动机控制单元，如有必要，进行更换 对系统进行基本设定
00641 ATF 温度信号太大	变速器温度太高，最高温度应不超过 148℃。如果 ATF 的温度太高，变速器自动切换至下一个较低的挡位； 汽车后面拖车的负荷太大； ATF 液位不正确； 变速器油温度(ATF)传感器有故障	检查 ATF 液位； 读测量数据块；显示组编号 005，读取 ATF 的温度； 根据电路图检查导线和连接； 更换扁状导线
00652 挡位监控不可信的信号	电气/液压有故障； 离合器或阀体有故障	读测量数据块，显示组编号 004 并且通过汽车的道路试车确定故障发生在哪个挡位
00660 换低挡开关/节气门电位计(只有在行驶中才能识别 00660 故障)不可信的信号	导线开路	根据电路图检查导线和连接
	换低挡开关 F 有故障	读测量数据块，显示组编号 001； 执行电气检测； 调整或更换加速踏板拉索
	节气门电位计 G69 有故障	按照“排除故障”00518-节气门电位计 G69 中的描述进行修理
65535 控制单元有故障	控制单元 J217 有故障	更换控制单元； 对系统进行基本设定

4) 清除故障码

(1) 查询到故障码以后，屏幕显示：

Rapid data transfer　　HELP Select function　××
快速数据传输　　帮助 选择功能　××

(2) 按数字键 0 和 5 清除故障码。屏幕显示：

Rapid data transfer　　　Q 05 Erase fault memory
快速数据传输　　　　Q 05 清除故障存储

(3) 按 Q 键确认。屏幕显示：

Rapid data transfer　　　→ Fault memory is erased
快速数据传输　　　　→ 故障存储被清除

(4) 屏幕显示约 5s 后，故障存储被清除。如果在查询故障码和清除故障码过程中点火开关处于关闭状态，那么故障存储将不能被清除。屏幕显示：

Attention! Fault memory was not interrogated
注意！ 故障存储不能被识别

5) 进行基本设定

进行下列修理之后，应当进行基本设定：①更换发动机；②更换发动机控制单元；③更换/改变节气门；④调整节气门(设定怠速)；⑤更换节气门电位计 G69；⑥改变节气门电位计 G69 的设置；⑦更换自动变速器控制单元 J217。

(1) 连接故障诊断仪，输入地址码 02-变速器电子系统。屏幕显示：

Rapid data transfer　　　HELP Select function　××
快速数据传输　　　　帮助 选择功能　××

(2) 按数字键 0 和 4，进行基本设定。此时加速踏板应当保持在怠速位置。屏幕显示：

Rapid data transfer　　　Q 04-Basic setting
快速数据传输　　　　Q 04-基本设定

(3) 按 Q 键确认。屏幕显示：

Basic setting　　　　　　HELP Enter display group number　×××
基本设定　　　　　　帮助 输入显示组号码　×××

(4) 按数字键 00 和 0，按 Q 键确认。屏幕显示：

System in basic setting 0→
系统基本设定 0→

(5) 将加速踏板踩到底，使得变速开关动作并且保持在该位置上 3s。此时系统进行基本设定。按→键，V.A.G 将退回到起始状态。

6) 读测量数据块

(1) 连接故障诊断仪，输入地址码 02-变速器电子系统。屏幕显示：

Rapid data transfer HELP Select function ××
快速数据传输 帮助 选择功能 ××

(2) 按数字键 0 和 8，读测量数据块。屏幕显示：

Rapid data transfer Q 08-Read measured value block
快速数据传输 Q 08-读测量数据块

(3) 按 Q 键确认。屏幕显示：

Basic setting HELP Enter display group number ×××
基本设定 帮助 输入显示组号码 ×××

(4) 输入显示组编号，按 Q 键确认。屏幕显示：

Read measured value block 1 1 2 3 4
读测量数据块 1 1 2 3 4

显示组编号及测量数据块四个显示区域各代表的意义见表 6-4-6。

表 6-4-6 显示组一览表

显示区域				显示组号	显示区域	说明
1	2	3	4			
读测量数据块 1			→	001	1	变速杆位置
					2	节气门电位计电压
P	0.8V	0%	00000111		3	加速踏板数值
					4	开关位置

续表

显示区域 1	2	3	4	显示组号	显示区域	说明
读测量数据块 2			→	002	1 2 3 4	电磁阀 N93 实际电流 电磁阀 N93 额定电流 蓄电池电压 车速传感器 G68 上的电压
0.983A	0.985A	12.76V	2.50V			
读测量数据块 3			→	003	1 2 3 4	车速 发动机转速 所选择的挡位 加速踏板的数值
0km/h	900r/min	0	0%			
读测量数据块 4			→	004	1 2 3 4	电磁阀 所选择的挡位 变速杆的位置 车速
100000	0	P	0km/h			
读测量数据块 5			→	005	1 2 3 4	ATF 温度 换挡器输出 所选择的挡位 发动机转速
40℃	0011011	0	900r/min			
读测量数据块 6			→	006	可以被忽略	
读测量数据块 7			→	007	1 2 3 4	所选择的挡位(+与-显示区域 2 有关) 锁止离合器打滑 发动机转速 加速踏板的数值
1H +/-	200 r/min	900r/min	0%			
读测量数据块 8			→	008	可以被忽略	

5. 手动挡检验

1) 检验目的

手动挡检验是自动变速器故障诊断的重要方法之一。手动挡检验的目的为区分故障点是在电控系统或是在自动变速器内部的液压机械系统。

2) 检验方法与结果分析

手动挡试验有两部分内容。

(1) 手动操纵试验：断开自动变速器的全部换挡控制电磁阀的插接器，操纵杆置于 P、R、N、D、3、2、L 各位置，进行行驶实验。将实际行驶的速比与该自动变速器的标准速比比较。若结果异常，则故障点在自动变速器内部的液压机械系统；若结果正常，则应继续进行手动电磁阀试验。例如，TOYOTA A140E 自动变速器手动操纵检验变速杆在 D、2、L 位时的标准速比分别为 O/D、3、1。

(2) 手动电磁阀检验：操纵杆在P、R、N、D、3、2、L各位置，按照电脑程序控制的各换挡电磁阀状态，人工对应控制各换挡电磁阀通电或断电，实现各速比油路的转换，行驶试车。若结果异常，则故障点在自动变速器内部的液压机械系统；若结果正常，则故障点在电控系统。

须特别注意，若手动操纵检验结果正常，则还不能确定自动变速器的液压机械系统正常；若手动电磁阀检验结果异常，则可断定故障点在自动变速器的液压机械系统。这是因为在手动操纵检验中，有部分液压系统的油路、机械系统工作，另一部分油路、机械系统不工作；只有在手动电磁阀检验中，液压系统的全部油路和机械系统均工作，故其试验结果是否正常，可全面反映自动变速器液压机械系统的性能。

检验结束后，接上换挡电磁阀线束插头。清除电脑中的故障码，防止因脱开电磁阀线束插头而产生的故障码保存在电脑中，影响自动变速器的故障自诊断。

6. 道路检验

1) 起步检查

将变速杆拨至前进挡(D)位置，踩下加速踏板，使节气门保持在1/2开度左右，让汽车起步加速，检查自动变速器的起步情况。在起步时发动机会有瞬时的转速下降，同时车身有轻微的撞动感。正常情况下，汽车起步后随着车速的升高，试车者应能感觉到自动变速器能顺利地由1挡升入2挡，随后再由2挡升入3挡、超速挡。若自动变速器不能升入高挡，说明控制系统或换挡执行元件有故障。

2) 升挡车速的检查

将变速杆拨至D位，踩下节气门，并使节气门保持在某一固定开度，让汽车起步并加速。记下升挡车速。一般四挡自动变速器在节气门开度保持在1/2时由1挡升至2挡的升挡车速为25～35km/h；由2挡升至3挡的升挡车速为55～70km/h；由3挡升至超速挡的升挡车速为90～1200km/h。由于升挡车速和节气门开度有很大的关系，即节气门开度不同时，升挡车速也不同，而且不同车型的自动变速器各挡位传动比的大小都不相同，其升挡车速也不完全一样，因此，只要升挡车速基本保持在上述范围内，而且汽车行驶中加速良好，无明显的换挡冲击，都可认为其升挡车速基本正常。若汽车行驶中加速无力，升挡车速明显低于上述范围，说明升挡车速过低(即过早升挡)，若汽车行驶中有明显的换挡冲击，升挡车速明显高于上述范围，说明升挡车速过高(即太迟升挡)。

由于降挡时刻在行驶中不易察觉，因此在道路试验中一般无法检查自动变速器的降挡车速，只能通过检查升挡车速来判断自动变速器有无故障。如有必要，还可检查在其他模式下或变速杆位于前进低挡位置时的换挡车速，并与标准值进行比较，作为故障诊断的参考依据。

3) 升挡时发动机转速的检查

有发动机转速表的汽车在自动变速器道路检验时，应注意观察汽车行驶中发动机转速变化的情况。它是判断自动变速器工作是否正常的重要依据之一。在正常情况下，节气门保持在低于1/2开度范围内，则汽车在由起步加速直至升入高挡的整个行驶过程中，发动机转速都将低于3000r/min。通常在加速至即将升挡时发动机转速可达到2500～3000r/min，在刚刚升挡后的短时间内发动机转速将下降至 2000r/min 左右。如果在整个行驶过程中发动机转速始终过低，加速至升挡时仍低于 2000r/min，说明升挡时间过早或发动机动力不足；如果在行驶过程中发动机转速始终偏高，升挡前后的转速在 2500～3000r/min 之间，而且换挡冲击明显，说明升挡时间过迟；如果在行驶过程中发动机转速过高，经常高于 3000r/min，在加速时达到 4000～5000r/min，甚至更高，说明自动变速器的换挡执行元件(离合器或制动器)打滑，应拆检自动变速器。

4) 换挡质量的检查

换挡质量的检查内容主要是检查有无换挡冲击。正常的自动变速器只能有不太明显的换挡冲击，特别是电子控制自动变速器的换挡冲击应十分微弱。若换挡冲击太大，说明自动变速器的控制系统或换挡执行元件有故障，其原因可能是油路油压过高或换挡执行元件打滑， 应做进一步的检查。

5) 锁止离合器工作情况的检查

液力变矩器中的锁止离合器的工作是否正常可以采用道路试验的方法进行试验。试验中，让汽车加速至超速挡，以高于 80km/h 的车速行驶，并让节气门开度保持在低于 1/2 的位置，使变矩器进入锁止状态。此时，快速将加速踏板踩下至 2/3 开度，同时检查发动机转速的变化情况。若发动机没有太大变化，说明锁止离合器处于接合状态，反之，若发动机转速升高很多，则表明锁止离合器没有接合，其原因通常是锁止离合器控制系统有故障。

6) 发动机制动作用的检查

当检查自动变速器有无发动机制动作用时，应将变速杆拨至前进低挡(S 档、L 档或 2 档、1 挡)位置，在汽车以 2 挡或 1 挡行驶时，突然松开加速踏板，检查是否有发动机制动作用。若松开加速踏板后车速立即随之而降，说明有发动机制动作用，否则说明控制系统或相关的离合器、制动器有故障。

7) 强制降挡功能的检查

检查自动变速器的强制降挡功能时，应将变速杆拨至前进挡 D 位，保持节气门开度为 1/3 左右，在以 2 挡、3 挡或超速挡行驶时突然将加速踏板完全踩到底，检查自动变速器是否被强制降低一个挡位。当强制降挡时，发动机转速会突然上升至 4000r/min 左右，并随着加速升挡，转速逐渐下降。若踩下加速踏板后没有出现强制降挡，说明强制降挡功能失效；若在强制降挡时发动机转速异常升高达 5000r/min 左右，并在升挡时出现换挡冲击，说明换挡执行元件打滑，应检修自动变速器。

(三)项目工作页

自动变速器的检验工作页

姓名：________ 班级：________ 学号：________ 指导教师：________ 日期：________

(1) 工作内容与目标。

工作内容：运用相关知识，进行自动变速器的故障检验。

工作目标：正确、规范进行自动变速器的各项检验操作。

(2) 工作准备。

① 工作组。

序　号	姓　名	学　号	职　责	备　注
				组长

② 车辆、工具、设备、器材准备。

序　号	车辆、工具、设备、器材、耗材名称	型号、规格	套(件)数	备　注

(3) 工作过程与结果分析。

<table>
<tr><th colspan="2">检验内容</th><th colspan="2">标 准 值</th><th colspan="2">测 试 值</th><th>原因分析及结论</th></tr>
<tr><td rowspan="2">油压检验</td><td>D 位主油压</td><td>失速：</td><td>怠速：</td><td>失速：</td><td>怠速：</td><td></td></tr>
<tr><td>R 位主油压</td><td>失速：</td><td>怠速：</td><td>失速：</td><td>怠速：</td><td></td></tr>
<tr><td rowspan="2">失速检验</td><td>D 位</td><td colspan="2"></td><td colspan="2"></td><td></td></tr>
<tr><td>R 位</td><td colspan="2"></td><td colspan="2"></td><td></td></tr>
<tr><td rowspan="8">时滞检验</td><td rowspan="4">N-D</td><td colspan="2" rowspan="4"></td><td colspan="2">第一次测试时间</td><td rowspan="4"></td></tr>
<tr><td colspan="2">第二次测试时间</td></tr>
<tr><td colspan="2">第三次测试时间</td></tr>
<tr><td colspan="2">平均值</td></tr>
<tr><td rowspan="4">N-R</td><td colspan="2" rowspan="4"></td><td colspan="2">第一次测试时间</td><td rowspan="4"></td></tr>
<tr><td colspan="2">第二次测试时间</td></tr>
<tr><td colspan="2">第三次测试时间</td></tr>
<tr><td colspan="2">平均值</td></tr>
</table>

续表

检验内容		标准值	测试值	原因分析及结论
手动换挡检验	变速杆___位			
	变速杆___位			
	变速杆___位			
故障码检验				

(4) 进行工位“5S”，自检、互检，工作结束。

(5) 项目测评。

测评者	评　语	成　绩
自我评价		
小组评价		
教师评价		
总成绩		

参 考 文 献

[1] 丁垚. 进口汽车微电脑控制系统的原理与检修[M]. 太原：山西科学技术出版社，1998.

[2] 何彬. 亚洲车系自动变速器阀体与电控系统检修专辑(上册)[M]. 北京：机械工业出版社，2008.

[3] 何彬. 欧洲车系自动变速器阀体与电控系统检修专辑(上册)[M]. 北京：机械工业出版社，2008.

[4] 黄宗益. 现代汽车自动变速器原理与设计[M]. 上海：同济大学出版社，2006.

[5] 葛安林. 车辆自动变速理论与设计[M]. 北京：机械工业出版社，1991.

[6] 肖超胜，等. 丰田汽车维修手册底盘新技术新结构[M]. 北京：科学技术出版社，1996.

[7] 赵振宁. 自动变速器原理与检修[M]. 北京：北京理工大学出版社，2008.

[8] 中国机动车辆安全鉴定检测中心编译. 自动变速器维修[M]. 北京：群众出版社，1997.

[9] 王正旭，刘炽平. 汽车自动变速器原理与检修实用教程[M]. 北京：机械工业出版社，2012.